P. Mambrey · R. Oppermann · A. Tepper
Computer und Partizipation

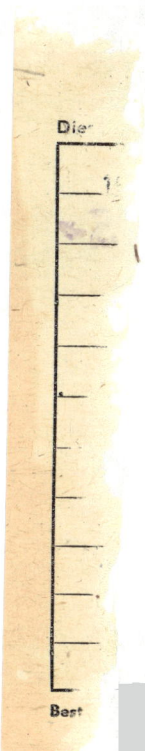

Peter Mambrey · Rheinhard Oppermann
August Tepper

Computer und Partizipation

Ergebnisse zu Gestaltungs- und Handlungspotentialen

Westdeutscher Verlag

CIP-Kurztitelaufnahme der Deutschen Bibliothek

Mambrey, Peter:
Computer und Partizipation: Ergebnisse zu
Gestaltungs- u. Handlungspotentialen /
Peter Mambrey; Reinhard Oppermann;
August Tepper. – Opladen: Westdeutscher
Verlag, 1986.
ISBN 3-531-11851-X

NE: Oppermann, Reinhard:; Tepper, August:

Umschlaggestaltung: Horst Dieter Bürkle, Darmstadt
Druck und buchbinderische Verarbeitung: Lengericher Handelsdruckerei, Lengerich
Printed in Germany

ISBN 3-531-11851-X

Übersicht

Inhaltsverzeichnis

Abbildungsverzeichnis

Kurzfassung

Ein zentrales Problem des Wandels von der Industrie- zur Informationsgesellschaft ist die Gestaltung der Informationstechnik und deren Steuerung auf allen gesellschaftlichen Ebenen. Auf der betrieblichen Ebene wird die Beteiligung an der Systementwicklung als ein Mittel betrachtet, das unerwünschte Auswirkungen für die Betroffenen zumindest reduzieren und insgesamt zu einer besseren Gestaltung von Systemen führen soll. Im Gegensatz zu den bisher üblichen Studien betrieblicher Mitbestimmung, die die kollektive Interessenvertretung der Arbeitnehmer in den Vordergrund stellten, wird in dieser Arbeit über die Ergebnisse von direkten Versuchen der Beteiligung von Betroffenen an der Systementwicklung berichtet. Dabei faßt dieses Buch Ergebnisse zusammen, die im Laufe eines von der Gesellschaft für Mathematik und Datenverarbeitung mbH, Institut für Angewandte Informationstechnik, St. Augustin, durchgeführten mehrjährigen Projektes über "Verfahren der Interessenanalyse und -berücksichtigung bei der Systementwicklung" (VIBS) erarbeitet wurden.

Eingeleitet wird diese Arbeit mit einer Darstellung der verschiedenen Ansätze der Technikbeeinflussung und einer Bewertung der gegenwärtigen Situation der Benutzerbeteiligung, die vom harmonieorientierten Miteinander bis zum konflikthaften Gegeneinander von Betroffenen und Management reicht. Das zweite Kapitel befaßt sich mit den Fragen, ob die Informationstechnik frei gestaltbar ist, ob Nutzungsformen von vornherein festgelegt sind und ob die betriebliche Ebene ein Handlungsfeld ist, in dem eine grundlegende, steuernde Beeinflussung der Art und Nutzung der Technik durch die Betroffenen erfolgen kann. Es wird herausgearbeitet, daß Informationstechnik auf betrieblicher Ebene prinzipiell *gestaltbar* ist, daß dies aber nur im Rahmen bestimmter Abhängigkeiten aufgrund der *systemhaften* Verknüpfung der Gestaltungselemente erfolgen kann. Außerdem wird dargestellt, daß diese Gestaltungspotentiale nicht per se existieren, sondern erst durch Handeln eröffnet und realisiert werden müssen.

In zwei weiteren Kapiteln werden zwei von den Autoren begleitete Modellprojekte vorgestellt, in denen auf Initiative und mit Unterstützung von Systementwicklern betroffene Arbeitnehmer und Bürger auf den Entwicklungsprozeß Einfluß genommen haben. Die Rahmenbedingungen der Beteiligungsversuche, die Organisation der Beteiligung, die (prozeß)unterstützenden Methoden und Verfahren, der Verlauf der Beteiligungsprozesse sowie die Ergebnisse der Beteiligung für unterschiedliche Gruppen werden dargestellt. Durch die Anlage dieser Berichte als Falluntersuchungen werden sowohl die Schwierigkeiten direkter Beteiligung im Laufe eines solchen Prozesses deutlich, als auch die Möglichkeiten und Erfolge, die sie bietet. Die beiden Fälle machen deutlich, daß Beteiligung besonders im Bereich der Arbeitsplatzgestaltung, der Funktionsweise und der Funktionsbreite der Anwendungsprogramme aus Sicht der Arbeitnehmer erfolgreich war. Dies war jedoch an Bedingungen geknüpft, die nicht von sich aus vorlagen, sondern aktiv gestaltet werden mußten.

In Ergänzung zu den beiden Falluntersuchungen wird eine Fragestellung vertieft behandelt. Es wird gefragt, welchen Einfluß die Wahrnehmung und Bewertung von Beteiligung auf das Beteiligungshandeln hat, d.h. ob die bisher konstatierte geringe quantitative und qualitative Beteiligung von Arbeitnehmern an der ungleichen Verteilung der Einflußchancen (Ressourcen), der expertokratischen und intransparenten Organisation des Innovationsprozesses und/oder an den bisherigen Erfahrungen, Einschätzungen und Einstellungen der beteiligten Akteure liegt. Als empirisches Material wurde dabei auf drei Falluntersuchungen sowie zahlreiche Expertengespräche zurückgegriffen. Es stellte sich bei der Analyse heraus, daß die Handlungsressourcen (Rechte, Zeit, Wissen etc.) zwischen Management einschließlich Systementwicklern und Betroffenen in beteiligungshemmender Weise ungleich verteilt waren. Eine Modifizierung dieser Asymmetrie der Ressourcen und der expertokratischen Prozeßorganisation der Systementwicklung zugunsten der Betroffenen findet zwar faktisch im Zuge einer partizipativen Vorgehensweise statt, wird aber nicht antizipiert und wenn, dann in ihrer Bedeutung von den Betroffenen unterschätzt. In ähnlicher Weise begrenzen die vorliegenden Handlungsorientierungen der Betroffenen die Beteiligung. Die Betroffenen beginnen in der Regel den Beteiligungsprozeß ohne Erfahrungen mit der Informationstechnik und oft auch ohne Erfahrungen in der Organisationsentwicklung. Die daraus resultierende Hilflosigkeit läßt sie ihre Möglichkeiten unterschätzen. Trotz der oft vorhandenen Vermutungen über die prinzipielle Möglichkeit der Einflußausübung werden von den Betroffenen praktische Versuche angesichts der wahrgenommenen Überlegenheit der anderen Beteiligten (Entwickler und Management) und einer Unklarheit über effiziente Wege der Einflußnahme nicht unternommen. Die überkommene Einfluß- und Arbeitsteilung zwischen Management, Systementwicklern und Betroffenen wird vielmehr beibehalten und durch gegenseitige Verhaltenserwartungen festgeschrieben.

Aus diesen Ergebnissen folgt, daß Beteiligung nicht von selbst entsteht, sondern explizit gefördert werden muß. Eine solche Förderung muß sich sowohl auf die subjektiven als auch auf die objektiven Determinanten des Handelns beziehen, d.h. sowohl die Motivation zum Handeln als auch die objektiven Ressourcen müssen verbessert werden. Eine Förderung von Beteiligung ist nicht nur durch personifizierte Promotoren möglich. Sie kann auch durch die künftige Entwicklung des IT–Einsatzes herbeigeführt werden. Als Benutzergruppen werden nämlich in absehbarer Zeit auch Beschäftigte betroffen sein, die von ihrer hierarchischen und/oder qualifikatorischen Position her einfluß– und durchsetzungserfahren sind und von daher eine Beteiligung an der Technikgestaltung für sich als selbstverständlich reklamieren und praktizieren. Dies wird von anderen, nicht beteiligungsgewohnten Betroffenengruppen zumindest partiell erkannt und übernommen werden können, insbesondere deshalb, weil es sich bei den Benutzergruppen zukünftiger Systeme nicht um homogene und geschlossene Gruppen, sondern hierarchisch und qualifikatorisch um Mischgruppen handeln wird. Auch die weniger durchsetzungsfähigen Benutzergruppen werden dadurch die Gestaltbarkeit von Technikanwendungen und die Möglichkeit eigener Beiträge zur Nutzung dieser Potentiale erfahren können. Dies kann ihr Erkennen von Handlungsmöglichkeiten und ihr Selbstbewußtsein in bezug auf Beteiligung fördern. In der Konsequenz können solche Lernprozesse dann auch zu Forderungen nach Veränderungen der Rahmenbedingungen von Beteiligung führen, d.h. eine Modifikation der Entwicklungsverfahren und eine Verbesserung rechtlicher, materieller und qualifikatorischer Ressourcen anstoßen.

1. Einleitung

1.1 Einordnung der Partizipation (Beteiligung)

Der Informationstechnik kommt in der gegenwärtigen Phase der wirtschaftlichen, sozialen und kulturellen Entwicklung der Industriegesellschaften eine erhebliche Bedeutung zu. Sie prägt Inhalte und Abläufe in Wirtschaft und Verwaltung, im Dienstleistungs- und im privaten Sektor. Schlagworte wie informierte oder Informationsgesellschaft signalisieren die neue Qualität, die mit der Nutzung moderner Informationstechnik erwartet oder behauptet wird.

Mit der Anwendung der Informationstechnik gehen eine Reihe von Veränderungen einher für diejenigen, die mit dieser Technik arbeiten, von ihr Zuarbeit/Informationen erhalten oder in anderer Weise mit ihr in Berührung kommen. Mit ihnen haben sich eine große Anzahl von Arbeiten befaßt[1]. Besondere Aufmerksamkeit fanden die Wirkungen der Informationstechnik auf den Bereich der *Arbeit*[2], aber auch auf die *Klienten* oder *Bürger*[3]. Darüber hinaus werden Veränderungen generellerer Art diskutiert, die sich auf den (mediatisierten) Realitätsbezug, Verschiebungen in der Form und dem Inhalt der Freizeitgestaltung und den weitergehenden kulturellen Wandel durch die Nutzung von Informationstechnik beziehen (vgl. *Haefner 1980*). Das Sichtbarwerden von unerwünschten Wirkungen auf einzelne Gruppen wurde und wird zum Anlaß genommen, nach einer Berücksichtigung der Betroffeneninteressen bei der Anwendung der Technik zu suchen. Wir wollen uns in dieser Arbeit mit Steuerungsmöglichkeiten der Technikgestaltung bei der Einführung in Betrieben und Verwaltungen befassen.

Bei den verschiedenen Versuchen der Analyse von Anwendungswirkungen für den direkten Benutzer sind sehr unterschiedliche und z.T. widersprüchliche Ergebnisse erarbeitet worden. Von einigen Autoren werden überwiegend negative Auswirkungen konstatiert im Sinne von physischen Belastungen und einer Verengung des Aufgaben- und Qualifikationsspektrums[4], einer Isolation[5], einer Kontrolle[6] und schließlich einer

---

[1] Vgl. *Heibey u.a. 1977*; *Reese u.a. 1979*; *Hansen/Schröder/Weihe 1979*; *Langenheder 1982*; *Friedrichs/Schaff 1982*; *Kevenhörster 1984*.

[2] Z.B. *Brandt 1978*; *Kling 1979*; *Fehrmann 1980*; *Briefs 1980a; 1984a*; *Simonis 1984*.

[3] Z.B. *Lenk 1980*; *Brinckmann u.a. 1981*; *Lange 1984*.

[4] Z.B. *Gaugler u.a. 1979*, 30, 66; *Brinckmann/Jungesblut 1977*, 14.

[5] Z.B. *Kubicek 1978*, 27; *Brandt 1978*, 368.

[6] Z.B. *Briefs 1980b*, 140; *Brandt u.a. 1979*, 175.

Gefährdung oder gar eines Verlustes des Arbeitsplatzes[1]. Andere verweisen hingegen auf positive Entwicklungen wie Abnahme von Routine und Erweiterung und Bereicherung am Arbeitsplatz[2] sowie auf Ausweitung der Qualifikation[3]. Einen knappen Überblick über arbeitnehmerbezogene Auswirkungen findet man bei *Heilmann (1981*, 77–90) oder bei *Breisig u.a. (1983*, 23f.).

Aus diesen bereits eingetretenen oder antizipierten Auswirkungen entstand ein Problemdruck, der zur wissenschaftlichen und politischen Auseinandersetzung mit der Technik und der Gestaltung ihrer Anwendung führte. Gefördert wurden bzw. werden Forschungsarbeiten im Rahmen des Programms "Humanisierung des Arbeitslebens" (HdA), Arbeiten im Rahmen der Kommission für sozialen und wirtschaftlichen Wandel, des 3. DV–Programms des Bundesministers für Forschung und Technologie und durch Programme einzelner Landesregierungen. Sie führten zu einer Reihe von Maßnahmen und Vorschlägen, die der Bewältigung der technischen, ökonomischen, organisatorischen und sozialen Probleme dienen sollten. Sie setzen auf unterschiedlichen Ebenen an, sind teilweise komplementär, teilweise aber auch konfliktär zueinander und spiegeln so die gesellschaftliche Arbeitsteilung und Teilung von Verantwortlichkeiten, aber auch die unterschiedlichen gesellschaftlichen Kräfte und deren Interessen wider.

Bei den verschiedenen Versuchen zur Bewältigung der wirtschaftlichen, politischen und sozialen Probleme gibt es deutliche Konjunkturen einzelner Themen– und Zielschwerpunkte. Diese Konjunkturen beziehen sich vor allem auf die Aufmerksamkeit, die einzelne Themen in der öffentlichen und veröffentlichten Meinung erhalten; Unterschiede bestehen aber auch im Vorherrschen einzelner praktischer Maßnahmen und Ziele. So bildete gegen Ende der 70er Jahre die Erforschung und Beherrschung sozialer Folgen der Techniknutzung einen wichtigen Bestandteil wissenschaftlicher und (förderungs–) politischer Bemühungen. In der ersten Hälfte der 80er Jahre gewannen dann Ziele der Kostensenkung und der Stärkung internationaler Wettbewerbsfähigkeit mehr und mehr an Bedeutung und schlugen sich insbesondere in dem Regierungsbericht des Bundesministers für Forschung und Technologie von 1984 zur Lage der Informationstechnik nieder. Die eingangs zitierten Gefahrenmomente der Informationstechnik haben jedoch über die gesamte Zeit hinweg, bei allem Auf und Ab der Themenaufmerksamkeit, ein völliges Ignorieren der sozialen Folgen verhindert, so daß parallel zu der gegenwärtigen Akzentuierung der ökonomischen Potentiale der Informationstechnik auch Initiativen zur Förderung eines allgemeinen "Technology Assessment"[4] und einer "sozialverträglichen Technikgestaltung"[5] bestehen bzw. entstehen.

Eine Ordnung der verschiedenen methodischen Ansätze zur Bewältigung von sozialen Folgen der wirtschaftlich–technischen Entwicklung kann man anhand von zwei Dimensionen vornehmen. Erstens gibt es theoretische und praktische Versuche, sich mit den Folgen und Problemen der technischen Innovationen auseinanderzusetzen. Zweitens

---

[1] Z.B. *Kubicek 1978*, 27; *Reese 1978, 40*; *Briefs 1980a*; *Bleicher 1984c*, 9; — von seiten der Gewerkschaften vgl. auch die jüngste Zusammenstellung von Gefährdungspotentialen und Handlungsstrategien des *DGB 1984*.

[2] *Gesellschaft für Organisation 1980*, 361; *Gröholt 1979*, 203.

[3] *Mertens u.a. 1981*, 35.

[4] Durch den Bundesminister für Forschung und Technologie

[5] Durch den Minister für Arbeit, Gesundheit und Soziales, Nordrhein–Westfalen

kann man die Folgen antizipativ, d.h. ex ante, oder man kann sie ex post untersuchen bzw. zu bewältigen suchen. Die folgende Abbildung zeigt die Zuordnung der gegenwärtig beobachtbaren Strategien zu diesen beiden Dimensionen.

Abbildung 1: Strategien der Bewältigung von Folgen technischer Innovation

Zeit / *Interesse*	**ex post**	**ex ante**
theoretisch	Wirkungsforschung Evaluation	Future Assessment
praktisch	Anpassung Nachbesserung kompensatorische Maßnahmen "Ausgleichszahlungen" Rechtsprechung	Wirtschafts- und Technologiepolitik Tarifpolitik Mitbestimmung Partizipation Gestaltungs-"Forschung"

a) **Wirkungs–/Evaluationsforschung**

Die Wirkungs- und Evaluationsforschung ist erkenntnisorientiert und befaßt sich mit der Feststellung und Darstellung sowie der Ursachenidentifikation tatsächlicher gegenwärtiger Wirkungen. Sie ist damit in bezug auf generelle Entwicklungen (Wirkungsforschung) oder auf spezielle Projekte (Evaluation) ex post orientiert. Dies bedeutet allerdings keineswegs, daß Wirkungs- und Evaluationsstudien immer nur zu rückwärts gerichteten Aussagen kommen; vielmehr werden die retrospektiv begründeten Ergebnisse durchaus zu prospektiven Erkenntnissen gewendet (vgl. zur Wirkungsforschung *Reese u.a. 1979*; *Langenheder 1980; 1982*).

Eine besondere Rolle bei der Analyse von Wirkungen der Informationstechnik spielt die Benutzer- oder Akzeptanzforschung. Sie richtet sich auf das Verhalten des Benutzers im Umgang mit dem DV–System und auf die Einstellung des Benutzers zum System. Die Benutzer bleiben dabei im wesentlichen passiv in der Rolle des Forschungsobjekts (vgl. dazu die Arbeiten von *Reichwald u.a. 1978*; *Müller-Böling 1978*; *Wind 1979*).

Benutzerforschung wurde besonders durch eine wichtige Arbeit von Henry C. Lucas über Management–Informations–Systeme bekannt und praktisch bedeutsam. Die Bewertung der Systeme kann demnach nicht allein nach technischen Maßstäben erfolgen, sondern nach deren Funktionsweise im Anwendungskontext, also z.B. nach ihrer Akzeptanz durch die Benutzer und betriebswirtschaftlichen Effizienz (vgl. *Lucas 1975*).

b) **Future Assessment**

Sofern sich ein Future Assessment von der Wirkungs- und Evaluationsforschung abgrenzen läßt, richtet sie sich nicht auf die Analyse bereits eingetretener Auswirkungen der technischen Entwicklung, sondern sie bezieht sich auf die Ermittlung von möglichen bzw. wahrscheinlichen Konstellationen der zukünftigen wirtschaftlichen und technischen Entwicklung und die damit verbundenen sozialen Begleit- bzw. Folgeerscheinungen. Der Ansatz ist ebenfalls erkenntnisorientiert, d.h. er zielt auf die Feststellung und Beschreibung von Entwicklungen, die aufgrund bestehender technischer, wirtschaftlicher, politischer und sozialer Potentiale und Restriktionen zu erwarten sind. Zum Teil erfolgt diese Beschreibung in bezug auf Einzelphänomene zum Teil aber auch in der Form von Szenarien (vgl. zu den verschiedenen Ansätzen des Technology Assessment *Paschen/Gresser/Conrad 1978*; *Böhret/Franz 1982*).

c) **Praktische ex post–Ansätze**

Bei dieser Gruppe von Ansätzen geht es um Maßnahmen, die sich auf bereits entwickelte bzw. eingesetzte Technik beziehen. Sie orientieren sich z.T. an den Ergebnissen der ersten beiden *erkenntnis*orientierten Ansätze und suchen dieses Wissen *praktisch* umzusetzen. Bei diesen Ansätzen geht es ebenfalls darum, die zu entwickelnden oder bereits entwickelten Systeme an die Interessen von Betroffenen anzupassen. Dies ist bei diesen Ansätzen jedoch nur in beschränktem Maße möglich und gewollt. Nachbesserungsmaßnahmen sind bei den komplexen Systemen informationstechnischer Art begrenzt. Außerdem wird versucht, im wesentlichen an den bestehenden Zielen des technischen Einsatzes, der Rationalisierung, der Kontroll- und Dispositionsunterstützung, festzuhalten und lediglich durch Anpassungsmaßnahmen bestimmte soziale Nachteile auszugleichen. Dies können "Kompensationsgeschäfte" oder "Ausgleichszahlungen" (vgl. *Oppelland 1983*, 173) sein, die darauf gerichtet sind, die Belastungen oder Nachteile, die durch die Systemeinführung für die Betroffenen auftreten, materiell oder immateriell abzugelten, abzufedern oder zu kompensieren. Zulagen oder Höhergruppierungen gehören zu den materiellen Ausgleichszahlungen; Ausstattungselemente der Arbeitsumgebung (Teppichboden, Mobiliar, Pflanzen etc.) gehören zu den materiellen Leistungen zur Kompensation oder auch zur Ablenkung von Belastungen und Nachteilen; führungspolitische Strategien der "psychologischen Beteiligung" an der Entwicklung und Einführung, d.h. der Vermittlung eines bloßen Gefühls der Beteiligung ohne wirklichen Einfluß, sowie Strategien zur Vermittlung eines Gefühls der Erhöhung von Arbeitsautonomie und Verantwortung bilden den Kern von Maßnahmen immaterieller Aufwertung.

Maßnahmen der Modifizierung, Anpassung oder Nutzungsbeschränkung technischer Anlagen werden zum Teil auch durch die Rechtsprechung eingeleitet. Inhaltlich bezieht sie sich vor allem auf den Einsatz von Informationstechnik zur Kontrolle von Arbeitnehmern durch Personalinformations- und Betriebsdatenerfassungssystemen. Außerdem spielt die Gestaltung von Bildschirmarbeitsplätzen und die damit verbundene Einhaltung ergonomischer und organisatorischer Standards ein Rolle. Beanstandungen der Rechtsprechung gründen in der Regel auf mangelnder oder mangelhafter Einbeziehung der betrieblichen Interessenvertretung in die Planung und den Einsatz informationstechnischer Systeme.

Bei den Maßnahmen der sozialen Anpassung von informationstechnischen Systemen an den Benutzer werden dessen Bedürfnisse unterschiedlich ernst genommen. Seine Berücksichtigung zur Entwicklung funktionsfähiger Systeme erscheint aber mehr und mehr notwendig. Im Zuge einer verstärkten Anwendungsorientierung von DV-Systemen bereits in den 70er Jahren wurde nämlich deutlich, daß die Entwicklung eines DV-Systems für eine Anwenderorganisation mehr war, als das Identifizieren und programmtechnische Umsetzen von Algorithmen. Das lag zum einen an der wachsenden Verbreitung und Differenzierung der Anwendungsfelder (z.B. Verwaltung, Produktionsunterstützung) und zum anderen an der Ausbreitung des Kreises derjenigen, die mit dem System arbeiten. Zu Beginn der Entwicklung waren es DV-Spezialisten. Mit fortschreitender Verbreitung kamen sogenannte DV-Laien hinzu, z.B. Manager und Sachbearbeiter, die ohne spezielle DV-technische Kenntnisse die Systeme zur Arbeitsunterstützung benutzten.

Durch die verstärkte Anwendung der DV als Produktionsmittel taten sich zwei Problemfelder auf, die immer noch Bestand haben und wohl auch noch einige Zeit behalten werden, wenn auch unter veränderter Perspektive. Es handelt sich um die Anpassung des Systems an die Organisationsumgebung und die Anpassung an den Menschen, konkret den Benutzer. Diese Anpassungsproblematik ist Ausdruck der Tatsache, daß ein technisch korrekt gebautes DV-System weder den Organisationszielen noch den Benutzeranforderungen notwendigerweise entsprechen muß. Durch die Erfahrungen in der Anwendung wurde deutlich, daß die Schwachstellen im Bereich "human factors" und "systems environment" lagen. Aus der Perspektive des Systemkonstrukteurs und des Systems erkannte man diese beiden Problemfelder und versuchte folgerichtig, mehr über den Benutzer und die Anwenderorganisation zu erfahren. Der Mensch wurde als "intelligenter Kommunikator" wiederentdeckt und erhielt zumindest in der Diskussion ein höheres Gewicht. Er sollte nicht mehr Bediener der Maschine sein und sich ihr anpassen, sondern wurde zum Benutzer mit Bedürfnissen und Anforderungen aufgewertet.

Ähnliches galt auch für die Anwenderorganisation, deren Aufbau- und Ablauforganisation ernster genommen wurde und nicht als beliebig neu strukturierbar. Diese Überlegungen schlugen sich in Ansätzen nieder, die die Informationsbedürfnisse und Benutzeranforderungen stärker ins Blickfeld rückten (vgl. *Lundeberg 1976*; *Langefors 1978*).

Entsprechend wurde, zum Teil aufbauend auf der Benutzerforschung, versucht, durch akzeptanzfördernde Maßnahmen Bedingungen zur besseren Nutzung der Systeme zu schaffen. Besser bedeutet hier zunächst rationeller, betriebswirtschaftlich effizienter, profitabler. Diese erste Perspektivenerweiterung über den technischen Kern des Systems hinaus wurde fortgesetzt durch eine weitere, die sich parallel dazu entwickelte.

In dieser zweiten Perspektivenerweiterung wurden neben den technischen und ökonomischen auch die sozialen Aspekte erkannt und als gleichrangig eingestuft. Der diesbezüglich am weitesten verbreitete Versuch ist der "sozio-technische" Ansatz, der mit den frühen Arbeiten von *Trist/Bamforth (1951)* seinen Ausgang nahm. Ursprünglich setzten diese Arbeiten ausschließlich an arbeitsplatzbezogenen Fragen an; besonders bei der Weiterentwicklung des Ansatzes in Skandinavien (*Elden 1979*), aber auch schon in England selbst (*Hill 1971*) wurden jedoch auch Fragen der Gesamtorganisation und der Führung (v.a. des mittleren Managements) einbezogen (vgl. *Sydow 1985*, 20).

Der sozio-technische Ansatz leitet sich aus den Arbeiten des Tavistock Instituts ab, das Anfang der 50er Jahre versucht hatte, Arbeit substantiell humaner zu gestalten und damit Schwächen des Human-Relations-Ansatzes zu überwinden. Diese Vorarbeiten wurden von Mumford und anderen aufgegriffen und auf die Systementwicklung übertragen (vgl. *Mumford/Land/Hawgood 1978*). Neu war an diesem Versuch die Bemühung, die Arbeitsgestaltung zum Gegenstand der Systementwicklung zu machen und durch Aushandlungsprozesse auf betrieblicher Ebene soziale und "fachlich-technische" Aspekte miteinander zu vereinen, so daß als Resultat eine "humane Technikanwendung" geschaffen wurde. Dem Ansatz liegt die Annahme zugrunde, daß eine komplexe Organisation aus zwei Subsystemen besteht, dem technisch-ökonomischen und dem sozialen, die beide in enger Beziehung zueinander stehen. Deshalb müssen beide Subsysteme analysiert und die Ergebnisse durch Verhandlungen zu einer ganzheitlichen Betrachtung integriert werden. Systementwicklung ist demnach eine technische und eine soziale Entwicklungsaufgabe.

d) Beeinflussungsmaßnahmen der Technikentwicklung und -anwendung

Bei dieser letzten Gruppe von Versuchen der Entwicklungssteuerung von Informationstechnik und der Bewältigung sozialer Folgen wird nicht von fertiger Technik bzw. Technikanwendung ausgegangen, sondern es geht um die praktische Umsetzung von Erkenntnissen bzw. deren "experimentelle" Erprobung in bezug auf neue Systeme und Anwendungen. Das Wissen ist zwar nur in Teilen explizit und "wissenschaftlich abgesichert", die Wahrscheinlichkeit bestimmter Konsequenzen erscheint jedoch genügend plausibel, um bestimmte Forderungen bzw. Maßnahmen (politisch) zu begründen (vgl. *Breisig u.a. 1983*, 23).

Die hier zu nennenden Versuche gehen von unterschiedlichen Akteuren mit unterschiedlichen Interessen aus und bewegen sich auf verschiedenen Ebenen. Zunächst sind dies die staatlichen Ebenen und Institutionen der Tarifparteien. So stellen der "Technologiepolitische Dialog", der in den 70er Jahren vom Bundesminister für Forschung und Technologie zwischen Politikern, Arbeitgebern und Gewerkschaften angeregt wurde, sowie förderungspolitische Maßnahmen und rahmensetzende Gesetzgebungsinitiativen Versuche dar, die technologische Entwicklung politisch im Hinblick auf gewünschte Zielsetzungen zu steuern. Sie bewegen sich auf der globalen Ebene der Beeinflussung der generellen Entwicklung. Hinzu kommen gesetzgeberische Maßnahmen zur Verbesserung der Steuerbarkeit der Einführungs- und Nutzungskonzepte der Technik in den Betrieben und Verwaltungen durch problemangemessenen Veränderungen der Mitwirkungsrechte von Interessenvertretungen[1].

---

[1] Vgl. die Änderung der Landespersonalvertretungsgesetze in Hessen und Nordrhein-Westfalen Anfang 1985.

Neben diesen staatlichen Maßnahmen stehen die Versuche der Gewerkschaften, auf die Entwicklung der Informationstechnik Einfluß zu nehmen. Dies geschieht durch die Beeinflussung der politischen Rahmenbedingungen, durch tarifvertragliche und sonstige Verhandlungen mit den Arbeitgebern und durch Beratungs- und Schulungsunterstützung der betroffenen Beschäftigten und ihrer Interessenvertretung in den Betrieben und Verwaltungen.

Die letzte Ebene der Auseinandersetzung mit den sozialen Problemen der Informationstechnik ist der einzelne Betrieb, die einzelne Verwaltung. Diese Ebene wird ausgefüllt durch Versuche, in allgemeinen Abkommen die Bedingungen der Technikentwicklung und -nutzung auszuhandeln (Betriebs-/Dienstvereinbarungen). Darüber hinaus geht es um die Mitwirkung der Interessenvertretung an der Einführung eines konkreten Systems. Schließlich wird der Einflußversuch auf einzelne Systementwicklungen direkt durch die betroffenen Beschäftigten selbst getragen (Partizipation). Bei der Partizipation wird versucht, die Gestaltung von DV-Systemen durch Einbeziehung der Betroffenen selbst auch mit deren Interessen abzustimmen. Sie bezieht sich unmittelbar auf einzelne Entwicklungsmaßnahmen. Mitbestimmung hat nur teilweise diesen Bezug zu Einzelprojekten. Sie richtet sich auch, wenn nicht gerade, auf die Festlegung von Rahmenbedingungen für betriebliche Verfahren der Systementwicklung und -nutzung sowie auf gewünschte bzw. zugelassene Eigenschaften informationstechnischer Systeme, was sich dann in Dienst- bzw. Betriebsvereinbarungen niederschlagen kann (vgl. *Breisig u.a. 1983*).

Neben diesen von den Betroffenen selbst bzw. ihren politischen Vertretungsorganen ausgehenden praktischen Versuchen der Entwicklungsbeeinflussung gibt es schließlich noch die Möglichkeit der direkt gestaltungsorientierten Bedürfnisforschung. Hierbei werden — ausgehend von einer Analyse der Interessen bestimmter Betroffenengruppen — Anforderungen an das zu entwickelnde System definiert und in den Entwicklungsprozeß eingebracht.

Die vorstehend beschriebene Vielfalt von Beeinflussungsversuchen der informationstechnischen Entwicklung ist nur analytische klar zu trennen. Viele Formen treten in Kombination auf oder suchen sich gegenseitig das Feld streitig zu machen. Die Übersicht sollte zeigen, in welch vielschichtigem Kontext die Beteiligung als Gestaltungsversuch steht, mit der wir uns in dieser Arbeit vertieft beschäftigen wollen, und daß die Erfolgschancen dieses Versuches nicht isoliert betrachtet werden können, sondern eingebettet sind in ein Kräftespiel, das auf unterschiedlichen Ebenen, mit unterschiedlichen Methoden und mit unterschiedlichen Zielen ausgetragen wird.

1.2 Beteiligungsverständnis

Beteiligung oder "Partizipation" ist eine an den Interessen der direkten Betroffenen orientierte Anpassungsmethode technisch–organisatorischer Innovationen an die Bedürfnisse der Benutzer. Sie stößt – zumindest was ihre generelle Wünschbarkeit angeht – auf einen zunächst so erscheinenden breiten Konsens. In der einen oder anderen Weise wird trotz unterschiedlicher Einschätzungen der positiven oder negativen Wirkungsbilanz der Informationstechnikanwendung von allen Seiten einer Beteiligung der unmittelbar Betroffenen zugestimmt, wie die Zusammenstellung von Äußerungen von Politikern, Arbeitgebervertretern, Gewerkschaftern, Wissenschaftlern und Unternehmensberatern in Abbildung 2 zeigt (Quelle: *Breisig u.a. 1983*, 21).

Kritisch wird es im Detail, wenn es um die Festlegung der Ziele, der Reichweiten und der Akteure der Beteiligung geht (vgl. *Cornelius/Schardt 1984*, 31f.). Hier unterscheiden sich die Einschätzungen der verschiedenen Gruppen ganz erheblich. Hier zeigt sich, daß jeder eine andere Vorstellung von Beteiligung hat, daß Gewerkschaften unter Beteiligung im wesentlichen die betriebliche Mitbestimmung verstehen und am liebsten dann auch gleich von dieser sprechen, daß Arbeitgeber mit Beteiligung Benutzermitwirkung meinen und sie von der Mitbestimmung abzugrenzen bzw. abzuschotten versuchen. Dies deutet darauf hin, daß der Begriff "Beteiligung" unscharf, wenn nicht ambivalent ist. Insbesondere wird Beteiligung nicht immer eindeutig von Mitbestimmung unterschieden, ohne daß dies nur an begrifflicher Unschärfe liegt (vgl. *Kubicek 1981*). Es läßt sich zeigen, daß Beteiligung in einen unterschiedlichen Interessenkontext eingebettet ist und damit unterschiedlichen Zielen dienen soll. Einerseits kann sie auf eine umfassende Berücksichtigung genuiner Betroffeneninteressen gerichtet sein. Andererseits kann sie lediglich auf einen Ausschnitt bezogen sein, indem sie die Akzeptanz und effiziente Nutzung der zu entwicklenden bzw. einzusetzenden Systeme sichern soll, ohne unbedingt auch tatsächlich die Interessen der Betroffenen zu berücksichtigen. Auch kann die Beteiligung dazu dienen, die Voraussetzungen dafür zu schaffen, daß die Beschäftigten bereit sind, ihr Wissen und ihre Informationen über die Arbeitsinhalte und -abläufe in ihrem Aufgabenbereich im Rahmen der Ist–Analyse zur Verfügung zu stellen.

Wie die Partizipation zwei Zielen dienen kann, so gibt es neben der Partizipation noch andere Wege zur Erreichung des Ziels der Interessenberücksichtigung. Man kann z.B. als Systementwickler versuchen, die Gewohnheiten und Interessen der entsprechenden Gruppen kennenzulernen, zu analysieren und in möglichst umfassender Weise bei der Systementwicklung zu berücksichtigen, ohne die Betroffenen an diesem Erkenntnis– und Gestaltungsprozeß zu beteiligen. Dies wäre ein "expertokratischer" Weg im Kontext der oben genannten Benutzerforschung: Experten stellen und/oder legen Benutzerinteressen fest und setzen sie in eine Systemgestaltung um; dabei sind als Experten nicht nur Systementwickler, sondern auch andere Gruppen denkbar (zu den beiden Wegen des "partizipativen" und des "expertokratischen" Ansatzes vgl. *Oppermann 1980*). Weiterhin kann die Interessenvertretung der Beschäftigten für die Interessenberücksichtigung von Benutzern und sonstigen Betroffenen sorgen. Dies wäre ein "stellvertretender" Weg der Interessenberücksichtigung (Mitbestimmung).

Nicht nur die Interessenberücksichtigung der Betroffenen, auch die anderen genannten Ziele lassen sich auf verschiedenen Wegen erreichen, nicht nur auf dem Wege über Partizipation. Zu nennen für die Akzeptanzherstellung, die Effizienzsicherung und die

Abbildung 2: Forderungen nach Beteiligung der betroffenen Arbeitnehmer bei Entwicklung und Anwendung der Informationstechnik

"Was wir brauchen sind sozial erträgliche, sozial flankierte, von den Gewerkschaften und den Verbänden mitbestimmte Umstrukturierungsprozesse."

Reimut Jochimsen, Minister für Wirtschaft, Mittelstand und Verkehr des Landes Nordrhein-Westfalen (1982)

"Das heißt, Organisationsstrukturen und Verfahrensabläufe müssen innerhalb der durch die rechtsstaatliche Bindung der Verwaltung und das Gebot der Wirtschaftlichkeit gezogenen Grenzen gleichzeitig so ausgestaltet sein, daß sie den sozialen Bedürfnissen der Mitarbeiter hinsichtlich individueller Selbstverwirklichung, Erhaltung und Verbesserung der Qualifikation und beruflicher Mobilität förderlich sind. Dazu gehören auch die Einbeziehung der jeweils betroffenen Mitarbeiter und ihrer Organisationen in die gemeinsame Lösung der Probleme, die sich in Auswirkung der neuen Techniken auf die Arbeitswelt der öffentlichen Verwaltung ergeben."

Horst Waffenschmidt, parl. Staatssekretär (1982). S. 19f.

"Da Technologie und die Form ihres Einsatzes wesentlich interessenbestimmt sind, kommt einer frühzeitigen Beteiligung der Arbeitnehmer und ihrer Vertretungsorgane bei der Entwicklung und Einführung neuer Technologien größte Bedeutung zu....
Wenn man von uns verlangt, daß wir der Forschungs- und Technologiepolitik der Bundesregierung zustimmen, so ist das auf Dauer nur denkbar – und auch gegenüber unserer Mitgliedschaft nur vertretbar –, wenn sich die Forschungs- und Technologiepolitik an qualitativen und sozialen Kriterien orientiert; wenn dabei Mitbestimmung vor Ort praktiziert wird."

Roland Issen, Mitglied des Bundesvorstandes der Deutschen Angestelltengewerkschaft (1982)

"Es hat sich gezeigt, daß die bestehenden Gesetze (Betriebsverfassungsgesetz, Bundesdatenschutzgesetz etc.) dem Einsatz von computergestützten Informationssystemen nur bedingt gerecht werden können. Eine Änderung und Anpassung dieser Gesetze an die neuere technologische Entwicklung wäre eine notwendige Bedingung für eine qualifizierte Mitbestimmung der Arbeitnehmer. ...
Auf der Ebene der betrieblichen Interessenvertretung müßte schließlich durchgesetzt werden, daß jedes computergestützte Informationssystem nur nach Abschluß einer entsprechenden Betriebsvereinbarung konzipiert und eingeführt werden darf. Dabei muß die Informations- und Diskussionsmöglichkeit aller "Betroffenen" gewährleistet sein."

Fraunhofer-Institut für Produktionstechnik und Automatisierung (1981), S. 714 und 716

"Ich bin auch davon überzeugt, daß die Gesellschaft dezentral damit fertig werden muß. Der jeweilige Betriebsrat, beraten von der jeweiligen Gewerkschaft, muß sich darum kümmern. In Betriebsvereinbarungen oder in kollektiven Tarifverträgen muß versucht werden, der jeweiligen Probleme Herr zu werden. Das entwickelt sich so schnell, daß man das zentral überhaupt nicht machen kann. Ich glaube, der Gesetzgeber kann nur allgemeine Tatbestände schaffen."

Andreas von Bülow, ehem. Bundesminister für Forschung und Technologie, Spiegel-Gespräch (1982), S. 248

"Wir sind in unserer geschichtlichen Entwicklung nach 1945 nicht diejenigen gewesen, die gegen Rationalisierung und technische Entwicklung Widerstand geleistet haben, weil wir auf der anderen Seite Tarifabschlüsse bekamen, die wieder einen Ausgleich für dieses Entgegenkommen gebracht haben. Jetzt aber ist die Reformpolitik zu. Die Unternehmer haben einen Tabukatalog aufgebaut. Wir schaffen keine Tarifverträge des Volumens mehr, um diese Rationalisierungen aufzufangen. Deswegen müssen wir unsere Politik überprüfen, ob wir gegenüber den neuen Technologien nicht mehr Widerstand leisten, es sei denn die Unternehmer vereinbaren mit uns Einführungsbedingungen. ...
Wir brauchen neue Vereinbarungen über Planungs- und Gestaltungsmitwirkung, bei den ganzen Personalplanungsprozessen und bei den Einführungen, also schon im Stadium der Planung."

Lothar Zimmermann, Mitglied des geschäftsführenden Bundesvorstandes des DGB (1982)

"Die soziale Kommunikation sollte entsprechend ihrer großen Bedeutung für die wirtschaftliche, technische und ökonomische Entwicklung als wichtiger Ansatzpunkt der Wirtschafts- und Finanzpolitik angesehen werden, in diesem Rahmen wäre etwa zu denken an:
...
– gezieltes Einschalten der Verbände und der sozialen Gruppen in den Dialog zu technisch-ökonomischen Veränderungen
...
Hierunter fällt auch die Weiterentwicklung der Mitbestimmung, die für die ökonomisch-soziale und technische Entwicklung der Bundesrepublik von größter Bedeutung ist."

Prognos AG, in: BMFT (1980), S. 174f.

"Empfehlung 1:

Die von technisch-organisatorischen Innovationen betroffenen Mitarbeiter sind frühzeitig über die Veränderungen zu informieren und in den Planungsprozeß einzubeziehen. Den Mitarbeitern sind Mitwirkungsmöglichkeiten zu eröffnen."

Bayerisches Staatsministerium für Arbeit und Sozialordnung (1981), S. 45

"Zur Vermeidung negativer Veränderungen am Arbeitsplatz durch Dequalifizierung , Kompetenzbeschneidungen und/o oder Abnahme der individuellen Autonomie sind die Mitbestimmungsrechte der Arbeitnehmer in Zusammenhang mit dem Einsatz von I+K-Techniken in Betrieben und Verwaltungen zu erweitern:
– Erweiterung der effektiven Mitbestimmungsrechte des Betriebsrates für die Einführung grundlegend neuer Arbeitsmethoden sowie die Gestaltung der Arbeitsplätze, wie sie sich als Folge des Einsatzes der I+K-Techniken in den Betrieben ergeben.
– Erweiterung der Beteiligungsbefugnisse in der Planungs- und Einführungsphase
– Erweiterung der Mitbestimmungsrechte auf die Gestaltung des Arbeitsablaufs und der Arbeitsorganisation."

Arbeitsgruppe der SPD-Bundestagsfraktion (1982), S. 7

"Deshalb ist eine wirksame Mitbestimmung der betroffenen Arbeitnehmer und ihrer Interessenvertretung die notwendige Voraussetzung für die sozial vertretbare Einführung neuer Technologien. Dabei ist eine Grunderfahrung, daß bei Rationalisierungsprozessen durch Einführung von Informationstechnik sehr früh im Planungsprozeß die Weichen gestellt werden. Die Personalräte müssen schon beim ersten Planungsschritt eingeschaltet und laufend, während der gesamten Planungs- und Einführungsphase, beteiligt werden. Leider aber zeigen unsere Erfahrungen, daß sie in der Regel zu spät, unvollständig oder gar nicht informiert werden, so daß sie nur noch schwer wirksam Einfluß nehmen können.
Ich füge an dieser Stelle in Klammer hinzu: Wer diese Gesichtspunkte nicht beachtet, braucht sich nicht über eine Ausbreitung generell technikfeindlicher Grundstimmungen zu wundern. Wenn eine solche Stimmung schon jetzt in Ansätzen besteht, so macht dies die Notwendigkeit von Information, Kooperation, aber auch von Mitbestimmung und rechtlich verbindlichen Übereinkünften verstärkt deutlich."

Gustav Fehrenbach, DGB Bundesvorstand (1982), S. 33

Informationsbeschaffung sind Führungsdruck der Leitungsebenen und auch hier expertokratische Mittel der Systemanalyse (evtl. — bei Beobachtungsmaßnahmen oder sonstigen reaktiven Verfahren — verbunden mit dem Führungsdruck der Vorgesetzten).

Beides ist damit doppelwertig, das Ziel kann auf unterschiedlichem Wege erreicht werden und der Weg kann unterschiedlichen Zielen dienen. Diese Ambivalenz macht die theoretische, vor allem aber praktische Schwierigkeit der Beteiligung und ihrer Abgrenzung gegenüber Mißbrauch und Mißverständnissen aus. Abbildung 3 zeigt die verschiedenen Wege und Ziele im Überblick.

Abbildung 3: Doppelwertigkeit von Partizipation: Weg- und Zielambivalenz

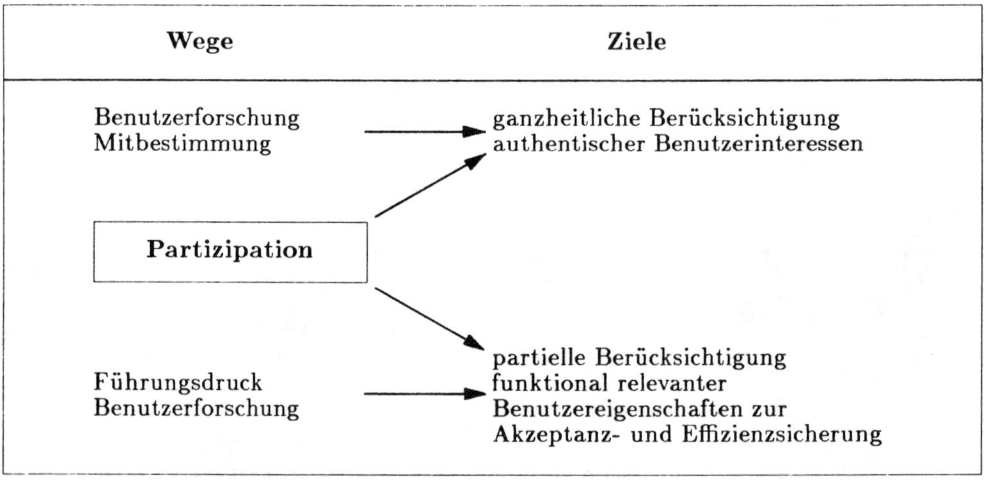

Diese Ambivalenzen zeigen, daß es unterschiedliche Konzepte von Beteiligung gibt, so daß wir bestimmen müssen, was wir unter Beteiligung verstehen wollen. Wir müssen dabei berücksichtigen, daß eine solche Bestimmung nicht nur eine begrifflich–definitorische Fingerübung sein kann. Der Begriff der Beteiligung stellt nämlich keinen wissenschaftlich (beliebig) abzugrenzenden Gegenstand dar, sondern steht außer in unterschiedlichen Denktraditionen auch in einem politischen, durch gegensätzliche Ziele und Interessen bestimmten Positionenstreit.

Beteiligung oder Partizipation wird in der wissenschaftlichen, namentlich in der politikwissenschaftlichen Literatur als eine Form des Einflußversuches auf Entscheidungen durch direkte Aktivitäten solcher Personen und Gruppen verstanden, die von diesen Entscheidungen oder ihren Folgen betroffen und nicht schon qua Amt oder Funktion für diese Entscheidungen zuständig sind (vgl. *Alemann 1975*; *Buse/Nelles/Oppermann 1977*). Sie wird als ein Beitrag zur Vitalisierung der Demokratie, der Selbstbestimmung und Emanzipation der Bürger begriffen. Ihr kommt ein Wert an sich zu und sie braucht sich nicht über andere Werte zu legitimieren. Sie ist also selbst Ziel und nicht nur Mittel zum Ziel. Schon in dem Kontext der politikwissenschaftlichen Betrachtung treten jedoch instrumentelle Begründungen auf, die in der Beteiligung ein Mittel zur

Integration (vgl. *Gronemeyer 1973*) und zur Vermeidung von Apathie oder Chaos (vgl. *Lane 1959*) sehen (vgl. zusammenfassend in *Zimpel 1970*). Wir können an dieser Stelle unmöglich die verschiedenen Positionen und Traditionen der politischen und politikwissenschaftlichen Entwicklung von Partizipation nachzeichnen. Wichtig ist jedoch für unseren Zusammenhang, daß schon hier die unterschiedliche Auffassung der Beteiligung als Wert an sich oder als Mittel zum Zweck angelegt ist und daß außerdem die instrumentelle Betrachtung auch hier bereits eine Ambivalenz aufweist hinsichtlich unterschiedlich bewerteter Ziele von Partizipation. Die einen betrachten die Beteiligung als Instrument der Vereinnahmung, der Befriedung, der nur symbolischen, ritualisierten Austragung von Konflikten. Die anderen sehen hingegen in der Beteiligung einen Weg der Selbstbehauptung, der Sicherung legitimer Betroffeneninteressen. Wieder andere verweisen auf die in sich ambivalenten oder vermittelnden Effekte der Integration, Legitimation oder Transparenz. Wichtig ist außerdem, daß Beteiligung im politischen Kontext ein nur partiell zugelassenes Instrument der ansonsten repräsentativ geordneten Meinungsbildung und Entscheidungsfindung ist, daß dieses partiell zugelassene Instrument jedoch in der Praxis von den Betroffenen oftmals über diesen Rahmen hinaus als Recht gefordert oder praktisch wahrgenommen wird (vgl. *Alemann 1975*; *Buse/Nelles/Oppermann 1977*).

1.3 Bedingungen für Beteiligung

Die Koppelung der Beteiligung an das Konzept der Betroffenheit ist theoretisch wie empirisch nicht unproblematisch. Eine Abgrenzung des Kreises der Betroffenen ist nur selten eindeutig möglich. Sie wird politisch oftmals benutzt, um bestimmte mißliebige Akteure aus dem Beteiligungsgeschehen auszugrenzen. Dabei wird die Betroffenheit in einer legitimatorischen Funktion gebraucht: nur derjenige, der betroffen ist, gilt als zur Beteiligung berechtigt. Ebenfalls problematisch ist die Betroffenheit als motivationaler Faktor zur Beteiligung. Betroffenheiten im Sinne von materiellen wie immateriellen Mängellagen sind absolut wie relativ in so verbreitetem Maße vorhanden, daß es den einzelnen unmöglich ist, sich in jedem Bereich zu engagieren, und daß selbst eine begründete Auswahl der Aktivitätsfelder schwerfällt. Entsprechend wird an dem Konzept der Betroffenheit oder der relativen Deprivation kritisiert, daß es nicht erklären kann, warum sich gerade bestimmte Personen aus dem großen Kreis der Betroffenen engagieren: "Grievances are everywhere, movements not" (*Japp 1984*, 316; vgl. auch *Nelles 1984*, 427). Oftmals sind sogar diejenigen, die "objektiv" am stärksten betroffen sind, zu einer Beteiligung weder bereit noch in der Lage. Umgekehrt beteiligen sich aber durchaus auch oder stattdessen solche Personen, die zwar nicht betroffen sind, sich aber für die mit dem Entscheidungs-/Entwicklungsgegenstand verbundenen Themen interessieren. Dies kann aus einer sozialen Motivation des stellvertretenden Einsatzes für die Interessen der betroffenen Gruppen gespeist sein (vgl. als professionelles Konzept hierzu die Anwaltsplanung – *Brech/Greiff/Institut Wohnen und Umwelt 1978*). Dies kann aber auch durch persönliche Interessen begründet sein, die der Betreffende mit dem jeweiligen Thema verbindet.

An dem Defizit der Erklärungskraft des Betroffenheitskonzeptes für Beteiligung setzt die Theorie der Ressourcenmobilisierung an. Für die Entstehung einer Beteiligung wird von ihr eine Verschiebung in der Ressourcenlage angenommen. Deprivation ist durch das Fernhalten von Personen aus institutionellen Politikarenen und durch die Vorenthaltung von politischen, personellen und finanziellen Ressourcen bestimmt. Durch Aktivitäten "von reformorientierten Fraktionen des Elitekartells" (*Japp 1984*, 316) werden für die Betroffenen Veränderungen initiiert, die darauf gerichtet sind, den Betroffenen die erforderlichen Ressourcen verfügbar zu machen.

Wir sehen in den beiden Theorieansätzen letztlich keinen notwendigen Gegensatz. Vielmehr fassen wir beide Bedingungen, die eigene Deprivation oder Betroffenheit und die Verfügung über bzw. das Verfügbarmachen von geeigneten Ressourcen, als Bestimmungsfaktoren von Beteiligung auf: Ohne eine Koppelung der Beteiligung an die Kategorie der Betroffenheit wird der Sinn, die Zielrichtung von Beteiligung als Korrektiv der Interessenbeeinträchtigung durch Fremdbestimmung sowie als Ergänzung von repräsentativer Interessenvertretung aufgegeben. Man hat es dann lediglich mit sozialem Handeln generell zu tun. Der Rekurs auf die Ressourcenverfügung ist ebenfalls erforderlich, denn ohne ein Mindestmaß an zeitlich, qualifikatorischen und "politischen" Ressourcen ist Beteiligung nicht zu realisieren. Trivial ist diese Bedingung nicht, da oftmals die am massivsten Betroffenen diejenigen sind, die die wenigsten Ressourcen mobilisieren können.

Beide Faktoren, Betroffenheit und Ressourcen, werden für eine Beteiligung nur wirksam, wenn sie von den betreffenden Subjekten auch als solche erkannt werden. Es ist also ein Vermittlungsprozeß anzusetzen zwischen objektiven Bedingungen und subjektiver Wahrnehmung. Hiermit werden wir uns im Kapitel 5 ausführlich beschäftigen. Die Wahrnehmung muß sich nicht nur auf die Betroffenheit als solche beziehen. Sie muß nach unserer eigenen Konzeption und auch nach den Auffassungen von Vertretern der Deprivationstheorie die eigene Betroffenheit auch in einem bestimmten Licht sehen (vgl. *Brand 1982*, 31): Erstens muß die in der Betroffenheit angelegte Interessenbeeinträchtigung nicht anders als durch eine aktive Einflußnahme des betroffenen Subjektes vermeidbar erscheinen. Dem betrieblichen oder politischen System wird also eine eigenmotivierte Ausrichtung des Handelns an den Interessen der Betroffenen abgesprochen. Zweitens wird von dem Betroffenen angenommen, daß er eine genügend hohe Erfolgserwartung in das Ergebnis des eigenen Handelns entwickelt hat, d.h. die Verschiebung in der Ressourcenlage wird von dem betroffenen Subjekt erkannt.

Alle genannten Bedingungen, die objektiv bestehende Betroffenheit und Ressourcenverfügbarkeit samt ihrer subjektiven Wahrnehmung sowie die subjektive Einschätzung der Notwendigkeit und die der Erfolgsaussicht von Beteiligungsaktivitäten der betroffenen Person, hängen das Konzept der Beteiligung an einen sehr hohen Haken. Es handelt sich bei dieser Bestimmung allerdings auch um eine idealtypische Charakterisierung der Beteiligung. Damit werden real vorfindbare Aktivitäten, die sich auf die Beeinflussung von Planungs- und Entscheidungsprozessen richten, bewertbar. Mit der Bezeichnung "idealer Beteiligungsbegriff" soll bereits jetzt betont werden, daß reale Beteiligung praktisch mit diesem Begriff nicht deckungsgleich sein muß. Der ideale Begriff dient uns allerdings dazu, vorfindliche Formen der realen Beteiligung zu messen, ohne diese empirisch vorfindbaren Phänomene des Engagements von vornherein durch die Klassifizierung als Nicht-Beteiligung brandmarken zu müssen. Eine solche Verdammung "zarter Pflanzen" hieße, das Kind mit dem Bade auszuschütten.

1.4 Beteiligung bei betrieblichen Innovationen

Wenden wir uns nach der Betrachtung des Beteiligungskonzeptes im Kontext politikwissenschaftlicher Diskussion nun der Beteiligung im Bereich von Wirtschaft und Verwaltung zu. Stärker als im politischen Kontext spielt hier die instrumentelle Rolle der Beteiligung gegenüber einer Betrachtung der Beteiligung als Wert an sich eine Rolle[1]. Beteiligung soll der Akzeptanzerhöhung und Effizienzsicherung sowie der benutzer- und betroffenengerechten Gestaltung von technischen, organisatorischen und sozialen Maßnahmen in Betrieben und Verwaltungen dienen. Besonders bei umstrittenen und für die Betroffenen problematischen Innovationen wie der Einführung von Informationstechnik kommt dieser instrumentellen Komponente eine besondere Bedeutung zu, da sie auf die *Gestaltung* des problematischen Bereichs abzielt. Beteiligung von Planungs- und Innovationsbetroffenen soll dem Management der Anwenderorganisation einen Weg der Loyalitäts- und Leistungssicherung bieten; für die Betroffenen soll sie einen Weg zur Sicherung ihrer Interessen darstellen.

Beteiligung von Planungsbetroffenen durchbricht im Bereich der Wirtschaft und Verwaltung in einer noch anderen Qualität als im Bereich des Staates das grundlegende Ordnungsprinzip. Herrschaftsausübung wird in unserem politischen System demokratisch kontrolliert. Beteiligung von Betroffenen ist Teil einer demokratischen Norm und ergänzt basismäßig die repräsentative Kontrolle. Im Bereich der Wirtschaft gilt zunächst das alleinige Verfügungsrecht des Kapitals. Eine Wirtschaftsdemokratie ist in den Industriegesellschaften formal und faktisch nicht gegeben. Sie ist die Vision der einen und das Schreckgespenst der anderen geblieben (vgl. *Alemann 1975*; *Vilmar 1975*). Es gibt allerdings abgestufte Instrumente der Einschränkung des Alleinentscheidungsrechtes der Arbeitgeberseite durch verschiedene Formen der Mitbestimmung der Beschäftigten. Als weitestgehende Form der Mitbestimmung kann derzeit das Montanmitbestimmungsmodell betrachtet werden. Legalisierte Formen partieller Kontrolle der Alleinentscheidungsansprüche im Bereich der Wirtschaft und der öffentlichen Verwaltung sind grundsätzlich kollektiv angelegt. Sie bestehen in der Mitbestimmung von Vertretungsorganen der Beschäftigten (Betriebs-/Personalräte, Arbeitnehmervertreter im Aufsichtsrat, Arbeitsdirektor). Diese Mitbestimmungsmöglichkeiten sind gesetzlich geregelt (Montanmitbestimmungsgesetz von 1951, Betriebsverfassungsgesetz von 1972, Bundes- und Landespersonalvertretungsgesetze). Sie bilden das Ergebnis von politischen Machtkämpfen. Sie stellen einen wesentlichen Einschnitt in Herrschaftspositionen dar, auch wenn der Effekt dieses Einschnittes in den beteiligten Gruppen unterschiedlich bewertet wird. Beteiligung der einzelnen Betroffenen tritt neben diese kodifizierte kollektive Mitbestimmung. Sie stellt nicht nur einen Anspruch auf demokratische Kontrolle dar, sondern tritt auch in Konkurrenz zu den genannten kollektiven Kontrollinstanzen. Beteiligung ist nicht immer und ausschließlich ein individueller Akt eines einzelnen Planungsbetroffenen, sondern findet im Gegenteil — vor allem unter Durchsetzungsgesichtspunkten — meist als Gemeinschaftsaktion statt. Beteiligung braucht sich jedoch im Gegensatz zur Mitbestimmung nicht durch ein Repräsentationsprinzip auszuweisen, sondern muß sich höchstens inhaltlich durch Verweis auf Verträglichkeit

---

[1] Vgl. *Ives/Olson 1984*; *Kubicek 1980a*; *Mumford/Welter 1983*; *Oppermann 1983*; kontrovers hierzu explizit *Cornelius/Schardt 1984*, 33.

mit kollektiven Interessen legitimieren. Beteiligung ergänzt den Einschnitt in Alleinentscheidungsrechte nicht nur um den Einbezug weiterer Akteure, der direkt Betroffenen. Beteiligung hat darüber hinaus noch einen anderen Charakter der Aufhebung von Alleinherrschaft. Sie durchbricht das im Prinzip auch unter Mitbestimmung wohl geordnete Muster der Verteilung von Macht und Einfluß, von Rechten und Pflichten. Klare Kompetenzzuordnungen werden nämlich durch Partizipation faktisch aufgehoben und neu verteilt, ohne daß diese Neuverteilung — von Ausnahmen abgesehen, z.B. durch Dienst-/Betriebsvereinbarungen — formal nachvollzogen und sanktioniert wird. Betroffene "mischen sich also ein" in eine Meinungsbildung und Entscheidung(svorbereitung), für die sie nicht zuständig sind, d. h. die von der gültigen Ordnung anderen fachlichen oder hierarchischen Instanzen zugeordnet sind. Sie spielen mit in einem Konzert, dessen Partitur sie als Akteure nicht vorsieht. Darin liegt ein Grund für die Anfälligkeit von partizipativen Prozessen für Disharmonien. Dies verweist für den Handlungsablauf einer Systementwicklung auf die Notwendigkeit einer gegenseitigen Abstimmung von Handlungsbeiträgen. Die Interaktionen der Akteure müssen, um ein Bild aus der Bewegungslehre zu gebrauchen, aufeinander abgestimmt werden wie bei einem "Tanz", ohne daß sich der eine Partner über die Schrittmöglichkeiten und -wünsche des anderen Partners hinwegsetzt (vgl. *Boland 1978*, 888; *Robey/Farrow 1982*, 75).

1.5 Unterschiedliche Ansätze der Beteiligung

Beteiligungskonzepte lassen sich grob in zwei Gruppen ordnen. Die *harmonie- oder konsensorientierte* Variante der Beteiligungsperzeption geht von einer prinzipiellen Verträglichkeit der Interessen der verschiedenen Gruppen aus. Von praktischer Bedeutung für diese Position im Bereich der Systementwicklung sind v.a. die Arbeiten von Mumford, Land und Hawgood. Sie beziehen sich explizit auf die oben erwähnte soziotechnische Schule. Sie weisen jedoch insofern über diesen Ansatz hinaus, als sie explizit die Systemkomponente mit als Gestaltungsobjekt begreifen und nicht allein die organisatorische Komponente und den Faktor Mensch an das technische System anpassen, um damit zur Befriedung sozialer Ansprüche zu gelangen (vgl. *Sydow 1985*, 75ff.). Immerhin geht es auch schon bei dem soziotechnischen Ansatz um eine *tatsächliche* Veränderung, eine Anpassung des organisatorischen Subsystems an das technische Subsystem. Human-Relations-Ansätze, von denen die soziotechnische Schule ihren Ausgang nahm, und die darauf aufbauende personal orientierte Ausrichtung der Organisationsentwicklung konzentrieren sich lediglich auf individualpsychologische oder gruppendynamische Aspekte der "Aufschließung" und Anpassung von Organisationsmitgliedern im Hinblick auf Organisationsstruktur und -aufgabe. Sie zielen also auf Veränderungen der "inneren" Situation der Organisationsangehörigen. Der soziotechnische Ansatz als strukturelle Weiterentwicklung der Human-Relations-Schule zielt hingegen auch auf Veränderungen der "äußeren" Situation der Organisationsmitglieder (vgl. *Liebig 1980*, 198). Abbildung 4 stellt die Unterschiede zwischen den genannten Ansätzen dar.

Abbildung 4: Vergleich verschiedener Ansätze der Organisationsentwicklung

○ **Human Relations–Ansätze unterstellen:**

Arbeitsaufgabe/Arbeitsausstattung	= gegeben
Organisation	= gegeben
psychologische und gruppendynamische Faktoren	= **veränderlich**

○ **Soziotechnische Ansätze unterstellen:**

Arbeitsaufgabe/Arbeitsausstattung	= gegeben
Organisation	= **veränderlich**
psychologische und gruppendynamische Faktoren	= **veränderlich**

○ **Partizipative Ansätze unterstellen:**

Arbeitsaufgabe/Arbeitsausstattung	= **veränderlich**
Organisation	= **veränderlich**
psychologische und gruppendynamische Faktoren	= **veränderlich**

Mumford, *Land* und *Hawgood* entwickelten unterschiedliche Modelle partizipativer Vorgehensweisen bei der Systementwicklung. Ihnen geht es um Verfahren der praktischen Integration von "sozialen" und "technischen" Interessen, d.h. wie bringen die Benutzer ihre Interessen ein? Nach *Mumford*, *Land* und *Hawgood* geschieht dies durch Partizipation, die in dreierlei Ausprägungen möglich ist:

1. Konsultative Partizipation

   Die Entscheidungen fallen auf der Leitungsebene. Auf niedriger Hierarchiestufe wird eine Beratungsinfrastruktur aufgebaut, durch die die Benutzer die Gelegenheit haben, ihre Vorstellungen zu äußern und das System mitzubearbeiten.

2. Repräsentative Partizipation

   An die Entscheidungsbefugnis der Leitungsebene wird hier nicht gerührt. Die Mitarbeiter können jedoch Repräsentanten wählen, die an der Entwicklungsarbeit als feste Mitglieder des Entwicklungsteams teilnehmen.

3. Konsentive Partizipation

   Hier erhalten alle Beteiligten die Möglichkeit, in bestimmten Fragen[1)] Vorstellungen zu äußern und Ziele diskursiv festzulegen.

Die Konsensorientierung ist konstitutiv für diese Autoren, weil sie davon ausgehen, daß eine gemeinsame Lösung, ein Interessenausgleich der beteiligten Gruppen und Personen möglich ist und daß diese Lösung von gemeinsamem Vorteil ist. Den Systementwicklern

---

1) Efficiency and job satisfaction needs — *Mumford/Land/Hawgood 1978*, 7.

kommt dabei die Rolle zu, den Prozeß zu organisieren und als neutraler Vermittler (facilitator), nicht aber als Interessenvertreter (missionary) zu fungieren. Sie unterstützen die Benutzer bei der Erarbeitung der Lösungen oder erarbeiten sie selbst und stellen sie dann zur Diskussion oder zur Wahl. Der Ansatz akzeptiert die bestehende Wirtschaftsordnung und herrschenden Machtverhältnisse. Er ist pragmatisch an dem Möglichen orientiert. Er geht davon aus, daß es gemeinsame Interessen und Ziele von Kapital und Arbeit gibt, ohne dies jedoch — im Gegensatz zu anderen Positionen (z.B. *Fricke/Fricke 1977*; *Vilmar 1973*) — näher zu reflektieren oder einzugrenzen. Was möglich ist, d.h. welche Reichweite Partizipation hat, welche Gegenstände zur Disposition stehen und welche Lösungen letztlich verwirklicht werden, hängt von dem Willen des Managements und der Systementwickler ab, die den Gestaltungsspielraum festlegen. Die Organisationsziele und die Ziele, die mit dem Einsatz des Systems verbunden sind, werden nicht hinterfragt. Es darf außerdem bezweifelt werden, ob in den praktischen Arbeiten und den Experimenten der soziotechnischen Schule tatsächlich eine gegenseitige Anpassung von technischen und sozialen Komponenten im Sinne einer gemeinsamen Optimierung erfolgt oder ob es sich in Wirklichkeit nicht vielmehr um einen "optimalen Fit" des sozialen Subsystems an das als gegeben betrachtete technische Subsystem handelt (vgl. *Sydow 1985*, 75ff.). Zusammenfassend kann deshalb die Einschätzung der Human-Relations-Theorien durch Argyris auch auf den soziotechnischen Ansatz bezogen werden, ohne damit allerdings die Leistungen dieser Schule schmälern zu wollen: "Während einerseits also das Individuum den Ausgangs- und Mittelpunkt der Forschung bildet, ist andererseits die Organisation — deren Effizienz — der entscheidende Bezugspunkt" (*Argyris*, zitiert nach *Baars 1973*, 5).

Der konsensorientierte Ansatz sozio-technischer Prägung wird als Strategie kritisiert, mit deren Hilfe bei den Arbeitnehmern

— Zielkonformität mit den gesetzten Organisationszielen erreicht wird;

— Loyalität geschaffen wird durch partielle Einflußnahme auf Detailprobleme;

— Akzeptanz bei der Implementation erreicht wird;

— Motivation zur Anwendung des neuen Systems geschaffen wird, obwohl eine Fremdbestimmung der Rahmenbedingungen vorliegt.

"Firstly, if they do participate they will run the risk of being outmanœuvred in design process and to become victims of what is called symbolic politics" (*Bjøern-Andersen 1979*, 7).

Die andere Variante ist die *konfliktorientierte* Perspektive. Sie geht davon aus, daß prinzipiell unvereinbare Positionen existieren, daß Interessengegensätze eine gemeinsam wünschenswerte Lösung für den Einsatz von Informationstechnik ausschließen, daß es "Gewinner und Verlierer" gibt (*Robey/Farrow 1982*, 74). Ausschlaggebend für das Handeln ist nach dieser Position die Vorstellung, den eigenen Nutzen nur auf Kosten anderer maximieren zu können (Nullsummenspiel). Der Handlungserfolg hängt dabei ab von der Konfliktstärke der jeweiligen Gruppe oder Person und von der "Raffiniertheit" der Strategie, mit der Informationen verschafft und gestreut, Koalitionen gebildet, Winkelzüge verfolgt sowie die Handlungen der konkurrierenden Parteien antizipiert werden. Auch zu dieser Vorgehensweise ist Flexibilität, Sensibilität und Empathie erforderlich, allerdings nicht mit dem Ziel der Konkordanz, sondern der Optimierung der eigenen Nutzenbilanz im Wettkampf der konkurrierenden Interessen.

Von den Verfechtern insbesondere einer *gewerkschaftlichen* Gegenmacht–Strategie von Systementwicklung wird ein Interessengegensatz zwischen Organisationszielen (Kapital) und Arbeitnehmerinteressen (Arbeit) gesehen, der durch ein Aushandeln nicht aufgehoben werden kann. Die Metaziele der Vertreter dieser Entwicklungsphilosophie gehen über die Verbesserung der Arbeitssituation hinaus in Richtung eines Beitrages zur Verwirklichung industrieller Demokratie bis hin zur Selbstbestimmung. Den soziotechnischen Ansätzen wird zugute gehalten, daß auch sie Partizipation fordern und z.B. für teilautonome Gruppen von Benutzern plädieren. Es wird jedoch kritisiert, daß die Gegenstände der Partizipation immer nur partiell bleiben, z.B. das engere Arbeitsumfeld zum Gegenstand haben und die unterschiedlichen Organisationsziele nicht genügend berücksichtigen. Partizipation habe so eine Befriedungsfunktion und versöhne die Arbeitnehmer mit dem System, obwohl dies deren Interessen nachhaltig verletze. Deshalb wird von einigen Wissenschaftlern Partizipation bei der Systementwicklung auf betrieblicher Ebene ohne rechtliche Absicherung und gewerkschaftliche Unterstützung abgelehnt:

"Users if they participate with the weak power bases they have today will be hostages of a development, they cannot control" (*Bjøern-Andersen 1979*, 7).

Welche Lösung wird alternativ vorgeschlagen? Der Systementwickler müßte hiernach seine vordergründig interessenneutrale Position aufgeben und interessenbezogen sein Wissen einbringen, um arbeitnehmerbezogene Informationssysteme zu entwickeln. Dabei benutzt er die vorhandene gewerkschaftliche Organisation, um seine Ziele zu erreichen. Langfristiges Ziel dieses Ansatzes ist es, daß nicht die Systemanalytiker, sondern die betroffenen Arbeitnehmer selbst die Ziele eines Systems definieren und die Systemanalyse betreiben und der Systemanalytiker — quasi im Sinne von Politikberatung — sich beratend und unterstützend im Hintergrund hält (*Fjalestad/Pape 1980*). Eine derartige Vorgehensweise von Systementwicklung ist letztlich nur innerhalb einer industriellen Demokratie möglich. Dieser Ansatz ist daher langfristig ausgerichtet und kalkuliert konflikthafte Auseinandersetzungen ein. Er ist in diesem Sinne konfliktorientiert.

Kubicek charakterisiert die beiden Denkrichtungen der konsens– und konfliktorientierten Ansätze, die ihre praktische Entsprechung in Ansätzen der Systementwicklung haben, wie folgt:

— "The Anglo–American approach of user involvement concentrates on direct user participation, adopts a management perspective and stresses job design, job satisfaction and ergonomic factors.

— The union control approach deals with system design as a matters of industrial relations, concentrates on technology or data agreements, stresses the influence of worker representatives, strives for trade union control of design processes in order to secure workers' interests in such matter as job security, pay, health and safety" (*Kubicek 1983*, 5).

Williams unterscheidet innerhalb der gewerkschaftlichen Strategien der Kontrolle des technologischen Wandels zwischen Ansätzen, bei denen die lokalen Gewerkschaften durch direkte Mitarbeit am betrieblichen Entwicklungsprozeß Einfluß zu nehmen versuchen, und solchen, bei denen sie Forderungen aufstellen oder Rahmenbedingungen setzen und deren Einhaltung kontrollieren.

Aufgrund der bisherige Erfahrungen mit den beiden Formen der gewerkschaftlichen Strategien stellt Williams fest, daß auch sie nur eine begrenzte Möglichkeit zur Einflußnahme darstellen. Bei den ersten Ansätzen (internal involvement) kam es zu einer Entfremdung zwischen den konkret Mitarbeitenden und der Gewerkschaft, die in einer passiven Rolle verblieb, und es zeigte sich, daß die Gewerkschaften nicht in der Lage waren, ein deutlich unterschiedliches System vorzuschlagen, weil ihnen die konkreten, alternativen Perspektiven fehlten.

Auch die zweiten Ansätze zeigten Probleme auf. Eines davon ist die fehlende oder mangelhafte Rückkopplung und Übereinstimmung zwischen Arbeitnehmern und ihren Repräsentanten (vgl. *Williams 1983*, 397f.).

Die erfahrenen Grenzen sowohl der sozio–technischen wie auch der gewerkschaftlichen Positionen führten zu Forderungen, konsensorientierte Ansätze und konfliktorientierte Gegenmachtansätze nicht alternativ, sondern komplementär zu begreifen. In die gewerkschaftlichen Ansätze sollte Benutzerbeteiligung integriert werden. Kubicek fordert "that the users should be integrated into the negotiation structure. From a trade union perspective this is necessary both for coping with qualitative issues and for counteracting management strategies of user involvement" (*Kubicek 1983*, 7).

Wir halten beide bisher skizzierte Strategien für problematisch, und zwar nicht nur ergebnisbezogen, d.h. unter Effizienzgesichtspunkten, sondern weil wir glauben, daß sie nicht von zutreffenden Annahmen ausgehen. An beiden Positionen kritisieren wir, daß sie sich an der Vorstellung orientieren, daß das Ziel jeder Gruppe von vornherein bestimmbar ist, daß es nur darum geht, entweder dieses Ziel als ein gemeinsames zu entdecken und miteinander abzustimmen (im Fall der harmonieorientierten Position) oder die Gruppenziele als widersprüchlich zu erkennen und die jeweiligen Eigenziele fest in den Blick zu nehmen und durchzusetzen (im Fall der konfliktorientierten Position). Wir gehen vielmehr von einer Vorstellung von Systementwicklung aus, nach der eine Wechselbeziehung zwischen Zielen und Zielrealisation in der Weise besteht, daß am Ausgangspunkt zwar Teil– oder Globalziele existieren, daß jedoch im Umsetzungsprozeß von Systemanalyse, neuer Systemgestaltung und Systemevaluation laufend eine Präzisierung, Erweiterung und Modifizierung dieser Ziele erfolgt. Die Akteure entdecken und bestimmen ihre Ziele im Detail erst im Verlauf der Entwicklung. Daraus folgt, daß man nicht einen geradlinigen Weg beschreiten kann, sondern Lernprozesse und Umwege einkalkulieren muß. Solche Vorgehensweisen setzen — wie bei den beiden ersten Perspektiven — ebenfalls Flexibilität, Sensibilität und Empathie voraus, allerdings hier weder aus Sympathie– noch aus Antipathiegründen, sondern weil man bei einer partizipativen Systementwicklung auf die erfolgreiche Kooperation von wissens– und machtmäßig sehr heterogenen Personen/Gruppen angewiesen ist.

Dieses Aufeinander–Angewiesen–Sein und der faktische Zwang zu Kooperation und Kompromißbildung ist für uns das entscheidende Moment einer Systementwicklung im Hinblick auf Ansatzpunkte für eine Betroffenenbeteiligung. Dieses Element unterscheidet die Systementwicklung von vielen anderen Bereichen der Beteiligung. Das Aufeinander–Angewiesen–Sein und der Zwang zum Kompromiß kann sich auf den Analyse–

und Entwicklungsprozeß beziehen, dort, wo es um grundlegend neue Systeme geht und das Wissen und Probehandeln der Benutzer relevant ist; es kann sich auch lediglich auf die Einführung von fertigen Systemen beziehen, dort, wo die Akzeptanz und Leistungsbereitschaft der Benutzer sichergestellt werden muß.

Nicht jedes Systementwicklungs- oder -einführungsprojekt läßt eine partizipative Vorgehensweise zu bzw. läßt ihr Eintreten erwarten. Wo ein Entwicklungsteam ein System autonom und autark einführen kann oder zumindest meint, dies zu können, wo keine Notwendigkeit zu Kompromissen gesehen wird, wo keine Fähigkeit oder Bereitschaft zur Kooperation vorhanden ist, wo die Machtverteilung ausgeprägt asymmetrisch ist und es erlaubt, Veränderungen auch gegen Widerstände erfolgreich durchzusetzen, dort kann kaum mit einer Partizipation gerechnet werden.

Die einseitig konsensorientierten wie konfliktorientierten Konzepte der Beteiligung übersehen u.E. diese Bedingungen. Bei einer harmoniegeprägten Vorstellung werden die faktisch existierenden Machtverhältnisse, Interessenunterschiede und die damit verbundenen Abhängigkeiten ignoriert oder unterdrückt. Bleibt es bei dieser Ignoranz oder Ausklammerung, so bleibt eine Partizipation erfolglos bzw. gerät zu einer Schein- oder "Pseudo"-Partizipation (*Kirsch/Scholl 1977*, 237 f.), zu einem bloßen "Gefühl" der Beteiligung. Werden aber Konflikte erkannt und aufgegriffen, so kommt es zu einem Ausbrechen aus dem unterstellten Konsens und damit zum Zusammenbruch der grundlegenden Bedingung für das harmonieorientierte Beteiligungskonzept.

Bei einer ausschließlich konfliktgeprägten Vorstellung wird angenommen, die beteiligten Akteure wären hinreichend bereit und in der Lage, sich wissens- und machtmäßig gleichwertig in die Auseinandersetzung einzubringen. Diese Voraussetzung ist i.d.R. weder qualifikatorisch noch von der Konfliktfähigkeit her gegeben. Diese Position ist von daher höchstens für die rechtlich abgesicherte organisierte Interessenvertretung praktisch einlösbar; man muß aber auch hier immer wieder auf unzureichende Möglichkeiten und Konfliktstärken verweisen. Für die Beteiligung der unmittelbar Betroffenen, d.h. für rechtlich ungesicherte Formen der Einflußnahme auf Entwicklungen vom einzelnen Arbeitsplatz aus, ist die konfliktorientierte Position bisher in unserem gesellschaftlichen Kontext kaum wirksam geworden.

Statt auf die Realisierbarkeit einer undifferenzierten, "naiven" Beteiligungsstrategie zu vertrauen — was in der Praxis der häufigere Fall sein dürfte — , statt aber auch auf die Realisierbarkeit der beiden genannten Strategien der einseitig konsens- bzw. konfliktorientierten Beteiligung als jeweils universales Strategieideal zu setzen — was in der theoretischen Diskussion vorherrscht, in der Praxis aber kaum durchgehalten wird —, wollen wir die Möglichkeiten einer kooperativen Beteiligung untersuchen. Wir unterstellen dabei — wie die konfliktorientierte Position — eine Unterschiedlichkeit von Zielen und Interessen der beteiligten Gruppen, die nicht nur auf vordergründigen Perzeptionen oder Mißverständnissen beruht, sondern substantieller Natur ist. Die Zieldifferenzen werden zumindest zum Teil als inkompatibel betrachtet und definieren einen "Konflikt" (vgl. *Morton Deutsch 1969*; *Robey/Farrow 1982*, 74). Dieser Konflikt bildet den "handlungsaktivierenden Ausgangspunkt und finalen Bezugspunkt der (...) Beteiligung" (*Buse/Nelles/Oppermann 1977*, 23). Beteiligung ist darauf gerichtet, die für die Betroffenen in diesem Konflikt angelegten Interessenbeeinträchtigungen zu verhindern (negativ) oder die Nutzenerweiterung zu fördern (positiv). Die Interessenbeeinträchtigung wird dabei als wahrscheinlich, aber nicht als unvermeidbar begriffen; die Nutzenerweiterung andererseits ist möglich, aber nicht ohne Zutun der Betroffenen sichergestellt. Die Nutzenerwartung muß nicht als auf die vorgegebenen Ziele eines Systementwicklungsprozesses und die davon Betroffenen im engeren Sinne begriffen werden. Beteiligungsmotive können sich auch an Erwartungen von Gruppen knüpfen, die sich eine Verbesserung ihrer beruflichen oder sozialen Stellung oder Entwicklungsmöglichkeit versprechen (vgl. *Tepper 1985*, 142ff.). Mit anderen Worten, es wird kein Nullsummenspiel unterstellt, sondern von Systemeinführung und Beteiligung der Möglichkeit nach ein Profit für alle beteiligten Gruppen angenommen. Wenn diese Bedingung dauerhaft nicht vorliegt, ist eine Beteiligung nicht möglich.

Für die Realisierung der Beteiligung ist ein offensiver Einsatz erforderlich. Offensivität bedeutet, daß Beteiligung weder nebenher noch ohne (Nach–)Druck betrieben werden kann. Es bedarf vielmehr expliziter Initiativen zur Entscheidung über ein partizipatives Vorgehen und deren Realisierung. Beteiligung ist nicht nur auf eine Entscheidungsbeeinflussung gerichtet, sondern selbst auch Gegenstand einer Entscheidung, nämlich, ob sie praktiziert werden soll oder nicht. Eine solche Entscheidung bedeutet allerdings nicht, daß es sich dabei um ein Ereignis nach dem Alles–oder–Nichts–Gesetz handelt. Eine einmalige Entscheidung für Beteiligung genügt nicht. Es kann durchaus auch bei Vorliegen einer Grundsatzentscheidung für Partizipation zum "sanften" oder "dramatischen" Tod einer Beteiligungsinitiative kommen. Eine Beteiligung bedarf mit anderen Worten beständiger Impulse für ihr Fortwirken.

Offensivität bezieht sich nicht nur auf die Verfahrenskomponente. Inhaltlich erfordert sie, daß "wesentliche" Eigenschaften des zu entwickelnden bzw. einzuführenden Systems zum Gegenstand der Auseinandersetzung gemacht bzw. zugelassen werden. Beteiligung darf nicht reduziert werden auf soziale, organisatorische und/oder technische Marginalitäten oder Nebenkriegsschauplätze. Sie muß sich vielmehr beziehen (können) auf für die Betroffenen wesentliche Merkmale der Vorgehensweise, der technischen Systemkonfiguration und der organisatorischen und sozialen Rahmenbedingungen/Einbettungen.

Kooperation als Charakteristikum von Beteiligung bedeutet, daß es sich dabei nicht um ein neues Etikett für eine Einbahnstraße der Informationsbeziehung handelt. Eine Bedarfsabfrage der Entwickler/der Leitungsebene bei den Betroffenen/späteren Benutzern erfüllt von daher noch nicht die Bedingung einer Beteiligung, wie weitgehend die Einlösung des so erhobenen Bedarfs durch das endgültige System auch sein mag. Die Bedarfserhebung sichert den Betroffenen nämlich keine Einflußnahme auf die Entwicklungs- bzw. Einführungsentscheidungen zu, sondern überläßt diese den technischen Experten und Führungskräften. Von dieser einseitigen Informationsbeziehung unterscheidet sich die Kooperation durch die Zweiseitigkeit der Kommunikation. Diese Kommunikation ermöglicht einen Austausch von Informationen zwischen den beteiligten Akteuren und eine gemeinsame Meinungsbildung und Entscheidungsvorbereitung. Die Informationen haben bei Partizipation nicht nur den Charakter von Sachinformationen, sondern auch den von Wertinformationen. Durch die Kommunikation kann eine Konfrontation unterschiedlicher Perzeptionen, Ziele und Interessen in den verschiedenen Bereichen und Phasen eines Innovationsprozesses stattfinden. Von einer Kooperation, die auch bei einer konsensorientierten Partizipation stattfindet, unterscheidet sich die offensive Kooperation dadurch, daß nicht nur ein (vager) Wille zur gegenseitigen Rücksichtnahme und Zusammenarbeit vorhanden ist, der jederzeit einseitig explizit oder implizit aufgekündigt werden kann, sondern daß ein sachlicher, formaler oder politischer Zwang zur Kooperation und Kompromißbildung existiert. Sachlich wird dieser Zwang dadurch begründet, daß man ohne Kooperation ein funktionierendes System nicht entwickeln kann; formal wird der Zwang dadurch konstituiert, daß man durch bestehendes Recht in bestimmten Punkten zur Offenlegung, Information und/oder Abstimmung gezwungen ist (durch Mitbestimmungsgesetze, Verträge, Vereinbarungen etc.). Politisch kommt ein Zwang zur Kooperation dadurch zustande, daß man ohne eine Kooperation bestimmte Innovationen meint nicht durchsetzen zu können bzw. zu sollen oder daß man mit einer nur unzureichenden Effektivität der Nutzung rechnet.

Zwei Bedingungen sind für unsere Vorstellung einer Beteiligung vorausgesetzt. Erstens muß die Systementwicklung echte sachliche Kompromißmöglichkeiten enthalten. Dieser Frage ist der erste Teil unserer vorliegenden Arbeit unter dem Stichwort *Gestaltungspotentiale* gewidmet. Zweitens müssen die beteiligten Akteure die Möglichkeit und Notwendigkeit einer Kooperation sehen und in ihr Handlungsrepertoir aufnehmen. Dieser Frage wird im zweiten Teil der Arbeit unter dem Stichwort *Handlungspotentiale* nachgegangen.

1.6 Aufbau des Buches

Im einzelnen geht es im ersten Teil unserer Arbeit um die Gestaltungspotentiale der Technik selbst, d.h. um die Frage, ob die Informationstechnik von ihren immanenten Eigenschaften her eine Ausrichtung an unterschiedlichen Zielsetzungen und unterschiedlichen Anforderungen überhaupt zuläßt. Außerdem geht es darum, ob die gängigen Entwicklungsverfahren von informationstechnischen Systemen bestimmte Orientierungen unterstützen und andere erschweren, so daß dadurch methodisch eine einseitige Gestaltungsausrichtung determiniert wird. Des weiteren geht es um die Gestaltungspotentiale und Handlungsspielräume, die bei bestimmten betrieblichen Anwendungen innerhalb von Organisationen bestehen bzw. entstehen. Dies fragt nach der Enge und Determiniertheit von betrieblichen Zielen des Technikeinsatzes, der Rationalisierungsstrategien und ihren Konsequenzen für die Gestaltung sozio–technischer Systeme.

Im Anschluß hieran werden zwei praktische Versuche dargestellt, Gestaltungspotentiale und Handlungsmöglichkeiten zu entfalten, um Betroffeneninteressen beim Technikeinsatz zu realisieren. Dabei handelt es sich um zwei Entwicklungsprojekte in Teilbereichen der öffentlichen Verwaltung, in einer Schulverwaltung und in einer Kommunalverwaltung. In diesen Projekten sollte u.a. empirisch untersucht werden, ob und wo die oben erörterten Gestaltungspotentiale der Technik selbst, der Verfahren der Technikentwicklung und der Festlegung von Gegenständen der Technikanwendung erschlossen und betroffenenorientiert genutzt werden können. Insbesondere ging es im Sinne des Untersuchungsanliegens dieser Arbeit um die Frage, wie diese Erschließung von Gestaltungs– und Handlungspotentialen durch Organisation und Methoden der Betroffenenbeteiligung, durch Maßnahmen der Informierung/Qualifizierung der Betroffenen und durch flankierende Elemente der Kompetenzverteilung ausgefüllt und geprägt werden kann.

Durch diese Zielsetzung heben sich die beiden Projekte von "normalen" Systementwicklungen ab. Es wurde ein erheblicher Aufwand an Zeit und personellem Einsatz für die Beteiligung betrieben. Die Beteiligung stand unter besonderer Aufmerksamkeit der

Projektgruppen. Dies führte zwar nicht zu beliebigen Spielräumen im Sinne einer unbegrenzten Spielwiese, wohl aber zu mehr Flexibilität und Betroffenenorientierung als dies üblicherweise der Fall ist.

Im Verlauf der Projekterfahrungen und aufgrund der Verfolgung der laufenden allgemeinen Diskussion über Betroffenenbeteiligung bei der Systementwicklung kamen wir zu der Überzeugung, daß Gestaltungschancen außer durch wichtige "objektive" Barrieren zu einem großen Teil auch durch fehlendes Engagement, falsche Strategien und Fehleinschätzungen von Handlungsmöglichkeiten der verschiedenen Akteure ungenutzt bleiben. Ein wesentliches "subjektives" Hindernis stellen damit die unterschiedlichen Perspektiven bzw. Einschätzungen der beteiligten Akteure bezüglich einer Mitwirkung von Beschäftigten an einem Projekt dar. Sie bilden einen wichtigen Schlüssel zum Verständnis der Möglichkeiten und Grenzen von Betroffenenbeteiligung. Die Deutung der eigenen Rolle, der Rolle der anderen, die Einschätzung der Beteiligungsmöglichkeiten und -formen sowie die gegenseitigen Handlungserwartungen prägen wesentlich den realen Entwicklungsverlauf. Dabei ist nicht nur jede Perspektive für sich relevant, das Handeln einer Seite nicht nur durch die eigene Auffassung und Erwartung bestimmt, sondern gerade aus der Betrachtung des Zusammenspiels der unterschiedlichen Perzeptionen, Erwartungen und Antizipationen erfolgt nach unserer Einschätzung ein angemessenes Verständnis der Beteiligungshandlungen. Dieser gegenseitige Bezug der Akteure ist gerade bei einer Systementwicklung von hoher Bedeutung, da die Beteiligten bei unterschiedlichen Wissens- und Machtpositionen stark aufeinander angewiesen sind. Wir haben deshalb zur Überprüfung dieser Vermutung einen Theorieansatz entwickelt, der sich auf die Wahrnehmung und Bewertung der Beteiligungsmöglichkeiten und deren strukturellen Restriktionen und Ressourcen bezieht. In drei Fallstudien zu Systementwicklungen mit zumindest im Ansatz partizipativer Vorgehensweise haben wir dieses Erklärungsmodell überprüft. Theorieansatz und empirische Ergebnisse sind im zweiten Teil dieser Arbeit beschrieben.

Die beiden Teile unserer genannten empirischen Arbeit sind praktisch und personell eng miteinander verwoben und standen in enger Wechselbeziehung zueinander. Die eigenen Entwicklungsbeteiligungen zur Initiierung, Organisierung, Moderierung und Evaluierung von Beteiligung haben ein Verständnis dafür geschaffen, was machbar ist, wo Grenzen und wo Anforderungen und unerfüllte Ansprüche liegen. Die theoretischen Durchdringungsversuche der Restriktionen und Potentiale von Beteiligung in der Wahrnehmung und Bewertung der Akteure und die empirischen Untersuchungen in den Fallstudien und Expertengesprächen haben ein allgemeineres und tieferes Verständnis vermittelt für die Erklärung der vorfindbaren Praxis. Wegen der zeitlich teilweise parallelen Arbeiten ist vieles von diesen Erkenntnissen wieder eingeflossen in den eigenen Gestaltungsprozeß in den Entwicklungsvorhaben.

Die Schlußfolgerungen, die wir in dem abschließenden Kapitel ziehen wollen, und die Einordnung der Ergebnisse in die wissenschaftliche und politische Beschäftigung mit Technik und Gesellschaft sind durch beide Untersuchungsstränge, die Auseinandersetzung mit den Gestaltungspotentialen der Technik und den Handlungspotentialen der Akteure gleichermaßen geprägt. Sie bilden die Basis für einige Betrachtungen, die wir anstellen wollen über die Aussichten der Fortentwicklung partizipativer Systementwicklung und Techniknutzung.

2. Gestaltungspotential der Informationstechnik

Die Verbreitung der Technik und die Durchdringung vieler Lebensbereiche läßt viele Menschen von der Abhängigkeit von der Technik, ja sogar von der Steuerung des Menschen durch die Technik sprechen. Vor diesem Hintergrund ist die Frage nach den Gestaltungspotentialen, die bei der Entwicklung und Anwendung — hier speziell — der Informationstechnik offenstehen, zu untersuchen. Dieser Hintergrund bedingt es auch, daß die Frage nach den Gestaltungspotentialen sehr eng mit dem Wunsch verbunden ist, unerwünschte Auswirkungen zu reduzieren und zu vermeiden. Die Frage nach den Gestaltungspotentialen zielt daher auf die Analyse von Restriktionen beim Technikeinsatz bzw. positiv gewendet auf die Begründung von Handlungsfeldern für eine sozial adäquate Technikgestaltung.

In der Diskussion über die Begründung von Gestaltungspotentialen wird häufig zwischen den Faktoren Technikentwicklung, organisatorische Einbettung und soziale Anpassung unterschieden. Gestaltungspotentiale liegen danach vor, weil technische Geräte unterschiedlich konstruiert werden können, weil beim Einsatz dieser Geräte unterschiedliche organisatorische Regelungen getroffen werden können und weil die nicht vermeidbaren oder die nicht vermiedenen Folgen des Einsatzes einer Technik auf unterschiedliche Weise bewältigt oder gelindert werden können. Entsprechend diesen potentiell offenstehenden Gestaltungsbereichen wird von technischen Gestaltungspotentialen (Stichwort: alternative Technik), von organisatorischen und sozialen Gestaltungspotentialen (Stichwort: humane Technikanwendung) und von der politischen Gestaltung bzw. der Kompensation von Folgen des technischen Wandels (Stichworte: Strukturpolitik, Forschungsförderung bzw. arbeits- und sozialpolitische Abfederung) gesprochen. Grundsätzlich ist es keine Frage, daß Möglichkeiten der Gestaltung von Technik vorliegen. Strittig sind dabei "nur" die Fragen, welche Gestaltungschancen vorhanden sind und wo bzw. wem sie offenstehen?

Treu (1985) führt die "Offenheit" des Menschen gegenüber unterschiedlichen Entwicklungsalternativen auf seine Fähigkeit zur Reflexion der Umwelt zurück, auf die Möglichkeit zur Trennung des Lebens in "reines Denken" und in "Praxis". In ähnlicher Dichotomie *und* in ähnlicher Verknüpfung ist auch die Unterscheidung von Technik (abstrakte Vernunft) und Technikanwendung (Praxis) zu einer Grundlage für die Begründung von Gestaltungspotentialen bei der Entwicklung von Technik geworden. Die Technik spielt bei dieser Unterscheidung die Rolle eines abstrakten Prinzips, dessen Anwendung z.B. in Gestalt des Messers nützlichen, sinnlosen oder auch gefährlichen Zwecken dienen kann. Die negativen Aspekte der entsprechenden Auswirkungen sind nicht durch die Technik selbst verursacht, sondern durch die Art ihres Gebrauchs. Es ist also die Technik*anwendung*, die bei dieser Unterscheidung die Rolle des Verursachers übernimmt. Verbesserte Formen der Technikanwendung sollten vor diesem Hintergrund zur Reduzierung der unerwünschten Auswirkungen führen[1]. Die Informationstechnik ist dabei ein Paradepferd für die Demonstration dieser Anwendungsflexibilität. Computer wurden und werden oft als "Universalmaschine" bezeichnet, d.h. sie sind prinzipiell ohne konstruktive (Hardware)-Veränderungen für verschiedene Zwecke einsetzbar. Die Flexibilität des Computers beruht auf der Programmierbarkeit seiner Funktionen, der Tausch oder die Veränderung von Programmen genügt für einen Wandel der Computerfunktionen. "In essence, what software is all about, is that ... it conveys to many products a degree of *universality* never reached before; if a different function needs to be performed, the program is changed rather than the machine" *(Ernst 1983*, 72). Vor diesem Hintergrund scheint es keine prinzipiellen *technischen* Einwände gegen organisatorisch und sozial motivierte Veränderungen in der Techniknutzung zu geben, sondern die Verweigerung von Programmänderungen müßte als Verweigerung aus nicht-technischen Gründen verstanden werden.

Auf der Grundlage solcher Überlegungen gingen wir zu Beginn unseres Projektes in den Jahren 1979/1980 davon aus, daß die Informationstechnik keinen ernsthaften Sachzwang für die Arbeitsorganisation beinhaltet. Im Gegenteil schien die Informationstechnik aufgrund ihrer Universalität gerade das ideale Demonstrationsobjekt für die Gestaltbarkeit der Technik zu sein. Wir haben heute keinen Grund, von dieser Annahme grundsätzlich abzurücken. Eigene Erfahrungen und einige seit Beginn unseres Projektes erschienene Arbeiten haben aber dazu geführt, den Umfang zumindest der jeweils konkreten Gestaltbarkeit vorsichtiger einzuschätzen und die Begründung für die Existenz von Gestaltungspotentialen zu präzisieren. Die Begründung von Gestaltungspotentialen durch die Unterscheidung von Technik und Technikanwendung setzt zumindest logisch die Möglichkeit einer eindeutigen Trennung dieser beiden Aspekte voraus. So einleuchtend der Gedanke zunächst auch ist, daß die negativen Aspekte vor allem aus einem falschen Gebrauch der Technik herrühren, so schwierig erweist sich die Unterscheidung dieser beiden Aspekte. Bei einer *praktischen* Betrachtung erweisen sich Technik und Technikanwendung als voneinander abhängig; technische, organisatorische oder soziale Gestaltungspotentiale lassen sich nicht mehr als unabhängige Aspekte behandeln.

Die Auffassung von der prinzipiellen Interdependenz[2] technischer, organisatorischer und sozialer Gestaltungspotentiale wird durch einen Technikbegriff unterstützt, wie er z.B. von *Ropohl (1981)* gebraucht wird. Der Technikbegriff hat danach eine lange Geschichte, lange Zeit wird dabei der Aspekt des "naturbeherrschenden *Handelns*" hervorgehoben[3]. Erst in den modernen Ingenieurswissenschaften wird der Handlungsaspekt vernachlässigt und Technik ist dann deckungsgleich mit angewandter Naturwissenschaft. Mit einem Zitat von *Marx* unterstreicht *Ropohl* jedoch, daß die Handlungszusammenhänge ein notwendiger Bestandteil des Technikbegriffes sind: "Eine Eisenbahn,

---

[1] Typische Vertreter dieser Richtung sind *Buchanan/Boddy (1983*, vgl. insbesondere pp. 242–252), die die dem Management offenstehenden Wahlmöglichkeiten bei der Verwendung der Technik mit Beispielen belegen.

[2] vgl. dazu auch das vehemente Plädoyer von *Konrad Lorenz (1984)* für eine Wiederaufwertung der "Seele", der Emotion und gegen eine zu starke Betonung des Rationalen durch den Szientismus. Eine Trennung des Rationalen, hier z.B. das technische Prinzip, und des Emotionalen, hier z.B. die Technikanwendung, läßt sich nach *Lorenz* wissenschaftlich nicht begründen.

[3] vgl. *Ropohl 1981* und eine Schilderung des Technikbegriffes in der einschlägigen Literatur bei *Segeberg 1981*

auf der nicht gefahren wird, die also nicht abgenutzt, nicht konsumiert wird, ist nur eine Eisenbahn dynamei (*der Möglichkeit nach*), nicht der Wirklichkeit nach". *Ropohl* schlägt daraufhin folgenden Technikbegriff vor: Technik umfaßt (a) die Menge der nutzenorientierten, künstlichen, gegenständlichen Gebilde (Artefakte); (b) die Menge menschlicher Handlungen und Einrichtungen, in denen Artefakte entstehen; und (c) die Menge menschlicher Handlungen, in denen Artefakte verwendet werden (vgl. *Ropohl 1981*, 14).

Die Schwierigkeiten einer Unterscheidung des Gestaltungspotentials in verschiedene Komponenten zeigen sich auch bei der Frage nach dem Charakter der Prozesse, die zur Realisierung der Gestaltungspotentiale führen. "Die Natur baut keine Maschinen ..." (*Karl Marx, Grundrisse*, zitiert nach *Klaus/Buhr 1972*, 1072). Die Trennung von Technik und Technikanwendung ist auch aus dieser Perspektive unsinnig, da sich die Bedingungen für die Existenz einer bestimmten Technik auf soziales Handeln *und dessen hintergründige Strukturen* zurückführen lassen. Technikentwicklung und Technikanwendung als zwei unterschiedliche Sphären der Technik unterscheiden sich dabei aber nicht durch *grundsätzlich* andere Prozesse, sondern nur durch situationsspezifisch gefärbte Handlungsbedingungen.

Diese Bemerkungen zum Charakter des Gestaltungspotentials führen zu dem *vorläufigen Ergebnis*, daß das "technische Gestaltungspotential" nicht unabhängig von organisatorischen und sozialen Rahmenbedingungen zu sehen ist bzw. aus der anderen Perspektive das organisatorische und sozio–politische Gestaltungspotential nicht unabhängig von der Technik gedacht werden kann. Gestaltungspotentiale bestehen vor dem Hintergrund dieser Begriffsbestimmung aus den eng miteinander verflochtenen Komponenten Technik, Organisation sowie sozio–politischer Gestaltung und Kompensation. Eine wichtige Feststellung zum Charakter von Gestaltungspotentialen ist ferner die Betonung der Interdependenz der drei elementaren Bausteine des Gestaltungspotentials. Von dieser Interdependenz darf nicht angenommen werden, daß ihre Basiselemente unbedingt gleichsinnig positiv ausgerichtet sind. Eine daraus folgende Feststellung ist daher, daß die Gestaltungselemente neben gleichsinnig verstärkenden Beziehungen auch gleichsinnig reduzierende und vor allem auch widersprüchlich neutralisierende Verbindungen aufweisen können.

Das so aufgefächerte Gestaltungspotential besteht auf der einen Seite aus einer Vielzahl möglicher Optionen, die nur unter Verlust dieser prinzipiellen Offenheit durch Beispiele konkretisierbar sind.[1] Diese Seite des Gestaltungspotentials ist praktisch nicht darstellbar. Dagegen ist die andere Seite des Gestaltungspotentials, die Hindernisse, leichter zu beschreiben. Die Zahl der Hindernisse ist begrenzt, sie bestehen in der Realität und ihre Wirksamkeit ist oft schon bekannt bzw. prinzipiell beobachtbar. Für die Untersuchung eines solchen Modelles scheint dabei das Verfahren einer *Restriktionsanalyse*[2] besonders angemessen zu sein, das durch die Beschreibung von Widerständen und Schwierigkeiten einen Rahmen eingrenzt, innerhalb dessen die Realisierung von technischen Lösungen

---

[1] Wir sprechen daher auch von Gestaltungspotentialen statt von Gestaltungsspielräumen, um den Eindruck eines abgesteckten Raumes zu vermeiden.

[2] vgl. dazu auch eine Einteilung industriesoziologischer Forschung bei *Fricke/Krahn/Peter 1985*, 67ff.. Die Autoren fordern die Ergänzung von sogenannten Möglichkeitsanalysen durch Einstellungs– und Restriktionsanalysen

wahrscheinlich ist (vgl. dazu *Tepper 1981*, 85ff.[1]). Es wird dabei unterstellt, daß das Gestaltungs*potential* der Technik zumindest langfristig weitgehend offen ist,[2] während interdependente Restriktionen die Eröffnung und Nutzung dieses Potentials erschweren, nicht unbedingt auch verhindern. Gestaltungspotentiale ergeben bzw. vergrößern sich in dem Maße, wie diese Restriktionen abgebaut werden können.

Konkret bedeutet dieses Vorgehen, daß zunächst auf die *Eigenschaften* der Bausteine eingegangen wird, auf denen die Entwicklung der Informationstechnik beruht. Aus diesen Eigenschaften lassen sich *Gefährdungen* ableiten, die einen Handlungsbedarf der Betroffenen erzeugen. Die Erkennbarkeit von Gefährdungen wird dabei selbst als Restriktion behandelt. Die Abwehr der Gefährdungen erfordert *Handeln*, das Bedingungen unterworfen ist. Die Beschreibung von Restriktionen erfährt in dieser Dreiteilung bereits eine handlungsadäquate Gliederung (Eigenschaften, Gefahren, Handeln — und implizit: Rückkoppelung), wie sie mit Blick auf die Analyse von praktischen Beteiligungsversuchen angebracht ist. Das folgende Bild verdeutlicht die Gliederung:

a) Grundlagen des Gestaltungspotentials:
 — Eigenschaften der Informationstechnik,
 — Eigenschaften der Software–Entwicklung und
 — Eigenschaften des sozialen Systems.

b) Gefährdungen durch die Informationstechnikanwendung und Bedingungen ihres subjektiven Wahrnehmens.

c) Handlungsrahmen partizipativer Technikbeeinflussung:
 — Gewinnung und Konsequenz von Handlungszielen,
 — Handlungsebenen der Technikgestaltung (Gesellschaft und Betrieb) sowie
 — Handlungsressourcen der Akteure und Handlungsprozesse

2.1 Grundlagen des Gestaltungspotentials

2.1.1 Eigenschaften der Informationstechnik

Verglichen mit anderen Techniken hat die Informationstechnik einen sehr kurzen Weg von den Basiserfindungen bis zur Anwendung gehabt[3]. *Halfmann (1984*, 21ff.) schildert zunächst den allgemein — wenn auch zyklisch — steigenden Trend von Basisinventionen

---

[1] Ein anderes Beispiel für eine Restriktionsanalyse ist *Sorge 1985*, 223: "Institutionen ... wirken ... als Eingrenzungen des Handelns". Diese Arbeit konnte aber nicht mehr ausgewertet werden, weil sich der Abschluß des Manuskriptes und das Erscheinen zeitlich überschnitten haben.

[2] vgl. als ein solches Beispiel die Entwicklung eines künftigen Elektroautos bei *Callon 1983*

[3] sieht man von den mechanisch nicht funktionierenden Vorarbeiten von Babage ab; vgl. dazu *Brödner/Krüger/Senf 1981*

und –innovationen. Als wichtige Basisinvention für die Informationstechnik betrachtet *Halfmann (1984*, 120ff.) den Transistor, die integrierte Schaltung und den Mikroprozessor. Alle diese Basisinventionen der Informationstechnik haben sich innerhalb nur weniger Jahre durchgesetzt. Auch für die Zukunft wird mit der Fortsetzung dieses Trends der zunehmenden Basiserfindungen und der kurzfristigen Übernahme in entsprechende innovative Produkte gerechnet. Die Verkürzung dieser Umsetzungsfristen von Erfindungen in Produkte ist auch ein wichtiges Metaziel der aktuellen staatlichen Technologiepolitik (vgl. *BMFT 1984*, 43).

Auf einem Kongreß mit dem passenden Titel "Informationstechnologie: Realität und Vision" zog *Hammer (1984)* den so vorgezeichneten roten Faden der Informationstechnik schon bis ins Jahr 2040. Zwischen 1950 und 1980 siedelt er rückblickend die Periode des *Data*-Processing an, zwischen 1980 und 2010 vermutet *Hammer* die Periode des *Procedural*-Processing und zwischen 2010 und 2040 vermutet er die Entstehung eines *Cognitive*-Processing. Es ist nicht nur wegen dieser Perspektive, sondern auch mit Blick auf die vergangene Entwicklung eine zutreffende Kennzeichnung der Informationstechnik, wenn *Hammer (1984*, 243) von einer "Pervasive Technology", einer alles durchdringenden Technologie spricht. Sicher mußten bisher schon viele Probleme gelöst werden und es müssen noch viele offene Fragen geklärt werden, damit Computer den von *Hammer* stichwortartig skizzierten neuen Anforderungen genügen. Es gibt aber für viele Menschen keinen Zweifel, daß die Wissenschaft diese Anforderungen erfüllen wird. *Hammers* Botschaft ist unüberhörbar: Alles ist machbar! Gegenüber solchen "overselling" Visionen ist die Realität nüchterner, mehr auf die Überwindung vielfältiger und hartnäckiger Schwierigkeiten gerichtet.[1] Auf einige solcher praktisch vorhandenen Gestaltungserschwernisse wollen wir im folgenden etwas ausführlicher eingehen.

Die grundlegendste Eigenschaft des Computers oberhalb der Ebene der Beschaffenheit seiner Bauteile (Chips) ist seine Eignung zur *Verarbeitung von Symbolen*. *Heibey/Lutterbeck/Töpel (1977*, 70ff.) weisen zurecht darauf hin, daß das Prädikat "Informationsverarbeitung" dem Computer etwas voreilig gegeben wird. Ihr Informationsbegriff unterscheidet Daten und Informationen. Informationen können nur dann entstehen, wenn Menschen Daten (also Zeichenketten, Symbolen) eine bestimmte Bedeutung geben. *Informations*verarbeitung durch Maschinen ist darum nicht möglich. Zu informationsverarbeitenden Systemen können Computer nur in der Verbindung zu Menschen werden. *Breisig u.a. (1983*, 34) nennen als spezifisch menschliche Vorleistungen die Quantifizierung von Daten, die Standardisierung von Daten und Befehlen sowie die Programmierung (Algorithmisierung). Als weitere Bedingung eines Informationssystems müßte man die Interpretation des Outputs durch Menschen hinzufügen. Der Sinn jeder Maschine ist von Menschen abhängig, der Computer aber besonders, denn die von ihm bearbeiteten Symbole haben keinen selbständigen Wert. Wenn wir im folgenden von "Informations*technik*" sprechen, dann ist die daran geknüpfte Bedingung menschlicher Vor– und Nacharbeiten mitgedacht.

Als weitere herausragende Eigenschaften der Informationstechnik wird ihre universelle Einsetzbarkeit herausgestellt. Der Begriff der Universalität wird unterschiedlich ge-

---

[1] vgl. z.B. eine zur Vorsicht ratende Bewertung der Experten–Systeme von *Martins 1984*, die Beschreibung der komplizierten Organisation des japanischen "Fifth Generation Programms" bei *Yamadori 1985* oder die Beschreibung vielfältiger Innovationswiderstände bei *Schellhaas/Schönecker 1983*).

braucht. Eine Richtung bezieht sich auf den sogenannten *Turing-Test*. *Turing* behauptete, daß Computer (früher oder später) logisches Denken so perfekt imitieren können, daß eine Testperson keinen Unterschied mehr zwischen einem menschlichen oder maschinellen Prozeß feststellen könne (vgl. *Turing 1963*). In der Diskussion wurde diese Behauptung Stück für Stück erweitert, heute wird oft unterstellt, die Aussage Turings beziehe sich auf menschliche Tätigkeiten überhaupt. Mit Bezug auf die Probleme der "künstlichen Intelligenz" ist der Vergleich mit den Fähigkeiten des Menschen der Maßstab für die Bestimmung des Begriffes Universalität geworden. Diese Universalität wird der Informationstechnik aber von verschiedenen Wissenschaftlern entweder prinizipiell oder praktisch bestritten.[1] Auf diesen Begriffsaspekt wollen wir hier jedoch nicht weiter eingehen. Unberührt von der theoretischen Diskussion über die Universalität hat sich daneben eine am Augenscheinlichen orientierte Begriffsbestimmung festgesetzt. Wie sich auch an der von uns zu Anfang dieses Kapitels gebrauchten Definition des Begriffes "Universalität" zeigt, ist die *Zahl* der vom Computer ausführbaren Funktionen und nicht deren kreative Qualität hier begriffsbestimmend. Im Grunde ist also oft *statt Universalität nur Flexibilität* gemeint. Wir sprechen im Sinne dieses Wortwandels im folgenden nur noch von Flexibilität.

Computer sind ohne Zweifel sehr flexibel einsetzbare Geräte, nur ist ihre Flexibilität kein ausschließlich technisches Merkmal. Das technische Merkmal besteht einfach in der Trennung von Hardware und Software sowie in den zusätzlichen Fähigkeiten der Multiprogrammverarbeitung und des Time-Sharing. Diese Bauprinzipien und Bausteine ermöglichen eine sukzessive und/oder gleichzeitige Nutzung eines Computers für verschiedene Aufgaben. Diese Flexibilität des Computers ist aber nur prinzipiell fast unbegrenzt, praktisch setzt sie auch die Existenz geeigneter Programme voraus. Die Engpässe bei der Softwareproduktion ("Software-Krise") sind schon oft beschrieben worden (vgl. *Schellhaas/Schönecker 1983*, 33f.), insbesondere die hohen Kosten der Software und der hohe Aufwand für die Wartung der betriebenen Programme limitieren die Entwicklung und Einführung neuer Programme und die Anpassung alter Programme an veränderte Bedürfnisse. Im Ergebnis wird sogar von der Inflexibilität der Arbeitsabläufe und der Organisation als Ergebnis dieses Engpasses gesprochen (vgl. *Brinckmann u.a. 1981*).

Die so eingegrenzte Flexibilität steht in Widerspruch zur Schnelligkeit der Computer (auch wenn diese Beeinträchtigung oft unterhalb der wahrnehmbaren Schwelle bleibt). *Kern/Schumann (1984*, 53) berichten beispielsweise, daß monofunktionale Schweißanlagen (Vielpunktanlagen) gegenüber flexiblen Fertigungsrobotern (Einpunktanlagen) wesentlich schneller und effektiver sind, wenn die Fertigungslose groß genug sind. *Schellhaas/Schönecker (1983*, 41) weisen auf den proportionalen Anstieg der vom System abzubildenden Komplexität der Umwelt analog zur steigenden Flexibilität hin: "Je integrierter die Informationstechnologie aufgebaut ist und je vielfältiger ihre Einsatzmöglichkeiten sind, desto komplexer wird auch die Handhabung dieser Technik".

Ein ähnliches Beispiel ist auch die *Schnelligkeit*, die den Computer gegenüber menschlichen Möglichkeiten auszeichnet. Computer können Rechenoperationen in Sekundenbruchteilen durchführen, während der Mensch allein schon für die *kognitive* Vergegenwärtigung der Aufgabenstellung wesentlich mehr Zeit braucht. Vergleiche auf dieser

---

[1] vgl. z.B. *Weizenbaum 1977*, 97ff.; *Dreyfus 1979*; *Turkle 1984*, 295ff.; *Breisig u.a. 1983*, 33f. oder *Wiener 1984*

Ebene enden für die menschliche Schnelligkeit derart katastrophal, daß die üblichen Worte für die Beschreibung dieser Differenz die Unterschiede eher verniedlichen als kennzeichnen. Dennoch ist auch die Schnelligkeit eine Eigenschaft, deren Unterscheidungskraft von ihrer Definition abhängt. Neutral ausgedrückt, ist der Computer nur dazu in der Lage, eine bestimmte Operation in einem bestimmten Bruchteil einer Sekunde durchzuführen. Nur in diesem eingeschränkten Sinn ist der Computer schnell. Die Schnelligkeit relativiert sich, wenn die notwendigen Vorarbeiten (Rüstzeiten) hinzugerechnet werden, die zur Entwicklung und zur Aufrechterhaltung der Betriebsbereitschaft von Computern und Programmen erforderlich sind. Die Schnelligkeit relativiert sich ferner, wenn man sich unterschiedliche Anwendungen ansieht. Bei der Ausführung gut strukturierter Aufgaben, also z.B. solcher Routineaufgaben wie der Buchführung, ist der Computer zweifellos sehr schnell. Werden dagegen schlecht strukturierte Probleme mit entsprechend aufwendig konstruierten mathematischen Modellen dem Computer zur Lösung übertragen, schneidet der Computer zumindest heute noch schlecht ab. Ein gutes Beispiel ist das Schachspiel. Abhängig vom gewünschten Schwierigkeitsgrad des Spiels steigt die Zahl der durchgeführten Operationen. Die heute üblichen Schachcomputer haben dann oft Antwortzeiten von mehreren Minuten bis zu einer halben Stunde (vgl. zur Kritik an der "brute force"–Programmierung *Dreyfus 1979*).

Die Schnelligkeit eines Computers kann neben der Relativierung durch das zu lösende Problem auch anders infrage gestellt werden. Die physikalische Grenze der elektrischen Leitfähigkeit der verwendeten Materialien wird durch eine immer dichtere Packung der Schaltungen auf den Chips vermieden. Als Bedingung der vergrößerten Arbeitsgeschwindigkeit wird das technische Innenleben eines Computers unanschaulich. Der Ablauf eines Verarbeitungsprozesses kann nicht mehr an der "Rechenmaschine" selbst beobachtet werden. Der Verarbeitungsprozeß kann nur noch in der abstrakten Form des Programmes oder durch den Vergleich zwischen dem fertiggestellten Produkt und den Ergebniserwartungen kontrolliert werden.

Eine weitere Eigenschaft, die dem Computer zugeschrieben wird, ist die *Zuverlässigkeit.* Computer führen die im Programm vorgesehenen Operationen immer in der vorgeschriebenen Form durch. Die Vorgaben des Programms führen zur befehlsgetreuen Wiederholung der entsprechenden Aufgabe, so oft sie anfällt. Allerdings führt der Computer mit der gleichen Zuverlässigkeit auch die Fehler des Programmes aus. Auch hier ist Zuverlässigkeit (im Sinne der deckungsgleichen Wiederholung) zwar technisch angelegt. Der Grad, mit dem dieses technische Versprechen eingelöst wird, hängt jedoch von der Qualität des Programmes ab. Aber auch die technische Zuverlässigkeit ist nicht vollständig. *Haase/Stucky/Wegener (1981*, 137) demonstrieren z.B., daß die Addition von Dezimalzahlen bedingt durch die Vorgehensweise bei der Fließkommarechnung (Exponentenanpassung) falsch sein kann. Auch Konstruktionsfehler können bei keiner Maschine ausgeschlossen werden. Die Informationstechnik mit ihren Millionen von Schaltungen und der gleichzeitigen Unanschaulichkeit der Abläufe im Innern der Maschine ist prädestiniert für solche Fehler. Das sogenannte "Entlausen" der Systeme ist eine langwierige Sache (vgl. eine illustrative Beschreibung bei *Kidder 1982*, 274ff.), die mit der Auslieferung eines Systems noch lange nicht abgeschlossen ist.

Eine andere der Mikroelektronik oft zugeschriebene Eigenschaft ist die *Preisgünstigkeit.* Einzelne Mikrochips kosten oft nur ein paar Pfennige, billige Taschenrechner ein paar Mark oder Personal Computer wenige tausend Mark. Der Verfall der Hardware–Preise ist dabei eine feste Größe, mit der jeder rechnet und nach Meinung vieler Fachleute jeder auch rechnen darf. Trotzdem: Computer bestehen nicht aus einem einzigen Chip, in vielen Fällen ist der Kauf von Hardware eben doch kein Pfennigskram. Computer sind nur mit einer bestimmten Infrastruktur brauchbar, es müssen Speicher, Drucker, Terminals, Leitungen etc. installiert und betrieben werden. Ein wichtiger Posten mit immer größerem Gewicht ist die Produktion der notwendigen Software, deren Preise mit den Ansprüchen an den Komfort der Programme steigen. Neben den Erstbeschaffungskosten müssen auch die Kosten für die Instandhaltung des ganzen informationstechnischen Systems berücksichtigt werden. Die Erfahrung zeigt ferner, daß die Anfangskonfiguration (die der Rentabilitätsberechnung zugrunde liegt) in der Regel nicht ausreichend ist und im Laufe der Zeit verschiedene Ergänzungen gemacht werden. Werden all diese Kostenbestandteile zusammengerechnet, sind die Installations- und Betriebskosten von DV-Systemen oft erstaunlich hoch. Letztlich gerät damit in einer Reihe von Fällen das scheinbar unumstößliche "Gesetz" der Kosteneinsparung durch Datenverarbeitung in Beweisnöte. Es kommt gar nicht so selten vor, daß Betreiber von Datenverarbeitungsanlagen zugeben, daß ihre Kosten gegenüber den alten manuellen Bearbeitungsmethoden gestiegen sind. Zur Rechtfertigung werden dann Qualitäts-Argumente herangezogen, z.B. daß der Umfang von Auswertungen sich steigern läßt, daß die Schnelligkeit erhöht wird etc.[1].

Sieht man sich die Praxis genauer an, dann stellt man schnell fest, daß die Kosten eines DV-Systems kein "errechnetes" Argument sind, sondern ein politisches Argument. Viele Kostenarten werden in der Praxis des betrieblichen Rechnungswesens gar nicht oder nicht genau erhoben[2]. Z.B. wird der Trainingsaufwand von Benutzern (probieren, wiederholen, fragen, korrigieren etc.) bei einem neuen Gerät oder Programm nirgendwo erfaßt oder es fehlen Aufzeichnungen über den genauen Planungsaufwand der verschiedenen beteiligten Stellen für das jeweilige DV-System. Eine Reihe von Kosten läßt sich zwar in Mark und Pfennig aufschreiben, sie sind aber lediglich geschätzt. Durch die Ausweisung einer präzisen Zahl wird der unsichere Charakter einer Schätzung verdeckt und auch die die Schätzung beeinflussenden sozialen und politischen Kalkulationen und Motive werden nicht deutlich. Eine solche häufig geschätzte Größe ist das zum Betrieb einer DV-Anlage notwendige Personal. Je nach politischer Absicht läßt sich der Personalbedarf anders schätzen und damit als Argument für oder gegen eine Gestaltungsalternative gebrauchen. *Schellhaas/Schönecker 1983*, 38) weisen darauf hin, daß klassische Kostenrechnungssysteme (die den Betrieb in immer kleinere Einheiten herunterbrechen) eine "dramatische" Akzeptanzbarriere für die moderne Kommunikationstechnik darstellen, weil *Kommunikations*technik ex definitione für eine einzelne Kostenstelle keinen Nutzen bringen kann. Auf diese Weise wird die tayloristische Kostenrechnung vom "Gesundrechner" der Informationstechnik durch falsche Kostenerfassung zum Stolperstein ganzheitlicher und organisationsübergreifender Einsatzformen der Informationstechnik.

Neben solchen Eigenschaften der Informationstechnik, die man notfalls durch die Analyse *eines* Computers oder *eines* Anwendungsfalles entdecken kann, gibt es solche Eigenschaften, die sich nur durch die Verbreitung und Vernetzung von Computern ergeben.

---

[1] vgl. dazu die Ergebnisse einer Auswertung von Berichten über die Technikeinführung von *Mertens u.a. 1982*

[2] vgl. dazu *Bittner 1980*, *Picot 1980*, *Reichwald 1980* oder *Attewell/Rule 1984*

Durch die kurzen Implementationszyklen der Informationstechnik, die durch die Kombination von Flexibilität, Verbreitungsgeschwindigkeit und Wirtschaftlichkeit entstanden sind, ist diese Technik gegenüber langsam wachsenden Formen des Technikeinsatzes wesentlich fehlerhafter und störungsanfälliger. In einer gewissen Weise sind die Verarbeitungsprozeduren in einem DV–System zeit– und raumunabhängig geworden: Eingabe, Verarbeitung und Verwertung können an ganz unterschiedlichen Orten und zu unterschiedlichen Zeiten erfolgen. Ähnlich wie bei den bereits erwähnten Eigenschaften der Informationstechnik lassen sich auch die Eigenschaften eines informationstechnischen Systems nicht unabhängig modellieren. Versuche, die Zustände in einem komplexen DV–System durchschaubarer zu machen, erfordern einen größeren Erklärungsaufwand und führen z.B. zur Beeinträchtigung der Schnelligkeit. Umgekehrt wird heute häufig versucht, dem Benutzer den Umgang mit den DV–Systemen durch die Vermehrung automatischer Prozesse leichter zu machen. Durch solche Erleichterungen leidet aber wieder die Durchschaubarkeit der Abläufe.

Diese Anmerkungen zu den der Informationstechnik oft zugeschriebenen Eigenschaften zeigen zunächst, daß diese Attribute der Technik nur mittelbar eigen sind. Diese Attribute sind sozial definierte Aussagen über den Wert der Technik für bestimmte Verwendungen. Aus solchen Aussagen lassen sich keine technischen Sachzwänge im eigentlichen Sinne ableiten. Solche Aussagen sind im Gegenteil Objekte kontroverser Diskussionen. Der Ausgang dieser Diskussionen entscheidet darüber, welchen Durchdringungsgrad die Informationstechnik haben darf (*Hammer 1984*, 251 über ein mögliches Ende der arbeitenden, denkenden und lernenden Maschine des Jahres 2040: "The decision maker can simply decide to pull the plug"). Zum anderen zeigen diese Anmerkungen, daß die der Informationstechnik zugeschriebenen Eigenschaften nicht unabhängig voneinander sind, sie behindern sich eher (auch wenn sie sich letztlich nicht gegenseitig aufheben), als daß sie sich im Sinne gleichgerichteter Beziehungen und im Sinne eines leicht erweiterbaren Gestaltungspotentials ergänzen.

2.1.2 Eigenschaften des Systementwicklungsprozesses

Neben den Eigenschaften der Hardware werden die Leistungen eines DV–Systems durch die Programme, durch die Software bestimmt. Software–Systeme werden unter sehr verschiedenen Umständen entwickelt. Einmal können Programme speziell für eine bestimmte Anwendung entwickelt werden, zum anderen werden viele Programme aber auch als (maschinen–unabhängige) Standardlösung entwickelt und vertrieben. Konkrete Systementwicklungsprozesse können daher einen sehr unterschiedlichen Umfang haben. Im folgenden wird von diesen Unterschieden in der Produktion von Software zugunsten einer allgemeinen Betrachtung jedoch abgesehen.

Stetter (1983, 18ff.) führt einige empirische "Gesetze" für die Softwareproduktion an. Da die Softwarekosten oft zwischen 70 - 80% der Kosten des DV–Systems ausmachen, ist es billiger, die Leistung der Hardware zugunsten von Einsparungen bei der Software–Entwicklung zu steigern. Beim Übergang von spezifischen Anwendungsprogrammen zu Programmsystemen mit verschiedenen Schnittstellen erhöht sich der Programmieraufwand um das Dreifache. Interessant ist auch eine Verteilung der Kosten auf die verschiedenen Phasen der Systementwicklung. Danach entfallen durchschnittlich nur 20% der Kosten auf den Entwurf und die Konstruktion der Software, 10% auf die Codierung,

20% auf den Test und die Integration sowie allein rund 50% auf die Wartung und Pflege der Software (vgl. dazu auch *Gewald/Haake/Pfadler 1977*, 54ff.). Entsprechend dieser Verteilung gestalten sich auch die Kosten der Beseitigung von im Test oder während der Nutzung entdeckter Fehler. Die Beseitigung eines erst nach der Systemeinführung (also während der normalen Wartung) entdeckten Fehlers ist im Durchschnitt 100mal kostenträchtiger als die Beseitigung eines Fehlers noch in der Entwurfsphase. Diese Zahlen beleuchten die Bedeutung der Entwurfsphase für die Systementwicklung, sie berühren aber auch das Dilemma der relativ geringen Möglichkeiten der Antizipation bei jeder Form von Planung.

Vor dem Hintergrund dieses allgemein zutreffenden "Planungsdilemmas" ist die Beherrschbarmachung der Komplexität der gestellten Entwicklungsaufgabe eine grundlegende Anforderung an die System- oder Software-Entwicklung. Menschen sind dabei nur unter bestimmten Bedingungen zur Bearbeitung komplexer Aufgabenstellungen imstande, die Aufgabenbearbeitung muß in geeigneter Weise strukturiert werden. *Balzert (1982*, 4) nennt für die Systementwicklung *3 allgemeine Bearbeitungsprinzipien*:

— "Modellhafte Betrachtung der Welt durch die Anwendung des Prinzips der *Abstraktion*.

— Reduktion der Problemkomplexität durch Anwendung des Prinzips der *Strukturierung*.

— Konzentration auf Problemausschnitte durch Anwendung des Prinzips der *Lokalität*".

Diese Prinzipien sind nicht einfach und auch nicht konfliktfrei zu realisieren. Die Schwierigkeiten der Abstraktion wurden von *Ehrenberg u.a. (1983*, 33f.) durch die Gegenüberstellung eines Fotos mit einem Flußdiagramm angedeutet. Das Foto zeigt Klientin und Sachbearbeiterin in einer Beratungssituation, es vermittelt dabei eine "skeptische Aufmerksamkeit" der Klientin gegenüber den Mitteilungen der Sachbearbeiterin. Das Flußdiagramm stellt dagegen nur nüchtern fest: Beginn Antragsbearbeitung, Paßbild vorhanden oder nicht vorhanden usw.. Die Abstraktionsleistung des Systementwicklers beinhaltet dabei also immer auch eine Entscheidung über die Bedeutung eines Sachverhaltes, über seine Abstraktionswürdigkeit. Diese Leistung ist dabei auf Beurteilungskriterien angewiesen, die die jeweiligen Systementwickler persönlich entwickelt haben oder die dem Systementwicklungsprojekt insgesamt vorgegeben wurden. Die anderen beiden von *Balzert* genannten Prinzipien setzen die Modellbildung durch die Abstraktion voraus, können also Fehler in der Modellbildung nicht mehr korrigieren. Sie sind darüber hinaus selbst Fehlerquellen. Die Strukturierung kann z.B. Modellbestandteile falsch hierarchisieren und bei der Anwendung des Prinzips der Lokalität ist es stets schwierig, die Verbindungen des ausgewählten Modellbausteines zu anderen Bausteinen aufrecht zu erhalten.

Ein Beispiel für das in solchen Modellierungsprinzipien versteckte Gestaltungspotential stellt die sogenannte "Office Analysis" dar. Bei der traditionellen tayloristischen Modellierung werden vorhandene Arbeitsaufgaben aufgeteilt, gleichartige Funktionen werden bei einer Stelle konzentriert und durch (Spezial-)Maschinen unterstützt. Auch bei der Systementwicklung wurde und wird häufig so vorgegangen. Aus einer komplexen Aufgabe werden die Teile herausgelöst, die man maschinell unterstützen kann.

Eine Folgeerscheinung dieses Vorgehens war z.B. die Trennung von Sachbearbeitung und Datenerfassung. Ein anderer Begleitumstand des tayloristischen Vorgehens ist die Betrachtung der Organisation als eine Ansammlung von vielen Aufgaben–"Inseln". Die Organisation wird nicht mehr als ein lebendiges Kommunikationsgeflecht betrachtet, sondern der Standpunkt einer Einzelaufgabe wird verabsolutiert. Die Aufmerksamkeit der "Office Analysis" richtet sich dagegen auf gemeinsame Merkmale inhaltlich zu unterscheidender Aufgaben (vgl. eine Beschreibung der Methodik durch *Sirbu u.a. 1981*). Betrachtet man die Funktionen, die die Bearbeiter von verschiedenen Aufgaben durchführen müssen, dann zeigen sich eine Reihe von Gemeinsamkeiten. Beispielsweise lassen sich Personengruppen unterscheiden, die in beiden Bereichen vorkommende Basisfunktionen ausführen: Führungsaufgaben, Fachaufgaben, Sachbearbeitung und Unterstützungsaufgaben (vgl. Grundtypen der Büroarbeit nach *Szyperski u.a. 1982*, 17ff.). Die einzelnen Aufgaben lassen sich ebenfalls wieder in typische Funktionen unterteilen, z.B. in Informationen sammeln, verarbeiten und speichern. Ferner gleichen sich eine Reihe von Arbeiten, die in beiden Bereichen getan werden, z.B. diktieren, Termine vereinbaren etc.. *Szyperski u.a.* betonen, daß die Einteilung nach ihren Grundtypen der Büroarbeit für viele Analysen aussagefähiger ist als die Unterscheidung von Betrieben nach Branchen. Ein anderes Beispiel für eine methodische Unterstützung der Analyse von komplexen Organisationen ist die von IBM entwickelte Kommunikations–System–Studie (vgl. *Zander 1983*). Diese neuen Analysemethoden haben natürlich wie die tayloristischen Verfahren die Entdeckung von Rationalisierungspotentialen zum Ziel, sie unterstützen aber tendenziell die Konstruktion komplexer und anspruchsvoller Arbeitsabläufe, von denen auch die betroffenen Beschäftigten profitieren können.

Neben den bei der Software–Entwicklung benutzten Modellierungsprinzipien lassen sich auch auf den Ebenen der Ziele, Entwicklungsorganisation (Ablaufschemata), Methoden und Werkzeuge Bedingungen und Abhängigkeiten feststellen.

Balzert (1982, 10ff.) nennt eine Reihe von allgemeinen *Zielen* der Software–Entwicklung (z.B. Nutzen, Brauchbarkeit, Wartbarkeit, Portabilität, Benutzerfreundlichkeit), die eine der Grundlagen für solche Abstraktionsprozesse sind. Er weist jedoch auch darauf hin, daß diese Ziele nicht konfliktfrei sind: z.B. kann zusätzliche Effizienz die Portabilität verringern, die Optimierung des Speicherplatzes kann zu einer Verlängerung der Laufzeit führen oder die Kürze eines Programmes kann im Gegensatz zu seiner Lesbarkeit stehen (vgl. *Balzert 1982*, 14; *Gewald/Haake/Pfadler 1977*, 33ff.; *Groß 1985*, 38–41). *Balzert* fordert vor diesem Hintergrund eine "sorgfältige Zielanalyse", die Ziele der Systementwicklung müßten in unabhängige, gleichläufige und gegenläufige Ziele unterschieden und dann gewichtet werden. Die Fragen bei der Herausarbeitung des "Wesentlichen im Abstraktionsprozeß" sind insofern nicht trivial zu beantworten (*Balzert 1982*, 28).

Ablaufschemata gliedern den Planungsprozeß bzw. den Prozeß der Systementwicklung in verschiedene Phasen, die beim "traditionellen" Vorgehen sequentiell durchlaufen werden bzw. in aktuell diskutierten Verfahren zyklisch oder mehrstufig durchlaufen werden. "Traditionell" beginnt der Prozeß mit einer Vorstudie, die die Zielsetzung und die Machbarkeit eines Projektes klären soll. In der Istanalyse wird die bestehende Situation aufgenommen, beschrieben und auf Schwachstellen hin untersucht. Im Grob– und darauf folgenden Detailentwurf wird das System (möglicherweise in verschiedenen Alternativen) konzipiert. Hieran schließt sich die Systemrealisierung (einer dieser Alternativen) sowie die systemtechnische und organisatorische Implementierung an. Den

Abschluß bildet die Systembewertung, die Wartung und u. U. die Revision oder Weiterentwicklung des Systems (vgl. Übersicht bei *Heilmann 1981*, 135; *Breisig u.a. 1983*, 80). Die einzelnen Phasen werden durch bestimmte Dokumente oder Produkte, die das Ergebnis des Teilprozesses festschreiben und die Arbeitsgrundlage für die nächste Phase bilden, verbunden.

Ein entscheidender Aspekt der Phasenkonzepte ist die an sie gestellte Anforderung, eine Phase jeweils durch eine Übereinkunft, durch ein Dokument etc. *abzuschließen*, ohne später wieder Arbeitsergebnisse dieser Phase überarbeiten zu müssen (dies ist allerdings nur eine ideale Vorstellung von den Leistungen eines Phasenmodelles, praktisch kann sie immer nur annähernd eingelöst werden). Ein Phasenkonzept bietet aber nicht nur die Vorteile einer Arbeitsstrukturierung für die Systementwicklung und damit die Voraussetzung für ein arbeitsteiliges Entwickeln, sondern auch eine Reihe von Nachteilen mit Relevanz für das Gestaltungspotential. Durch diese Vorgehensweise wird ein Lernprozeß aller Beteiligten unterbunden. Vor allem die Betroffenen erhalten keine Möglichkeit, aus eigener Anschauung die Konzeptbildung zu beeinflussen. Alternativ hierzu wird durch das Durchlaufen eines Phasenschemas in mehreren Zyklen auf unterschiedlichem Abstraktionsniveau oder Vollständigkeitsgrad (vgl. *Floyd/Keil 1983*) und durch Feedback-Möglichkeiten von späteren Phasen in frühere Phasen der Prozeß geöffnet und die Starrheit des "traditionellen" Phasenmodells überwunden.

Auch in der Form eines durch den Einbau von Kreisläufen modifizierten Phasenmodelles bleibt der Nachteil bestehen, daß ein vollständiges Bild von den Leistungen, von den Auswirkungen und von den notwendigen organisatorischen und sozialen Rahmenbedingungen erst zum Ende des Entwicklungsprozesses entstehen kann, weil erst dann ein anschauliches Produkt vorgezeigt werden kann. Erst in dieser Phase werden Mängel entdeckt, die in früheren Phasen angelegt worden sind.[1] Dies bedeutet, daß Betroffeneninteressen erst zu spät eingebracht werden können und "mangelnde Akzeptanz nur durch eine nachträgliche Modifikation des Systems überwunden werden kann. Solche nachträglichen Änderungen ... verursachen nicht nur hohe Kosten, sondern erzeugen bei den Betroffenen auch Unsicherheit" (*Kubicek 1975*, 132).

Als eine Alternative zum traditionellen oder auch modifizierten Phasenmodell wird seit einiger Zeit im Rahmen von sogenannten "evolutionären" Modellen der Systementwicklung *Prototyping* vorgeschlagen (vgl. ausführlich *Budde et al.1984* und *Budde et al. 1985*). Vergleichbar zu vielen Bereichen der industriellen Herstellung von Massengütern werden hier vor der eigentlichen Produktion Prototypen entwickelt, an denen sich das Verhalten des Endproduktes untersuchen und verbessern läßt. Dem Prototyping werden eine Reihe von Vorteilen zugeschrieben: Es erleichtert die Beschreibung von Anforderungen an das DV-System, denn es ist wesentlich leichter, ein prototypisches Modell zu kritisieren, als ein imaginäres System zu beschreiben. Es stellt die wegen unterschiedlicher Bezugswelten stets unsichere Kommunikation zwischen Entwicklern und Benutzern auf ein besseres Fundament. Es ermöglicht eine schnellere Berücksichtigung von Änderungswünschen, bindet potentiell den Benutzer stärker in die Entwicklung ein und ermöglicht einen langsamen Lernprozeß, der den Benutzer trainiert und ihn in die Lage versetzt, auch die Schulung der nicht beteiligten Kollegen zu übernehmen (vgl. zu

---

[1] "Early mistakes are discovered later" (*Freemann* zitiert nach *Segall 1984*, 143)

Abbildung 5: Unterschiede in der Vorgehensweise von Phasenkonzepten und von Prototyping

Traditionelles Phasenschema *(Modell KoopA)*	**Modifiziertes Phasenschema** *(Floyd/Keil 1983)*	**Prototyping** *(Segall 1984)*
	(Entscheidung über Systemüberarbeitung)	
Entscheidung über Projektbeginn	Entscheidung über Projektbeginn	Entscheidung über Projektbeginn
Ist-Erhebung	Ist-Erhebung	Rudimentäre Benutzerwünsche
Ist-Analyse	Ist-Analyse	Prototyp-Bau
Aufstellung des Sollkonzeptes	Aufstellung des Sollkonzeptes	Test des Prototypen
		(primär)
Realisierungsvorschlag	Realisierungsvorschlag	Modifikation des Prototyps
Entscheidung	**Entscheidung**	**Entscheidung**
Entwurf des Systems	Entwurf des Systems	Endgültiges DV-Design
Programmierung	Programmierung	Programmierung
Verfahrenseinführung	Verfahrenseinführung	Verfahrenseinführung *(sekundär)*
Verfahrenskontrolle	Verfahrenskontrolle	
Nutzung des endgültigen Systems	**Nutzung der ersten Systemversion**	**Nutzung des endgültigen Systems**
Wartung / Pflege		Wartung / Pflege

diesen Aussagen *Segall 1984*). Prototyping hängt aber von bestimmten Bedingungen ab, die nicht immer gegeben sind und/oder die nicht billig herzustellen sind. Prototyping ist nur sinnvoll, wenn man den Programmierungsaufwand für den Prototyp klein halten kann. Prototyping setzt sowohl mächtige Programmiersprachen, mächtige Entwicklungshilfen, Datenbanksysteme und leistungsfähige Computer zum Betreiben dieser Werkzeuge voraus (vgl. *Segall 1984*, 147f.). Sehr wichtig erscheint uns der Hinweis von *Segall (1984*, 148), daß der Benutzer auch zu einer Teilnahme an der diskursiven Entwicklung des Prototypen bereit sein und einen entsprechenden Zeitaufwand investieren muß. Prototyping ist trotz seiner Vorteile kein unproblematisches Vorgehen, da bereits zum Zeitpunkt der Entscheidung über die prinzipielle Realisierbarkeit alles systemrelevante Wissen der künftigen Benutzer in das prototypische Modell eingegangen ist. Die Kontrolle des potentiellen Benutzers über seine systemrelevanten Berufserfahrungen verschlechtert sich mit dieser frühen Wissensübergabe. Abbildung 5 stellt wesentliche Unterschiede zwischen den Phasenkonzepten und dem Prototyping dar.

In bezug auf die Beteiligung der Benutzer unterscheiden sich Phasenkonzepte und Prototyping insofern, als Prototyping ohne die Beteiligung von Benutzern nicht auskommt. Gegenüber Phasenkonzepten wurde öfters eingewandt, daß sie die Beteiligung von Benutzern nicht vorsehen bzw. sogar, daß sie eine Beteiligung von Benutzern nicht möglich machen würden. Im Rahmen der Beteiligung an der Systementwicklung muß Benutzern die Möglichkeit eines Lernprozesses eingeräumt werden, d.h. die Möglichkeit zur Revision der Ergebnisse abgeschlossener Entwicklungsphasen muß prinzipiell vorhanden sein. *Heilmann* vertritt bezüglich der Phasenschemata einen positiven Standpunkt. Sie lassen sich ihrer Meinung nach "ohne Schwierigkeiten mit unterschiedlichen Partizipationsausprägungen verknüpfen" (*Heilmann 1981*, 136 mit Verweis auf *Fürstenberg 1973*, 610). Unserer Meinung nach können die von *Heilmann* hier einbezogenen traditionellen Phasenschemata aber erst in modifzierter Form genügend Flexibilität und damit bessere Beteiligungsmöglichkeiten bieten.

Die Systementwicklung benötigt zum effizienten Arbeiten Hilfsmittel. *Balzert (1982)* beschreibt eine Reihe solcher *Methoden und Werkzeuge* und bewertet sie auch hinsichtlich ihrer Vor- und Nachteile (vgl. auch *Pless/Wurch 1980*). Die einzelnen Hilfsmittel erfüllen spezielle Zwecke, sie sollen sich jedoch gegenseitig unterstützen und ergänzen. Deswegen werden im allgemeinen "Software Engineering Environments" statt einzelner Hilfsmittel gefordert. *Balzert* macht (leider nur implizit) die Problematik solcher Environments deutlich, wenn er die Vor- und Nachteile von einzelnen Hilfsmitteln beschreibt. Im Rahmen eines solchen aufeinander abgestimmten Environments können die einzelnen Bestandteile nicht einfach entsprechend ihrer Problemadäquatheit ausgetauscht werden. Ferner kann nicht davon ausgegangen werden, daß ein einmal angeschafftes "Software Engineering Environment" für alle Systementwicklungsaufträge gleich gut geeignet ist, sondern entsprechend dem Charakter der in ihm zusammenfaßten Hilfsmittel nur mehr oder weniger situationsgerecht ist. Dabei kann aber das "Software Engineering Environment" nur unter erschwerten Bedingungen gewechselt werden, es entstehen Kosten und es wird vor allem eine Einarbeitung der Systementwickler in die neuen Hilfsmittel nötig. Ein Beispiel für die unterschiedlichen Eigenschaften von Hilfsmitteln sind die Beschreibungssprachen SADT und PSL:

"Bei SADT handelt es sich um einen *integralen Ansatz*, d.h. es wird jeweils eine Ebene (die auf einem Diagramm dargestellt wird) als Ganzes betrachtet und beschrieben. Man konzentriert sich also auf eine ganzheitliche, ungeteilte Beschreibung einer Ebene. Demgegenüber verwendet PSL einen *singulären Ansatz*, d.h. man betrachtet nacheinander jeweils einen speziellen Aspekt und beschreibt alles, was mit diesem Aspekt zu tun hat. Man stellt sich jeweils auf den Standpunkt eines einzelnen Objekts, beschreibt die Attribute des Objektes und die Relationen des Objekts zu anderen Objekten. Dadurch geht man in PSL vereinzelt bzw. stückweise, d.h. objektweise vor" (*Balzert 1982*, 177).

Die Sprachen unterscheiden sich auch hinsichtlich einer Reihe von anderen Eigenschaften, z.B. der leichten Erlernbarkeit, ihrer Präzision oder ihrer Flexibilität (vgl. *Balzert 1982*, 185). Nicht nur die Beschreibungssprachen haben solche unterschiedlichen Eigenschaften, sondern auch die Programmiersprachen wie die Programmierhilfsmittel. Für eine Reihe immer wiederkehrender Aufgaben werden z.B. Bildschirm–Generatoren, List–Generatoren, Test–Generatoren etc. eingesetzt. "Diese Art von Generatoren bietet eine Implementierungshilfe zur Erstellung beliebiger Programme, da durch sie für immer wiederkehrende Programmierprobleme *Standardlösungen* (Hervorhebung durch die Autoren) angeboten werden, die dann mit den Daten des Einzelfalls zu füllen und im allgemeinen in auf den Einzelfall zugeschnittene Rahmenprogramme einzufügen sind ..." (*Gewald/Haake/Pfadler 1977*, 132). Diese von den Generatoren unterstützten Standardlösungen sind aber auch nicht ohne Probleme. Ein scheinbar banales Beispiel: Bei Bildschirm–Generatoren kann die Großschreibung als normale Eingabevariante unterstellt sein mit der Folge, daß bei jedem Bildschirmwechsel die Groß–/Kleinschreibung wieder ausgeschaltet wird. Ein anderes Beispiel wären die Hilfestellungen für die Realisierung der Help–Funktion. Möglicherweise wurde bei der Generatorkonstruktion unterstellt, daß eine positionsabhängige Help–Funktion nicht nötig ist und es wurde nur eine Help–Funktion vorgesehen, die sich auf die ganze Bildschirmseite bezieht. Die Realisierung entsprechender Wünsche ist infolgedessen mindestens erschwert bzw. sogar unmöglich. Solche Wünsche werden wegen des erhöhten Arbeitsaufwandes (insbesondere unter der Bedingung von Zeitrestriktionen) bei Systementwicklern Widerstände auslösen.

Trotz des Einsatzes vieler Hilfsmittel bleibt die Systementwicklung ein äußerst *arbeitsintensiver Prozeß. Balzert (1982*, 461ff.) macht darauf aufmerksam, daß die Effektivität einer Gruppe von Systementwicklern (und damit ihre Fähigkeit und Bereitschaft zur Berücksichtigung von Benutzerinteressen) nur unter der Bedingung eines vollständig teilbaren Arbeitsauftrages durch die Vergrößerung eines Projektteams erreicht werden kann (vgl. dazu auch *Gewald/Haake/Pfadler 1977*, 243). In allen anderen Fällen führt die bei der Arbeitsteilung entstehende Kooperation und Koordination zu einem immer geringer werdenden "Grenznutzen" jeder zusätzlichen Arbeitskraft. Unterstellt man z.B. ein Projektteam mit 5 Mitgliedern, dann würde sich durch eine Vergrößerung des Projektteams auf 9 Mitglieder gleichzeitig auch die Zahl der projektnotwendigen Kommunikationspaare von 10 auf 36 mögliche Paare erhöhen. Unter Berücksichtigung des vergrößerten Kommunikationsanteils und unter Berücksichtigung einer Programmieraufgabe mit komplexen Schnittstellen ist das kleinere Projektteam fast so effektiv wie das größere Team. Es ist unter diesem Vorzeichen nur folgerichtig, daß *Balzert (1982*, 466) die Bildung möglichst kleiner Projektgruppen und die Reduzierung des Kommunikationsaufwandes empfiehlt. Die Nutzung des Gestaltungspotentials stößt in der Programmierkapazität auf eine Grenze, die sich i.d.R. nicht einfach durch einen vermehrten Personaleinsatz lösen läßt, sondern anscheinend nur durch den vermehrten Einsatz verbesserter Hilfsmittel.

Von Interesse für das Entstehen und Ausnutzen von Gestaltungspotentialen ist auch die *Makro-Organisation* des Systementwicklungsprojektes selbst. *Balzert (1982*, 470ff.) skizziert zu diesem Aspekt die Vor- und Nachteile der bekannten Organisationsprinzipien Stab-/Linienorganisation und Projektorganisation. Die Stab-/Linienorganisation ermöglicht eine Teilung der Arbeit nach dem Verrichtungsprinzip. Es können z.B. Arbeitsgruppen gegründet werden, die nur die Phasen der Analyse und Definition, der Konstruktion des Programmes oder der Wartung und Pflege durchführen. Diese verstärkte Spezialisierung hat den Vorteil der besseren Unterstützbarkeit der jeweiligen Arbeitsgruppe durch (spezielle) Hilfsmittel und u.a. die Nachteile der Unübersichtlichkeit und des Verantwortungsvakuums. Bei der Projektorganisation findet dagegen diese *strikte* Arbeitsteilung nicht statt, sie ist wesentlich flexibler. Von diesen Formen der Makro-Organisation unterscheidet *Balzert (1982*, 476ff.) die Mikro-Organisation innerhalb eines gewählten Organisationskonzeptes. Seine Unterscheidung läuft letztlich auf die zwei Dimensionen demokratischer oder autoritärer Führungsstil hinaus. Ein autoritärer Führungsstil ermöglicht zwar nach *Balzert* eine schnelle Aufgabenerledigung und reduziert die Zahl der notwendigen Kommunikationspfade, hat aber auch Nachteile. So hängt der Projekterfolg sehr entscheidend von der Qualifikation des Projektleiters ab und die Mitarbeiter-Moral und die Zielmotivation sind gering. Ein demokratischer Führungsstil ist zeitaufwendiger, hat aber nach *Balzert* die Vorteile eines hohen Problemlösungsgrades bei schwierigen Problemen, einer hohen Arbeitszufriedenheit der Projektgruppenmitglieder und einer hohen Risikobereitschaft.

Diese Beispiele für Vorgehensweisen und Hilfsmittel der Systementwicklung machen ein Gestaltungspotential der Systementwickler in der Software-Produktion deutlich. Es beginnt mit der Gewichtung der Ziele, setzt sich mit der Auswahl der Vorgehensweise, mit der Auswahl von geeigneten Entwicklungshilfsmitteln und mit der Einführung einer geeigneten Projektorganisation fort. Aber auch hier stehen die Elemente des Gestaltungspotentials in Abhängigkeiten und sie bedingen Vorleistungen. Prototyping z.B. scheint nicht für alle Systementwicklungs-Situationen geeignet zu sein. Anforderungen an Beschreibungssprachen wie Präzision und leichte Erlernbarkeit widersprechen sich. Mächtige Programmiersprachen und Dokumentationssysteme benötigen als Vorleistung leistungsfähige Entwicklungsrechner. Die Hilfsmittel der Systementwicklung sind mehrdeutig: Einmal ist die Rationalisierung der Programmentwicklung mit Hilfe bestimmter Methoden und Werkzeuge eine wichtige Bedingung für die Verbreitung der Informationstechnik. Zum anderen ist die Effektivität des Programmierens aber auch eine wichtige Rahmenbedingung für die Möglichkeiten der Systementwickler, Bedürfnisse der Benutzer zu berücksichtigen bzw. sie — was öfters auch vorkommt — im Laufe der Systementwicklung nachträglich aufzunehmen. Methoden und Werkzeuge eröffnen nicht nur Chancen, sondern sie fixieren auch die Gestaltungsmöglichkeiten aller Beteiligten. Auch bei der Software-Produktion ergibt sich daher das Bild von vielfach bedingten Gestaltungselementen, deren Nutzung von entsprechend koordinierten Aktivitäten abhängt.

2.1.3 Eigenschaften des sozialen Systems

Die Entwicklung von Technik und ihre Anwendung sind Resultate gesellschaftlicher Prozesse. Auf diesen Umstand wurde schon durch den hier verwendeten Technikbegriff hingewiesen. Die gesellschaftlichen Strukturen sind neben den technischen und organisatorischen Eigenschaften ein wichtiges (für manche sogar das wichtigste) Element für die Entstehung von Gestaltungspotentialen. Wir wollen hier auf diesen Aspekt nur kurz eingehen. Einerseits müßte bei einer vollständigen Behandlung dieses Themas eine Vielzahl von relevanten Faktoren behandelt werden, z.B. das Wirtschaftssystem, die Forschungsförderung, die Interessenorganisation, die Qualifikationsstruktur aber auch kulturelle Merkmale wie die Technikeinstellung. Diese Faktoren sind von anderen Autoren schon häufig beschrieben worden. Andererseits werden wir in den folgenden Abschnitten und Kapiteln diese Themen unter den Aspekten der Handlungsrestriktionen und der Ressourcen aufgreifen. *Hier* soll ein kurzer Hinweis auf die Bedeutung des sozialen Systems für die Beschaffenheit des Gestaltungspotentials reichen.

Gerade mit Blick auf die Begründung von Gestaltungspotentialen werden soziale Strukturen oft als relativ variabel dargestellt. Insbesondere werden die Formen der Arbeitsteilung, der Koordination, der Kooperation und der Kontrolle als flexible Elemente bezeichnet. Dies stimmt nur bedingt. Arbeitsteilung und Koordination sind voneinander abhängig. Arbeitsteilung erfordert analog zu ihrer Nutzung Koordinationseinrichtungen, beide Elemente können also nur zusammen verändert werden. Arbeitsteilung läßt sich ökonomisch nur so lange rechtfertigen, wie der Koordinationsaufwand nicht äquivalent steigt. Umgekehrt läßt sich Arbeitsteilung aber nur soweit reduzieren, wie es die individuellen Verarbeitungskapazitäten ermöglichen. Auch Faktoren wie Herrschaft und Kontrolle können ungeachtet ihres negativen Beigeschmackes nicht völlig aufgehoben werden.

Soziale Strukturen weisen wie die technischen und organisatorischen Strukturen eine systemhafte Verknüpfung der Elemente auf, sie sind insofern nur begrenzt und bedingt änderbar. Die Formen der konkreten Regelung z.B. von Arbeitsteilung und Koordination folgen aus dieser Bedingtheit noch nicht. Die Einschränkungen der Gestaltbarkeit lassen sich nicht als Folgen der kombinierten Anwendung von Naturgesetzen und auch nicht als Folgen der logischen Strukturierung komplexer Planungen erklären, sondern die jeweils vorfindbaren Strukturen werden durch ihre Funktion für die Gesellschaft und die Individuen gerechtfertigt bzw. als reaktionär gebrandmarkt. Eine Schilderung der sozialen und sozialstrukturellen Aspekte im Stil der beiden Abschnitte über die Eigenschaften der Informationstechnik und der Systementwicklung ist nicht möglich, weil deren Notwendigkeit und deren konkrete Realisierung unter anderen gesellschaftlichen Bedingungen bezweifelt werden kann und sie daher auch nicht ohne als unabweisbare Bedingungen der Konstruktion und Systementwicklung behandelt werden können.

2.2 Gestaltungspotential und Auswirkungen angewandter Technik

Die Skizzierung von Eigenschaften der Technik, der Systementwicklung und des sozialen Systems belegte einerseits, daß den Entwicklern von Informationssystemen eine Reihe von Gestaltungsalternativen prinzipiell offenstehen. Andererseits zeigten die Schilderungen aber auch Bedingungsverhältnisse zwischen verschiedenen Gestaltungselementen, die die Möglichkeiten einer freien Gestaltung einschränken. Wo solche Bedingungsverhältnisse vorliegen, kann nur ein Faktor auf Kosten eines anderen Aspektes verbessert werden. Das Gestaltungspotential wird in dem Maße eingeschränkt, wie widersprüchliche Verknüpfungen wirksam sind. Wir nennen dies den *Systemcharakter* des

Gestaltungspotentials.[1] Festzuhalten ist, daß unter der Bedingung widersprüchlicher Gestaltungselemente der Konstruktion, der Programmierung und Anwendung von informationstechnischen Systemen Grenzen gesetzt sind. Wenn aber nicht jedes Gestaltungselement beliebig manipulierbar ist, sondern nur unter Beeinträchtigung eines anderen Gestaltungselementes, dann sind unerwünschte Auswirkungen prinzipiell nicht mehr zu vermeiden, sondern ihr Auftreten kann nur noch optimiert werden.

Der Begriff "Auswirkung" unterstellt, daß die Implementation der Technik vollzogen ist. Wir betrachten die Auswirkungen hier jedoch als *Gefährdungen*, die eintreten können, aber im einzelnen nicht unbedingt eintreten müssen. In der Form der Gefährdung wird den Betroffenen gleichzeitig ein Teil ihres Zielsystemes für die Beteiligung geliefert (nämlich die Kritik). Sie bekommen mittels der Diskussion über Gefährdungen Hinweise auf mögliche unerwünschte Folgen des Technikeinsatzes, die sie durch ihr Engagement verhindern können. Die Bestimmung von Gefährdungen erfordert immer einen Bezug zu einer bestimmten Gruppe von Betroffenen. Die Relevanz einer Veränderung und die Richtung der Veränderung (positiv/negativ) ergibt sich nur durch das Werturteil der Betroffenen.

Zunächst eine kurze Skizzierung der durch die Informationstechnik möglichen Gefährdungsbereiche. *Müller-Böling/Müller (1983)* haben eine Reihe von möglichen Auswirkungen zusammengefaßt[2] und kommen zu folgenden Gefährdungsbereichen:

— Ein Gefährdungsbereich ist der **Körper des Menschen**. Ein häufig genanntes Beispiel sind die Belastungen, die die heute verwandten Bildschirme für die Benutzer mit sich bringen, aber auch Tastaturen und andere Bestandteile von Arbeitsplätzen an Computern sind ergonomisch relevant. Gefährdungen des Körpers können definitionsgemäß nur auf den konkreten Benutzer bezogen sein.

— Ein zweiter von *Müller-Böling/Müller* behandelter Gefährdungsbereich ist die **Psyche des Menschen**. Die beiden Autoren behandeln in diesem Zusammenhang vor allem Fragen der Zufriedenheit der Benutzer. Die Frage nach der Zufriedenheit läßt sich aber auch für andere Gruppen stellen, z.B. für die Kunden/Klienten.

— Ein dritter Gefährdungsbereich ist die **Arbeit des Menschen**. In diesem Zusammenhang wird oft auf den Abbau von Arbeitsplätzen oder auf die Qualifikationspolarisierung hingewiesen. Es sind aber auch ganz andere Interpretationen möglich, z.B. verweisen die Arbeitgeber auf die Gefährdung bzw. Sicherung der Wettbewerbsfähigkeit des Unternehmens, die vom Technikeinsatz für Konkurrenten ausgeht bzw. die einen Technikeinsatz im eigenen Unternehmen erforderlich macht.

Die von *Müller-Böling/Müller* definierten Gefährdungsbereiche sind nicht vollständig, sie orientieren sich weitgehend an Gefährdungen des Individuums und an Problemen

---

[1] Für diese Betrachtung des Gestaltungspotentials finden sich übrigens bei *Kern/Schumann (1984)* viele Beispiele. Sie schildern sehr ausführlich die Vor- und Nachteile bestimmter neuer technischer Lösungen und machen dabei auch die Bedingungen deutlich, die für die Realisierung bestimmter Alternativen gegebenen sein müßten.

[2] Die Zusammenfassung führt nicht zu überschneidungsfreien Begriffen. Diese Überschneidungen werden insbesondere durch die Ausweisung weiterer Gefährdungsbereiche deutlich, z.B. der Gefährdungen der Interaktion. Trotz der Überschneidungen bilden die Bereiche auch für sich sinnvolle Einheiten.

der Beschäftigten. Die Veränderung der sozialen Interaktion zwischen den Individuen bleibt ausgeklammert; hier wie auch in der übrigen Fachliteratur bleiben außerdem die Veränderungen im Verhältnis von Personal und Klienten weitgehend unberücksichtigt. Mit Blick auf den holistischen Charakter der aktuellen Diskussion über die Auswirkungen der Informationstechnik scheint auch die gesonderte Behandlung einer Gefährdung des Wesens der Menschen angebracht zu sein. Die von *Müller-Böling/Müller* genannten Gefährdungsbereiche sind darum zu ergänzen:

— Der vierte Gefährdungsbereich wäre die **Beeinträchtigung der Interaktion** zwischen Menschen (und Organisationen). Die Technik schiebt sich immer stärker in die direkte Kommunikation, sie verändert Kommunikationsinhalte und Kommunikationsverhalten. Entsprechend der unterschiedlichen Stellung der Beteiligten in konkreten Interaktionsprozessen (z.B. Antragsteller, Sachbearbeiter, Manager/Politiker) dürften Veränderungen in diesem Bereich sehr heterogen beurteilt werden.

— Der fünfte Gefährdungsbereich wäre das **Wesen des Menschen.** Dabei geht es um die Determinierung der künftigen Entwicklung des Menschen als Spezies durch die (Informations-)Technik.

Viele der in diese Gefährdungsbereiche einzuordnenden einzelne Gefährdungselemente sind schon oft untersucht worden, z.B. die Polarisierung bzw. der Verlust von Qualifikationen und vor allem der Arbeitsplatzabbau durch den Einsatz von Technik. Eine weitere Erläuterung dieser Gefährdungen ist hier überflüssig. Im folgenden wollen wir analog zu den einzelnen Gefährdungsbereichen einige Überlegungen anstellen, inwieweit bzw. unter welchen Bedingungen hier Gefährdungen von den Betroffenen festgestellt werden können. Eine besondere Stellung nehmen dabei die schwierig wahrnehmbaren und schwierig beurteilbaren Gefährdungen der Interaktion und des menschlichen Wesens ein. Abschließend folgen dann noch Anmerkungen zu der gruppenbezogenen Bedeutung der definierten Gefährdungsbereiche.

Gefährdungen des Körpers durch die heute benutzen Bildschirme und Tastaturen werden zumindest in der Literatur kaum noch besprochen, das Gefährdungspotential wird im Vergleich zu früher als gering betrachtet[1]. Dies muß allerdings nicht heißen, daß hier auch praktisch keine Probleme mehr auftauchen (sie stellen sich dann als Umsetzungsschwierigkeiten dar). Die Aspekte der körperlichen Gefährdung durch die Informationstechnik sind für die Betroffenen nicht leicht erkennbar. In vielen Fällen sind die Gefahren nur durch Messungen feststellbar, konkrete Folgen werden oft erst langfristig sichtbar. Neben der Problematik des Messens und der Wahrnehmung von Folgen langfristiger Belastungen besteht auch die Problematik der richtigen Ursachendiagnose. Auswirkungen wie z.B. Kopfschmerzen können durch psychische Überlastung verursacht sein oder durch psychische Belastungen zusätzlich verstärkt werden.

Psychische Beeinträchtigungen erfolgen aufgrund von objektiven Veränderungen bzw. aufgrund von subjektiv wahrgenommenen Veränderungen. Im Gegensatz zu anderen Beeinträchtigungsarten zeichnen sie sich aber dadurch aus, daß die Betroffenen diese

[1] vgl. dazu eine die bestehenden Probleme betonende Zusammenstellung japanischer und schwedischer Studien im *WSI-Informationsdienst Arbeit*, Nr. 3/1985, S. 10

Veränderungen nur subjektiv bewerten. Die psychischen Folgen des Technikeinsatzes hängen zu einem wesentlichen Teil von der Beschaffenheit des subjektiven Bewertungsrahmens ab. Die Erforschung der Arbeitszufriedenheit zeigte z.B. aufgrund von Anpassungsprozessen hohe Zufriedenheitsquoten auch unter objektiv schlechten Arbeitsbedingungen (vgl. *Neuberger 1974*, 156). Es ließen sich hier noch eine Reihe ähnlicher Forschungsergebnisse schildern, wichtig erscheint uns die Feststellung, daß das Nicht–Wahrnehmen von relevanten Umweltbestandteilen zur Aufrechterhaltung des jeweiligen psychischen Gleichgewichtes benutzt wird (vgl. *Leithäuser u.a. 1974*). Psychische Prozesse können dazu führen, daß objektive Verschlechterungen marginalisiert werden und daß Verbesserungen übersteigert wahrgenommen werden. Diese Prozesse sind daher selbst ein Problem für die Wahrnehmung von Auswirkungen[1]. *Dierkes (1984)* unterscheidet zurecht Akzeptanz und Akzeptabilität.

Gefährdungen der Arbeit werden häufig und von unterschiedlichen Gruppen thematisiert. Aspekte wie Arbeitsplatzabbau, Qualifikationsentwertung etc. werden von den Gewerkschaften und den betroffenen Arbeitnehmern immer wieder warnend demonstriert. Das Eintreten solcher Auswirkungen wird vielfach als unausweichliche Begleiterscheinung des Technikeinsatzes erwartet. Allerdings werden diese "unausweichlichen" Veränderungen oft nicht für die eigene Person erwartet, sondern nur als allgemeines Problem gesehen (vgl. dazu *Zoll 1981*, 119ff.; *Hörning/Bücker–Gärtner 1982*, 46; *Noelle–Neumann/Strümpel 1984*, 35ff.). Die individuelle Relevanz dieser Probleme wird damit infrage gestellt. Trotzdem sind gerade Gefährdungen der Arbeit bisher der gesellschaftlich dominierende Auseinandersetzungsbereich gewesen, deswegen ist die Frage nach der Widersprüchlichkeit entsprechender Gestaltungsziele besonders berechtigt. Den Arbeitgebern nahestehende Institute und Verbände betonen, daß die Informationstechnik kein Jobkiller, sondern die Grundlage für wirtschaftliches Wachstum und sichere Arbeitsplätze ist[2]. Die Gewerkschaften verweisen umgekehrt auf die Schattenseiten dieser Position. Aber auch innerhalb der Arbeitnehmerschaft existieren widersprüchliche Positionen. Arbeitsplatzerhaltung und Qualifikationssicherung sind Forderungen von betroffenen Arbeitnehmern, die in der Realität durchaus unvereinbar gemacht werden können. Das Beispiel der sogenannten Arbeitsmarktsegmentierung zeigt, daß sich beide Ziele unter den gegebenen Rahmenbedingungen oft nur um den Preis der Marginalisierung bestimmter Beschäftigtengruppen "erreichen" ließen (vgl. dazu *Beckenbach 1984*). Die z.B. in gewerkschaftlichem Schulungsmaterial betonte Gleichberechtigung beider Ziele[3] entspricht oft nicht der realen Prioritätensetzung aller Betroffenen, sondern nur der der benachteiligten Betroffenen.

Gegenüber diesen Gefahrenbereichen bilden die Gefährdungen der Interaktion und des "Wesens" ein Thema, das erst vor relativ kurzer Zeit wieder entdeckt worden ist und das normalerweise bei Organisationsveränderungen (noch) nicht beachtet wird. Organisatoren, Systementwickler oder auch Gewerkschaften beschäftigen sich in der Regel nicht mit solchen Fragen wie den Veränderungen der Sprache oder mit Veränderungen

---

[1] vgl. auch *Tepper 1985*

[2] vgl. *Henize 1981*, *Henize 1983*, *Gruhler 1984*, 54ff. und *Ebert 1985* sowie kritisch dazu *Briefs 1980a*, *Junne 1985* und *Spitzley 1985*

[3] vgl. als ein Beispiel *ÖTV 1981*, 45

von Erziehungsinhalten durch die Informationstechnik. Wenn solche Aspekte doch angesprochen werden, stellt sich die Frage nach der Relevanz solcher Probleme vor dem Hintergrund, daß keine vorbereiteten Handlungsebenen sichtbar sind, um mit diesen Problemen umzugehen. In diesem Sinne wirft die Behandlung von Interaktions- und Wesensgefährdungen sowohl praktisch wie theoretisch große Probleme auf. Wir wollen hier durch eine Schilderung möglicher Gefährdungen auf diese wichtigen Bereiche aufmerksam machen.

Die technisch vermittelte Interaktion (Kommunikation) zwischen zwei Menschen bleibt durch die Bedingungen der Technik und durch die veränderten Benutzungsumstände gegenüber der direkten Interaktion nicht unverändert, sondern sie ändert sich entsprechend den veränderten Bedingungen (vgl. dazu auch *Borbe 1984a* und *1984b* sowie *Kübler 1985*). Eine relativ unmittelbare Auswirkung technisch vermittelter Interaktion kann die soziale Isolierung sein. Dieser Aspekt wird vor allem im Zusammenhang mit neuen Kommunikationsmedien besprochen (vgl. *DGB 1984*, 51ff. oder *Schütt 1984*), jedoch kann jede Form der Computeranwendung zu kontaktarmen Arbeitsplätzen führen. Eine weitere, ebenfalls noch recht deutlich wahrnehmbare Gefahr der technisch vermittelten Interaktion ist die Erleichterung der Aufzeichnung von Kommunikationsinhalten und der Kontrolle der Interaktionsbeziehungen (vgl. dazu wieder *DGB 1984*, 54 und *Niebur 1984*).

Technisch vermittelte Kommunikation birgt auch die Gefahr der Veränderung der Inhalte in sich. Bildschirmtext bietet z.B. anoyme Masseninformation der Anbieter und eröffnet dem Benutzer einen lediglich schablonenhaften "Dialog". Technisch vermittelte Kommunikation beinhaltet die Gefahr, daß die Kommunikationsinhalte auf das sachlich unumgängliche Maß zurückfallen, bzw. bietet aus einer anderen Perspektive die "Chance" der Versachlichung. Ein Teil der Kommunikationsinhalte wird nicht mehr geäußert, die Vermittlung von Eindrücken über die Persönlichkeit und anderer Elemente eines *Gesprächs*kontextes findet nicht mehr statt, weil es unnötig, unpassend oder zu aufwendig erscheint. *Weizenbaum (1977*, 99–104) verweist auf technische Restriktionen von Computersystemen bei der Vermittlung von Interaktion. Das technische Problem besteht darin, daß die Semantik syntaktisch darstellbar und handhabbar sein, bzw. die Zurückübersetzung den Ausgangssinn ergeben muß. Dies ist nach Weizenbaum für viele Sachverhalte möglich, für vieles — z. B. Wissen, Emotion, Wut, Weisheit — jedoch nicht, da dies mehr umfaßt als man sprachlich ausdrücken und somit in syntaktische Regeln für den Computer umformulieren kann. Zunächst ist hier die Feststellung wichtig, daß den Computern diese Eigenschaften abgehen. Die Interaktion mit Informationssystemen ist auf der Seite des beteiligten Menschen zwar nicht emotionslos (wie *Weizenbaums* ELIZA–Programm eindrucksvoll nachweist), sie ist aber jedenfalls anders als menschliche Interaktion bisher normalerweise abläuft.

Neben der technisch vermittelten Interaktion von Menschen birgt auch die Interaktion von Menschen und Maschinen Probleme. Hier ist es vor allem die für Computer erforderliche Genauigkeit der Formulierung von Fragen und Befehlen. Die Verständigung zwischen Menschen wird zwar häufig durch einen ungenauen Sprachgebrauch erschwert. Fast immer gelingt eine Verständigung dennoch durch Interpretation des Kontextes. Unsere Sprache zeichnet sich durch eine Reihe von differenzierten Ausdrücken aus, z.B. bestehen wichtige Unterschiede zwischen den Worten "Haus" und "Heim". Die Differenzierung ist nicht immer ein Vorteil und die Ungenauigkeit ist nicht immer ein Nachteil.

In einer Reihe von Fällen ist gerade die Vagheit des Sprachgebrauchs sehr nützlich (z.B. bei Ausreden, in der Form der Ironie oder der leichten Kritik). Im Umgang mit Computern ist der normale Gebrauch der Sprache nicht möglich. Während der Mensch eine breite semantische Interpretation von Worten kennt, läßt der Computer bisher jedenfalls nur eine (exakte) Bedeutung zu. Diese Bedingung ändert sich auch dadurch nicht, daß man Synonyme zuläßt. zul t. die zwar anders klingen, aber die gleiche Wirkung ausl—sen. Die Gefahr ist jedenfalls nicht von der Hand zu weisen, daß die synonymen Bedeutungen von Wörtern immer mehr an Gewicht verlieren und schließlich in Vergessenheit geraten. Damit wäre nach Meinung von *Göranzon u.a. (1982)* der Kreativität des Menschen Schaden zugefügt, weil sich der individuelle und gesellschaftliche Entwicklungsstand in einer differenzierten Sprache niederschlägt (vgl. dazu auch die Diskussion der Deutschen Gesellschaft für Semiotik bei *Kruppa 1984*).

Volpert (1984, 6) greift in ähnlicher Weise die Folgen auf, die sich aus der Konfrontation der Benutzer mit streng geregelten Programmabläufen ergeben: "Menschen, die ständig mit routinisierten Abläufen zu tun haben, werden selbst in gewisser Weise routine– und automatenhaft". Eine hochkomplexe Programmierung mit diffizilen Algorithmen ändere nichts am Grundtatbestand: "es spricht nichts aber auch gar nichts dafür, anzunehmen, daß uns der ständige Umgang mit solchen Programmen dazu veranlassen würde, besonders ungewohnte und neuartige Wege des Denkens zu gehen und besondere Kreativität zu entfalten. Alle Argumente sprechen für das Gegenteil". Einige Informatiker sehen für die Organisationen ähnliche Folgen der binären Logik wie für die Menschen, die hier tätig sind (vgl. *Nake 1984*, 109ff.). Die binäre Logik führe zu einer militärischen, bürokratischen Organisation und Strukturierung von Informationsprozessen. Informationsprozesse werden zu Informationsflüssen zentralisiert ebenso wie die Entscheidungsstrukturen hierarchisiert und zentralisiert werden. Die Formalisierung und Digitalisierung führt zum Zerhacken (Taylorisieren) ganzheitlicher Arbeitsprozesse, zum Auseinanderbrechen der Arbeit in mechanische, repetitive Arbeitsanteile einerseits und dispositive Arbeitsanteile andererseits (vgl. *Briefs 1984*, 179). Ohne Zweifel lassen sich zutreffende Vergleiche zwischen stark strukturierten Programmen und militärischen Organisationen ziehen, die Behauptung eines kausalen Einflusses der Technik greift jedoch daneben. Eher hat die Technik ein Weiterleben hierarchischer Organisationen ermöglicht. *Weizenbaum (1977*, 54ff.) diskutiert einige Beispiele für diese These. Die geringe interne Kommunikationsgeschwindigkeit von Menschen hätte eine lineare Weiterentwicklung verschiedener Organisationen unmöglich gemacht, wenn nicht Computer neue Handlungsfreiheiten beschert hätten. Ein Beispiel ist der "moderne Luftkrieg", ein anderes Beispiel ist der starke Anstieg des bargeldlosen Zahlungsverkehrs, ein weiteres Beispiel ist die Flexibilisierung der Produktion zugunsten vielfältiger Modelle und Varianten. Ohne den Computer, so *Weizenbaum*, wären all diese Organisationen gezwungen gewesen, zunächst die Notwendigkeit solcher Aufgaben oder Aggregate selbst zu überdenken bzw. im weiteren diese Aufgaben so zu organisieren, daß sie von Menschen erledigt werden können. Der Computer ersparte in vielen Fällen die Frage nach dem Wesentlichen (vgl. *Weizenbaum 1977*, 60).

Die Veränderungen, die der Computer mit sich bringt, geben den Benutzern eine Reihe von neuen Möglichkeiten. Diese bisher unbekannten oder nicht nutzbaren Möglichkeiten stellen die Benutzer aber auch vor die Frage: "Was bedeutet der Computer"? Die spezifische Leistungsfähigkeit des Computers stellt den Menschen infrage, berührt sein

"Wesen". Diese Fragestellung wird nicht durch spezielle Konstruktionsmerkmale des Computers aufgeworfen, sondern allein schon durch seine Existenz. Bezogen auf das Fernsehen meinte *McLuhan (1970)*, daß das "Medium die Botschaft ist". Für den Computer trifft diese für das Fernsehen umstrittene Feststellung ohne Frage zu. Computer ermöglichten enorme Leistungssteigerungen und eröffneten völlig neue Möglichkeiten, z.B. die Raumfahrt. Über diese gesellschaftlichen Leistungen gewinnen auch die Individuen ein neues Bild von der menschlichen Leistungsfähigkeit, sie gewinnen ein neues Bild von sich selbst. In seiner abstrakten Form ist dieser allein auf dem Leistungs*potential* von Computern beruhende Aspekt der Naturbeherrschung und der Festigung eines entsprechenden Menschenbildes wenig greifbar. In einer Reihe von Berichten tauchen jedoch Beschreibungen des Stolzes auf, die die Beherrschung der komplizierten und mächtigen Maschinen bei den Bedienern auslöst.

Die Funktion des Computers als abstraktes Medium des Menschen macht *Turkle (1984*, 379ff.) durch die Bezeichnung "psychologische Maschine" deutlich (vgl. dazu ähnlich *Fritz 1985*). Hier wird nicht die Frage nach den Auswirkungen des Computers gestellt, sondern nach den Folgen des Verhaltens von Menschen. Das Leistungspotential des Computers bietet den Menschen einen Spiegel, "an die Stelle des Bedürfnisses nach einem idealisierten Menschen ist der Computer als zweites Selbst getreten" (*aaO.*, 380). Der Computer ersetzt z.B. bei der Benutzung von Computerspielen die rezeptive Phantasie des Bücherlesens durch die aktives Handeln erfordernde Simulation von "Realitäten". Der Computer ermöglicht eine stärkere Annäherung des Verhaltens an die idealtypischen Vorstellungen, auch wenn es zunächst nur reales Verhalten in einer simulierten Welt ist. Dieser Aspekt des Computers ist mit seinem technischen Leistungspotential verknüpft. Die durch verschiedene Anwendungen in unterschiedliche Formen gekleideten Wirkungen treten auf, wenn Computer genutzt werden. Ohne Computer gäbe es diese Form der idealisierenden Handlungsphantasie nicht, ohne Computer gäbe es aber auch die dadurch ermöglichten Bewußtseinsformen nicht.[1]

Zusammenfassend sind zwei Schwierigkeiten im Umgang mit den Gefährdungen hervorzuheben. Eine Reihe von Gefährdungen läßt sich nur mit besonderen analytischen Anstrengungen, als Folge einer dauernden Belastung, vor dem Hintergrund eines subjektiven Bewertungsrahmens, eingebettet in kontroverse Interpretationsmuster oder als schleichende gesellschaftliche Normveränderung feststellen. Die Frage, welche Wahrnehmungshindernisse sich dem Erkennen von Gefahren entgegenstellen, ist verbunden — wenn nicht sogar überlagert — von der Frage nach der Bedeutung möglicher vom Computereinsatz verursachter Veränderungen. Das Problem der *Feststellbarkeit* wird durch das Problem der *Bewertung*, der *Hierarchisierung* dieser festgestellten Auswirkungen überlagert. Selbst aus feststellbar negativen Veränderungen ergibt sich somit nicht unbedingt ein Handlungsanlaß und die erahnten Handlungsschwierigkeiten können die Bereitschaft zur Wahrnehmung von Problemen senken. Beispiele für solche Prozesse wurden bei Schilderung der psychischen Gefährdungen und auch bei der Schilderung von Gefährdungen der Arbeit gegeben. Zusätzlich muß beachtet werden, daß unter der Be-

---

1) Die Brisanz dieser Veränderungen erschließt sich, wenn man sie mit Zivilisationstheorien konfrontiert (vgl. dazu *Elias 1984*, 62–69). *Spitzley 1985*, 171f. bezieht in einer anderen Weise die Kritik an der Technik und psychische Formen der Armut in der Wohlstandsgesellschaft aufeinander.

dingung von Gruppen mit verschiedenen Interessen unterschiedliche Interpretationen der Ursachen und der Bedeutung von unerwünschten Auswirkungen vorliegen.

2.3 Handlungsrahmen partizipativer Technikbeeinflussung

Der Nachweis eines Gestaltungspotentials der Informationstechnik, auch wenn dieses Potential durch seinen Systemcharakter nur im Rahmen bestimmter Abhängigkeiten nutzbar ist, genügt für die Gestaltung selbst noch nicht. *Zur Materialisierung dieses Potentials sind Prozesse notwendig.* Unter Prozessen werden die Handlungsketten verstanden, mit denen die verschiedenen Akteure auf die Gestaltung der Technik Einfluß nehmen wollen. Gestaltungspotentiale bedingen und beinhalten *Handlungspotentiale*, Gestaltungspotential und Handlungspotential sind zwei Seiten einer Medaille. An dieser Stelle skizzieren wir wichtige Elemente des Handlungsrahmens, in den Gestaltungsversuche eingebettet sind. Eine vollständige Beschreibung ist dabei nicht beabsichtigt.

2.3.1 Gesellschaftliche Beurteilungsmuster von Technik

Das Feststellen einer Gefährdung relevanter Interessen ist ein wichtiger Anlaß zum Handeln, wenn auch nicht der einzig mögliche Handlungsanlaß. Handlungsanlässe sind, auch wenn sie bereits generelle Richtungen für eine Problemlösungen nahelegen, nicht mit Handlungszielen identisch. Handeln erfordert im weiteren die Umkehrung der Kritik in *Ziele*, auf die hin die Technik gestaltet werden soll. Verschiedene Slogans — z.B. Technik ist für den wirtschaftlichen Fortschritt nötig oder Technik muß dem Menschen dienen — deuten dabei entschieden gegensätzliche Vorstellungen über die Rolle der Technik an. Bei einer kritischen Würdigung zeigt sich jedoch, daß auf allen Seiten keine klaren Pro- oder Contra-Positionen gegenüber der Technik bzw. speziell der Informationstechnik vorhanden sind. Das Technikurteil läßt sich dabei auf zwei Ebenen untersuchen. Einmal läßt sich die Bedeutung der Technik insgesamt infrage stellen. Zum anderen läßt sich auf der Grundlage einer grundsätzlichen Bejahung der Technik die Frage nach guten oder schlechten Anwendungsfeldern stellen.

Die Anthropologie beantwortet die Frage nach der grundsätzlichen Funktion der Technik recht eindeutig. Sie definiert den *homo sapiens* gegenüber seinen Vorgängern durch den Gebrauch von Technik. Technik ist ein notwendiger Teil unseres Lebens, unserer Kultur (vgl. *Leroi-Gourhan 1984*, *Strombach 1981*, *Sachsse 1981* und *Bühl 1983*). Die Technik ist nicht nur ein Bestandteil unserer Kultur, sie wird auch auf ihrer Basis weiterentwickelt. Kultur und Technik passen sich einander an, Technik kann insofern nie mehr als nur ein gradueller Fremdkörper in unserem Leben sein[1]. Auf eine andere Weise

---

[1] Eine Reihe von Artikeln beweist, daß Veränderungen in den hier relevanten Einstellungen der Bevölkerung auch von der Industrie aufmerksam beobachtet werden (vgl. insbesondere *Scheuten 1983*, aber auch *Schmidtchen 1984*, *Flodell u.a. 1984* oder *Jungkind u.a. 1984*). Wie weit die Grenzen zu suchen sind und wie komplex der Prozeß der Entwicklung kultureller Grundlagen der Technik bzw. der Einpassung der Technik in die Gesellschaft ist, zeigt ein kürzlich im Magazin *Time* erschienener Bericht über das wiedererwachte Interesse an "Manieren". Neben vielen Fragen zum richtigen Verhalten in der Öffentlichkeit werden von den Lesern entsprechender Kolumnen auch eine Reihe von direkt mit der Technik verbundenen Fragen aufgeworfen, z.B. die nach Sinn oder Unsinn von Anrufbeantwortern oder die nach der Bearbeitungspriorität von technisch vermittelten Arbeitsaufträgen, z.B. das Telefon läutet und gleichzeitig fordert das Terminal durch Piepen die Reaktion auf eine Meldung an (vgl. dazu *Friedrich 1984*, 29).

zeigt auch *Rammert* einen Anpassungsprozeß von Technik und Gesellschaft, zumindest verweist er auf die Notwendigkeit eines solchen Prozesses. *Rammert (1982*, 39f.) schlägt vor, "technische Entwicklungen als soziale Evolution zu untersuchen". Dazu entlehnt er aus der Evolutionstheorie drei Entwicklungsmechanismen: die Variation einer bekannten Technik (*Mutation*), die Selektion der verschiedenen neuen Entwicklungen (*Auslese*) und die Stabilisierung der ausgewählten Technikvariante (*Reproduktion*). *Rammert* beschreibt dann die einzelnen Entwicklungsstufen näher und leitet zwei Bedingungen für das Funktionieren des Entwicklungsprozesses ab. Die drei Entwicklungsstufen müssen in einem bestimmten Verhältnis zueinander stehen, eine "überstabilisierte" Technik, wie z.B. das Auto, behindert die Variation dieser Technik. Die drei Entwicklungsstufen sind verschiedenen gesellschaftlichen Bereichen zugeordnet, die Technikentwicklung benötigt daher auch eine abgestimmte Veränderung von sozialen Strukturen in den verschiedenen Bereichen. Es ist z.B. ein abgestimmter Strukturwandel zwischen dem Produktionssektor (der im wesentlichen die Selektion von neuen Technikvarianten vornimmt) und dem Reproduktionssektor notwendig (vgl. *Rammert 1982*, 45f.), die verschiedenen Strategien der Beteiligten müssen kompatibel sein (vgl. *Rammert 1982*, 62), damit eine neue Technik sich durchsetzen kann.

Diese Einpassung verschiedener Technologien in die Produktion und in die Kultur macht eine radikale Technikkritik unmöglich[1]. Kritikern der Technisierung geht es denn auch eigentlich immer nur um bestimmte Techniken, die ihnen unnütz und/oder gefährlich erscheinen, und um den Ausschluß gefährlicher Anwendungen prinzipiell sinnvoller Technologien. Obwohl die Position eines absoluten Technikgegners real nicht existiert (der Vorwurf der Technikfeindlichkeit bezieht sich meist auf die Skepsis gegenüber der *zukünftigen* technischen Entwicklung), ist diese Position als Handlungsziel eine Idealvorstellung. Sie wäre eindeutig, sie hätte einfache und klare Kriterien, würde zu bestimmten Handlungen führen bzw. andere Handlungen sicher ausschließen und ihr Erfolg ließe sich eindeutig evaluieren.

Die real dagegen in verschiedenen Abstufungen vorhandenen "Ja, aber ..."-Positionen gegenüber der Technik beruhen auf der subjektiven Unterscheidung eines mehr oder weniger großen Bereiches sinnvoller Technik gegenüber einem Bereich schlechter Technik. Diese Position ist unter strategischen Gesichtspunkten mit vielen Schwierigkeiten verbunden. Einigt man sich beispielsweise darauf, daß das Messer ein prinzipiell sinnvolles Instrument ist, dann kann man den Mißbrauch des Messers nicht mehr ausschließen, sondern nur nachträglich unter Strafe stellen. Hält man die Anwendung der Informationstechnik z.B. in der Medizin oder im Umweltschutz für sinnvoll, dann kann man den Mißbrauch dieser Computer für andere Aufgabenstellungen ebenfalls nicht ausschließen. Auch die Nennung eines prinzipiell sinnvollen Anwendungsbereiches, wie z.B. der Medizin, schließt selbst bei bestimmungsgemäßer Nutzung nicht aus, daß die Technik innerhalb dieses Bereiches zu unerwünschten Auswirkungen wie Isolierung, Entqualifizierung oder Arbeitsplatzverlust führt. Man muß sich aber auch fragen, ob es überhaupt Computer geben würde, wenn sie nur für diesen vielleicht wirtschaftlich nicht ausreichenden

---

[1] Die Ambivalenz dieses Prozesses der gegenseitigen Anpassung macht *Stanislaus Lem* mit dem Hinweis auf die Trägheit der bis heute erreichten zivilisatorischen Errungenschaften deutlich. Die Trägheit des "in Immobilien investierten" Teils der Zivilisation bewirkt eine Dominanz der Tradition: "Obwohl sich alles ständig ändert, unterliegt das Wichtigste keinerlei Veränderung: die Richtunք der Veränderung" (*Lem* zitiert nach *Hieber 1983*, 135).

Markt gebaut werden dürften. Zumindest ex post weisen *Ernst (1983)* und *Halfmann (1984)* den Zusammenhang zwischen breiter Nutzung der Informationstechnik und wirtschaftlichen Strukturen der Computerindustrie nach.

Gegenüber der nur theoretisch denkbaren absoluten Technikablehnung ist die auf der Unterscheidung von sinnvollen/nicht sinnvollen Anwendungen beruhende Technikkritik eine "anfällige" Position. Sie kann erstens die nicht sinnvollen Anwendungen einer vorhandenen Technik niemals völlig ausschließen und sie steht zumindest zweitens in der Gefahr der Akzeptierung negativer Auswirkungen und nicht sinnvoller Anwendungen, um die positiven Auswirkungen und die sinnvollen Anwendungen überhaupt erst möglich zu machen (vgl. auch *Petermann 1984*, 104ff.). Auswege aus diesem Dilemma ergeben sich, wenn "Bereichs-Rationalitäten" gebildet werden und wenn Technik nicht mehr als eigenständige Größe betrachtet wird, sondern als Mittel zum Zweck. Mit dieser Verschiebung der Betrachtungsweise findet aber auch eine Entproblematisierung des Mittels statt. Die Diskussion verschiebt sich, nicht mehr die Technik sondern die Zwecke sind strittig. In ihren Aussagen zur Technik unterscheiden sich z.B. "Marxisten" und "Kapitalisten" nur wenig. Für beide ist die Technik eine wesentliche Bedingung gesellschaftlichen Fortschritts.[1] Der prinzipiell unkritische Charakter der Technik wird auch durch die Betonung der die menschlichen Kräfte verstärkenden Wirkung von technischen Geräten veranschaulicht. *Klaus/Buhr (1972*, 1072) zitieren dazu *Marx*: "Sie sind von der menschlichen Hand geschaffene Organe des menschlichen Hirns; vergegenständlichte Wissenschaft." Auch *Gehlen (1957*, 7ff.) argumentiert ähnlich. Die Annahme einer prinzipiellen Harmonie bzw. einer Harmonisierbarkeit ist auch in den Gewerkschaften verbreitet. Nicht die Technik wird kritisiert, sondern die Arbeitsbedingungen.[2]

Die Schwierigkeiten bei der Technikbeurteilung lassen sich nicht nur anhand von theoretischen Betrachtungen belegen, sie zeigen sich auch in repräsentativen Umfragen. *Lange*

---

[1] Gerade angesichts der scharfen Auseinandersetzungen zwischen beiden Lagern lohnt es sich, einige Zitate gegenüber zu stellen. Zunächst *Klaus/Buhr (1972*, 1073) zur marxistischen Position:
"Als Ergebnis jeder technischen Revolution werden weitere Arbeitsfunktionen von ihrer Gebundenheit an die organische, d.h. physiologisch und psychologisch festgelegte und damit begrenzte Funktionsweise der natürlichen Organe des Menschen befreit, wodurch es erst möglich wird, in der Konstruktion der an ihre Stelle tretenden neuen Stufe der Technik die Wissenschaft als unmittelbare Produktivkraft einzusetzen und damit ein höheres Niveau der bewußten, menschlichen Zwecken untergeordnete Ausnutzung der Naturkräfte zu erreichen". Eine ausführliche Auseinandersetzung mit der Rolle der Informationstechnik in den sozialistischen Ländern findet sich bei *Hütter u.a. 1984*.
Die kapitalistische Position wird von *Karlsen (1984)* auf der Grundlage von OECD-Berichten wie folgt skizziert:
"Die neuen Technologien produzieren ein unerwartetes Wachstum der Arbeitsproduktivität, reduzieren die Produktionskosten für eine weite Palette von Gütern und Dienstleistungen, insbesondere durch einen geringeren Energieverbrauch, und machen die Güter weiten Bevölkerungskreisen zugänglich. Die neuen Technologien entlasten die Menschen von schweren Arbeiten und von routinehafter Geistesarbeit und setzen sie für kreative Arbeiten frei. Durch die Erhöhung von Profiten und durch kürzere Kapitalzirkulationszeiten verstärken sie das Reinvestment in neue Produkte und Branchen. Sie schaffen dadurch neue Arbeitsplätze und neue Produkte für die sich ständig weiter entwickelnden menschlichen Bedürfnisse."

[2] "Die Gewerkschaftsbewegung hat im Verlaufe ihrer historischen Entwicklung gelernt, daß nicht die Technik an sich die Gefährdung der sozialen Existenz der Arbeitnehmer bedeutet. Es sind nicht die Industrieroboter, Bürocomputer und Textautomaten, die uns arbeitslos machen, immer höhere Leistungen abverlangen und unmenschliche Arbeitsbedingungen schaffen, sondern diejenigen, die im Zentrum der wirtschaftlichen Macht über die Einsatzziele und die Art und Weise der Technikanwendung bestimmen. ... Der technische Wandel wird dann zum technischen Fortschritt, wenn er von einem aktiven sozialen Wandel begleitet wird" (*Siegfried Bleicher, DGB-Bundesvorstand, 1984*).

(1984) spricht von einer ambivalenten Beurteilung der Informationstechnik durch die Bevölkerung. Einige Aspekte der Informationstechnik werden abhängig vom Beurteilungskontext als Vorteil und Nachteil bezeichnet: "Nicht die Nation ist in ihren Einstellungen zum Computer gespalten, sondern die Mehrheit ihrer Bürger ist in sich gespalten und ambivalent" (*Lange 1984*, 10). In der von *Lange* durchgeführten Befragung zeigt sich eine ambivalente Beurteilung des Computereinsatzes z.B. in der Aussage, daß rund 50% der Befragten vom Einsatz der Informationstechnik *gleichzeitig* Arbeitserleichterungen *und* Arbeitserschwernisse erwarten. Trotz der teilweise sehr deutlichen Kritik von Auswirkungen des Computereinsatzes (wie z.B. der Arbeitslosigkeit) urteilten in einer seit 1976 jährlich durchgeführten Befragung (IBM, Computer–Image 1982, zitiert bei *Lange 1984*, 43) auch noch 1982 über 60% der Befragten, daß "Computer für unseren Fortschritt wichtig sind".

In der von *Lange* durchgeführten Befragung (vgl. *ebd.*, 9) lassen sich Belege dafür finden, daß Verbesserungen durch die Informationstechnik insbesondere unter politischen, wirtschaftlichen und sozialen Gesichtspunkten erwartet werden, während für die Arbeitsbedingungen eher die Nachteile reserviert sind. 76% der von *Lange* befragten Bundesbürger glauben z.B. an eine Verbesserung medizinischer Leistungen, 65% an eine Verbesserung der Wettbewerbsfähigkeit, 48% an eine Erweiterung des persönlichen Wissens, 47% an eine Erleichterung alltäglicher Verrichtungen und 45% glauben an eine Erleichterung des Lernens durch Computer. Hier wird deutlich, daß mit Verbesserungen vor allem eine höhere Leistungsfähigkeit im Sinne von "mehr machen können" angesprochen wird. Die von vielen Befragten vertretene Kritik der Nachteile "Kontrolle" (81%) und "Verkümmern menschlicher Beziehungen" (64%) deuten dagegen an, daß die Nachteile eher auf der Ebene des "Tragens der mit dem Fortschritt verbundenen Aufwendungen" anzusiedeln sind.

Die hier aufgeführten Befragungsergebnisse legen es nahe, daß die Bilanzurteile durch einen starken Einfluß der durch Computer stark erhöhten menschlichen Leistungsfähigkeit wesentlich positiver ausfallen, als es die am Arbeitsplatz persönlich spürbaren Konsequenzen des Computereinsatzes eigentlich zulassen würden. Für diese Überlegung lassen sich verschiedene Belege anführen. In einer Untersuchung des kanadischen Departments of Communication (vgl. *Department 1973*, 7) werden zwei konfliktäre Sets von Beurteilungen der Informationstechnik festgestellt. Auf einem "cognitive level" werden die wirtschaftlichen und gesellschaftspolitischen Vorteile gesehen und auf dem "affective level" werden Befürchtungen und Ängste artikuliert. *La Porte/Metlay (1975*, 252) ergänzen diesen Befund durch ihre Beobachtung, daß sich die Wahrnehmung von Nachteilen künftiger Technologien in erster Linie auf langfristige, indirekte Effekte bezieht. Zu einem ähnlichen Urteil hinsichtlich des prinzipiellen Vorhandenseins von zwei unterschiedlichen "Beurteilungssets" kommen *Armanski u.a. (1983*, 208ff.), die anhand einer Faktorenanalyse der von ihnen erhobenen Einzelurteile zwei Faktoren isolieren können, die die "Struktur des allgemeinen Rationalisierungsbewußtseins" bestimmen. Der erste, 39% der Varianz erklärende Faktor ist der Segen, den die Technik im "allgemein–menschlichen Sinn" bringt. Der zweite, 20% der Varianz erklärende Faktor sind die Nachteile des Technikeinsatzes für die Arbeitnehmer. Vorteile und Nachteile des Technikeinsatzes spielen sich also in "zwei Welten" ab, für deren Verbindung und Gewichtung politische oder moralische Orientierungen der Betroffenen eine große Bedeutung haben dürften. *Lange (1984*, 37f.) hat in diesem Zusammenhang z.B. herausgefunden, daß die Betonung von Vorteilen des Computereinsatzes wesentlich zunimmt, wenn die Befragten eine "hohe Staatssympathie" haben. Auf solche Gewichtungsprozesse weisen auch *Hörning/Bücker-Gärtner (1982*, 88) hin.

Die empirischen Untersuchungen zum Technikurteil zeigen, daß viele Betroffene Schwierigkeiten haben, eine in sich schlüssige Position gegenüber der Technik zu entwickeln. Angesichts von komplexen Beziehungen und von Widersprüchen zwischen den Vorteilen und den Nachteilen einer Technik liegen die Gestaltungskriterien nicht einfach auf der Straße.[1] Menschliches Vorgehen bei der Lösung komplexer Probleme ist in einer bestimmten Weise psychisch "organisiert". *Mayer (1979)* zitiert einige Modelle für die Einteilung dieses Prozesses in Phasen, z.B. Entwicklung von Problemverständnis, Planaufstellung, Planausführung und Rückblick[2]. Trotz ständiger Rückkoppelungen zwischen Handlungsmotiv, aktueller Handlungssituation und Handlungsziel liegt in der sequentiellen Anlage des Planens und des Handelns eine wichtige Bedingung für das Auftreten von Brüchen im Zielbaum und in letzter Konsequenz auch für das Eintreten nicht-kalkulierter Nebenwirkungen[3]. Das pragmatische Vorgehen bei der Technikbeurteilung ist nicht ausschließlich als Gefahr zu beurteilen, sondern beinhaltet auch, daß der Verhandlungspartner ebenfalls nicht völlig festgelegt sein kann. Gerade für Beteiligungsprozesse, wo zumindest die Mehrzahl der Betroffenen noch unerfahren ist, ergibt sich weiter, daß der zur Technikgestaltung notwendige Beurteilungsrahmen nicht von vorneherein als vorhanden unterstellt werden darf und daß Beteiligungsprozesse die Bildung und Weiterentwicklung dieses Beurteilungsrahmens zeitlich und organisatorisch vorsehen und fördern müssen.

2.3.2 Handlungsebenen der Technikgestaltung

Die Technik wird auf unterschiedlichen gesellschaftlichen Ebenen gestaltet. Prinzipiell ist die Nutzung und Erweiterung von Gestaltungspotentialen durch die vorausschauende Planung der Rahmenbedingungen der Technikentwicklung und -anwendung, durch die Kontrolle von Forschung und Produktion, durch die Beeinflussung der Nachfrage nach

---

[1] Eine interessante Gegenposition zu dieser Auffassung von der Kompliziertheit der Entwicklung von Gestaltungskriterien bei der Technikentwicklung vertritt *Hieber*, auf die wir ergänzend noch kurz eingehen wollen. *Hieber (1983)* beschäftigt sich ausführlich mit der Frage, wie Bürgerinitiativen in Konfliktfeldern, zu deren Beobachtung Expertenwissen notwendig ist, Gestaltungskriterien entwickeln können. Die Alternative zu dem den Bürgerinitiativen nicht zugänglichen Expertenwissen liegt für *Hieber* im naiven Wissen, das bei ihm unter dem Begriff und dem Aspekt des "Naturschönen" besprochen wird. *Hieber (1983*, 172) verweist dazu auf die Vergleichbarkeit von wissenschaftlichem und naivem Vorgehen, wenn beide auf ihre Weise schließlich zu dem Ergebnis kommen, daß z.B. eine bestimmte Landschaft erhaltenswert ist (weil sie aus wissenschaftlicher Sicht eine wichtige biologische Funktion erfüllt bzw. aus naiver Sicht einfach "schön" ist). Aus dieser Sicht sind Gestaltungskriterien im ästhetischen Urteil bereits vorhanden. *Bourdieu (1982)* beschäftigt sich ausführlich mit der Entstehung von Geschmacksurteilen, zu denen die Kategorie des Naturschönen gezählt werden kann. Ästhetische Urteile erweisen sich als eine Auswirkung der gesellschaftlichen Unterschiede, ja sie werden von *Bourdieu* sogar als eine Form des Zeigens und Auslebens dieser gesellschaftlichen Unterschiede besprochen. Die jeweiligen Inhalte des Begriffes "Naturschönes" sind einer interessenspezifischen Kritik ausgesetzt. Von richtigen oder auch nur von verläßlichen Gestaltungsparametern kann ebenso wie bei anderen Gegenständen von Interessenauseinandersetzungen nicht gesprochen werden.

[2] vgl. dazu für den Teil einer organisationsungebundenen Handlung insbesondere *v. Cranach u.a. 1980* und für den Teil vorstrukturierter Arbeitshandlungen *Hacker 1978*

[3] vgl. als Beispiele für "komplizierte" Zielbildungsprozesse *Reinermann 1983* und *1985* sowie *Kranz 1984*.

bestimmten Technologien und/oder durch die Beeinflussung der Anwendungsbedingungen möglich. Praktisch sind die "Makro"-Ebene und die "Mikro"-Ebene der Nutzung von Gestaltungspotentialen miteinander mehr oder weniger deutlich verbunden. Wir gehen im folgenden kursorisch auf einige Elemente der "Makro"-Ebene ein (staatliche Forschungsförderung, Arbeitspolitik, Wissenschaft und Marktstrukturen), um uns dann im folgenden stärker mit der für die Partizipation von Betroffenen besonders wichtigen Handlungsebene des Betriebes und mit den Ressourcen zu beschäftigen, die den Akteuren zur Verfügung stehen.

2.3.2.1 Gesellschaftliche Beeinflussung der Technikgestaltung

Auf gesellschaftlicher Ebene finden eine Reihe von Prozessen zur Steuerung der technischen Entwicklung statt, die indirekt oder direkt Beteiligung beeinflussen. Als wichtige Bestandteile der Technologiepolitik definieren wir Programme und Institutionen, deren wesentliche Aufgabe die Technikgestaltung ist.

Muszynski (1982, 38) unterteilt die *staatliche Technologiepolitik* seit 1949 in vier Phasen: die Laissez-faire-Phase, die Imitationsphase, die Emanzipationsphase und die Konkurrenzphase (die bei ihm etwa im Jahre 1970 beginnt). Diese Phase ist dadurch gekennzeichnet, daß die neuen Schwerpunkttechnologien wie z.B. die Kernenergie oder die Informationstechnik in Konkurrenz mit anderen Anbietern ähnlicher Produkte und mit Anbietern alternativer Techniken konsolidiert und weiterentwickelt werden müssen[1]. *Fricke/Krahn/Peter (1985*, 21ff.) beschreiben als Instrumente staatlicher Forschungsförderung die Projektförderung im Rahmen verschiedener Programme und die Innovationsförderung durch Subventionen für kommerzielle Anwendungen und durch Wissenstransfer im Rahmen von Beratungsstellen etc.. Daneben existieren eine Reihe von Forschungseinrichtungen, die direkt oder indirekt staatlichem Einfluß unterliegen. Hier sind einmal die Großforschungseinrichtungen zu nennen, ferner verschiedene Bundes- oder Länderinstitute (wie z.B. das Bundesgesundheitsamt oder die Bundesanstalt für Materialprüfung), die Max-Planck-Gesellschaft und die Fraunhofer-Gesellschaft. Einen bedeutenden Umfang hat auch die Hochschulforschung. Einen wichtigen Beitrag zur Forschungsförderung leisten ferner die Förderungseinrichtungen, unter denen die Deutsche Forschungsgemeinschaft und die Volkswagen-Stiftung die bekanntesten sind.

Nähere Auskünfte über die derzeitige Förderungskonzeption der Informationstechnik durch die Bundesregierung gibt der Regierungsbericht "Informationstechnik" (vgl. *BMFT 1984*). Die Bundesregierung nennt hier 5 Aufgabenfelder, auf die sie sich konzentrieren will:

---

[1] Wichtigste Förderungsschwerpunkte der staatlichen Forschungspolitik sind seit längerer Zeit 1. die Sicherung der Energie und der Rohstoffversorgung, 2. eine allgemeine Forschungsförderung und Grundlagenforschung und 3. die Erhaltung der äußeren Sicherheit. Zusammen haben diese Forschungs- und Entwicklungsschwerpunkte einen Anteil von rund 57% an der gesamten Forschungsförderung, die Förderung der Mikroelektronik hat gegenüber diesen Bereichen relativ nur eine geringe Bedeutung (vgl. *Muszynski 1982*, 50 und 59ff.)

a) Verbesserung der marktwirtschaftlichen Rahmenbedingungen und damit auch der Wettbewerbsfähigkeit der Bundesrepublik und Europas mit besonderem Gewicht auf Risikokapital, Marktöffnung und innovationsorientierter öffentlicher Beschaffung.

b) Motivierung des Menschen, sich der technischen Herausforderung zu stellen, durch Information über Zukunftsoptionen und durch verstärkte Berücksichtigung der Informations- und Kommunikationstechniken im Bildungsbereich.

c) Belebung innovationsorientierter Märkte durch zukunftsorientierten Ausbau der Kommunikationsinfrastruktur und Innovationen im Endgerätebereich.

d) Verbreiterung der Technologiebasis zur langfristigen Sicherung der Verteidigungsfähigkeit der Bundesrepublik.

e) Verstärkung und Konzentration der Forschungskapazitäten der Bundesrepublik auf dem Gebiet der Informationstechnik mit dem Ziel, im öffentlichen und privaten Bereich eine FuE-Kapazität zu entwickeln, die Schwerpunktgebieten in Qualität und Quantität den Anforderungen des internationalen Wettbewerbs gerecht wird.

In ähnlicher Weise hat auch die Europäische Gemeinschaft (EG) ihr Förderungsprogramm der Informationstechnik ESPRIT aufgelegt (vgl. *Commission 1983* und *1984*). Das ESPRIT-Programm ist weniger auf die Veränderung der Rahmenbedingungen als auf die Schaffung und Verstärkung eines spezifischen Wissens ausgerichtet:

"Each of the key factors discussed ... (higher level of interfaces, more intelligent processing, interactivity, interconnection, reliability and security) presents major technological challenges to overcome. Taken together they represent a formidable challenge which ESPRIT plans to attack" (*Commission 1983*, 16). "The ESPRIT programme is intended to promote precompetitive and generic research and development in information technology through collaborative projects within the European Community which the Community shall finance in part" (*Commission 1984*, 0-2).

Dieses Förderungsprogramm ist unter teilweise pragmatischen Gesichtspunkten auf VLSI-Technik, Software-Technologie, Systemarchitektur, Bürosysteme und Produktionsautomation (Computer integrated manufacturing) konzentriert. Durch das ESPRIT-Programm werden 1985 rund 120 verschiedene Projekte gefördert, die Zahl der geförderten Projekte soll noch ausgeweitet werden (vgl. *Commission 1984*, 0-7).

Für die Diskussion über Gestaltungspotentiale ist die Existenz solcher Förderungsprogramme ein wichtiges Faktum. Die Veränderbarkeit von Schwerpunkten bei der Forschung, die tatsächliche Ausweisung neuer Forschungsbereiche und die erheblichen finanziellen Mittel demonstrieren dabei sowohl das Vorhandensein von nationalen bzw. gesellschaftlichen Gestaltungspotentialen wie auch die Möglichkeit und die potentielle Wirksamkeit einer Einflußnahme. Eine wichtige Rolle bei der direkten Demonstration von Gestaltungspotentialen spielte und spielt das Programm "Humanisierung der Arbeit" (HdA)[1]. Mit einer ähnlichen Funktion wie das Programm "Humanisierung der Arbeit" hat das Land Nordrhein-Westfalen ein Programm "Sozialverträgliche Technikgestaltung" aufgelegt (vgl. dazu *Alemann u.a. 1985*).

Der Staat nimmt nicht nur durch die Technologieförderung und die Beeinflussung der Wissenschaft Einfluß auf die Rahmenbedingungen der Technikentwicklung und -anwendung, sondern auch durch viele *sozialpolitische und arbeitspolitische Entscheidungen.* Neben den staatlichen Institutionen treffen die Arbeitgeber und Gewerkschaften

[1] Auf die kontroverse Beurteilung des Programms als Alibi oder wirksame Hilfe soll hier nicht eingegangen werden (vgl. dazu z.B. *Pöhler 1979*, *Fricke/Notz/Schuchardt 1982*, *Fricke/Krahn/Peter 1985* oder für die Kritik *Parebo 1979*)

Abbildung 6: Übersicht über Rechtsquellen des Arbeitsschutzes und der Mitbestimmung

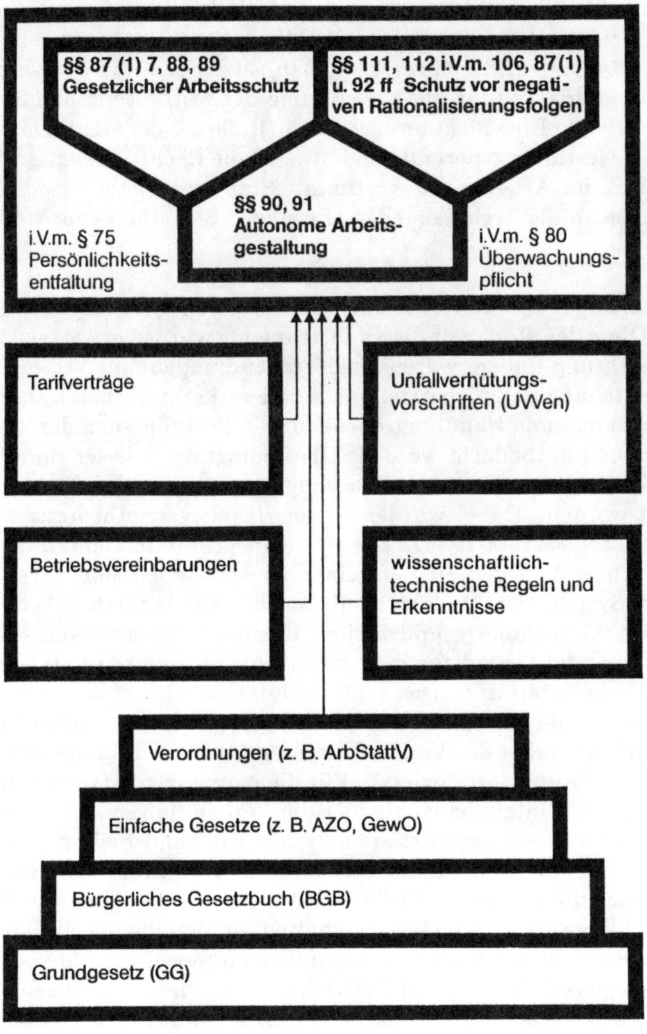

Entnommen: *Schardt/Zachert 1982*, 69

im Rahmen der Tarifautonomie arbeitspolitische Entscheidungen ebenso wie in gewisser Weise auch die Sozialversicherungen. In einem umfangreichen Reader skizzieren *Jürgens/Naschold (1984)* ihre Vorstellungen vom Inhalt des Begriffes "Arbeitspolitik", ihr Ziel ist die Benennung von Spannungsfeldern und Bezügen zwischen Politik und Produktion (vgl. auch *Beckenbach 1984*, 101). In den Rahmen dieser "Arbeitspolitik" fällt z.B. die Vereinbarung von kürzeren Arbeitszeiten zwischen Arbeitgebern und Gewerkschaften als Antwort auf die Arbeitslosigkeit und die Absicherung und Verstärkung der Effekte durch staatliches Handeln. Wichtige Felder der Arbeitspolitik mit langer Tradition und mit erheblichen Auswirkungen auf die Einführung und Anwendung der Technik sind die Arbeitsschutzgesetze und die Mitbestimmungsgesetzgebung (vgl. dazu Abbildung 6). Insbesondere die Gewerkschaften setzen sich für die Verbesserung der Arbeitsschutz-Standards und für die Erweiterung der Mitbestimmung ein (vgl. *Brusis 1985* und *Zachert 1985*). Eine nicht unwesentliche Rolle bei der staatlichen Erschließung und Fixierung von Gestaltungspotentialen hat auch die Rechtsprechung. Einerseits verallgemeinert sie z.B. im Arbeitsrecht bestimmte Standards, andererseits kann sie aber neue Anforderungen an die Technik stellen (Beispiele: Sicherheit von Atomkraftwerken, Datenschutz).

Wesentliche Grundlage des gewerkschaftlichen Handelns ist der Streik bzw. die Streikfähigkeit. Ohne den Rückhalt dieses Instruments würden gewerkschaftliche Forderungen wenig Beachtung finden, wären viele Verhandlungen und Vereinbarungen nicht denkbar. Die Entstehung und Sicherstellung der gewerkschaftlichen Handlungsfähigkeit muß daher als vorbereitende Handlungsebene für die Beeinflussung der Technikentwicklung und -anwendung mitbedacht werden. Die Bedingungen dieser Handlungsfähigkeit sind unter dem Schlagwort "Industrial Relations" vor allem in den USA und in England näher untersucht worden. Dabei wurden in der Regel systemtheoretische Analysemodelle benutzt (vgl. *Schienstock 1982*). Der Systembegriff unterstellt, daß die Mitglieder über ein gemeinsames Anliegen etc. miteinander verbunden sind. (vgl. *Schienstock 1982*, 47f.). Das System der "Industrial Relations" ist dadurch gekennzeichnet, daß Arbeitgeber und Arbeitnehmer grundsätzlich aufeinander angewiesen sind. Beide Seiten verfolgen aber auf der Grundlage ihrer relativen Abhängigkeit unterschiedliche bzw. auch widersprüchliche Interessen. Das zentrale Interesse richtet sich auf die Frage, wie die Interessenunterschiede innerhalb des Systems gelöst werden. Ein wichtiger Untersuchungsgegenstand sind dabei die Verhandlungsregeln. Es wird angenommen, daß ihre Struktur die Konfliktlösung "produziert". Für die Nutzung von Gestaltungspotentialen sind diese Überlegungen interessant, als hier die Verhandlungsposition der beiden Seiten unter strategischen Gesichtspunkten analysiert wird und Bedingungen der gewerkschaftlichen Handlungsfähigkeit aufgezeigt werden. Der Industrial-Relations-Ansatz kann darüber hinaus die unterschiedliche Funktion von Beteiligung für die beiden Seiten relativ gut erklären. Für die Gewerkschaften ist Beteiligung die Lösung für zwei strategische Probleme. In Tarifverhandlungen können wegen der unterschiedlichen Anwendungsbedingungen der Informationstechnik nur Regeln für die Bearbeitung der Probleme festgeschrieben werden. Die Konkretisierung kann nur in den Betrieben erfolgen. Die Beteiligung hat hier die Funktion, über die formale Einhaltung vereinbarter Regeln auch die inhaltliche Übereinstimmung mit gewerkschaftlichen Vorstellungen zu prüfen. Die zweite Funktion liegt im Gegensteuern gegen eine zunehmende Professionalisierung der Gewerkschaften, die das eigentliche Machtmittel — die Streikdrohung — tendenziell infrage stellt. Beteiligung hat für die Arbeitgeber ähnliche Funktionen. Hier steht allerdings die Wissensgewinnung unter anderen Vorzeichen und oft wird auch in der Institutionalisierung von direkter Beteiligung der Versuch gesehen, durch den Kurzschluß mit den direkt Betroffenen gewerkschaftliche Maßnahmen zu konterkarieren.

Über die Bedeutung der *Wissenschaft* für die Technikentwicklung wird gegenwärtig insbesondere in der Soziologie wieder verstärkt debattiert. In unserem Zusammenhang interessiert uns über die Bedeutung der Wissenschaft für die Technikgestaltung hinaus die Frage, ob die vom Technikeinsatz Betroffenen von der Wissenschaft profitieren können oder ob sie unabhängig oder sogar in Gegensatz zur Wissenschaft ihre Interessen formulieren müssen. *Hieber (1983)* stellt die Enteignung der Arbeiter vom Produktionswissen fest, sieht eine kulturelle Schranke zwischen Arbeitern und Wissenschaft, bezweifelt wegen der Einbindung der Wissenschaftler in interessenbezogene Arbeitsverhältnisse ihre Bündnisfähigkeit und kommt so letztlich zu einer Ablehnung eines Nutzens der Wissenschaft für die an einer Veränderung der Technikanwendung interessierten Betroffenen. Er spitzt diese Feststellungen auf zwei Hindernisse zu: Das erste Hindernis ist die wirtschaftliche Abhängigkeit (von *Hieber* Angestelltenproblem genannt), das zweite Hindernis ist die Sprachbarriere zwischen Wissenschaftlern und Betroffenen (von *Hieber* pädagogisches Problem genannt; vgl. *Hieber 1983*, 138). Die Möglichkeit eines Nutzens der Betroffenen von der Wissenschaft wird auch von *Ullrich (1977)* abgelehnt. Er kritisiert die Wissenschaft vom Standpunkt der Forderung nach einer "besseren" Technik aus. Er unterstellt seiner Kritik einen auf die Kritik der Großtechnologie verengten Technikbegriff: "Wissenschaft konzentriert sich in großtechnischen Projekten, und großtechnische Projekte sind vorwiegend Rüstungsprojekte" (*Ullrich 1977*, 320)[1]. Die Ambivalenz der Nutzungsmöglichkeiten von Techniken verengt sich bei ihm sehr stark auf die destruktive Techniknutzung (vgl. *Ullrich 1977*, 317). Von dieser Voraussetzung aus fällt der Verantwortung des Wissenschaftlers für die Konsequenzen aus der Nutzung seiner Technik große Bedeutung zu. Die Ausblendung dieser Verantwortung aus dem Forschungsprozeß ist *Ullrichs* wesentliches Argument für die Behauptung einer strukturellen Affinität von Wissenschaftslogik und Kapitallogik. Beide Logiken stimmen darin überein, daß sie die Lebensinteressen der Menschen ignorieren und daß ihre eigenen Entwicklungsinteressen "unendlich" sind und alle "vernünftigen Grenzen" des Menschen überschreiten (vgl. *Ullrich 1977*, 345 und *Axt 1982*, 217).

Neben dieser von Hieber und Ullrich verfolgten Frage der Rolle der Wissenschaft insgesamt ist aber auch die Frage nach dem Bewußtsein der einzelnen Wissenschaftler und Techniker interessant. Zum einen können die Wissenschaftler und Technik Einfluß auf die Inhalte und auf die Organisation der Wissenschaft nehmen, auch wenn sich aufgrund der Abhängigkeitsverhältnisse eine Reihe von aus der Sicht der Betroffenen begrüßenswerten Bewußtseinsinhalten nicht ohne weiteres in konkretes Verhalten umsetzen lassen. Zum anderen können Betroffene in der Form von Beratungen auch dann von kritischen Wissenschaftlern profitieren, wenn sich das System Wissenschaft durch ihre Zunahme und ihre Arbeit nicht ändern sollte. Die Forschungsarbeiten auf dem Gebiet des Bewußtseins der "technischen Intelligenz" zeigen Ansatzpunkte für solche Entwicklungen. *Laatz (1979)* berichtet zunächst über die Arbeitssituation der technischen Intelligenz. Trotz aller Versuche der Steigerung der Effizienz durch den Einsatz von organisatorischen und technischen Hilfsmitteln wird die Arbeitssituation durch die

[1] *Axt* (*1982*, 226) nennt das von *Ullrich* angewandte Verfahren in der Konsequenz nicht Analyse, sondern "Struktur-Analogie" (angesichts vieler urteilsgebundener Setzungen könnte man auch von Konstruktions-Analogie sprechen)

befragten Techniker und Ingenieure mit dem Stichwort Selbständigkeit charakterisiert (vgl. *Laatz 1979*, 170f.). Mit Blick auf die Arbeitsbedingungen lassen sich aus der Befragung von Laatz keine Argumente für eine strukturelle Einschränkung des den Technikern und Ingenieuren offenstehenden Gestaltungspotentials feststellen, sie sind ***arbeitsorganisatorisch*** an keine engen Vorgaben gebunden. Allerdings verpflichten sich die Techniker und Ingenieure selbst auf die Gültigkeit von kaufmännischen Rentabilitätsüberlegungen, "nur eine Minderheit der Ingenieure dagegen wendet sich prinizipiell gegen den Vorrang des Rentabilitätsprinzips" (*Laatz 1979*, 177). Trotz einer grundsätzlichen Identifikation mit der Rationalität von technischen Prinzipien nehmen viele der befragten Techniker Probleme wahr. *Laatz (1979*, 229) zieht aber folgende Schlußfolgerung: "Bei allen Ansätzen zu einer kritischen Bewußtseinshaltung gegenüber der technischen Entwicklung stehen die Ingenieure doch der Frage hilflos gegenüber, wo denn nun die Ursachen einer problematischen technischen Entwicklung zu suchen sind". Bedingt durch sehr heterogene Antworten meint eine mit 21% am stärksten besetzte Gruppe, daß Möglichkeiten, die verantwortungsvolle Nutzung der Technik zu unterstützen, vor allem im unmittelbaren Rahmen der eigenen Arbeit bestehen (vgl. *Laatz 1979*, 300). Obwohl diese Antwortverteilung für manche Leser enttäuschend sein mag, führt sie zu den in den Arbeitsbedingungen der Techniker und Ingenieure selbst liegenden Handlungsspielräumen zurück.

Eine neuere Studie, die allerdings noch nicht abgeschlossen ist, kommt in den Punkten "Selbständigkeit fördernde Arbeitsbedingungen" und "diffuses Technikurteil" zu entgegengesetzten Ergebnissen. Die von *Neef/Rubelt/Müller (1984)* durchgeführte Befragung zeigt eine starke Kritik von Technikern und Ingenieuren an der Verringerung ihrer Handlungsspielräume und an der Erhöhung ihrer Belastungen. Diese Aussage wird speziell für die Gruppe der Systementwickler durch andere Arbeiten präzisiert. Von *Briefs (1983)* wird eine Verschlechterung der Arbeitsbedingungen prognostiziert, von *Goldstein (1982)* und von *Couger/Coulter (1983)* wird über steigende Arbeitsunzufriedenheit berichtet, die auf eine Unterforderung von Systementwicklern zurückzuführen ist. Ein in der Zeitschrift *Business Week (1984)* erschienener Bericht ergänzt diesen Befund. Nach dieser Befragung konzentrieren sich Computerfachleute wesentlich stärker als kaufmännische Manager auf den Arbeitsinhalt für ihre Zufriedenheit. Unterforderung muß daher als eine kritische Belastungsart für diese Gruppe betrachtet werden. Die Befragung von *Neef/Rubelt/Müller (1984)* zeigt des weiteren, daß auch das Technikurteil der Ingenieure und Techniker deutlich kritischer geworden ist. Nur eine Minderheit von rund 10% der Befragten setzt technischen Fortschritt noch mit gesellschaftlichem Fortschritt gleich. Gleichzeitig betonen z.B. 70% der befragten Diplom-Ingenieure, daß die Technikentwicklung durch das Gewicht der beteiligten Interessengruppen bestimmt wird und über 50% sind sogar der Meinung, daß die so entstehende Technik überwiegend gegen die Interessen von Arbeitnehmern und Bürgern gerichtet ist.

Hinsichtlich der Frage nach der Nutzbarkeit von Gestaltungspotentialen sind diese Befunde durchaus ambivalent. Einerseits scheinen die Berichte zu belegen, daß die heutigen Arbeitsbedingungen den Technikern und Ingenieuren durch eine stärkere Organisierung und Technisierung weniger Handlungsmöglichkeiten bieten. Andererseits deuten die neueren Befragungen möglicherweise auch ein stärkeres Engagement der Techniker und Ingenieure allgemein wie auch speziell der Systementwickler an.

Eine weitere wichtige Determinante für die technologische Entwicklung ist last but not least das *Wirtschaftssystem.* Hier geht es um die Frage, ob die Technikentwicklung letztlich mittels der Nachfrage von den Bedürfnissen der Menschen gelenkt wird (was jedem Individuum eine gute Einflußchance auf die Technikentwicklung einräumen würde) oder ob die Technikentwicklung stärker durch wirtschaftliche Macht und die Angebotspolitik der Anbieter bestimmt wird.

Fleischmann (1981) belegt die Wirksamkeit der Nachfrage für die Technikentwicklung am Beispiel des "Erfinders". Seine Position ist in Bezug auf die Nachfrage nach Informationstechnik nicht ganz realitätsgerecht, denn die Informationstechnik wird zumindest heute nicht von den "Kosumenten" selbst, sondern von Betrieben nachgefragt. Seine Schlußfolgerungen sind aber trotzdem wichtig. *Fleischmanns* These lautet, daß sich Erfinder vorrangig um solche Probleme kümmern, die soziale Anerkennung (insbesondere hohe Einkünfte) versprechen. Die Einkünfte der Erfinder (egal ob sie selbständig arbeiten oder in Forschungsabteilungen großer Unternehmen arbeiten) werden sich besonders durch solche Innovationen verbessern, die auf eine dringende und weitverbreitete Nachfrage stoßen. Es ist daher zu erwarten, daß die Zahl der Erfindungen mit dem Wachstum einer Branche steigt. Von dieser Erwartung abweichende Befunde werden durch die Wirksamkeit von Restriktionen erklärt, die die Durchsetzung dieser generellen Nachfragesteuerung bremsen. Solche Restriktionen können darin bestehen, (a) daß die potentiellen Nachfrager ihre Bedürfnisse nicht bewußt wahrnehmen (sich z.B. an inhumane Arbeitsbedingungen gewöhnt haben); (b) daß Kommunikationsbarrieren zwischen Forschung und Nachfragern bestehen; (c) daß zwar ein Bedürfnis besteht, aber keine kaufkräftige Nachfrage und (d) daß Substitute immer noch billiger als neue Produkte sind (z.B. Erdöl und Solarenergie). Das grundlegende Problem ist nicht die fehlende Nachfrage, sondern die Unterdrückung von Nachfrage. *Fleischmann (1981*, 130ff.) bespricht dies am Beispiel der Humanisierung der Arbeitsbedingungen. Durch monotone Arbeitsbedingungen findet eine Entwertung des "Humankapitals" statt, d.h. daß die betreffenden Beschäftigten nach einiger Zeit zu neuen Qualifikationsanstrengungen auch gar nicht mehr fähig sind. In dieser Situation ist das Festhalten an Belastungszuschlägen eine ökonomisch richtige Entscheidung der belasteten Beschäftigten, die sich aber innovationshemmend auswirkt. In diesem Sinne sind auch von anderen die teilweise hohen Belastungszuschläge für Staub, Lärm, Umgang mit gefährlichen Stoffen etc. kritisiert worden, weil sie nicht zur Beseitigung der Ursachen beitragen und teilweise sogar als Ausgleich für sonst notwendige Investitionen gezahlt worden sind. Für die staatliche Technologieförderung zieht *Fleischmann (1981*, 134) folgende Konsequenz: "Eine staatliche Technologieförderungspolitik kann daher erst dann nachhaltige Erfolge erzielen, wenn es ihr gelingt, Personen mit unbefriedigten Bedürfnissen so zu aktivieren, daß Erfinder eine ständige Nachfrage erwarten, und wenn es ihr gelingt, Hindernisse einer Umsetzung unbefriedigter Bedürfnisse in eine effektive Nachfrage zu beseitigen".

Die Beeinflussung der Technikentwicklung über die Steuerung der Nachfrage ist zumindest für Teile der Gewerkschaften ein interessantes Mittel. Im Rahmen der "Technologiepolitischen Konferenz", die der DGB 1985 veranstaltete, wurde u.a. vor dem Hintergrund der Thesen von *Eurich* über einen Boykott von Bildschirmtext, über die Wiederbelebung einer gegensteuernden gewerkschaftlichen Kulturarbeit, über die Gestaltung der Freizeit der Arbeitnehmer und über die Notwendigkeit ergänzender außerbetrieblicher Aktionen gesprochen (vgl. *DGB 1985* und *Bleicher 1985*, 18).

Ebenso wie Fleischmann mit seiner Forderung nach der Aktivierung "unbefriedigter" Bedürfnisse führen diese Forderungen zurück zur Diskussion über "erzeugte" und "wahre" Bedürfnisse (vgl. *Brede/Siebel 1977* und *1978*).

Gegenüber solchen an der Nachfrage und an der Beeinflussung der Nachfrage orientierten Positionen wird von einer Reihe von Wissenschaftlern die Bedeutung der Angebotsseite betont. Sie verstehen die technische Entwicklung als Determinante der Kapitalentwicklung (also als ein besonderes Modell der Ausübung wirtschaftlicher Macht). Ein immer wieder zitiertes Beispiel für eine gezielte Angebots- und Marktsicherungspolitik ist IBM (vgl. *Lohmar 1985* und *Der Spiegel 1986*). Durch die spezifische Vermarktungsstrategie, durch die Produktpalette, durch große Fertigungslose mit dem Vorteil wirtschaftlicher Herstellung bei relativ hohen Verkaufspreisen, durch aggressive und aufwendige Verkaufsaktionen sowie durch das Gewicht inkompatibler Software erreicht IBM eine relativ feste Bindung der Anwender an IBM-Produkte. Die Wahlmöglichkeiten dieser Anwender bleiben auf das Angebot beschränkt, das IBM bzw. die Hersteller kompatibeler Anlagen ihnen machen. Viele politökonomische Analysen beschäftigen sich weniger mit der Nutzung wirtschaftlicher Macht durch den Hersteller von Produktionsmitteln, sondern mit der Rolle des wirtschaftlichen Interesses bei Anwendung dieser technischen Arbeitsmittel. *Brandt (1984*, 196) unterteilt die politökonomischen Analysemodelle in Produktions- und Subsumtionsmodelle. Produktionsmodelle zeichnen sich dadurch aus, daß sie die Arbeitsprozesse in den Vordergrund ihrer Analyse stellen. Die kapitalistische Verwertung der Arbeit erfordert dabei die weitere Trennung von dispositiver und ausführender Arbeit. Vor diesem Hintergrund erscheint die Entqualifizierung der menschlichen Arbeit als ein unaufhaltsamer Prozeß (*Bravermann* zitiert nach *Brandt 1984*, 211). Eine Veränderung des kapitalimmanenten Mechanismusses würde daher zuerst ein anderes Produktionssystem erfordern. In den Subsumtionsmodellen verliert der Arbeitsprozeß seinen Stellenwert als zentraler (und einziger) Ansatzpunkt der Mehrwertproduktion. Die Arbeit wird als *Objekt* der kapitalistischen *Koordination* betrachtet (vgl. *Brandt 1984*, 209). Diese Betrachtung der Arbeit als Objekt der kapitalistischen Planung beinhaltet eine Analyse der dafür zur Verfügung stehenden Planungs- und Kontrollmechanismen. Insbesondere die Wissenschaft spielt dabei die Rolle, das Kapital mit diesen Mitteln auszustatten, z.B. in der Form von in bestimmten Technologien und Methoden objektivierten Wissens (vgl. *Brandt 1984*, 213). Subsumtionsmodelle gehen also davon aus, daß das Kapital die Unterwerfung der Arbeit und aller anderen gesellschaftlichen Prozesse *plant* bzw. daß sich diese Unterwerfung nicht einfach aus kapitalistisch organisierten Arbeitsprozessen ergibt. Die Informationstechnik ist hier — ähnlich wie früher andere technische Geräte — ein Mittel, um die Unterwerfung der Arbeit zu ermöglichen. *Ernst (1983*, 225) zur Rolle der Informationstechnik: "Both the rationalization of labour and of constant capital require increasingly complex systems of processing, storing and communicating information and knowledge. It is in this context that the introduction of new technologies based on microelectronic circuits, can be expected to play a prominent role in the restructuring of world industry". In einer ähnlichen Weise sprechen *Benz-Overhage u.a. (1982)* von der Informationstechnik als einer Steuerungs- und Organisationstechnologie, d.h. eine Technik, die allein für diese Zwecke eingesetzt wird. Die Subsumtionsmodelle zeichnen sich aber über diese negative Zweckbestimmung der Technik dadurch aus, daß zwar der Zweck des kapitalistischen Handelns eindeutig ist, die Wege zur Erreichung gegebener Ziele jedoch vielfältig sein können. Die konkrete Form der Realisierung unterliegt insbesondere der Auseinandersetzung mit den abhängig Beschäftigten.

Zusammenfassend ergeben sich mit den Elementen Forschungspolitik, Arbeitspolitik, gewerkschaftliches Handeln, Wissenschaft und Nachfrage- bzw. Angebotssteuerung eine Reihe von Handlungsebenen für die Gestaltung der Technik. Durch sie werden Rahmenbedingungen für die Beteiligung der Betroffenen gesetzt, sie können mittelbar von den Betroffenen mitgestaltet werden und sie können in einzelnen Fällen — z.B. in der Form der wissenschaftlichen Beratung — von den Betroffenen direkt genutzt werden. Die eigentliche Handlungsebene für eine Beteiligung (an der Systementwicklung) bildet aber der Betrieb. Betriebe treten als Nachfrager nach Informationstechnik auf (bzw. als Opfer einer einschränkenden Angebotspolitik) und bestimmen die Formen der Anwendung dieser Technik. Die Frage nach den Gestaltungspotentialen kann daher auf die Frage nach dem betrieblichen Handlungsspielraum zugespitzt werden.

2.3.2.2 Betriebliche Beeinflussung der Technikanwendung

Der Betrieb steht als eine wichtige Ebene der Beeinflussung der Nachfrage nach Technik und der Anwendung der Technik schon seit langer Zeit im Mittelpunkt der Diskussion. In einer Marktwirtschaft werden die Betriebe als autonome Einheiten aufgefaßt, die über Angebot oder Nachfrage die Entwicklung der Technik bestimmen. Die Soziologie hat sich dagegen mit der Betrachtung des Betriebes als autonomer Ebene schwer getan. Politökonomisch orientierte Soziologen haben Betriebe immer als Teil eines Wirtschaftssystems begriffen. Der einzelne Betrieb hatte hier nur die Funktion der Beschreibung allgemeiner Zusammenhänge (vgl. dazu die Ausführungen über Produktions- und Subsumtionsmodelle in Abschnitt 2.3.2.1). Die "verstehende" oder "phänomenologische" Soziologie hat dagegen dem Betrieb in vielen Forschungsprojekten als Untersuchungsfeld zwar große Aufmerksamkeit geschenkt, zu eigenständigen Aussagen über betriebsbezogenes Handeln kam es aber auch hier nicht. In ähnlicher Weise haben auch die Systemtheoretiker zwar dem Handeln der Betriebe und innerhalb des Betriebes dem Handeln der verschiedenen Gruppen große Bedeutung zugemessen, aber dieses Handeln immer als Ausdrücke gesellschaftlicher Zusammenhänge begriffen. Vor diesem Hintergrund kann mit dem Ausdruck "betriebliche Beeinflussung der Technikanwendung" nur gemeint sein, daß Betriebe als *jeweils besondere* "Orte des Geschehens" begriffen werden. Der entscheidende Punkt der jüngeren Diskussion in der Industriesoziologie ist dabei, wieweit die analytischen Konzepte den Rahmen für ein besonderes Verhalten der einzelnen Betriebe setzen.

Die Möglichkeit eines betrieblichen Gestaltungspotentials, das zur Humanisierung der Arbeit genutzt werden könnte, ist keine neue Fragestellung, sondern kann z.B. auf die alte Debatte über Wirtschaftsdemokratie und auf eine Reihe von philosophischen oder ökonomischen Arbeiten zur Technikanalyse zurückgreifen (vor allem *Friedmann 1953*, *Kluth 1966* und *Lewis Mumford 1977*). Insbesondere *Kluth's* auf dem Stuttgarter Soziologentag vorgestellte Thesen bilden für spätere Arbeiten einen wichtigen Ansatzpunkt. *Kluth* meint, daß mit einem zunehmenden Automationsgrad die Maschinen gegenüber der Arbeitsorganisation autonomer werden und insofern der Technik die menschliche Arbeitsorganisation immer "gleichgültiger" wird. Als

Folge dieser Gleichgültigkeit gegenüber der Arbeitsorganisation wachsen die Gestaltungsmöglichkeiten, da "Sachzwänge" abnehmen. *Lutz (1969*, vgl. auch *Lutz 1979*) wies in ähnlicher Absicht auf unterschiedliche gesellschaftliche Strategien bei der Arbeitsgestaltung hin. In den USA erzwang der Facharbeitermangel bereits sehr früh den Einsatz von Fließbändern, während in Europa durch die umfangreiche Facharbeiterausbildung Fließbänder ökonomisch (noch) nicht notwendig waren. Zum relevanten Umfeld der frühen Arbeiten zur Frage eines betrieblichen Gestaltungspotentials gehören auch organisationspsychologische Arbeiten. Diese Arbeiten wählen nicht die Technik oder die Ökonomie zum Ausgangspunkt, sie beziehen sich auf Bedürfnisse der Beschäftigten, denen die Organisation Rechnung tragen muß, wenn sie effizient sein will (vgl. z.B. *Argyris 1964* oder *Likert 1967*).

Die aktuelle Auseinandersetzung über (betriebliche) Gestaltungspotentiale beginnt in Deutschland jedoch erst mit den 1970 erstmals veröffentlichten Untersuchungen von *Kern/Schumann (1977)*. Ihren historischen Hintergrund haben diese Untersuchungen im Umschwung des extensiven Wachstums der 50er und 60er Jahre (vorhandene Produktionskonzepte werden nur quantitiv verlängert) in ein intensives Wachstum (die Produktionskonzepte werden durch den Einsatz neuer Technik selbst verändert). *Kern/Schumann* hat vor dem Hintergrund dieses Wandels vor allem die Frage nach den Folgen des technischen Wandels für das Arbeiterbewußtsein interessiert (vgl. dazu die Schilderung von *Kern/Schumann 1982a*, 370). Als "Nebenprodukt" machten sie aber auch Aussagen über die Gestaltbarkeit technisierter Arbeitsprozesse, die seitdem oft unter dem Schlagwort "technologischer Determinismus" wiedergegeben werden. "Abstrakt gesehen", so schreiben *Kern/Schumann*, "läßt der im Zuge des technischen Wandels erweiterte arbeitsorganisatorische Dispositionsspielraum verschiedene Arbeitssysteme zu, da jedoch die Art, in der die erweiterten Möglichkeiten genutzt werden, wegen des allgemein verbindlichen Prinzips möglichst rationeller Produktion in allen Unternehmen gleichen Typs im großen und ganzen identisch sein muß, besteht de facto eben doch eine sehr starke Abhängigkeit zwischen dem technischen System und der Organisation der Arbeit" (vgl. *Kern/Schumann 1977*, 43f.). *"Technologischer* Determinismus" ist eigentlich eine unzutreffende Kennzeichnung für die von *Kern/Schumann* vertretene Position, da die Technik nur einen grundsätzlichen Rahmen für die Arbeitsorganisation vorgibt und *ökonomische* Zwänge, die in Richtung Personalkostenreduzierung gehen, den Spielraum für die Arbeitsorganisation einengen.

Die Kritik an *Kern/Schumann* bezog sich vor allem auf die Einschränkung des ökonomischen Kalküls auf das Erreichen möglichst geringer Personalkosten. Es wurden Situationen aufgezeigt, in denen Personalkosten kein verpflichtendes Entscheidungskriterium sind. Ferner wurde kritisiert, daß allein unternehmerische Entscheidungen als determinierende Kraft für den Technikeinsatz und die Arbeitsorganisation untersucht wurden, das Handeln der Arbeitnehmer blieb außer acht. Die erste Kritik wurde von *Mickler u.a. (1976)* aufgenommen. Sie gehen in ihrer Untersuchung zwar auch von der Dominanz des Rentabilitätsgesetzes aus, sehen aber, daß Rentabilität auf unterschiedlichen Wegen erreicht werden kann. Bei einem hohen Technisierungsgrad ist z.B. die Anlagenverfügbarkeit weit entscheidender als der Personalkostenanteil, so daß sich die Arbeitsorganisation in erster Linie auf dieses Ziel ausrichtet. Die zweite Kritik wurde konsequent erst von *Altmann/Bechtle* und vor allem von *Fricke* aufgegriffen.

Altmann/Bechtle spitzen ihre Überlegungen auf die konkrete Form zu, in der sich die Ziele unternehmerischen Handelns in verschiedenen Umweltsituationen durchsetzen. Zunächst stellen die Autoren eine Verkomplizierung der betrieblichen Umwelt fest, die sich als Veränderungszwang auf die betriebliche Arbeitsorganisation und auf die Herrschaftsstrukturen auswirkt. Das Ziel der Systemstabilität äußert sich in Strategien, die gleichzeitig technische Effizienz, ökonomische Rationalität, Freiheit von Konflikten mit anderen gesellschaftlichen Gruppen und Unabhängigkeit von mit Zwängen verbundenen Fremdleistungen sicherstellen sollen. Die Strategien zur Erreichung dieser Ziele lassen sich in innen- und außengerichtete Maßnahmen unterscheiden, zu den innengerichteten Strategien gehören Technisierung und Organisation. Technisierung und Organisation widersprechen in ihrer Rationalität aber tendenziell Herrschaftsinteressen. Um die Irrationalität des Herrschaftssystems nicht zu thematisieren, werden alle funktionalen Kooperationsbeziehungen zugelassen, die starre Hierarchie wird aufgelöst. Die These der Versachlichung der Kooperationsbeziehungen ist schon lange vor *Altmann/Bechtle* geäußert worden, der Wert ihres Konzeptes liegt denn auch weniger in der Benennung von konkreten Gestaltungsmöglichkeiten als in der Auflösung von starren Reaktionsweisen des Kapitals auf wirtschaftliche und gesellschaftliche Veränderungen zugunsten der Annahme eines Potentials unterschiedlicher Reaktionsformen. Ein wichtiger Fortschritt des von *Altmann/Bechtle* vorgelegten Modelles ist auch die Aufnahme von Arbeitnehmerhandlungen als einem Bestandteil des betrieblichen Handlungspotentials.

Die Beurteilung des Ansatzes von *Altmann/Bechtle* ist unterschiedlich. *Kubicek (1980)* z.B. hebt in seiner Würdigung des Ansatzes weniger auf den Widerspruch zwischen Technisierung/Organisation und Herrschaftslegitimation ab, sondern auf die Gegenüberstellung von Betrieb und Gesellschaft, von Einzelkapital und Konkurrenz. Für den Betrieb bedeutet diese Gegenüberstellung eine erhebliche Planungsunsicherheit, die Rentabilität von Reorganisationsmaßnahmen etc. läßt sich daher zunächst nur vermuten, d.h. in Diskussionen glaubhaft machen. Rentabilität ist keine statische, sondern eine dynamische Kategorie. *Hartmann (1984*, 41ff.) konzentriert sich auf die Widersprüche zwischen Technisierung, Organisierung und Intensivierung, in denen er die Begründung für Handlungsspielräume bei der Kapitalverwertung sieht. Daneben muß man darauf hinweisen, daß die von *Altmann/Bechtle* genannten "Autonomie"-Hilfsmittel Technik/Organisation wenig humanisierende Wirkungen aufweisen. Beides dient letztlich der Rationalisierung. Auch durch die Ausweisung des Arbeitnehmerhandelns als Teil des Systemhandelns ergeben sich keine begrüßenswerten technischen oder organisatorischen Alternativen. Gerade die auf den Arbeiten ihrer Mitglieder Altmann/Bechtle aufbauende Forschung des ISF München hat z.B. auf die auch von den Arbeitnehmern mitunterstützte Arbeitsmarktsegmentierung als eine solche wenig begrüßenswerte Entwicklung hingewiesen[1].

---

[1] Mit Arbeitsmarktsegmentierung ist das Entstehen von zwei Arbeitsmärkten gemeint. Die sogenannte Stammbelegschaft kann dabei im Rahmen des verstärkten Einsatzes von Technik und Organisation und auch im Rahmen der dadurch ausgelösten (betrieblichen) Qualifikationsmaßnahmen ihre Stellung sichern, indem sie die krisensichereren Betriebsbereiche besetzt und ihr schon vorhandenes Qualifikationsniveau ausbaut. Die Randbelegschaft bleibt auf die unsicheren Betriebsbereiche verwiesen, sie kann wegen schon vorhandener Qualifikationslücken die weiterwachsenden Anforderungen nur unter größten Anstrengungen erfüllen und fällt damit voraussehbar der Arbeitslosigkeit zum Opfer. *Kern/Schumann (1984*, 300ff.) nennen die Segmentierung die "neue Variante der Polarisierung". Neben der innerbetrieblichen Qualifikationspolarisierung

Fricke kritisiert am "technologischen Determinismus" von Kern/Schumann vor allem das Ausblenden der Arbeitnehmerhandlungen, schon in den grundlegenden Annahmen des Konzeptes sei kein Platz für die Gestaltungsinteressen der Arbeitnehmer (vgl. *Fricke/Krahn/Peter 1985*, 66f.). Vor diesem Hintergrund ist ihm aber auch das Konzept von Altmann/Bechtle nicht weitgehend genug. *Fricke (1975*, 119) würdigt an dem Ansatz von *Altmann/Bechtle* insbesondere den Versuch, die unternehmerischen Entscheidungen als Gestaltungspotentiale eröffnendes strategisches Handeln zu interpretieren. Er kritisiert aber, daß allein die unternehmerischen Handlungen *untersucht* werden, während die Handlungen der Arbeitnehmer nur als Daten im Entscheidungskranz gesehen werden. *Fricke* geht von der Grundlage eines offenen Verhandlungsprozesses aus, für den beide Seiten ihre Strategien formulieren. Auch Technik und Arbeitsorganisation sind sozial verhandelt, selbst wenn ihre komplexe Verknüpfung alternative Entwicklungen zu determinieren scheint. *Frickes* Betonung liegt auf den innovatorischen Qualifikationen der Beschäftigten selbst, die in diesen Prozeß immer wieder Ideen einbringen, wie ihre Arbeitsbedingungen zu verbessern sind. *Fricke* unterstellt dabei, daß die Arbeitnehmer selbst dabei das Interesse an einer Humanisierung und die Notwendigkeit ökonomischer Arbeitsgestaltung konfliktarm verbinden können. Es ist letztlich also eher unternehmerische Borniertheit, die dieses Potential ungenutzt läßt oder es sogar behindert. Fricke ist entsprechend häufig der Vorwurf gemacht worden, über die Konzentration auf die Arbeitnehmer die Strategien und Ziele der Unternehmer zu übersehen. Vor allem scheint dem Ansatz von Fricke "ein Subjekt zu fehlen" (vgl. *Hoyer/Knuth 1977* zitiert nach Schienstock), denn wenn die Aktivierung von innovativen Qualifikationen die Veränderung der Arbeitsorganisation voraussetzt, ist dazu eine dritte Kraft notwendig, die Fricke mit der Erwähnung von Demonstrationsprojekten nur kurz andeutet, deren Motive und Chancen er aber nicht untersucht. Die Initiierung des Prozesses außerhalb geschützter Projekte bleibt im Dunkeln.

Als eine Entwicklung aus dem Konzept von *Altmann/Bechtle* läßt sich das Konzept der "innerbetrieblichen Handlungskonstellation" von *Weltz/Lullies (1984)* verstehen. Sie konzentrieren sich dabei auf die konkrete Handlungssituation und auf die in einer gegebenen Situation vorhandenen Ziele und Einflußpotentiale. *Weltz/Lullies* verstehen den Prozeß der Technikeinführung vor allem als Machtprozeß, der die Strategie der Beteiligten bestimmt. Es sei zunächst völlig offen, in *welcher Form* ein allgemeiner Umweltdruck konkret in Veränderungen umgesetzt wird. Dazu müsse zunächst ein Problem isoliert werden, das gelöst werden soll. Der Organisator braucht zur Stützung "seines" Vorhabens einen offiziellen Auftrag der Geschäftsführung, den er in einer bestimmten Weise begründen muß, um erfolgreich zu sein (vor allem "kunstreiche" Problemisolierung und "Nachprüfbarkeit" von Einsparungen). Ein so legitimiertes Projekt hat aber dennoch viele Durchsetzungsprobleme, die seinen Verlauf und sein Ergebnis stark verändern. Es sind vor allem Machtauseinandersetzungen innerhalb der Hierarchie (vgl. dazu auch *Tepper 1980* und *Bosetzky 1978*), z.B. bedeutet die Verlagerung der Zuständigkeit für einen zentralen Schreibdienst eine Stärkung der Organisationsabteilung, die daraus für

begreifen sie aber auch unterschiedliche Branchenprofile (z.B. Chemie vs. Werften) und unterschiedliches regionales Wachstum als Begriffsbestandteile. Unter der Bedingung der segmentierten Arbeitsstrukturen werden die Probleme des technischen Wandels durch das Herstellen einer unterschiedlichen Betroffenheit "gelöst". Es wird die Dimension einer neuen Interessenfront aufgezeigt, die zwischen den Arbeitsplatzbesitzern und der großen Zahl von Arbeitslosen aufgerichtet wird.

die Kontrolle und Lenkung der Fachabteilungen wieder Profit schlagen kann. Aus der Sicht der Beschäftigten haben diese Machtkämpfe die negative Konsequenz, daß interessante Aufgaben nicht dem Schreibdienst übertragen werden, kurz, sie verhindern das Ausschöpfen des Humanisierungspotentials eines Projektes.

In ihren neueren Arbeiten kommen schließlich auch *Kern/Schumann* statt ihres technisch–ökonomischen Determinismusses zu einem Konzept, in dem die Akteure spezielle Handlungsspielräume haben. *Kern/Schumann* beobachten ein Gestaltungspotential, das sie bereits vom "Ende der Arbeitsteilung?" als Folge einer "Neoindustrialisierung" sprechen läßt: Das Credo der neuen Produktionskonzepte lautet nach ihren Erfahrungen:

a) "Autonomisierung des Produktionsprozesses gegenüber lebendiger Arbeit durch Technisierung ist kein Wert an sich. Die weitestgehende Komprimierung lebendiger Arbeit bringt nicht per se das wirtschaftliche Optimum.

b) Der restringierende Zugriff auf Arbeitskraft verschenkt wichtige Produktivitätspotentiale. Im ganzheitlicheren Aufgabenzuschnitt liegen keine Gefahren, sondern Chancen; Qualifikationen und fachliche Souveränität auch der Arbeiter sind Produktivkräfte, die es verstärkt zu nutzen gilt" *(Kern/Schumann 1984*, 19).

Die neuen Techniken, die dem Management zur Verfügung stehen, vergrößern die Bandbreite der Gestaltungsmöglichkeiten. Beispiel Automobilindustrie: "Wählt man die automatisierte oder die manuelle Fertigung? Wählt man in automatisierten Bereichen die flexible Automation mit Industrierobotern oder die starren bzw. die freiprogrammierbaren Montageautomaten? Gibt man in den manuellen Bereichen dem Fließband oder der Nesterfertigung den Vorzug? Je nach konkreter Lage können unterschiedliche Verfahren gewählt und zu einer individuellen Gesamtlösung kombiniert werden" *(Kern/Schumann 1984*, 64). Zunächst ist dieses Gestaltungspotential rein ideeller Natur, dies wird durch Begriffe wie "erweiterter Zugriffshorizont" verdeutlicht. Die Auswahl der für eine individuelle Gesamtlösung richtigen Bausteine wird von *Kern/Schumann* zunächst als Diskussionsprozeß innerhalb des Managements beschrieben. Die Vor– und Nachteile bestimmter Problemlösungen werden innerhalb des Managements heftig diskutiert, *Kern/Schumann (1984*, 164 und 245ff.) sprechen von Pro– und Kontrafraktionen, von Skeptikern, Praktikern und Promotoren, in einem Fall meinen sie sogar das Wort "Religionskrieg" gebrauchen zu müssen. In den neuen Produktionskonzepten sind vielfältige Unsicherheiten enthalten, denn Produkte und Produktionsverfahren werden auf eine neue Basis gestellt. Trotz dieser neuen Basis bleibt die Abhängigkeit von qualifizierten Anlagenbedienern etc. erhalten, diese Abhängigkeit wird durch die neuen Produktionskonzepte sogar noch gestärkt. *Kern/Schumann* sind daher davon überzeugt, daß das Management in dieser Situation zur Erfüllung von Beschäftigtenforderungen bereit ist bzw. dazu gebracht werden kann. Die Nutzung des durch die neuen Technologien geschaffenen "Zugriffshorizontes" wird von *Kern/Schumann* sowohl innerhalb des Managements, wie zwischen Management und Betriebsrat/Betroffene und innerhalb der Belegschaft als relativ "offener" Verhandlungsprozeß betrachtet (vgl. dazu auch die beiden Aufsätzen 1982a und 1982b).

Zusammenfassend läßt sich feststellen, daß neuere industriesoziologische Untersuchungen den Betrieb nicht mehr als eine Organisation, deren Handeln ausschließlich durch die Gesetze der Kapitalverwertung bestimmt ist, betrachten. *Altmann/Bechtle* z.B. betonen als Organisationsziel die Systemstabilität und *Kern/Schumann* analysieren "Handlungskonstellationen im Sinne von charakteristischen Kombinationen von Größen — stofflichen und kognitiven Handlungsvoraussetzungen, sozialen Interessen und Konzepten, Kräfteverhältnissen usw. —, die den Weg betrieblicher Rationalisierung bestimmen" (*Kern/Schumann 1982a*, 376). Betriebe werden zunehmend nicht mehr als Ort der Kapitalverwertung beschrieben, sondern als Handlungsrahmen für Auseinandersetzungen über "richtige" und "falsche" Wege der Kapitalverwertung. Das Verhalten der Beschäftigten ist dabei als Datenkranz *(Altmann/Bechtle)*, als kreatives Handeln für Humanisierung *(Fricke)* oder in der Form repräsentativer Interessenvertretungen, die zumindest in Großbetrieben längst Teil des Innovationsmanagements geworden sind (*Kern/Schumann 1984*, 117ff. und 287ff.), zum Bestandteil der Kapitalverwertungsprozesse geworden.

Diese Weiterentwicklung der Theorie bedeutet, daß Beteiligung nicht mehr ohne weiteres als aussichtsloses Unternehmen dargestellt werden kann, sondern als ein im Prinzip mögliches und (natürlich in Grenzen) erfolgversprechendes Vorgehen. Die wesentliche *theoretische* Weiterentwicklung nennt *Beckenbach* dabei die Trennung von politökomischen Strukturen und Handeln der Beteiligten. Statt einer Determination des Handelns durch politökonomische Strukturen (mit der Folge des Konstatierens von "richtigem" und "illusionärem" Verhalten) wird jetzt eine Interdependenz beider Aspekte angenommen. *Beckenbach (1983)* nennt dies den entscheidenden "Kunstgriff"[1]. Diese Trennung eröffnet viele neue Sichtweisen, u.a. auf bisher für die Industriesoziologie so nebensächliche Bereiche wie Werte und Wertewandel durch veränderte Re-Produktionsbedingungen (vgl. *Kern/Schumann 1983*). Durch die Trennung von Struktur und Handeln ergibt sich dabei für die neuere Industriesoziologie erstmalig ein Bedarf nach einem "Vermittlungsmechanismus" zwischen diesen beiden Ebenen, wie ihn prinzipiell z.B. der von *Kern/Schumann* gebrauchte Begriff "Arbeitscharakter"[2] darstellt. Wir betrachten dagegen die den Individuen zur

[1] vgl. dazu auch *Fricke/Krahn/Peter (1985*, 66), die in ähnlicher Weise fordern, "betriebliche und auch gewerkschaftliche Politik zur Gestaltung von Arbeit in ihrem Wechselverhältnis zu gesellschaftlichen Entwicklungen zu analysieren".

[2] Mit "Arbeitscharakter" ist eine Kombination von Qualifikationen, Rationalisierungserfahrungen, Einstellungen etc. gemeint (vgl. *Kern/Schumann 1982a*, 381). Dieser Begriff bleibt aber offen, die Liste der einzuordnenden Bestandteile bleibt unbestimmt und die Frage der Erfaßbarkeit dieses Arbeitscharakters wird nicht erörtert. Stattdessen erläutern *Kern/Schumann (1982b)* am Beispiel der Chemiearbeiter den konkreten Arbeitscharakter verschiedener Tätigkeitsgruppen und "verstehen" (im Sinne Max Webers) die Einstellungen dieser Gruppen zur Rationalisierung.
In dem 1984 erschienenen Abschlußbericht der Fallstudien erscheint der Begriff des Arbeitscharakters nicht mehr, er ist durch eine Reihe von Begriffen operationalisiert worden: "Ausgehend von den allgemeinen betrieblichen Situationsmerkmalen (Funktion, Lage, Interessen), fragen wir nach ihrer spezifischen Rolle im Rationalisierungsprozeß (Initiator/Planer/Macher/Dulder?), und wir rekonstruieren den Zusammenhang zwischen Rolle und Interessenlage im Hinblick auf die darin angelegten Bewertungen und Gestaltungsimpluse. Auf dem Hintergrund dieser Vorklärungen analysieren wir das Verhalten der Gruppe bei der Rationalisierung (Ziele, Handlungen, insbesondere bei Konflikt/Kooperation)" (*Kern/Schumann 1984*, 34f.). Leider stellt sich dieses Gliederungsschema im Verlauf der Fallbeschreibungen als ziemlich farblos heraus. Die Funktion der qualifizierten Facharbeiter in der Automobilindustrie z.B. besteht in der Durchführung sehr anspruchsvoller produktionsvorbereitender Arbeiten. Ihre Lage im Betrieb war bisher sehr privilegiert, ihr Interesse besteht daher in einer Erhaltung ihrer professionellen Position. Die zweite Gliederungsebene, die Rolle im Rationalisierungsprozeß ist durch die Situationsmerkmale bereits weitgehend vorgeklärt. Potentielle Rationalisierungsgewinner unterstützen die Rationalisierungspläne und -maßnahmen, während poten-

Verfügung stehenden Handlungsressourcen als geeignete Verbindung zwischen Strukturen und individuellem Handeln.

2.3.2.3 Handlungsressourcen der Akteure und Handlungsprozesse

Die Betrachtung der Organisation oder des Betriebes als Handlungsträger weist sowohl auf die determinierenden Wirkungen der Organisationsziele als auf ihre Beeinflußbarkeit hin. Diese zunächst theoretische Beeinflußbarkeit muß durch Handeln realisiert werden. Die Grenzen der Beeinflußbarkeit des Betriebes durch die vom Computereinsatz betroffenen Beschäftigten werden durch zwei Faktoren gezogen: Einmal durch die Beschaffenheit ihrer Handlungsressourcen und zum anderen durch die Qualität des Prozesses. Handlungsressourcen und Prozesse bilden nicht nur einfach die logisch notwendige dritte Handlungsebene des konkreten Handelns von betroffenen Individuen und (Arbeits-/Klienten)Gruppen, sondern sie sind der wesentliche Untersuchungsgegenstand bei der Analyse der von uns beobachteten Beteiligungsverfahren. Der eigentliche Untersuchungsrahmen wird in Kapitel 5 noch ausführlich dargestellt, hier geht es einmal um die Beschreibung ausgewählter asymmetrischer Handlungsressourcen und um die Bedeutung dieser Unterschiede für das Gestaltungspotential sowie zum anderen anhand einer kurzen Beschreibung des Untersuchungsrahmens um eine Einordnung der Handlungsressourcen in die gesamte Handlungskette. Zunächst zu den Handlungsressourcen.

Unter Handlungsressourcen werden die strukturell verfestigten Resultate früherer Prozesse verstanden. Handlungsressourcen brauchen dabei nicht unbedingt hard facts wie Geld oder Zeit zu sein, sondern können auch in kollektiv und dauerhaft abgesicherten Verhaltensmustern und Verfahrensregeln bestehen. Die Handlungsressourcen stellen das Startkapital dar, mit dem die im Rahmen einer betrieblichen Systementwicklung beteiligten Gruppen Management, Systementwickler und Benutzer den Systementwicklungsprozeß bzw. den Beteiligungsprozeß beginnen. Jeder Gruppe stehen dabei als Resultat von früheren asymmetrischen Prozessen unterschiedliche Ressourcen zur Verfügung. Abbildung 7 benennt mögliche Formen der unterschiedlichen Ressourcenverteilung (die klischeehafte Charakterisierung ist durch das Bemühen um Deutlichkeit verursacht), die dabei gewählten Demonstrationsobjekte sind nur wegen ihrer Plausibilität ausgewählt worden und auch nicht erschöpfend (vgl. im einzelnen Kapitel 5.1.1).

Die unterschiedlichen Charakterisierungen der Ressourcen auf der Ebene der beteiligten Gruppen sind nicht automatisch mit "Benachteiligungen für die Betroffenen" zu übersetzen. Ein an den praktischen Anforderungen der Tätigkeit orientiertes Qualifikationsprofil braucht z.B. nicht unbedingt ein Nachteil sein, es bedeutet zunächst nur ein andersartiges Qualifikationsprofil. Diese Andersartigkeit ist häufig der Grund, warum Management und Systementwickler an einer Mitwirkung/Beteiligung der Betroffenen interessiert sind. Zum andern bedeuten fehlende Qualifikationen (z.B. DV-Wissen)

tielle Rationalisierungsverlierer sie mangels Alternativen dulden, solange bestimmte Mindeststandards der sozialen Absicherung eingehalten werden (vgl. *Kern/Schumann 1984*, 100–117). Konkretes Verhalten der Beschäftigten selbst wird aus den Situationsmerkmalen und ihrer Betroffenheit von den Rationalisierungen nicht abgeleitet, dieser Aspekt wird nur als Zieldilemma (vgl. *Kern/Schumann 1984*, 117–136) oder als Organisationsdilemma (vgl. *Kern/Schumann 1984*, 218–234) für die Betriebsratsarbeit behandelt.

Abbildung 7: Unterschiede am Beispiel ausgewählter Handlungsressourcen

Gruppe / Ressourcen	Management	Systementwickler	Betroffene
Rechte	Ziel-Entscheidung	Mittel-Entscheidung	Verweigerung (Int.Vertret.)
Ziele	Produktions-verbesserung	Performance	Arbeits-erleichterung
Situations-deutungen	Ökonomischer Zwang/Chance	Aufgabe/ Herausforderung	Sicherung/ Abwehr
Qualifikation	Kaufmännisch	Technisch	Praktisch
Finanzen	Planungsetat	Entwicklungsetat	kein Etat
Hilfsmittel	Planungs-instrumente	Entwicklungs-instrumente	Diskussion/ Organisierung
Zeit	Arbeitsinhalt	Arbeitsinhalt	Extraleistung

nicht Hilflosigkeit, in der Qualifikationsforschung wird auf die Nutzung von Ersatzqualifikationen hingewiesen (z.B. Fleiß statt Intelligenz). Ganz allgemein können fehlende oder mangelhafte Handlungsressourcen durch eine geschickte Prozeßstrategie überspielt werden. Trotz solcher Ansatzpunkte und Einwände wird man aber nicht daran vorbeigehen können, daß die Betroffenen im Fall ihrer Beteiligung gegenüber den anderen Gruppen und gemessen an den Anforderungen einer partizipativen Systementwicklung defizitäre Handlungsressourcen aufweisen. Dieses Defizit ist nicht endgültig, seine Aufhebung erfordert verstärkte Anstrengungen der Benachteiligten, die selbst wieder nur begrenzt möglich sind.

Die unterschiedliche Beschaffenheit der Handlungsressourcen macht sich natürlich auch in den Prozeßorientierungen der Betroffenen bemerkbar. Mit Prozeßorientierungen meinen wir die Bestandteile der subjektiven Handlungssteuerung, z.B. Wahrnehmungs- und Bewertungsprozesse (vgl. im einzelnen 5.1.2). Auch hier bedeuten die Unterschiede zwischen den Gruppen nicht automatisch auch Nachteile, beispielsweise sind Ziele im Prinzip gleichwertig. Diese prinzipielle Gleichwertigkeit kann man für die Situationsdeutungen und für die Strategien nicht beanspruchen und die Beteiligungspraxis legt auch eine Reihe den vorhandenen Problemen unangemessener und damit ungleichgewichtiger Orientierungen offen.

Asymmetrische Handlungsressourcen und unterschiedliche Prozeßorientierungen geben den verschiedenen an einer Systementwicklung beteiligten Gruppen analog verteilte Einflußmöglichkeiten. Bezogen auf das Gestaltungspotential bedeutet die Asymmetrie in der Realität auch eine Ausgrenzung von Gestaltungselementen aus dem Gestaltungsprozeß. Beteiligung (an der Systementwicklung) zielt auf eine Verbesserung der asymmetrisch verteilten Ressourcen und auf eine Verbesserung der Nutzungsstrategien zugunsten der Betroffenen. Beteiligung wird meßbar durch eine Untersuchung der Veränderung in den Ressourcen und durch die Untersuchung der Veränderung in den Prozessen sowie durch die Beobachtung der Entwicklung der Zahl und der Qualität der Gestaltungselemente. Von Beteiligung an der Systementwicklung müßte man z.B. eine Erweiterung der in den Entwicklungsprozeß einbezogenen Gestaltungselemente erwarten können, man müßte auch eine gründliche Auswirkungs- und Zieldiskussion erwarten können. Auf der Grundlage einer solchen Diskussion müßten sich auch erheblich verbesserte Handlungsstrategien ergeben. Diese Verbesserungen können allerdings nur graduell sein, denn angesichts der beschriebenen Abhängigkeiten und Hindernisse können auch in organisierten Beteiligungsverfahren nur *dosierte* Einwirkungsmöglichkeiten der Betroffenen bestehen.

Wir beschreiben in den nächsten zwei Kapiteln zwei von uns selbst initiierte und begleitete Projekte. Im ersten Projekt wurde in Zusammenarbeit mit einer Schule und den dort Beschäftigten ein Schulinformationssystem entwickelt (vgl. Kapitel 3). Im zweiten Projekt wurde in Zusammenarbeit mit einer Stadtverwaltung, den Beschäftigten und Teilen der Bürgerschaft ein "Bürgeramt" entwickelt, d.h. ein Service–Center, wo die Bürger Angelegenheiten aus verschiedenen Fachämtern sofort erledigt bekommen (vgl. Kapitel 4). Beide Projekte werden von uns als erfolgreiche Beteiligungsversuche gewertet, deren Voraussetzungen, Organisation, Methodik, Abläufe und Ergebnisse wir im folgenden skizzieren.

3. Fallbericht Schulis

3.1 Charakterisierung des Falles

3.1.1 Projektgegenstand

Bei diesem Fall handelt es sich um die Entwicklung und Einführung eines schulinternen Informationssystems für die Schulverwaltung eines Gymnasiums in einer mittelgroßen Stadt. Diese Aufgabe wurde von wissenschaftlichen Mitarbeitern der GMD von 1979 bis 1983 als Forschungs- und Entwicklungsprojekt in Zusammenarbeit mit Angehörigen der Schule durchgeführt. Das Projektkürzel lautet Schulis. In den 4 Jahren entstand ein Schulverwaltungssystems, das zuerst experimentell eingesetzt wurde und jetzt im Routinebetrieb läuft. Dieses Produkt wird zur Zeit überarbeitet, um ein marktfähiges, d.h. in Schulen allgemein einsetzbares System zu schaffen. Bei der Systementwicklung von Schulis handelte es sich um eine Spezialentwicklung für den betreffenden Anwender, die sämtliche Phasen einer Entwicklung von der Systemanalyse bis hin zur Einführung durchlief.

Bei der Entwicklung des Schulinformationssystems wurde eine partizipative Vorgehensweise erprobt, die die kontinuierliche Beteiligung von Betroffenen (Lehrer, Schulleitung, Sekretärinnen, Schüler und Eltern) zum Ziel hatte. Die Konzeption, Durchführung und Evaluation einer partizipativen Systementwicklung war ein wesentlicher methodischer Forschungs- und Entwicklungsgegenstand dieses Projekts. Dabei war daran gedacht, die Praktikabilität von Beteiligung im Rahmen einer Fallstudie zu erproben, um so erste Erfahrungen in kleinem Maßstab zu gewinnen. Dies hatte aus Beteiligungssicht den Vorteil, die Methoden flexibel an die Bedingungen und Bedürfnisse des Falles bzw. der Betroffenen ausrichten und permanent anpassen zu können.

Die vorliegende Untersuchung basiert auf teilnehmender Beobachtung über die gesamte Dauer des Projekts, auf Auswertungen von Projektunterlagen, auf Interviews mit der Schulleitung, mit Lehrern und Sekretärinnen anhand von standardisierten und offenen Fragen, auf Auswertungen von Gruppendiskussionen und Protokollen von Einzelgesprächen mit Vertretern aller betroffener Gruppen. Die Erhebungen wurden zum großen Teil von einem der Projektmitarbeiter durchgeführt.

3.1.2 Ursprung der Beteiligungsidee

Die Initiative zur Entwicklung und zur Partizipation geht auf Vorarbeiten zurück, die den Anstoß zum Projekt gaben. 1977 entwickelte eine Arbeitsgruppe in der GMD ein Programm für "DV-gestützte Büro- und Verwaltungssysteme". Externe Mitarbeiter dieser Studie waren u.a. Sozialwissenschaftler, die für die DV-Entwicklung in der BRD neue Ideen einbrachten. So sollten die späteren Projekte des Programms u.a. dazu dienen, "modellhaft Normen, Strukturen und Techniken für die kontrollierte Planung und Implementierung neuer soziotechnischer Systeme in Organisationen" zu entwickeln und zu erproben (*Kubicek 1977*, 3.1.2/2). Auf der Basis des Programms entwarfen einzelne Mitarbeiter Projektvorschläge. Der Projektvorschlag für eine "Schulmaschine" war der Anstoß für das Projekt Schulis. Im Vorschlag wird davon ausgegangen, daß "es an einer umfassenden Unterstützung der Schule bei der Abwicklung ihrer Verwaltungsaufgaben durch den Einsatz von Datenverarbeitungssystemen" (*Agi 1977*, 2.2.6/2) fehle. Deshalb sollten in Zusammenarbeit mit einer Schule Problemlösungen und Verfahren entwickelt werden, die sich grundsätzlich für den bundesweiten Einsatz eignen, um dieses vermutete Defizit zu beheben.

Unvermittelt daneben standen die Überlegungen zu einem neuen Innovationsmanagement. Diese gingen davon aus, daß gesellschaftlich unerwünschte Anwendungen von Informationstechnik sowie ihre negativen Folgen verhindert werden müssen. An den bisherigen Strategien zur Systementwicklung wird kritisiert,

a) daß sie sich auf die Implementierung einer technologischen Innovation beschränken und die organisatorischen und personalpolitischen Gestaltungsmaßnahmen nur gering berücksichtigen;

b) daß sie von einem einheitlichen Wertsystem ausgehen, dem der DV-Spezialisten;

c) daß organisatorische und soziale Sachverhalte erst im Zusammenhang mit der Implementierung gesehen werden und die von der Innovation Betroffenen quasi manipulativ zur Akzeptanz bewegt werden.

Es käme jedoch darauf an, neue Technologien so in Organisationen einzuführen, daß ihre Leistungspotentiale voll entfaltet werden und unerwünschte Folgen für die Betroffenen vermieden werden.

Die negativen Erfahrungen im Bereich der Stadt- und Wohnungspolitik, sowie beim Ausbau der Atomenergie zeigten die Gefahren, die sich aus einem technokratischen und technizistischen Innovationsmanagement ergäben, das sich über die Bedürfnisse der Betroffenen und die objektiven Grenzen der Planbarkeit hinwegsetzt. Von daher sei auch im Bereich Informationstechnik Kontrolle notwendig, die zum einen demokratischen Prinzipien folge und technisches Wissen an gesellschaftlichen Zielen ausrichte.

Neben den legitimen Zielen der Investoren gäbe es legitime Wünsche unterschiedlicher Betroffenengruppen, die berücksichtigt werden müßten, z.B. im Bereich der Benutzerfreundlichkeit und Informationsverarbeitungsqualität. Da es für diese beiden Bereiche keine objektiven Kriterien gäbe, müßten die einzelnen betroffenen Subjekte an der Entwicklung beteiligt werden.

An die Stelle inhaltlich präzisierter Ziele habe also die Forderung nach Partizipation der von dem neuen System Betroffenen an der Systemgestaltung und -beurteilung zu treten. Dadurch würde der Gestaltungsprozeß pluralistisch ausgerichtet und eine einseitige Interessenorientierung verhindert. Eine derartige Systementwicklung entspräche demokratischen Grundwerten und verspräche auch wirtschaftlich befriedigende Ergebnisse, da die Akzeptanzbreite der Innovation erhöht und nachträgliche Systemkorrekturen reduziert würden. Im Gegensatz zum Entwurf der "Schulmaschine", die auf die technische Realisierung hinzielt, wurden im Entwurf zum Innovationsmanagement Normen und Ziele eingeführt, die auf eine sozio-technische Designphilosophie hinweisen. Ausgehend von einer gesellschaftspolitischen Reflexion von Systementwicklung wird das gesellschaftlich Nützliche gefordert, nicht das technisch Machbare. Es wird auf legitime Bedürfnisse der Betroffenen hingewiesen und ein pluralistischer Gestaltungsprozeß gefordert, der demokratischen Grundprinzipien entspricht. Partizipation der Betroffenen wird als adäquates Verfahren zur Erfüllung des Anspruches gefordert.

Die GMD entschloß sich zu Beginn des Jahres 1978, das technische Entwicklungsziel beizubehalten, ergänzt um den Gedanken der Partizipation der Betroffenen. Um ein diesbezügliches Projekt durchzuführen, machte man sich auf die Suche nach einem Pilotpartner, also einer Organisation, die bereit war, ein solches Projekt mitzutragen. Die Suche nach einem Partner verlief wenig systematisch, sondern eher zufällig.

Aufgrund persönlicher Kontakte entschied man sich für ein Gymnasium in der Nähe der GMD. Soweit bekannt, scheinen Überlegungen, ob die Schulform, hier ein Gymnasium, den Projektzielen entsprach oder ob der Verwaltungsbereich gerade dieser Schule typische Probleme von Schulverwaltung aufwies, keine Rolle gespielt zu haben. Ebensowenig wurde geprüft, ob der DV-Einsatz für diese Verwaltung sinnvolle Entlastungen erwarten ließ, sondern dies wurde nur vermutet. Zusätzlich zur Nähe und der vermuteten Arbeitsentlastung als Auswahlkriterien kam hinzu, daß es sich bei dieser Organisation um eine überschaubare Einheit handelte, die sich so für einen kleinen Feldversuch eignete.

Die Gründe der Schulleitung, sich für dieses Experiment zur Verfügung zu stellen, lagen vordringlich im Bereich der erwarteten Entlastung der Schulverwaltung durch DV. Sie sah langfristig Vorteile gegenüber den kurzfristig eintretenden Belastungen durch die Entwicklung und Umstellung.

Festzuhalten bleibt, daß die Schulleitung nicht aufgrund eines Problemdrucks in der Schulverwaltung von sich aus an die GMD herangetreten ist, um Unterstützung zu erhalten, sondern die GMD basierend auf einer noch groben Projektidee auf der Suche nach einem Pilotpartner die Schule gefunden und überzeugt hat. Im Anschluß an diese Aktivitäten, die in der GMD auf Vorstands- und Bereichsleiterebene vorangetrieben wurden, gründeten diese ein Projektteam, das diese Aufgabe zu bearbeiten hatte. Das Projektteam begriff die Vorüberlegungen und Setzungen weniger als Vorgaben, sondern eher als Vorarbeiten und versuchte, in seiner Planung insbesondere das in den Vorarbeiten angelegte Spannungsverhältnis zwischen eher technischer und eher gesellschaftspolitischer Ausrichtung von Systementwicklung zu einem Konzept zusammenzuführen.

3.1.3 Ausgangslage des Projekts

Die Konstruktion des Projekts als angewandtes Forschungs- und Entwicklungsprojekt führte zu einigen Besonderheiten, die es von Entwicklungsprojekten unterscheidet, die unter marktwirtschaftlichen Bedingungen arbeiten. Die zentrale Besonderheit war dabei die Auftrags- und Entscheidungsstruktur. Bei dieser Entwicklung gab es keinen Auftraggeber oder Auftragnehmer. Die Zusammenarbeit fand auf Basis eines mündlich abgeschlossenen Kooperationsvertrages statt, der zwischen dem Vorstand der GMD, dem Stadtdirektor als Vertreter des Schulträgers und dem Schulleiter abgeschlossen wurde. Danach stellt sich die Schule als Pilotpartner zur Verfügung, ohne eine rechtliche Verpflichtung einzugehen, das System später zu übernehmen oder für die Entwicklungskosten zu zahlen. Die Kosten der Entwicklung und Pilotanwendung sollten ausschließlich zu Lasten der GMD gehen. Entsprechend ergab sich eine komplexe informelle Entscheidungsstruktur. Für systemtechnische Aspekte zeichnete die GMD verantwortlich, für organisatorische Veränderungen der Schulverwaltung die Schulleitung in Übereinstimmung mit dem Schulträger. Da aber beides real nicht auseinanderzudividieren war, mußten Schulleitung und Projektteam jeweils einen Konsens finden. Beide Gruppen waren somit aufeinander angewiesen, wollten sie das Projekt nicht gefährden. Allgemeines Interesse der Schulleitung war es, ohne Kostenaufwand zu einem informationstechnisch gestützten Schulverwaltungssystem zu kommen; das Interesse des Projektteams lag in der Erfüllung ihres Forschungs- und Entwicklungsauftrages. Da von Beginn an dem Projektteam klar war, daß dieser Pilotentwicklung nach erfolgreicher Einführung eine Überarbeitung mit dem Ziel des Einsatzes auch bei weiteren Schulen bevorstand, versuchte es, typische Bereiche zu identifizieren und technisch zu unterstützen. Ebenso hatte die Schulleitung ein Interesse daran, die sich ständig erweiternden Aufgaben der Schulverwaltung mit derselben Personalstärke bearbeiten zu können und einen besseren und aktuelleren Überblick über Verwaltungsvorgänge zu erhalten. Durch diese beiden Interessen wurde ein Zielrahmen gesetzt, der deutlich werden läßt, daß es sich bei dem Projekt nicht um einen Selbstbedienungsladen für die Organisationsmitglieder handelt, sondern Setzungen und Lösungsvorschläge erfolgten, durch die die Schulangehörigen objektiv betroffen waren und diese auch zur Einflußnahme anregten.

3.1.4 Betriebliche Entscheidungsstrukturen

Organisatorisch wird die Aufgabe der Schule durch die Schulverwaltung unterstützt. Sie ist ein Nebenaspekt der Aktivitäten der Schule und erbringt Dienstleistungen für die Hauptaufgabe. Bei der Schule handelt es sich um eine nichtrechtsfähige Anstalt des öffentlichen Rechts. Schulträger ist die Stadt, Schulaufsichtsbehörde ist das Schulkollegium beim Regierungspräsidenten in Düsseldorf, oberste Schulaufsichtsbehörde ist das Kultusministerium Nordrhein-Westfalen. Der organisatorische Aufbau der Schule gliedert sich in den pädagogischen, den pädagogisch-verwaltungsmäßigen Bereich und den reinen Verwaltungsbereich. Zur reinen Verwaltung gehört die Hausverwaltung und das Sekretariat, die Stelleninhaber sind Angestellte des Schulträgers und werden durch den Personalrat der Stadt vertreten. Die pädagogischen Mitarbeiter sind in der Regel Angestellte oder Beamte des Landes und werden vom Hauptpersonalrat der Lehrer an Gymnasien beim Regierungspräsidium Düsseldorf vertreten. Für die sächlichen und personellen Kosten der Schulverwaltung ist letztlich der Schulausschuß und der Rat der Stadt als Schulträger zuständig. Schulkonferenz, Schulleiter, Schulamtsleiter und Stadtdirektor nehmen in der Entscheidungshierarchie quasi exekutive Funktionen wahr.

Von den unterschiedlichen Funktionen her lassen sich 5 Gruppen an der Schule identifizieren:

1. Hausverwaltung und Sekretariat (4 Personen);
2. Schulleitung (3 Personen);
3. Lehrer (ca. 100 Personen);
4. Schüler (ca. 1.200 Personen) und
5. entsprechend viele Eltern.

In der Organisation Schule existieren für die o. a. Gruppen unterschiedliche Mitwirkungsmöglichkeiten in mehreren Gremien. Die Mitwirkungsmöglichkeiten sind hauptsächlich im Schulmitwirkungsgesetz Nordrhein-Westfalen (SchMG) festgelegt.

Jede Gruppe an der Schule besitzt ein eigenes Mitwirkungsorgan. Für die Schüler ist dies der Schülerrat, für die Lehrer die Lehrerkonferenz und für die Eltern die Schulpflegschaft. Diesen Gremien stehen Anhörungs-, Beratungs- und Vorschlagsrechte zu. Gemeinsames Beschlußorgan ist die Schulkonferenz, die sich aus allen 3 Gruppen zusammensetzt (25 Schüler; 25 Eltern; 50 Lehrer). Die Schulkonferenz entscheidet z. B. über die Einführung von Lernmitteln an der Schule, den Erlaß einer neuen Schulordnung und die Verwendung der Mittel, die der Schulträger der Schule zur Verfügung stellt (vgl. §5 SchMG). Die Leitung der Schule hat der Schulleiter inne.

Diese Mitwirkungsregelungen waren bei Projektbeginn erst seit kurzem im Kraft. Das Schulmitwirkungsgesetz wurde am 13. Dezember 1977 vom nordrhein-westfälischen Landtag beschlossen und trat am 1. August 1978 in Kraft. Die Schulverwaltung betreffende Maßnahmen, wie sie die beabsichtigte Systementwicklung darstellte, fielen jedoch — zumindest in der kostenfreien Pilotphase — nicht unter die Mitwirkungsregeln des Schulmitwirkungsgesetzes, sondern unter die Mitbestimmungsgesetze des Personalrats beim Schulträger entsprechend dem Landespersonalvertretungsgesetz.

Im Vorfeld der Verhandlungen zwischen Projektteam und Schulleitung wurde dem Projektteam von der Schulleitung deutlich gemacht, daß eine Änderung der formalen Entscheidungsstrukturen im Sinne einer verstärkten Entscheidungskompetenzzumessung für die Betroffenengruppen oder etwaige neu einzurichtende Gremien weder für die Schulleitung formalrechtlich möglich war, da sie an die Gesetze gebunden war, noch für eine übergeordnete Instanz praktisch möglich gewesen wäre. Die jahrelangen Verhandlungen im Landtag NW um das Schulmitwirkungsgesetz waren erst vor kurzem zum Abschluß gekommen und eine wesentliche Erweiterung der bestehenden Mitwirkungsmöglichkeiten schien zu diesem Zeitpunkt wegen des Präzedenzcharakters undenkbar.

Die Entscheidungskompetenzen waren formal eindeutig zugeordnet. Die faktische Entscheidungsfestlegung erfolgte jedoch auf eine differenziertere Weise (vgl. Abbildung 8).

Im engeren Bereich (2) fanden faktisch die konkreten Entscheidungen über die Entwicklungsziele und deren Umsetzungen statt. Sie wurden von Projektteam und Schule gemeinsam gefällt. Dies geschah in Besprechungen, die dann stattfanden, wenn von einer Seite Entscheidungsbedarf geäußert wurde. Im weiteren Bereich (1) fanden Entscheidungen im Sinne eines Ratifizierens der jeweiligen aus dem Bereich (2) kommenden Vorschläge statt. Ein steuerndes oder entscheidungsveränderndes Eingreifen gab es im Laufe der Pilotphase nicht. Die Zusammenarbeit zwischen Schulleitung und Projektteam blieb ungeregelt. Es gab keine rechtsverbindlichen vertraglichen Regelungen für die beteiligten Gruppen, z.B. in Form eines Kooperationsvertrages etc.. Die gesamte Zusammenarbeit basierte auf Freiwilligkeit und auf positiven Absichtserklärungen. Jeder Partner konnte also die Zusammenarbeit von sich aus ohne rechtliche Folgen aufkündigen. Diese lose Verknüpfung hatte zur Folge, daß sowohl für das Projektteam als auch für die Schulleitung quasi ein Zwang zur Kooperation und Konsensfindung bestand, da beide an der Entwicklung und dem Einsatz eines Systems interessiert waren und sich entsprechend exponiert hatten. In diesen Aushandlungsprozeß waren auch die Betroffenen einbezogen, denen das Projektteam nachweisen mußte, daß das zukünftige System zu einer wirklichen Verbesserung bei der Arbeitserledigung beitragen konnte.

Abbildung 8: Aufgabenfelder und Akteure

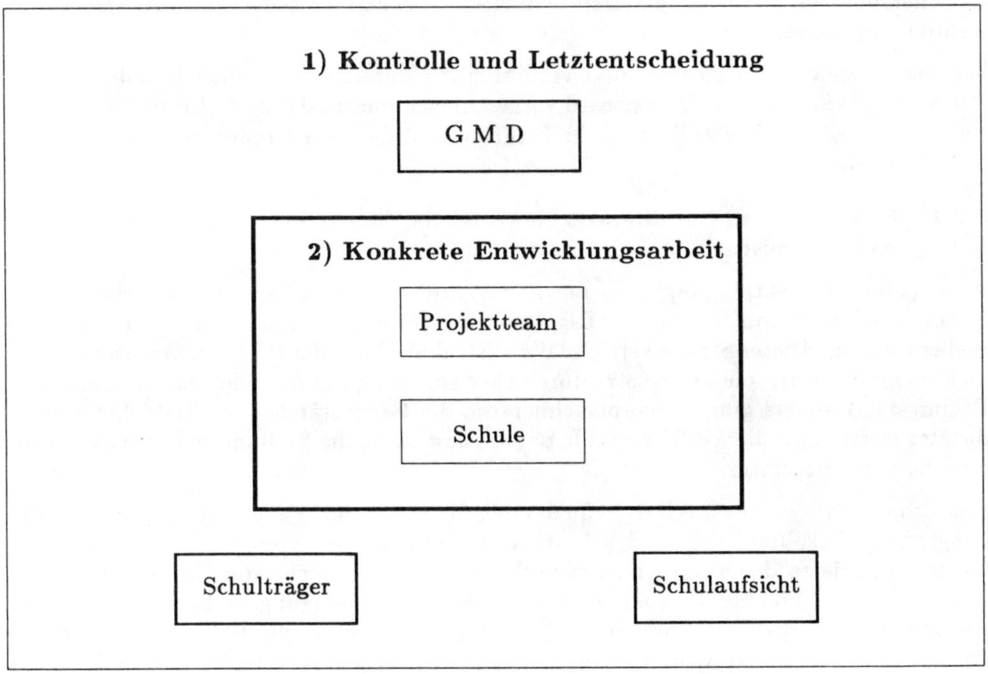

3.2 Organisation und Ablauf der Beteiligung

Durch verfahrensmäßige und organisatorische Maßnahmen wollte das Projektteam eine Beteiligung der Betroffenen an der Systementwicklung fördern bzw. ermöglichen. Diese Aktivitäten sollten darauf abzielen, die Betroffenen kontinuierlich zu informieren, damit sie ihre Betroffenheit frühzeitig erkennen, sich eine Meinung zu der Innovation und deren Folgen bilden können und angebotene Beteiligungsformen nutzen oder *eigene Aktionsformen* finden können.

Das Projektteam war anfangs davon ausgegangen, daß Beteiligung von Betroffenen nur dann für diese zumutbar und ein interessantes Verfahren wäre, wenn diese abgesicherte Beteiligungsrechte hätten, da nur so die Rücknahme von Beteiligungszusagen im Konfliktfall verhindert werden könnte. Da dies unrealistisch war, wurde im Projektteam kritisch überlegt, ob der Beteiligungsanspruch überhaupt aufrechtzuerhalten war. Das Projektteam kam jedoch in internen Diskussionen zu einem positiven Ergebnis. Der Versuch, das Projekt ohne vertragliche Änderung der Entscheidungskompetenz durchzuführen, schien dem Projektteam dennoch von Wert zu sein, da Benutzer und Betroffene unterhalb der Ebene von formalen Entscheidungsrechten häufig zu spät informiert werden, zu spät ihre Betroffenheit erkennen, selten selbst aktiv werden und häufig anderen (z. B. den Repräsentanten von Gruppen wie Personalräten) stellvertretend die Vertretung ihrer Interessen überlassen. Da institutionalisierte Gremien ohne Entscheidungskompetenzen vorzuschlagen wenig erfolgversprechend schien, versuchte das Projektteam, *die Partizipationsaktivitäten stärker interaktiv und informell auszurichten.* Das Projektteam "spekulierte" dabei auf den hohen Legitimationsbedarf innovativer Entscheidungen und auf die dadurch bedingte faktische Durchsetzungskraft von Argumenten und Interessen.

Zahlreiche Organisationsformen und Verfahren zur Unterstützung einer Beteiligung der Betroffenen wurden vom Projektteam vorgeschlagen und praktiziert. Im folgenden sollen die wichtigsten vorgestellt und die Erfahrungen, die damit gewonnen wurden, dargestellt werden.

3.2.1 Projektteam: Beteiligungsverständnis, Selbstreflexion und Arbeitsweise

Im Zuge der Projektplanung, also bevor das Projekt mit der konkreten Arbeit beim Pilotanwender begann, nahm die Diskussion um Beteiligung im Team einen zentralen Stellenwert ein. Dieser Stellenwert und die abstrakte Ebene der Diskussion wurde später nicht mehr erreicht, sondern ersetzt durch eher konkret–pragmatische Diskussionen. Zu Beginn des Projekts ging es hauptsächlich um die Gegenstände, den Teilnehmerkreis, die Reichweite und die Verfahren von Beteiligung sowie die Stellung des Projektteams innerhalb des Prozesses.

Das Projektteam war sich relativ schnell einig, daß im Prinzip alle Gegenstände beteiligungsoffen sein sollten, aber auch sein würden, da es den Betroffenen nicht vorschreiben konnte, was sie zu diskutieren hatten und das Team auch nicht von vornherein wissen konnte, welche Aspekte Betroffenheit auslösen und Beteiligungsverhalten induzieren würde. Daraus ergab sich, daß es eine offensive Informationspolitik versuchen wollte. Als zentralen Gegenstand von Beteiligung sah das Projektteam die Festlegung der Ziele und deren Umsetzung in eine eingepaßte Anwendung an. Das bedeutete, daß es kein vorab verfaßtes Konzept durchsetzen, sondern nach Analyse von Defiziten, Anforderungen und Wünschen der Betroffenen einen von diesen gewünschten Systementwurf umsetzen wollte. Die Grundbedingung dafür, der in seinem Ergebnis offene Entscheidungsprozeß, war für diesen Fall gegeben.

Über den Beteiligtenkreis gab es kontroverse Positionen. Einige Projektmitarbeiter sahen nur diejenigen Personen als potentielle Mitentscheider an, deren Arbeit und Arbeitsbedingungen sich ändern würden, andere gingen von einem weiten Betroffenenverständnis aus und sahen auch diejenigen Personen als potentielle Akteure, die nur mittelbar, z.B. dadurch, daß ihre Daten verwaltet werden, betroffen waren. Auch dieser Personenkreis, also quasi die Klienten der Schulverwaltung (Schüler, Eltern) sollten in den Beteiligungsprozeß mit einbezogen werden. Nach längeren Diskussionen entschied sich das Projektteam, den weiteren Betroffenenkreis als potentielle Partizipanten zu betrachten. Das bedeutete, daß auch dieser zahlenmäßig große Personenkreis (ca. 3 000 Personen) durch das Projektteam informiert werden mußte und ihnen Beteiligungsmöglichkeiten angeboten werden mußten.

Probleme der Reichweite von Beteiligung wurden andiskutiert; es wurde aber keine Lösung dafür gefunden. Das Spektrum der diskutierten Reichweite reichte von der Information über die Beratungsbeteiligung bis hin zur Selbstbestimmung für Betroffene. Einig war sich das Projektteam, die Reichweite möglichst extensiv aufzufassen und anzuerkennen, daß besonders die Arbeitnehmer der Schulverwaltung Möglichkeiten erhalten sollten, sich ihre Arbeitswerkzeuge und Arbeitsbedingungen selbst zu definieren. Die Grenzen für diese Einflußnahme lagen jedoch in der Zuordnung der Verantwortung. Diese wurde in doppeltem Sinne gesehen. Einerseits trug das Projektteam und nicht die Betroffenen die Verantwortung für die Entwicklung gegenüber dem GMD–Vorstand und der Schulleitung, andererseits sah es sich auch Kriterien von Systementwurf und technischen Lösungen verpflichtet, die in deren Wissenschaftsgemeinde galten. Das Projektteam einigte sich auf eine sehr pragmatische Vorgehensweise. Es sollte jeweils konkret geprüft werden, ob den Wünschen und Zielen der Betroffenen Grenzen gezogen werden müßten, die hauptsächlich im Kosten– und Zeitbereich gesehen wurden.

Eine der Maßnahmen betraf die Organisation und Arbeitsweise des Projektteams selbst. Es war sich darüber im klaren, daß der Aufforderung zur Beteiligung von Betroffenen eine innere Bereitschaft und kooperative Arbeitsweise des Projektteams entsprechen mußte. Deshalb fanden mindestens einmal in der Woche Projektgruppensitzungen statt. Hier wurden die projektrelevanten Fragen gemeinsam diskutiert und bei Entscheidungen wurden konsentive Lösungen angestrebt, oder im Konfliktfall wurde mit einfacher Mehrheit entschieden. Auf diesen Sitzungen wurden auch nicht–projektspezifische Fragen des Computereinsatzes diskutiert, ebenfalls Fragen, die über die "technische Entwicklung" hinausgingen, wie z. B. die Verantwortung von Systementwicklern, die Verortung zu den unterschiedlichen Interessengruppen, die Funktion des eigenen Arbeitens im gesellschaftlichen Kontext u. a. m.. Dadurch, daß auf diesen Sitzungen Informationen aus den unterschiedlichen Arbeitsbereichen gegeben und diskutiert wurden, erhielten und bewahrten die Projektmitarbeiter Kenntnisse über die gesamten Aspekte des Projekts und nicht nur über einzelne Teilbereiche. Hinzu kommt, daß dadurch der Anstoß und die Möglichkeit gegeben wird, sich wechselseitig zu qualifizieren, und die einzelnen Mitarbeiter Gelegenheit bekommen, an den individuellen Lernerfahrungen der anderen teilzuhaben. Besonders die Reflexion über das eigene Tun und dessen gesellschaftliche Relevanz war Thema.

In den anfänglichen Diskussionen des Projektteams über die partizipative Strategie, über Risiken und Chancen von Informationstechnologie und über die Rolle des Projektteams im Rahmen einer Systementwicklung entschied das Team, den Betroffenen gegenüber die eigenen Wertvorstellungen explizit auszuweisen. Zwei Gründe gab es dafür:

Zum einen ging man von der Annahme aus, daß Systementwickler ihre eigenen Normen und Werte in die Entwicklung einbringen, da sie keine Roboter sind, die als Werkzeuge fungieren, sondern Menschen. Zum anderen wollte das Projektteam nicht zum Umsetzer oder Vollstrecker von Vorstellungen werden, die es selbst ablehnte. Hinzu kam eine Diskussion im Team, inwieweit man einen Aktionsforschungsansatz praktizieren sollte und konnte. Diese Überlegungen setzen sich im Kern mit dem Selbstverständnis und der Rolle von Systementwicklern in einem Anwendungsprojekt auseinander. Wenn man sich zur Veranschaulichung der möglichen Rollen eine Skala mit den Polen uneigennütziger Umsetzer von Entscheidungen und Promotor eigener Ideen vorstellt, definierte sich das Projektteam in der Mitte. Man wollte versuchen, Interessen und Wünsche der Betroffenen umzusetzen, aber eigene Überlegungen — wie z. B. zum Datenschutz oder zur Organisation der Arbeit — durchaus mit einzubringen.

In diesen Diskussionen über die Rolle und das Selbstverständnis kamen unterschiedliche Meinungen zum Ausdruck. Einige Entwickler verstanden sich als Technikprotagonisten, andere als Mittler zwischen den Betroffenen und dem Management, wieder andere als Vertreter der Betroffenen. Man einigte sich darauf, eher unterstützend und umsetzend denn anleitend zu arbeiten. Für einige Mitarbeiter war es anfangs ungewohnt, eine politische Diskussion über Informationsverarbeitung und deren Folgen zu führen. Es gab ganz unterschiedliche Meinungen, besonders was die Frage der Einflußmöglichkeiten der Systementwickler betraf und deren Verantwortung. Für die technische Qualität, z. B. der Softwareproduktion, sahen sich einige zuständig, kompetent und auch verantwortlich. Für die Anwendungsbedingungen, also z. B. die organisatorische Einbettung u. a. wurde die Zuständigkeit beim Management und den Betroffenen bzw. deren Interessenvertretungen gesehen. Dies seien eher politische Fragen, die am Rande oder außerhalb der eigenen Einflußmöglichkeiten lägen. Außerdem sei man nur für das Lösen "technischer" Probleme kompetent. Das Projektteam kam jedoch im Lauf der Diskussionen zu der Ansicht, daß auch diese Fragen Gegenstände des Gestaltungsprozesses sein müßten, denn eine zu frühe Problemverengung und ein schnelles Akzeptieren vermeintlicher oder realer Sachzwänge würde einen wesentlichen Mangel darstellen. Dies hemme die Kreativität und vermindere die Chancen zur Entwicklung echter Alternativen. Die Reaktionen der Betroffenen auf selbstkritische Äußerungen waren eher negativ. Dies lag an der Zuweisung der Funktion des Experten an die Systementwickler. Als Experte habe man das Fachwissen, um, besser als "Laien", die Probleme zu lösen. Dies setze jedoch voraus, daß man von den Lösungen überzeugt ist bzw. weiß, was man will. Häufiges Fragen und die Delegation von Entscheidungen wurde oft als Unsicherheit, Ziellosigkeit oder Unerfahrenheit des Teams interpretiert. Die kontroversen und kritischen Diskussionen im Projekt, die die gesellschaftlichen Diskussionen um die Chancen der DV, aber auch deren negative Folgen widerspiegelten, machten es dem Projektteam später schwer, als Promotoren Überzeugungsarbeit zu leisten.

3.2.2 Ablaufschema der Entwicklung

Das Arbeitssystem des Schulis–Projekts stellt eine Modifikation des für den öffentlichen Dienst empfohlenen Arbeitssystems (KoopA–Arbeitssystem) dar (vgl. Abbildung 9), in das partizipationsstützende Momente integriert wurden, z. B. Informierungsaktivitäten, Rückkoppelungsaktivitäten, ein speziell modifiziertes Beschreibungsmittel u. a. m..

Der Projektablauf gliedert sich in 6 Phasen. Das Ergebnis jeder Phase stellt das endgültige Produkt — das Schulinformationssystem — auf verschiedenen Detaillierungsstufen dar und bildet so die Basis für die Arbeiten der jeweils folgenden Phase. Das zukünftige System sollte der Gesamtheit der Betroffenen erst abstrakt und dann immer konkreter anhand der in den Kreisen festgelegten Ergebnisse vorgestellt werden. Bei diesem Ablauf handelt es sich auf den ersten Blick um ein herkömmliches Phasenschema, bei dem eine top–down–Strategie verfolgt wurde.

Der Rahmen, der die Phasen umgab, besteht aus a) der Projektsteuerung und b) der partizipativen Komponente (s. o.), die neu ist. Neu ist auch, daß keine Ziele vorgegeben waren, sondern diese in Zusammenarbeit mit den Betroffenen identifiziert und diskutiert (Rahmenkonzept) sowie konkretisiert und abgestimmt (Sollkonzept) werden sollten. Nicht neu ist die Erfahrung — die das Team wohl mit anderen Projekten gemeinsam hatte —, daß es mit dem Phasenablauf so nicht klappt, zumindest dann nicht, wenn man Kommunikation und Beteiligung als Leitorientierungen ernst nimmt. Die Vorgehensweise nach KoopA war die Vorgehensweise, nach der in bzw. für den öffentlichen

Abbildung 9: Gliederung der Planung

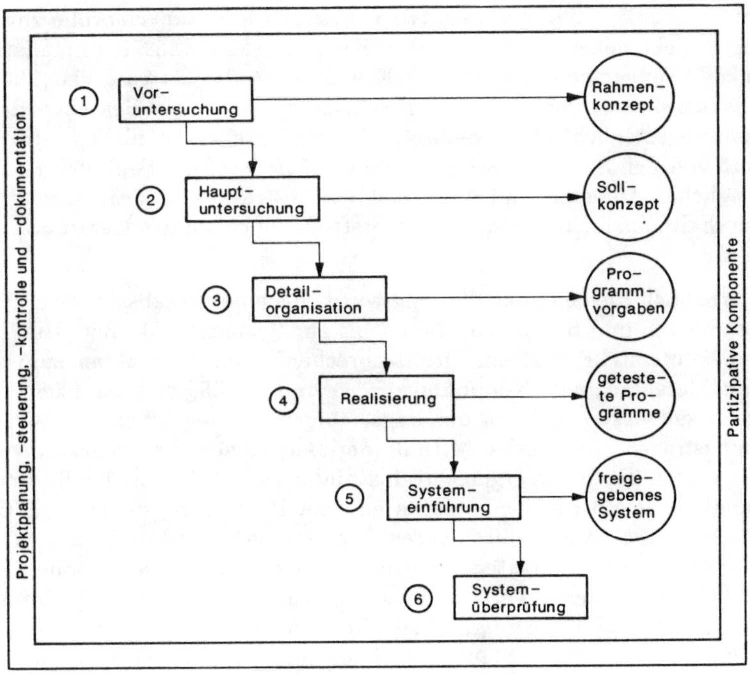

Dienst Entwicklungen durchgeführt werden sollten. Sie stellte den damaligen Stand dar und implizierte die Vorstellung von Systementwicklung als exakt planbaren, sequentiell abarbeitbaren Prozeß, der rational steuerbar ist und auch rational abläuft. Daß dies so nicht praktikabel ist, war damals zwar bekannt. Aber es war gerade auch auf Druck von Kosten- und Zeitrechnungen für den Mittelgeber nicht möglich, z.B. eine "muddling-through"-Entwicklung vorzuschlagen und zu praktizieren, zumal auch noch keine breiter akzeptierten Alternativen existierten. Besondere Schwierigkeiten machte natürlich der planerische Einbau von Partizipationsaktivitäten, die ja nur, was die initiativen Projektaktivitäten betraf, eingeplant werden konnten und nicht in ihrer gesamten Zeitdimension, weil dies eine nicht vorhersehbare Größe war. Spätere Projektverzögerungen wurden — und dies ist ein Nebeneffekt — immer wieder auf die "Partizipation" geschoben, sowohl von den Projektmitarbeitern als auch vom Anwender, ohne daß dies in den meisten Fällen nachweisbar gewesen wäre.

Zwei wesentliche Probleme führten zu einer Revision der Planung: Spätestens im Zuge der Diskussion des Rahmenkonzepts wurde allen Projektmitarbeitern klar, daß ein sequentielles Abarbeiten der Phasen 1 – 6 nicht möglich war. Aufgrund der fehlenden Alltagserfahrung der Betroffenen mit Datenverarbeitung fehlte diesen die Vorstellungskraft, wozu ein solches System in ihrem Interesse sinnvoll einzusetzen war und welche möglichen Nachteile zu vermeiden wären. Einige Betroffene äußerten die Hoffnung, daß nun bald alle unangenehmen Tätigkeiten per Knopfdruck zu erledigen seien. Diese bastelten eifrig an einem Wunschkatalog mit. Andere hielten sich zurück und warteten auf konkrete Vorschläge der Systementwickler, denen die Expertenrolle zugeschrieben wurde. Im Projekt fielen die Stichworte: Knopfdruckmentalität, unrealistisches Anspruchsdenken, Konsumentenmentalität. Es wurde im Projektteam klar, daß die Qualität der Diskussion mit den Betroffenen sehr stark von deren Begreifen der DV und ihrer Anwendungsmöglichkeiten abhängt. Dieses Begreifen ist nicht a priori gegeben, sondern muß von den Systementwicklern unterstützt werden. Begreifen ist zuerst einmal ein dingliches Anfassen und dann erst ein abstrakter Prozeß. Das Projektteam entschied deshalb, möglichst schnell einen ersten Teilbereich des Gesamtsystems vorab zu realisieren.

Die zweite erheblich Revision der Planung wurde nach der Verabschiedung des Sollkonzepts vorgenommen und betraf die Phasen bis zur Systemeinführung. Die Top–down–Strategie, die unterstellt, daß ein "Runterbrechen" vom Abstrakten zum Konkreten möglich ist, widersprach dem Kommunikations– und Beteiligungsgedanken. Zudem waren die Systementwickler nicht in der Lage, aufgrund ihrer fehlenden Sachkompetenz in Verwaltungsfragen ohne aktive Mithilfe der Betroffenen die Programmvorgaben zu spezifizieren und z. B. benutzergerechte Listbilder zu entwickeln. Im Rahmen der Arbeiten gelangten die Entwickler immer wieder zu Problemen, die sie den Betroffenen vorlegen mußten und die erst durch deren Beratung gelöst werden konnten. So wurde im Prinzip eine Top–down–Strategie soweit wie möglich und eine bottom–up–Strategie wenn nötig betrieben. Dieses Verfahren war aufgrund der häufigen Abstimmungen mit den Betroffenen sehr zeitaufwendig, führte aber z.B. zu Auswertungen und Masken, die mit den Benutzern abgestimmt und von ihnen für gut geheißen wurden, so daß sich diese Probleme im Rahmen der Teilsystemeinführung nicht mehr stellten.

Eine weitere Änderung der Planung sah wie folgt aus:

Nach der Voruntersuchung wurden einzelne Phasen nicht mehr sequentiell für die Entwicklung des gesamten Schulinformationssystems durchgeführt, sondern für einzelne Teilsysteme die Phasen von der Hauptuntersuchung bis zur Systemeinführung zeitversetzt parallel durchlaufen. Wenn z. B. ein Teilsystem an der Schule eingeführt wurde, begann für andere Teilsysteme erst die Hauptuntersuchung oder die Detailorganisation. Dieses Vorhaben hatte folgende Vorteile:

1. Die Benutzer konnten mehr Zeit zum Kennenlernen der neuen Technik verwenden.
2. In der bestehenden Organisation konnten die Veränderungen sukzessive erfolgen.
3. Die Erfahrungen des Projektteams bei der Realisierung des ersten Teilsystems konnten in die Konzepte und das Design der restlichen Anwendungen einfließen.
4. Die Betroffenen konnten ihre Kenntnisse an konkreten Gegenständen gewinnen und vertiefen und so qualifizierter urteilen.

Die möglichen Nachteile der bereichsweisen, zeitversetzten Entwicklung lagen hauptsächlich in dem mangelnden Überblick. Jeder Teilbereich konnte für sich betrachtet sinnvoll sein und Zustimmung finden. Inwieweit jedoch die Addition der Teilbereiche das gewünschte Endresultat ergab, war erst bei vollständiger Realisierung zu bewerten. Bis zu diesem Zeitpunkt mußten sich das Projektteam und die Betroffenen auf den Plan des Endzustandes, das Rahmenkonzept verlassen, das zu einem Zeitpunkt erarbeitet und von den Betroffenen beraten wurde, als die Realisierungsprobleme noch nicht im Detail abzusehen waren und auf dem damaligen Stand des Wissens und Wollens von Betroffenen und Systementwicklern beruhte.

Projektplanung als organisatorische Festlegung von Projektaktivitäten und Zuordnung von Ressourcen ergänzt um die Festlegung von Inhalten wird zur Projektsteuerung. So betrachtet betrieb hauptsächlich das Projektteam, aber auch in weit geringerem Ausmaß die Schulleitung, die Projektsteuerung. Die Betroffenen nahmen zwar Einfluß auf die Termingestaltung und teilweise auch auf die Prioritätenfolge von Maßnahmen, dies war jedoch nur marginal. Mit der Planung der Planung hatten sie kaum zu tun.

Über den Projektverlauf änderte sich die Einstellung der Projektmitarbeiter und auch der Stellenwert der Planung. Zu Beginn wurde noch detailliert schriftlich bis auf Wochenniveau geplant. Später wurden eher inhaltliche Rahmen und Zeiträume festgelegt, innerhalb derer eine Aufgabe zu bearbeiten war. Der Stellenwert der Planung sank. Auch zeitverzögernde Wirkungen durch Partizipationsaktivitäten, z.B. Abstimmungen mit allen Gruppen, traten nach der Verabschiedung des 1. Sollkonzepts nicht mehr auf, da an der Vorbereitung der weiteren Sollkonzepte und parallel der Detailorganisation und Programmierung des ersten Konzepts gearbeitet werden konnte.

Die zeitliche Auswirkung der Partizipationsaktivitäten lag insgesamt gesehen nicht in den Verzögerungen, die dadurch entstanden, daß Entscheidungen oder Beratungen mit den Betroffenen nicht schnell und projektadäquat durchgeführt bzw. eingeholt werden konnten, sondern in der Belastung der Projektmitarbeiter durch die vorbereitenden Aktivitäten wie die mündliche und schriftliche Information, der organisatorischen Vorbereitung von Sitzungen und die Sitzungen selbst.

3.2.3 Information und Qualifikation

Es war der selbstgestellte Anspruch des Projektteams, den Entwicklungsprozeß und die Projektergebnisse transparent zu gestalten und eine betroffenengerechte Schulung durchzuführen. Um dies zu realisieren, wurden unterschiedliche Maßnahmen unternommen. Zu Beginn des Projekts legte das Team in seiner Planung der Informations- und Schulungsaktivitäten fest, möglichst nicht nur mündlich zu informieren, sondern zu wesentlichen Aspekten schriftliche Unterlagen zu verteilen. Dies wurde anfangs auch so praktiziert, nahm aber zum Projektende hin ab. Die Gründe lagen in der hohen Diskrepanz zwischen Arbeitsaufwand zur Erstellung der schriftlichen Unterlagen und deren Nutzung durch die Betroffenen. Der Kreis der Interessierten reduzierte sich nach ca. einjähriger Laufzeit auf einen kleinen Kreis von Betroffenen, der es dann auch noch vorzog, in persönlichen oder Kleingruppengesprächen informiert zu werden. Folgende Maßnahmen zur Informierung und zur Meinungsbildung wurden ergriffen:

- **Präsentationsveranstaltungen**

  Ausgegangen wurde von der Annahme, daß der Einstieg beim Pilotpartner einen besonders wichtigen Meilenstein bei einer Systementwicklung darstellt und entsprechend sorgfältig durchgeführt werden muß. Vor Arbeitsbeginn des Projektes beim Pilotanwender sollten alle Betroffenen die Möglichkeit erhalten, sich über das geplante Vorhaben zu informieren und ihre Meinung dazu zu äußern. Dies schien bei diesem Projekt besonders wichtig, da Gegenstand und Verfahrensweise nicht der täglichen Erfahrungswelt der Betroffenen entsprach und bei ihnen aktive Teilnahme initiiert werden sollte. Um allen Betroffenengruppen, Sekretärinnen, Schülern, Lehrern, Eltern und Schulleitung eine Einführung in das Projekt zu geben, wurde ein schriftlicher Bericht über das Projekt, sowie über Datenverarbeitung und Systementwicklung allgemein verfaßt, der seiner Intention nach für alle Betroffenengruppen leicht verständlich sein sollte. Dieser Bericht, das "Präsentationspapier", hatte einen Umfang von ca. 30 Seiten und wurde in mehrhundertfacher Ausfertigung an die Betroffenen verteilt. Wieviele Personen das Präsentationspapier erhalten und gelesen haben, konnte vom Projektteam nicht festgestellt werden. Zumindest erhalten haben ihn alle Lehrer, Sekretärinnen, die Schulleitung, Eltern, die Mitglieder der Schulpflegschaft waren, und Schüler, die gewählte Funktionen wahrnahmen. Die Reaktion auf den Bericht war sehr unterschiedlich. Die Kommentare richteten sich weniger gegen den Inhalt, sondern das Niveau der Darstellung. Während er einigen, besonders den Lehrern, zu einfach und oberflächlich geschrieben war, war er Schülern und auch Eltern zu schwierig und zu umfangreich. Insgesamt gesehen wurde besonders stark kritisiert, daß man diesem "Präsentationspapier" nicht entnehmen könnte, was denn für ein System mit welchen Unterstützungen und welchen Folgen eingeführt werden würde. Es bestand somit bei allen Betroffenen — außer der Schulleitung — die Erwartung, quasi im Sinne eines Werbeprospektes ein System vorgestellt zu bekommen, über das zu beraten sei, und nicht die Ankündigung und Erläuterung eines Verfahrens zur Entwicklung eines Systems. Dies wurde auf den Präsentationsveranstaltungen, die im Anschluß an die Verteilung abgehalten wurden, immer wieder hinterfragt. Diese Präsentationsveranstaltungen fanden vor den Mitwirkungsgremien der Betroffenen statt (Lehrerkonferenz; Schulpflegschaft; Schülerrat) und mit der Hausverwaltung. Das Projektteam erläuterte diesen Gremien die Absichten des Projektes und die Möglichkeiten der Einflußnahmen durch die Betroffenen. Da bei den Präsentationen vor den Gremien jeweils ca. hundert Personen und mehr teilnahmen und aufgrund der Größe des Personenkreises die Diskussionsmöglichkeiten für den Einzelnen notwendigerweise beschränkt waren, lud das Projektteam im Anschluß an diese Veranstaltungen dieselben Personen und weitere Interessierte zu Folgesitzungen mit dem Ziel der vertieften Information und Beratung ein. Die Resonanz war für die Projektmitarbeiter ernüchternd bis deprimierend. Es kamen 15 Lehrer, aber nur jeweils 1 Vertreter der Eltern und 1 Vertreter der Schüler. Die Ursachen, warum nur so wenige kamen, konnten nur vermutet werden. Als Haupterklärung sah das Projektteam das mangelnde Interesse bei Eltern und Schüler an Fragen der Schulverwaltung. Diese Vermutung wurde durch einschlägige Äußerungen in Einzelgesprächen erhärtet. Ein weiterer Grund mag darin gelegen haben, daß diese Erstinformationen den Betroffenen ausreichend erschienen und sie erst wieder bei einer veränderten Sachlage informiert werden wollten.

- **"Schwarzes Brett"**

Um zumindest die Lehrer der Schule über die Fortschritte des Projektes aber auch über Gesprächstermine und Anwesenheitszeiten von Projektmitgliedern in der Schule zu informieren, erhielt das Projektteam von der Schulleitung die Erlaubnis, das "Schwarze Brett" im Lehrerzimmer zu benutzen. Dieses Informationsmedium wurde hauptsächlich in der Anfangsphase des Projektes genutzt. In den darauffolgenden

Jahren wurden nur noch Einladungen zu Gruppengesprächen zwischen Lehrern und Team o. ä., also quasi Ankündigungen, ausgehängt. Der Grund dafür, dieses Medium nur noch gering zu nutzen, lag in den Aussagen von Lehrern, aber auch in der Erfahrung des Teams begründet, daß diese dort ausgehängten Informationen nur am Rande wahrgenommen werden und es andere, den Bedürfnissen der Betroffenen wohl angemessenere Möglichkeiten gab.

- **Postfach**

  Ebenso sollte das Postfach, das zusätzlich zu den Postfächern der Lehrer im Lehrerzimmer eingerichtet wurde, als kommunikationserleichternde Maßnahme dienen. Es erfüllte jedoch diese Funktion nicht, obwohl mehrfach auf diese Einrichtung hingewiesen wurde. Man hätte auch erwarten können, daß dieses Postfach Kritikern des Projektes oder einzelner Ergebnisse die Möglichkeit gegeben hätte, sich im Sinne eines Kummerkastens, eventuell auch anonym, mit Anregungen oder Beschwerden an das Team zu wenden. Daß diese Möglichkeit nicht genutzt wurde, hat ähnliche Gründe, wie sie für das "Schwarze Brett" gelten. Die Betroffenen wandten sich lieber direkt persönlich an die Mitarbeiter des Projektteams oder den Verbindungslehrer (s. "Anwaltsplaner"), der dann die Kontakte mit dem Team herstellte oder Informationen selbst gab.

- **"Jour fixe"**

  Der "jour fixe" war vom Projektteam als regelmäßige Einrichtung geplant. In wöchentlichen Abständen sollten Mitarbeiter des Projektteams für ca. 1 Stunde im Lehrerzimmer und im Sprechzimmer des Schülerrats anwesend sein, um für Fragen und Anregungen bereit zu sein und um zwanglos Informationen über den Projektverlauf zu geben. Dieser Versuch der Information und gegenseitigen Begegnung wurde nach 5 erfolgten Versuchen vom Projektteam abgebrochen und nicht wieder aufgenommen. In den ersten Treffen ergaben sich zwischen Lehrern, Schülern und Team Gespräche über das Projekt, die die Interessierten ihrer Meinung nach ausreichend informierten. Es wurde schon beim 3. jour fixe von den Betroffenen nicht mehr eingesehen, warum Teammitarbeiter anwesend waren, da sie keine neuen Fragen hätten. Es kamen Aussagen gerade von Lehrern, die darauf hinausliefen, daß das Projektteam wohl nichts zu tun hätte, weil es genügend Zeit fand, sich eine Stunde im Lehrerzimmer zu unterhalten. Diese Meinung wurde im weiteren Projektverlauf auch gegenüber anderen Informations- und auch Beratungsveranstaltungen vertreten. Gerade von Lehrern wurde wiederholt geäußert, daß das Projektteam nicht soviel "diskutieren" solle, sondern daß man das fertige Produkt sehen wolle. Dann könne man sich ja immer noch entscheiden, ob man es haben wolle oder nicht.

- **Besuchsveranstaltungen**

  Um den Betroffenen möglichst früh und möglichst konkret Informationen über Hardware und Anwendungsmöglichkeiten und -probleme zu geben, lud das Projektteam mehrmals Schülergruppen in die GMD ein. Ähnliche Veranstaltungen wurden auch für die mit Schulverwaltung befaßten Personen durchgeführt. So wurden diesen gezeigt und erklärt, was Programmieren sei, es kam zu einem Treffen zwischen Sekretärinnen der Schule und Sekretärinnen der GMD, die ihren Kolleginnen über ihre Erfahrungen mit Datenverarbeitung berichteten, und es wurde ein Messebesuch durchgeführt, an dem die Sekretärinnen außerhalb ihrer Arbeitszeit und auf eigene Kosten teilnahmen. Diese Veranstaltungen wurden von den Teilnehmern als sehr hilfreich zur eigenen Meinungsbildung bezeichnet.

- **Mitteilung über gespeicherte Daten**

  Um alle Betroffenen darüber zu informieren, welche ihrer persönlichen Daten gespeichert und verarbeitet werden, wurde nach der Ersterfassung der Daten jedem persönlich sein Datenblatt zugesandt. Diese Auskunft an Betroffene ist im Landesdatenschutzgesetz Nordrhein–Westfalen enthalten, wird jedoch laut Gesetz nur auf Antrag durchgeführt. Um in diesem Punkt jeden aktiv zu informieren, schickte das Projektteam freiwillig und ohne Antrag allen Schülern bzw. deren Erziehungsberechtigten die Datenblätter zu. Insgesamt waren dies ca. 1 200 Formulare. Nur ca. 1% der Angeschriebenen reagierte auf diese Aktion. Die Reaktionen betrafen hauptsächlich Fehleinträge und nicht die Tatsache der maschinellen Speicherung und Verarbeitung selbst.

- **Ausstellungen über DV in der Schule**

  Mehrmals im Rahmen des "Tages der offenen Tür" in der Schule oder in Zusammenhang mit offiziellen Einführungen von Systemkomponenten stellte das Projektteam das System vor, beantwortete Fragen und verteilte Informationsmaterial. Ihren Abschluß fanden diese Art von Veranstaltungen durch eine Ausstellung über Datenverarbeitung allgemein und speziell Datenverarbeitung in der Schule in der Pausenhalle. An dieser letzten Ausstellung nahmen ca. 500 Personen teil, der Teilnehmerkreis bei den vorherigen Veranstaltungen war wesentlich geringer und lag zwischen 20–50 Personen.

  Diese Art der Information erwies sich als gute Möglichkeit, diejenigen Betroffenen zu erreichen, die nicht spezielles Interesse oder spezielle Fragen hatten, sondern sich unverbindlich und eher allgemein einen Überblick verschaffen wollten.

- **Schriftliches Informationsmaterial**

  Zu entscheidenden Projektschritten wurde jeweils schriftlich Informationsmaterial erarbeitet und an die direkt betroffenen Arbeitnehmer sowie die meisten "Mandatsträger" in der Schule verteilt. Auf Anfrage war es jedem der Betroffenen möglich, diese Informationen zu erhalten. Entscheidende Projektphasen waren z. B der Beginn, die Diskussion über das Rahmenkonzept und die Diskussion über das Sollkonzept. Bei diesen Unterlagen handelte es sich um Beschreibungen der Pläne und Absichten des Projekts. Eher allgemein über den Stand und die nächsten Schritte des Projekts informierte eine Schrift, die "schulis info" genannt wurde. Sie erschien unregelmäßig 1 bis 2mal im Jahr besonders dann, wenn das Projektteam einen Bedarf sah oder von Betroffenen an der Schule Bedarf an Informationen geäußert wurde. Dieses "schulis info" hatte jeweils einen Umfang von 2 – 3 Seiten und eine Auflage von ca. 200 Exemplaren.

- **Wirkungsprognosen**

  Um die Diskussion der Betroffenen über das Sollkonzept vorzubereiten, versuchte das Projektteam, schriftliche Wirkungsprognosen des zukünftigen Systems zu geben. Dazu wurde das Sollkonzept entsprechend aufbereitet. In einem Teil A wurde eine

Übersicht über die geplanten Veränderungen gegeben. Dargestellt wurde der Teil des Systems, der zur Beratung anstand, es wurden die Informationen beschrieben, die gespeichert werden sollten, das Datenschutzkonzept, das Rechnersystem und die Maßnahmen zur Datensicherung und der erwartete Nutzen und die Auswirkungen der DV–Unterstützungen. In einem Teil B (Materialband) wurden die angestrebten Veränderungen detailliert dargestellt. Bei der Darstellung und Beschreibung der möglichen Auswirkungen stellten sich etliche Probleme. Ein Problem war die Perspektive der Analyse. Das Projektteam entschied sich, die Auswirkungen und den Nutzen aus drei Perspektiven darzustellen. Die erste Perspektive waren die Auswirkungen auf die Benutzer, d. h. auf diejenigen, deren Tätigkeiten sich verändern. Die zweite Perspektive waren die Auswirkungen auf die Klienten, d. h. auf diejenigen, denen die Verwaltungsleistung gilt, und die dritte auf die Organisation, in die das System eingebettet wurde und auf die Organisationsziele. Durch diese drei Perspektiven wurde die gleiche Sache betrachtet. Die beiden ersten Sichtweisen handeln von den sozialen Auswirkungen, während die dritte eine eher klassische betriebswirtschaftliche Analyse darstellte, also Betriebsmittel, Zeitverhalten, Struktur, Stellenplan usw. der Organisation betrachtete. Für die Schülerdaten–Verarbeitung wurde beispielsweise folgende Operationalisierung der drei Sichtweisen durchgeführt und vertextet an die Betroffenen verteilt (vgl. Abbildung 10).

Abbildung 10: Perspektiven der Nutzenbetrachtung

I. Benutzer	II. Klienten	III. Organisation
Laufbahn: Positon, Gehalt, Aufstiegschancen, *Arbeitsorganisation:* Arbeitszeit, Pausen, Arbeitsteilung, -verteilung, Arbeitsinhalte, Arbeitskontrolle, erforderliche Qualifikation, Abhängigkeit von der Technik, *Ergonomie:* Arbeitsfeldgestaltung, *Sozialpsychologische Aspekte:* Kommunikations- möglichkeiten, persönliche Beurteilung der Arbeit bezüglich Durchschaubarkeit, Abhängigkeit, Zufriedenheit.	Zugang zur Information, Qualität der Information, Kommunikation, Beratung, Mehraufwand, Datenschutz, Abhängigkeit, Kontrolle.	Kosten, Zeit, organisatorische Vereinfachung und Verbesserung, Sicherheit der Verfahren, Kommunikation, Transparenz, Betriebsklima.

Ein zweites Problem der Wirkungsanalyse war die Prognose. Zu dem Zeitpunkt der Erarbeitung waren etliche Auswirkungen entweder gar nicht vorhersehbar oder noch völlig offen, weil die Entscheidungen noch gar nicht gefällt waren, so daß das Team oft nur sehr global mögliche Auswirkungen benennen konnte. Zu diesem Prognoseproblem kam das Bewertungsproblem. Es war dem Projektteam natürlich unbekannt, welche Maßnahme welche Reaktionen bei den Betroffenen hervorrufen würde. Obwohl diese Schwierigkeiten vom Projektteam gesehen wurden, gab man den Versuch nicht auf, sondern war der Meinung, daß allein schon die Auflistung und Benennung der möglichen Problembereiche (s. Abbildung 10) das Bewußtsein der Betroffenen für eine Auseinandersetzung mit den Systemzielen schärfen konnte. Zudem hatte diese Information nicht den Sinn, den Betroffenen das Denken und Bewerten abzunehmen, sondern eine Diskussion über Vor- und Nachteile anzustoßen und durch zusätzliche Informationen zu unterstützen. Die Reaktionen der Betroffenen auf die Wirkungsprognosen waren unterschiedlich. Zum einen sahen sie in den genannten möglichen Problemen eigene Befürchtungen bestätigt. Andererseits wiegte die Benennung der Probleme die Betroffenen in Sicherheit. Sie sahen, daß das Projektteam sich auch damit auseinandersetzte und entwickelten — auch durch die bis dahin praktizierte Rückkoppelung von Informationen — ein Vertrauen zu dem Projektteam, daß zu einer Reduzierung der kritischen Begleitung und Kontrolle führte.

- **Schulung**

Vorbereitet wurde die Einführung in die Systemhandhabung mit dem o. a. Messebesuch, auf dem die zukünftige Hardware ausgestellt war und im Vergleich zu anderen Systemen angesehen wurde. Es folgten die Gespräche der Sekretärinnen der Schulverwaltung mit Kolleginnen in der GMD, die mit vergleichbaren Systemen arbeiteten. Über einen mehrmonatigen Vorlauf wurden dann einzelne Komponenten der Hardware vor Ort ausführlich erklärt. Die Einarbeitung in die Handhabung von Programmen wurde von Projektmitarbeitern vorgenommen. Dies geschah in mehreren Kleingruppensitzungen, auf denen jeweils ein Projektmitarbeiter einem Benutzer die Handhabung der Programme anhand von konkreten Beispielen erläuterte und die Benutzer die Programme dann praktisch erprobten. Es wurde dabei schrittweise vorgegangen. Das Erlernen begann mit einfachen Programmen und endete mit der Vermittlung der gesamten Programme. Dieser schrittweise und persönlich betreute Einführungsprozeß in die Anwendungen lief über mehrere Monate als individueller Betreuungsprozeß der Benutzer ab. Während der Einarbeitungszeit war ständig ein Mitarbeiter des Projektteams anwesend oder in Rufbereitschaft, so daß auf Probleme und Fragen sofort eingegangen werden konnte. Die Einarbeitung und das Arbeiten mit diesem System wurde nicht nur personell unterstützt, sondern auch noch durch systemtechnische Hilfe und ein Anwendungshandbuch. Besonders die systemtechnische Hilfe bot dabei denjenigen eine Hilfe, die bestimmte Programme nur selten nutzten. Durch Drücken einer Funktionstaste wechselte der Bildschirm und mittels eines Textes wurde erklärt, auf welcher Ebene des Programms sich der Ratsuchende gerade befand, worum es bei diesem Programm ging, welche Eingaben erwartet werden und wie er sich weiter im Programm "bewegen" konnte. Zusätzlich lag jedem Benutzer ein Anwendungshandbuch vor, daß detailliert Informationen zur Handhabung des Systems und der Programme lieferte. Dieses Anwendungshandbuch umfaßte 5 Teilbereiche mit insgesamt 600 Seiten Inhalt. Es wurde jedoch relativ selten genutzt, weil es "so dick wie eine Bibel" sei und die Benutzer lieber direkt fragten oder zum Telefon griffen, um Rat zu suchen.

- **Gruppendiskussionen**

  Die Gruppendiskussionen fanden zusätzlich zu den schon genannten Aktionen jeweils gruppenspezifisch mit Schülern, Eltern und Lehrern statt, wenn z. B. das Projektteam bestimmte Informationen von diesen Gruppen brauchte oder meinte, diese über einen Arbeitsschritt des Projekts wieder informieren zu müssen. Diese Gruppendiskussionen, bei denen die Anzahl der Teilnehmer variierte, waren freiwillige Veranstaltungen mit hauptsächlich informativem Charakter. Das Projektteam informierte mündlich und schriftlich und diskutierte dann mit den Betroffenen über deren Anregungen, Bedenken oder Kritik. Sie fanden im Schnitt pro Gruppe einmal im Jahr statt, der Teilnehmerkreis blieb relativ konstant. Es kamen je Sitzung zwischen 10 – 15 Lehrer, 15 – 25 Schüler und 5 – 10 Vertreter aus der Elternschaft.

3.2.4 Ausnutzung der in der Schule existenten formalen Mitwirkungsmöglichkeiten nach dem Schulmitwirkungsgesetz NW

Es wurde bereits erwähnt, daß der Projektgegenstand laut Schulmitwirkungsgesetz nicht unter die Beratungs- und Mitwirkungsrechte der schulischen Mitwirkungsorgane fiel. Das Projektteam hat jedoch der Schulleitung vorgeschlagen, diese Gremien zu informieren und von ihnen die Projektinhalte diskutieren zu lassen. Der Gedanke lag deshalb nahe, weil solche Gremien sich a) schon konstituiert hatten und b) auf eine Praxis von Beratung und Interessenauseinandersetzung zurückgreifen konnten. Nach der erforderlichen Zustimmung der Schulleitung fanden zu Beginn des Projekts Diskussionsveranstaltungen mit dem Schülerrat, der Lehrerkonferenz und der Schulpflegschaft statt. Die Erfahrungen im Rahmen dieser Veranstaltungen veranlaßte das Projektteam, seine Absichten des Einbezuges dieser Gremien fallen zu lassen. Die Gründe lagen in der Arbeitsweise dieser Gremien und der Tatsache, daß die DV-Unterstützung von Schulverwaltungstätigkeiten nur geringes Interesse weckte. Diese Gremien traten nur selten zusammen. Die Schulpflegschaft, das Vertretungsorgan der Eltern, traf sich z.B. nur zweimal pro Jahr, wobei die erste Sitzung hauptsächlich mit Wahlen ausgefüllt war. Zudem hatten diese Gremien eine dicht gedrängte Tagesordnung, so daß für ausführliche Diskussionen keine Zeit blieb. Hinzu kam noch, daß sie zu Zeiten tagten, zu denen projektrelevante Entscheidungen nicht anstanden. Hätte man bei diesem Vorgehen von Beteiligung bleiben wollen, wären im Prinzip nur zweimal im Jahr Entscheidungen und zudem noch mit einem ständig wechselnden Personenkreis möglich gewesen. Das Projektteam sah aber eine höhere Beratungs- und Entscheidungstätigkeit als notwendig an.

3.2.5 Ständige Mitarbeit eines Vertreters der Schule im Projektteam in Anlehnung an den Gedanken des Anwaltsplaners

In Anlehnung an den Gedanken des Anwaltsplaners schlug das Projektteam zu Beginn des Entwicklungsprozesses der Schulleitung vor, einen Vertreter für die Schule zu finden, der die Interessen der Betroffenen an der Schule gegenüber dem Projektteam vertritt und der Ansprechpartner für die Betroffenen in der Schule sein sollte aber auch selbst aktiv bewußtseins- und meinungsbildend agieren sollte. Das Projektteam stellte sich zuerst vor, daß diese Person von einem der Mitwirkungsgremien wie z.B. Schulpflegschaft oder Schulkonferenz gewählt werden sollte. Dies wurde von der Schulleitung für wenig erfolgversprechend gehalten. Nach Meinung der Schulleitung müßte diese Person das Vertrauen der Gruppen haben, die am stärksten vom Entwicklungsprozeß betroffen seien, also von Sekretärinnen, Lehrern aber auch der Schulleitung. Sie bestimmte deshalb einen langjährigen Vertrauenslehrer an der Schule, der als Studiendirektor zusätzlich große Erfahrung mit Schulverwaltung hatte. Dieser Lehrer erhielt von der GMD einen Werkvertrag mit dem Arbeitsauftrag, die Schule und das Projektteam bei der Systementwicklung zu beraten. Um ihn auf seine Tätigkeit vorzubereiten, erhielt er vom Projektteam Literatur über Anwaltsplanung und speziell die Rolle des Anwaltsplaners. Ebenso begannen Gespräche zwischen ihm und dem Projektteam. In diesen Gesprächen über die Rolle und Funktion waren beide Parteien sich einig, daß ihm seine Rolle nicht zugeschrieben werden sollte, sondern er sie selbst finden müßte. Der Lehrer machte deutlich, daß er sich nicht als Interessenlobbyist einer speziellen Gruppe der Schule verstand, sondern versuchen wollte, Schulinteressen zu vertreten und als lokaler Ansprechpartner und Mittler zwischen den Gruppen zu fungieren. Als Grund dafür nannte er seine persönlichen Erfahrungen. Er habe immer wieder erlebt, daß bei Interessenauseinandersetzungen alle Seiten berechtigte Argumente vorbrächten und Recht und Unrecht nie in einem antagonistischen Verhältnis verteilt seien. Er sah somit seine Rolle weniger in der Funktion des Anwaltsplaners, wie sie in der Literatur beschrieben wird, sondern eher in der Funktion der Kommunikationsunterstützung. Seinem Selbstverständnis nach war er somit die Verbindungsperson der Schule zum Projektteam und umgekehrt. Aufgrund seiner Verwaltungspraxis konnte er zusätzlich sein Erfahrungswissen als Benutzerexpertise in die Systemgestaltung einbringen. Entsprechend nahm er im Laufe des Prozesses seine Funktion auch wahr. Er nahm an Projektsitzungen, auf denen Entscheidungen vorbereitet oder getroffen wurden, teil, berichtete dem Projektteam über Stimmungen, Anregungen und Kritik in der Schule, stellte Kontakte zu Betroffenen her und führte auch selbständig Untersuchungsaufgaben durch. In der Schule war er der Ansprechpartner, der aktuell und kompetent auf Fragen zum Projekt antworten konnte. Da er dort allen bekannt war, wurde i.d.R. von den Betroffenen das direkte Gespräch mit ihm gesucht, worunter, wie schon beschrieben, andere Informationswege litten bzw. diese in der Praxis obsolet wurden. Daß er diese Rolle der Verbindungsperson auch aus Sicht der Schule wahrnahm, macht eine Bemerkung eines anderen Lehrers deutlich: "Sein Herz ist geteilt. Halb schlägt es für die Schule, halb für das Projekt". Rückblickend ist seine Vermittlungsarbeit, die durch die von allen akzeptierte Integrität seiner Persönlichkeit noch verstärkt wurde, wohl der entscheidende Faktor dafür gewesen, daß der Projektverlauf insgesamt gesehen harmonisch ablief. Es konnten jeweils schon im Vorfeld Spannungen oder Probleme von allen Seiten erkannt werden, frühzeitige Diskussionen oder auch oft nur ein Informationsaustausch waren möglich, so daß keine verhärteten Fronten, sondern eher antizipativ Diskussionsräume entstanden.

3.2.6 Zielgewinnung und Festlegung mit den Betroffenen

In diesem Projekt waren bis auf den Gegenstandsbereich der Schulverwaltung die Unterstützungsbereiche und die Unterstützungen durch DV nicht vorgegeben. Sie sollten in Zusammenarbeit mit den Betroffenen erhoben und festgelegt werden. Den Betroffenen an der Schule kam in diesem Projekt somit die Rolle zu, aktiv in einem Willensbildungs- und Entscheidungsprozeß die späteren Ziele mitzugestalten und nicht allein nur vorgegebene Ziele zu beraten oder bei der Systemimplementation mitzuarbeiten. Um diesen Prozeß zu gestalten, wurden Ist-Aufnahme und Analyse so durchgeführt, daß Rückkoppelungsprozesse fest eingeplant wurden. Die einzelnen Informationen durchliefen jeweils einen Kreislauf, der in Abbildung 11 dargestellt ist.

Abbildung 11: Rückkoppelungskreislauf

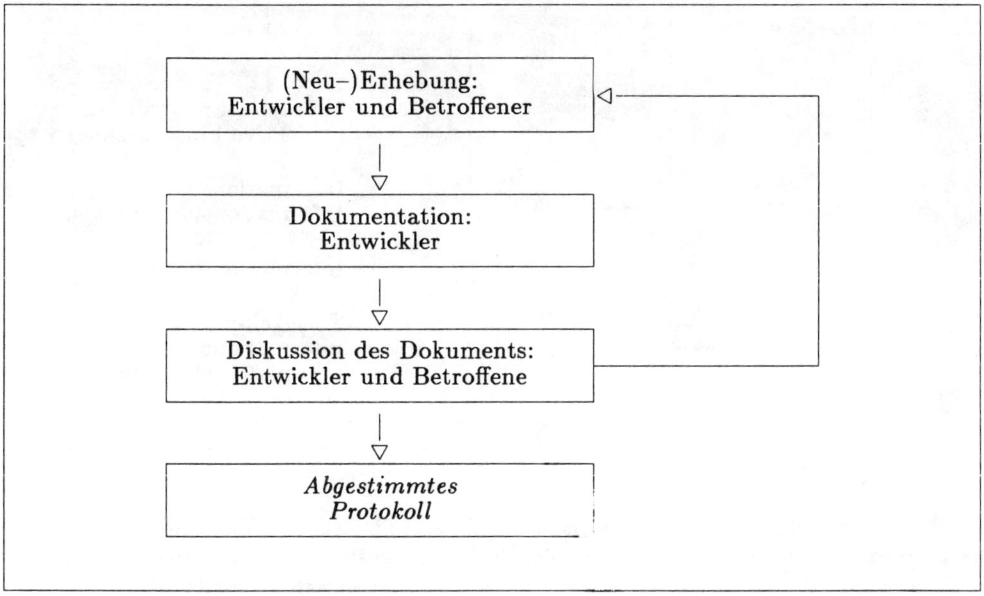

Die erhobenen Informationen wurden den Betroffenen wiedervorgelegt und von ihnen auf Richtigkeit und Brauchbarkeit überprüft, bis ein abgestimmtes Protokoll feststand. Dies fand nicht nur für die von den Betroffenen selbst gegebenen Informationen statt, sondern auch mit tätigkeits- und stellenübergreifenden Informationen. Durch dieses interaktive Verfahren bezweckte das Projektteam gleichzeitig, unterschiedliche Interessen und Sichtweisen explizit zu machen und Lernprozesse anzustoßen.

Die erhobenen Informationen den Betroffenen verständlich darzustellen, erwies sich als schwierige Aufgabe, die durch ein vom Projektteam modifiziertes Beschreibungsmittel angegangen wurde (vgl. *Haunhorst 1980*).

Das Beschreibungsmittel läßt sich durch zwei Faktoren charakterisieren. Diese sind der kombinierte Einsatz der Formulare und die zentrale Rolle der zu untersuchenden Stelle.

Abbildung 12: Überblick über die Beschreibungsdokumente

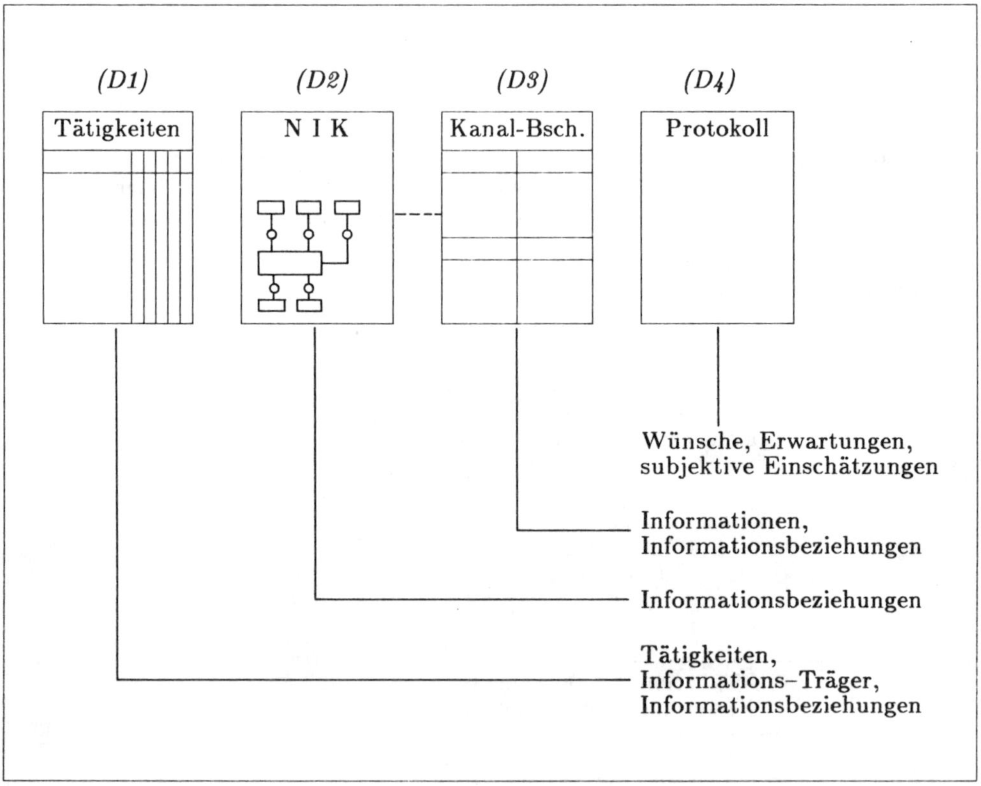

In der Ist-Aufnahme werden zunächst keine übergreifenden Abläufe und Beziehungen dargestellt, sondern die Darstellung spiegelt die subjektive Sicht des einzelnen von seiner Tätigkeit wider. Hierdurch sollten die Abstimmungsgespräche (Kreislauf) erleichtert werden, die nach der Aufbereitung und Darstellung der Informationen durchgeführt wurden. Durch die Kombination der Formulare eröffnete sich die Möglichkeit, die erhaltenen Informationen auf Korrektheit zu überprüfen. Da jede interne Stelle der Schule einmal als untersuchte Stelle auftrat und zum anderen als "andere" Stelle, wurden die Informationsbeziehungen doppelt erhoben. Hierdurch war es möglich, Lücken bei der Ist-Aufnahme festzustellen. Eine weitere Möglichkeit bestand darin, daß man für die Erhebung einer bestimmten Stelle schon Informationsbeziehungen und hieraus Aufgabenbereiche aus vorhergegangenen Erhebungen anderer Stellen ableiten konnte. Man konnte so die geplante Erhebung vorstrukturieren und sich vorab Informationen für das Gespräch beschaffen (vgl. dazu *Haunhorst 1980*, 3 und 8). Weiter war wichtig, daß auch qualitative Anregungen, Wünsche und Bedenken der Betroffenen, die das Umfeld bzw. ihre Arbeitsbeziehungen betrafen, zu Protokoll genommen wurden und so in die Formulare eingingen.

Die stellenbezogene Ermittlung der Ablauforganisation umfaßte Informationen über:
— Tätigkeiten
— Informationen und Informationsträger für eine Tätigkeit (Formulare etc.)
— Informationsbeziehungen zu den anderen Stellen
— Wünsche und Erwartungen bzgl. einer DV–Unterstützung
— subjektive Einschätzungen

Die auf diese Weise erhaltenen Informationen wurden in unterschiedlichen Beschreibungsdokumenten festgehalten (vgl. Abbildung 12).

Wie der Rückkoppelungsprozeß, die Willensbildung und die Verdichtung der Ziele praktisch realisiert wurden, soll folgende Darstellung zeigen:

Ziel der Voruntersuchung (Ist–Aufnahme, Analyse und Lösungsfindung) war die Identifikation von DV–unterstützungsfähigen und –würdigen Tätigkeiten der Schulverwaltung zusammen mit den Betroffenen und eine Festlegung der gewünschten DV–Unterstützungen (Rahmenkonzept) durch die Betroffenen. Begonnen wurde mit einer breiten Kontaktaufnahme mit den Betroffenengruppen (s.o.). Es gelang so, einem recht großen Personenkreis die Innovationsabsicht bekannt zu machen (Lehrer, Sekretärinnen, Schülervertreter und Schulpflegschaftsmitglieder=Eltern). Es wurden dann durch mündliche Befragungen von Funktionsträgern der Schulverwaltung relevante Sachverhalte, z. B. die Ablauforganisation, erhoben, durch ein Beschreibungsmittel dargestellt und mit den Betroffenen wieder besprochen. Auf der Grundlage dieser Ist–Aufnahme (Ablauforganisation) und der bis dahin geäußerten Wünsche der Stelleninhaber wurde *vom Projektteam* ermittelt, welche Tätigkeiten *automationsfähig* sind, um über das technisch Machbare zu informieren. *Von den Funktionsträgern* wurden dann die für die eigene Arbeit sinnvollen und erwünschten Unterstützungen ausgewählt, um aus dem Automationsfähigen *das Automationswürdige* festzustellen. In einem nächsten Schritt wurden dann die gewünschten Unterstützungen stellenübergreifend und aufgabenbezogen zusammengefaßt und in einem Rahmenkonzept dargestellt. Dieses Rahmenkonzept enthielt nach einer Vorselektion durch die späteren Benutzer die von den Betroffenen gewünschten unterstützungsfähigen und unterstützungswürdigen Tätigkeiten. Da das Projektteam aus Zeit– und Kostengründen nicht alle Ziele realisieren konnte, sollten die Betroffenen eine Untermenge der Ziele aus dem Rahmenkonzept identifizieren und festlegen. Dieses "abgestimmte Rahmenkonzept" sollte der Plan des zukünftigen Systems auf Zielniveau sein. Der Abstimmungsprozeß zur Festlegung der Ziele lief in mehreren Schritten ab (vgl. Abbildung 13).

Im ersten Schritt wurde die Vorschlagsliste mit zusätzlichen Informationen an die einzelnen Betroffenengruppen in schriftlicher Form verteilt. Im zweiten Schritt fanden Diskussionen zwischen und innerhalb der Betroffenengruppen statt, auf die das Projektteam keinen Einfluß nahm. Im dritten Schritt lud das Team jeweils gruppenspezifisch (Eltern, Schüler, Lehrer, Sekretärinnen und Schulleitung) zu Diskussionsveranstaltungen ein. Kritik, Anregungen und Prioritäten dokumentierte das Projektteam und fügte dies mit den Vorschlägen zu einem Gesamtentwurf, dem abgestimmten Rahmenkonzept, zusammen.

Dieses Rahmenkonzept beinhaltete somit den Plan des Systems in Form der gewünschten DV–Unterstüzungen. Das Projektteam wählte dieses Vorgehen aus folgendem

Abbildung 13: Abstimmungsprozeß

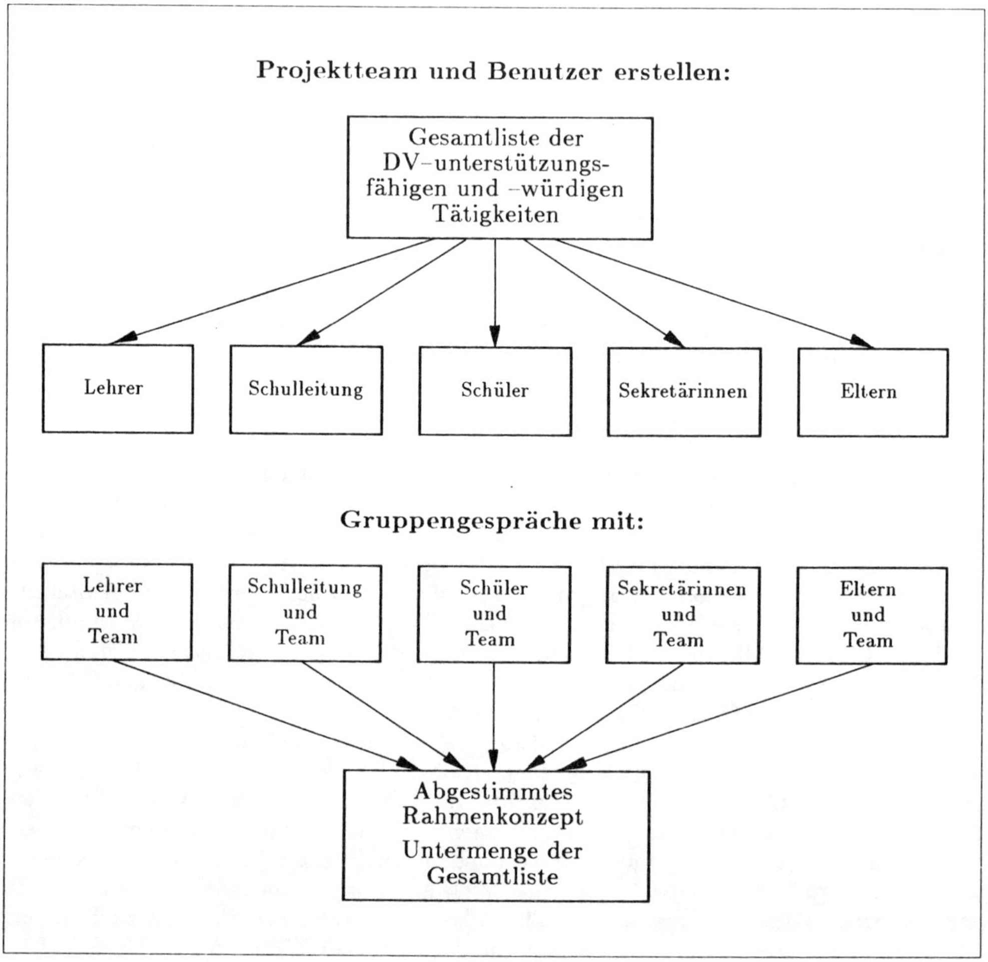

Grund: Wie in anderen Fällen von Planung hätte das Entwicklungsteam Alternativen anbieten und beraten lassen können. Ergebnisse der Planungsforschung (*Lompe 1971*) zeigen jedoch, daß Planer sehr stark der Gefahr unterliegen, eine "gute" Lösung und mehrere Scheinalternativen anzubieten. Um dieses zu vermeiden und die Betroffenen zum Zuge kommen zu lassen, zeigte man das Gesamtspektrum der DV-unterstützungsfähigen Tätigkeiten auf. Die Betroffenen sollten darüber abstimmen, welche Untermenge davon realisiert werden sollte. Diese Art der Zielfestlegung brachte etliche Probleme mit sich und gelang nicht so, wie es sich das Projektteam vorgestellt hatte. Im Vorfeld der Diskussionen stellte sich nämlich heraus, daß die vom Projektteam Befragten Schwierigkeiten hatten, eine Untermenge der Ziele festzulegen. Entweder hielten sie alle Ziele für wichtig und umsetzungswürdig, oder sie benannten einige wenige sie interessierende Ziele und ließen die Bewertung der anderen Ziele offen. Einige Betroffene scheuten sich, das was andere gewünscht hatten, niedriger zu priorisieren als die eigenen Ziele. Eine Untermenge schien so nicht identifizierbar zu sein. Deshalb modifizierte das Projektteam die Zielfestlegung. Es listete alle Auswertungen auf und stellte von sich aus einen Vorschlag für ein Rahmenkonzept auf. Nach folgenden, den Betroffenen offengelegten Kriterien wählte das Projektteam die Ziele aus:

- Der gesamte Vorschlag sollte innerhalb des zur Verfügung stehenden Zeitraumes, der gegebenen Personalkapazität und mit einem vertretbaren Kostenaufwand realisierbar sein;
- Die DV-Unterstützung sollte eine möglichst große Arbeitserleichterung für die Schule bringen, die durch eine Verbesserung der manuellen Verfahren nicht erreichbar wäre;
- Die Arbeitserleichterung sollte für möglichst viele Stellen spürbar werden;
- Die Handhabung des Systems und die Organisation der vor- und nachgelagerten Tätigkeiten sollten einfach gehalten werden;
- Nachteile für die Betroffenen in bezug auf den Datenschutz sollten nicht entstehen.

In dem Vorschlag des Projektteams wurden die gesamten möglichen Auswertungen zu Gruppen zusammengefaßt. Es standen folgende Gruppen zur Diskussion:

1. Schülerdaten-Verarbeitung;
2. Wahldaten (Kurswahlen)
3. Lehrerdaten-Verarbeitung;
4. Inventarverwaltung;
5. Stundenplandaten;
6. Haushaltsdaten;
7. Terminplandaten;
8. Texte (Textverarbeitung);
9. Lieferantendaten.

Die Betroffenen wurden darauf hingewiesen, daß nicht alle Teilbereiche bearbeitet werden könnten. In den Beratungsprozessen, die mit allen Gruppen nach schriftlicher Vorinformation stattfanden, wurden alle Bereiche diskutiert. Es stellte sich einheitlich heraus, daß Schülerdaten-Verarbeitung das erste zu realisierende Teilsystem sein sollte. Diesem Bereich wurde die höchste Priorität zugemessen. Im Anschluß daran folgten mit einer deutlichen Nachrangigkeit die Teilbereiche Wahlen, Lehrerdaten-Verarbeitung und Stundenplandaten. Betroffene und Projektteam einigten sich darauf, daß mit dem ersten Teilsystem begonnen werden sollte und die anderen soweit realisiert werden sollten, wie die verbleibende Zeit es erlaubte. Für die zu erstellenden Konzepte der einzelnen Teilsysteme (Sollkonzepte) sollte ein identischer Beratungsprozeß durchgeführt werden.

Das Fazit, das das Projektteam aus dieser Erfahrung zog, war gemischt. Einerseits war man froh darüber, daß Ziele und Prioritäten mit den Betroffenen zusammen identifiziert und festgelegt wurden, andererseits wurde klar, daß das Projektteam die dominierende Rolle bei der Auswahl gespielt hatte. Der Versuch, als Projektteam eher unterstützend und umsetzend tätig zu sein, mußte als gescheitert angesehen werden. Die Betroffenen schrieben dem Projektteam eine Promotorenrolle zu, die von dem Projektteam wahrgenommen werden mußte, wollte es das Projekt nicht gefährden.

Ein weiteres Problem zeigte sich später. Das Projektteam war davon ausgegangen, daß die abgestimmten Ziele die Basis zur Umsetzung darstellten. Im Laufe der Arbeiten nannten die Betroffenen jedoch weitere Ziele (z. B. bestimmte Auswertungen), die im Rahmenkonzept nicht enthalten waren. Auf den Hinweis des Projektteams, daß man sich ja schon festgelegt hätte, wurde mit Unverständnis reagiert. Dies sei eine formale Sichtweise, man hätte das damals nicht überblicken können, überhaupt sei die geforderte Auswertung ein zentraler Bestandteil, ohne den das System unvollständig bliebe. Alle Betroffenen sahen denn auch die Systemziele zu Beginn der Entwicklung als offen und im Laufe des Prozesses als veränderbar an. So gaben die Sekretärinnen auf die Frage, wer die Ziele bestimmt habe, folgende Antwort. Sie hätten jede für ihren Arbeitsbereich selbst die Ziele festgelegt, für das Sekretariat insgesamt gemeinsam im Kollegenkreis in Abstimmung mit dem Projektteam und der Schulleitung. Das gleiche galt für die Lehrer. Jeder der Betroffenen konnte seinen Bereich bei der Teilsystementwicklung übersehen und beteiligte sich an ihr. Es war jedoch partikular. Über den eigenen Bereich hinaus wurden kaum Aktivitäten unternommen.

Die Beteiligung der Betroffenen an der Zielentwicklung und –festlegung war vom Zeitverlauf und vom Gegenstand her unterschiedlich. Zu Beginn des Projekts und auch bei der Festlegung des Rahmenkonzeptes fand eine intensive Kommunikation zwischen Projektteam und allen Betroffenengruppen statt, wobei aber diejenigen, deren Arbeitsplatz sich absehbar ändern würde, am aktivsten waren. Diese bleiben auch weiter in engem Diskussions– und Beratungszusammenhang mit dem Projektteam, während die übrigen Betroffenen, hauptsächlich Eltern und Schüler, erst wieder bei der Diskussion und Beratung des ersten Sollkonzepts beteiligt wurden. Auf diesen Sitzungen wurde deutlich, daß diese Betroffenen an den Detailproblemen wie Masken, spezielle Auswertungen, Organisation der vor– und nachgelagerten Tätigkeiten etc. kein Interesse hatten, sondern sich für eher allgemeine Fragen wie Datenschutz, Datensicherheit, Kosten und DV– Einsatz in der Schule für den Informatikunterricht interessierten. Deshalb führte das Projektteam mit diesen Betroffenen bei der Beratung der Sollkonzepte der weiteren Teilbereiche keinen vergleichbaren Abstimmungsprozeß wie beim Rahmenkonzept und ersten Sollkonzept mehr durch. Es lud sie ca. alle 6–8 Monate zu Diskussionsveranstaltungen ein, informierte sie über die Projektarbeiten und diskutierte die o.a. Fragen. Anders verhielt es sich mit den späteren Benutzern. Diese waren in die Design– und Umsetzungsarbeiten so intensiv einbezogen und durch das tägliche oder wöchentliche Zusammenarbeiten so gut informiert, daß das Projektteam auf solche gruppenübergreifenden Abstimmungsprozesse verzichtete. Dies geschah, zumal es sich um Feinabstimmungen von schon getroffenen Entscheidungen handelte, auch auf Wunsch der Benutzer, die der Meinung waren, daß a) Schüler, Eltern und die Lehrer, die kaum etwas mit Verwaltungstätigkeiten zu tun hatten, nicht interessiert waren und b) auch nicht das Recht hätten, den Benutzern vorzuschreiben, wie sie ihre Arbeiten im Detail zu tun hätten.

Im Prinzip verlief der gesamte Entwicklungsprozeß als permanenter Entscheidungsprozeß. Laufend wurden Entscheidungen ganz unterschiedlicher Reichweite und Bedeutung getroffen. Die Beteiligung der Betroffenen, insbesondere der späteren Benutzer, kann man dabei analytisch gesehen als Beratungs– und Vorschlagsaktivitäten im Rahmen der Zielfindung bezeichnen. Die Letztentscheidung, ob das gemeinsam Abgesprochene oder ein Vorschlag realisiert werden sollte, lag zwar formal beim Projektteam oder bei Projektteam und Schulleitung. Faktisch entwickelte sich jedoch ein Entscheidungsgremium, in dem die Personen je nach Problemlage wechselten. Konfliktäre Themen wurden dabei von Personen gruppenübergreifend diskutiert, die z. T. nicht über eine formale Entscheidungskompetenz verfügten, nicht zu diesem Zweck delegiert und legitimiert waren, jedoch Gewährsleute der Gruppen darstellten. Im Projekt Schulis waren dies der als Verbindungsperson fungierende Lehrer, Mitarbeiter des Projekts, die Schulleitung und jeweils sachbezogen Arbeitnehmer, deren Tätigkeiten verändert wurden. In diesem Kreis wurden nicht nur ergebnisbezogene, sondern auch verfahrensbezogene Fragen diskutiert. Die getroffenen Übereinstimmungen waren jeweils Basis des Weiterarbeitens. Sie erwiesen sich als nur begrenzt tragfähig. Da sie nicht in Schriftform festgehalten oder formal legitimiert wurden, konnten sie — dies war ein großer Vorteil für das Arbeiten — bei Änderungen von Bedingungen oder neuen Erkenntnissen relativ schnell modifiziert und wieder abgestimmt werden. Diese Art des Vorgehens war nicht geplant, sondern entwickelte sich aus dem Abstimmungs- und Entscheidungsbedarf der Systementwicklung, der phasenweise sehr hoch und aktuell zu befriedigen war.

Zwei Probleme stellen sich dabei aus partizipativer Sicht. Zum einen widerspricht dies dem Anspruch auf Transparenz und Beteiligung für möglichst viele Betroffene, zum anderen besteht die Gefahr, daß Themen einvernehmlich ausgeklammert oder in einer Art und Weise diskutiert werden, die der pluralen Interesseneinbringung zuwiderlaufen. Zusätzlich herrschte hier eine Sichtweise vor, die weniger den Einzelfall präferierte, sondern organisatorische Gesamtlösungen. Eine weitere Erfahrung wurde vom Projektteam gemacht. Eine gemeinsame Abstimmung über Ziele bietet auch nur eine begrenzte Basis, immerhin eine Basis, über die zeitbefristet Konsens besteht. Aufgrund des Lernprozesses bei Betroffenen und Projektmitarbeitern ist jedoch immer soviel Flexibilität einzuplanen, daß Modifikationen oder Zielergänzungen möglich sind. Der Verweis auf einen gemeinsam mit den Betroffenen gefällten Beschluß bietet nicht genug Legitimation gegenüber den Betroffenen, dies auch so zu realisieren.

3.3 Das Beteiligungsverhalten der Akteure

Im gesamten Projektverlauf spielten die Entwickler auch und gerade, was die Beteiligung betrifft, den aktiven Part. Die Beteiligungsverfahren wurden i.d.R. durch sie geplant oder zumindest angestoßen. Zwei wichtige Einschränkungen bzw. Entwicklungen gab es im Verlauf des Projektes zu verzeichnen.

a) Der Versuch scheiterte, allen Gruppen (Sekretärinnen, Schülern, Eltern, Lehrern) an der Schule Beteiligung gleichermaßen anzubieten bzw. zu ermöglichen. Obwohl das Projektteam zunächst vermeiden wollte, zwischen direkt Betroffenen und indirekt Betroffenen zu unterscheiden, machte es schließlich diese Unterscheidung doch bzw. wurden dazu "gezwungen". Die Sekretärinnen und auch die Lehrer sahen nämlich nicht ein, daß andere als sie und die Schulleitung über ihren Arbeitsplatz mitbestimmen sollten. Gegen Information und gemeinsame Beratung aller Probleme sprach sich jedoch niemand aus. Die Unterscheidung in direkt (Sekretärinnen; Lehrer mit Verwaltungstätigkeiten) und indirekt Betroffene (Lehrer; Schüler; Eltern) ergab sich auch aus deren Beteiligungsverhalten und Interessen. Zwar versuchte das Projektteam, auf Informations- oder Abstimmungsveranstaltungen alle Gruppen über die gesamte Projektentwicklung zu informieren und Rückkoppelungsprozesse in Gang zu setzen. Es zeigte sich aber, daß Schüler hauptsächlich an technischen Fragen (Hardware), Finanzierungsfragen (Kosten und Kostenträger) und Datenschutzaspekten interessiert waren, Eltern ebenfalls an Datenschutz- und Kostenfragen, sowie auch die überwiegende Mehrheit der Lehrer. Bei den in ihrer Tätigkeit Betroffenen, den Sekretärinnen, der Schulleitung und Lehrern mit Verwaltungsfunktionen, sah dies ganz anders aus. Diese beschäftigten sich sehr eingehend mit allen durch die DV–Innovation provozierten Fragen, von der Funktionsweise einzelner Programme bis hin zum Layout und der organisatorischen Einbettung. Sie arbeiteten kontinuierlich und nicht nur sporadisch mit.

b) Insgesamt gesehen sank die Anzahl der Versuche, Beteiligung zu initiieren und durch Information zu ermöglichen, zum Ende der Entwicklung deutlich ab. Die Wende setzte nach Einführung des ersten Teilsystems in der Schule ein. Ab da wurde bis auf wenige Ausnahmen Beteiligung nur noch als informelles, direktes Gespräch zur konkreten Problemlösung mit dem jeweiligen späteren Benutzer oder mit Benutzergruppen durchgeführt. Der Trend zur informell–direkten Zusammenarbeit verstärkte sich.

Im einzelnen läßt sich das Verhalten der Akteure wie folgt beschreiben:

3.3.1 Leitungsebene

Der Schulleiter und dessen ständiger Vertreter verstanden sich als ein Führungsteam, was schon dadurch deutlich wurde, daß beide in einem Zimmer arbeiteten. Abstimmungsprobleme traten so nicht auf. Gespräche im Zusammenhang mit der Systementwicklung wurden in der Regel immer von beiden Direktoren wahrgenommen, so daß beide über den Stand des Projekts direkt Bescheid wußten. Die Entscheidungskompetenz sah der Schulleiter immer bei sich, bzw. in seiner Abwesenheit bei seinem Stellvertreter. Eine weitere Delegation war aus rechtlichen Gründen nicht möglich. Die Schulleitung war für das Projektteam der Ansprechpartner, wenn es um Richtungsentscheidungen, Terminplanungen oder Kostenfragen ging.

Alle relevanten Entscheidungen über die Schulverwaltungsorganisation und die Arbeitsplätze behielt sich die Schulleitung vor. Sie war der erste Gesprächspartner des Projektinitiators GMD, sie überzeugte die Verwaltungsmitarbeiter und pädagogischen Mitarbeiter vom Sinn und den Erfolgsaussichten des Projekts, sie vertrat das Projekt gegenüber dem Schulträger und der Schulaufsicht. Sie stand nach außen sichtbar dem Projekt immer positiv gegenüber, ließ es aber bei Projektbesprechungen mit dem Entwicklungsteam an Kritik und Bedenken nicht fehlen.

Sie sahen als Betroffene des Projektes sich selbst, einige Lehrer, die mit Schulverwaltungsaufgaben befaßt sind, und die Sekretärinnen. Ihre Entscheidungskompetenzen sahen sie durch die Versuche des Projektteams, Mitarbeiter zu beteiligen, nicht eingeschränkt. Sie sahen die Beteiligung als quantitative Ausweitung von Information und Beratung an, die sowieso schon stattfand. Die Entscheidungsfindung lief in der Regel ihrer Meinung nach wie gehabt ab: mit fachkundigen Lehrern oder den Sekretärinnen wurden die Probleme vorbesprochen und dann durch den Direktor entschieden. Der einzige Unterschied bestand für sie darin, daß das Projektteam Einflüsse auf die Entscheidungen ausgeübt habe. So etwas hätte es vorher nicht gegeben. Die Schulleitung war nicht nur kontrollierend und entscheidend aktiv, sondern befaßte sich auch mit etlichen Detailaspekten der Entwicklung, so daß sie zu denjenigen Personen gehörten, die aktuell und konkret Informationen besaßen. Schulleiter und Stellvertreter sahen ihre

Leistung für die Beteiligungsversuche durch das Projektteam darin, die Betroffenen zum Aktivwerden zu ermuntern. Als Beitrag, den ihre Mitarbeiter im Zusammenhang mit der Beteiligung von ihnen erwarteten, sahen sie den kooperativen Führungsstil und die Möglichkeit für die Mitarbeiter, ihnen Vorschläge machen zu können.

3.3.2 Arbeitnehmer der Schulverwaltung

Zwei Gruppen von Arbeitnehmern gibt es im Bereich der Schulverwaltung, die Sekretärinnen und Lehrer mit Verwaltungsaufgaben. Beide Gruppen mußten zu Beginn der Entwicklung sowohl was das Entwicklungsziel als auch die Beteiligung betraf, von der Schulleitung und den Systementwicklern überzeugt werden. Sekretärinnen und Lehrer akzeptierten zwar diese Ideen, standen ihnen aber zu Beginn sehr reserviert gegenüber, obwohl klar war, daß ihr Arbeitsplatz und ihre Tätigkeiten sich sehr wahrscheinlich wesentlich ändern würden. Der Hauptgrund lag darin, daß sie erwarteten, zu einem vorliegenden Produkt ihre Meinung abgeben zu sollen. Die Beteiligung an der Entwicklung stieß deshalb anfänglich auf Unverständnis und wurde zudem als große Arbeitsbelastung empfunden. Dies änderte sich jedoch in dem Maße, wie Informationen gegeben wurden und die Kenntnis über das Projekt stieg.

Sekretärinnen und Lehrer mit Verwaltungstätigkeiten (direkt Betroffene) präferierten als Beteiligungsform das direkte Gespräch mit den Entwicklern, wenn es um Informationsaustausch ging. Bei Entscheidungen stimmten beide Gruppen sich jeweils erst untereinander ab, führten — wenn es für nötig gehalten wurde — Rücksprache mit der Schulleitung und vertraten dann das so Abgestimmte dem Projektteam gegenüber. Organisationsformen oder Verfahren der Systementwicklung interessierten die direkt Betroffenen nicht, Beteiligung war für sie kein eigenständiger Wert. In Sachfragen, die die Entwicklung und so ihren zukünftigen Arbeitsplatz betrafen, griffen die Sekretärinnen zum Telefon oder sprachen ein in der Schule anwesendes Projektmitglied an und vereinbarten einen Unterredungstermin. Im Rahmen der so anberaumten Gespräche wurden dann *alle* zur konkreten Systementwicklung gehörenden Fragen diskutiert. Weitergehende Versuche des Projektteams, Organisationsformen für Beteiligung einzurichten, hielten die direkt Betroffenen für Spielerei oder sahen sie gütig als Hobby des Projektteams an.

3.3.3 Kunden und Klienten

Lehrer, Eltern und Schüler als Kunden und Klienten der Schulverwaltung wurden durch den Einsatz der Datenverarbeitung insoweit berührt, als daß ihre Daten Objekt der Verwaltung wurden, d. h. eingegeben, gespeichert, bearbeitet und ausgegeben wurden. Das Projektteam versuchte, alle drei Gruppen anzuregen, sich an der Entwicklung zu beteiligen. Die Reaktion war jedoch gering. Aktiv wurde keine Gruppe. Allein nach Ankündigung und Aufforderung zu Gesprächen und Diskussionen kamen bei ca. je einer Veranstaltung pro Gruppe und Schuljahr von den Schülern im Schnitt ca. 15 – 20 Personen, von den Eltern 5 – 10 Personen und von den Lehrern ca. 10 Personen. Diese Veranstaltungen waren ihrem Charakter nach Informationsveranstaltungen des Projektteams, die dann in allgemeine Diskussionen über Projektziel, Gegenstände, Kosten u. a. übergingen. Über Projektunterlagen, die vorher verteilt wurden, besaßen die anwesenden Diskutanten kaum Kenntnisse. Es wurde in allen Fällen deutlich, daß sich dieser

Personenkreis nicht für das Projekt "Datenverarbeitung in der Schulverwaltung" interessierte, sondern die Veranstaltungen als Gelegenheit wahrnahm, mit DV-Fachleuten allgemein über Fragen der Computerentwicklung etc. zu diskutieren.

Für das Projektteam bedeuteten diese Veranstaltungen jedoch immer die ernste Möglichkeit einer Fachkontrolle, da unter den Eltern Berufstätige waren, die auf dem Gebiet der Datenverarbeitung kompetent waren.

3.3.4 Der Personalrat beim Schulträger

Der Personalrat beim Schulträger ist die Vertretung der städtischen Angestellten in der Schule, der Sekretärinnen und des Hausmeisters. Er wurde eineinhalb Jahre nach Projektbeginn von selbst aktiv, um zum Schutze der betroffenen Arbeitnehmer eine Dienstvereinbarung abzuschließen. Der Personalrat wurde weder vom Schulträger noch von einer anderen Stelle formell über das Projekt informiert. Der Personalratsvorsitzende war jedoch ein angestellter Teilzeitlehrer der Schule. Der Personalrat beim Schulträger sah durch die geplante Einführung von Datenverarbeitung im Schulbereich die Chance gegeben, direkt vor Ort Einfluß zu nehmen und möglicherweise eine Dienstvereinbarung abzuschließen. Die Mitbestimmungsrechte des Personalrats nach §72 LPVG (3) 16; 17; 18 und 19 konnten nämlich bis zu dem Zeitpunkt vom Stadtdirektor mit dem Argument unterlaufen werden, daß die Datenverarbeitung zentral durch eine kommunale Datenzentrale erledigt wurde. Da man bei der Stadtverwaltung ein hohes Interesse an einer schnellen Zustimmung des Personalrats zur probeweisen Einführung des Rechners in der Schule vermutete, wurde die Zustimmung von der Unterzeichnung einer Dienstvereinbarung abhängig gemacht, um so den Einstieg zu erreichen.

Dies wurde jedoch vom Stadtdirektor verweigert, der — wie andere Stadtdirektoren in Nordrhein-Westfalen — keine individuellen Dienstvereinbarungen abschließen wollte, sondern auf eine tarifvertragliche Regelung wartete. Dadurch trat eine Situation ein, durch die die Installation eines Rechners verhindert wurde. Aufgrund von Aktivitäten des Schulträgers und des Projektträgers begannen jedoch Gespräche zwischen dem Personalrat und dem Projektteam, dem Schulamt und der Schulleitung. In einem ersten Gespräch machte der Personalrat seine Bedenken klar: Er wies darauf hin, daß er im Falle von Schulis sein Recht auf Mitbestimmung wahrnehmen werde, das ihm bisher aberkannt worden war. Das Projekt war für den Personalrat ein Vorläufer einer langfristigen und neuen Entwicklung, die es aufmerksam zu beobachten galt. Konkret forderte der Personalrat keine Mehrbelastung der Sekretärinnen durch die Entwicklung, höhere Entlohnung, Mischarbeitsplätze, bessere Pausenregelungen, ergonomische Bildschirmarbeitsplätze und eine Festlegung der Stadt, ob sie nach Abschluß des Projekts das System kaufen wolle oder nicht. Der Personalrat vertrat die Meinung, daß er dem Projekt nur zustimmen könne, wenn die Reorganisation von Dauer sei. Anderes sei den Sekretärinnen nicht zuzumuten. In den Folgegesprächen zwischen dem EDV-Arbeitskreis des Personalrats und dem Projektteam sowie Sekretärinnen, Schulleitung, Schulamt und Projektteam rückte der Personalrat davon ab, das Projekt als Prüfstein für die Kooperationsbereitschaft der Stadt zu betrachten. Der Grund lag einmal in der positiven Bereitschaft der Sekretärinnen, an diesem Projekt weiter aktiv mitzuarbeiten. Zum anderen wurde dem Personalrat klar, daß viele Forderungen, z. B. Mischarbeitsplätze oder ergonomische Aspekte, Zielsetzungen des Projekts waren und deshalb Übereinstimmung hergestellt werden konnte.

Hinzu kam, daß dieses Projekt mit seinen betroffenen Arbeitnehmern für den Personalrat als Vertretungsorgan zahlenmäßig gesehen eine Nebensache darstellte und ebenfalls in anderen, zentralen Bereichen der Stadtverwaltung, wie der Kasse und der Meldeabteilung, DV eingeführt werden sollte.

Da nun in mehreren Verwaltungsbereichen die Zustimmung des Personalrats zur DV–Einführung notwendig wurde, sah sich der Stadtdirektor gezwungen, eine "schriftliche Zusicherung bei der Umstellung auf DV" zu geben. In dieser Zusicherung versicherte der Verwaltungschef, daß eine Einsparung von Arbeitsplätzen nicht angestrebt wird, keine tarifliche Herabsetzung erfolgt, Arbeitsgeschwindigkeits– und Leistungskontrollen mit Hilfe der Systeme nicht durchgeführt werden, und daß Mehrarbeit nicht entstehen dürfe. Da der Personalrat keine Chance sah, eine Dienstvereinbarung abzuschließen, war er letztlich bereit, dieses Schreiben als Ersatz einer Dienstvereinbarung anzuerkennen und gab seine Zustimmung zur Installation des Systems. Damit war für den Personalrat die Angelegenheit Schulis erledigt. Auf Angebote des Projektes, an der Entwicklung beratend, mitgestaltend und kontrollierend mitzuarbeiten, ging der Personalrat aufgrund seiner Arbeitsbelastung nicht ein. Er wurde im gesamten weiteren Projektverlauf nicht weiter aktiv.

3.3.5 Der Personalrat bei der Schulaufsichtsbehörde

Der Gesamtpersonalrat für Lehrer an Gymnasien in Düsseldorf war zuständig für die Vertretung der Interessen der Lehrer als Arbeitnehmer. Dieser Personalrat ist zweimal vom Projektteam über den Vertreter der Schule im Team kontaktiert worden. Da sich durch ein Schulverwaltungssystem die Tätigkeiten der mit Verwaltungsarbeit befaßten Lehrer ändern würden und ggf. Arbeit eingespart würde, galt es, zu erkunden, ob der Personalrat der Lehrer sich mit den durch das Projekt bedingten Änderungen befassen wollte. Einem Vertreter des Personalrats wurde das Projekt erklärt und Material zur Kenntnisnahme übergeben. Der Vertreter sagte eine Prüfung des Materials zu, hielt es aber für wenig wahrscheinlich, daß sich der Personalrat mit der Frage der DV–Einführung befassen würde. In ca. 80% aller Gymnasien gab es schon DV in unterschiedlichen Ausprägungen, ohne daß der Personalrat bis dahin tätig geworden war. So blieb es auch. Selbst eine weitere Ansprache einige Zeit später blieb ohne Reaktion.

3.3.6 Schulamt und Schulausschuß

Obwohl die Stadt in der Projektvorlaufphase eifrig an den Diskussionen um die Projektziele teilgenommen hatte, zeigte sie im Verlauf der Entwicklung kein Interesse mehr an einer Beteiligung im Sinne von Einflußnahme auf Zielsetzung oder Ausgestaltung. Nur im Zusammenhang mit der Auseinandersetzung um die Dienstvereinbarung griff sie kurz in die inhaltliche Diskussion ein. Es wurde gefragt, ob nicht mit demselben Rechner, auf dem die Schulverwaltung abgewickelt werden sollte, auch Informatikunterricht gegeben werden könnte. Weitere Eingriffe gab es in die direkte Projektarbeit nicht. Ein Versuch, die Amortisation des Systems durch die Einsparung einer Schreibkraftstelle im Schulsekretariat zu betreiben, was eine bestimmte Organisation des Sekretariats bedeutet hätte, konnte vom Projektteam abgebogen werden, denn dem stand das Zusicherungsschreiben des Stadtdirektors entgegen sowie die erklärten Absichten des Projektteams gegenüber Schulleitung und Sekretariat, daß dies nicht erfolgen würde. Mit diesem Versuch unterhalb der Dezernentenebene ließ es die Stadtverwaltung bewenden.

Der Schulausschuß wurde zweimal mit dem Projekt konfrontiert. Da er später die Kaufempfehlung des Systems der Ratsversammlung gegenüber zu empfehlen hatte, wurde er über das Projekt informiert. Dies fand im Rahmen einer Präsentation statt, die einen reinen Informationscharakter besaß. Die Ratsvertreter hörten sich die Argumente an und ließen sich die Funktionen zeigen. Auswirkungen auf das System hatte dies nicht.

3.3.7 Presse und Öffentlichkeit

Über das Projekt erschienen in der lokalen Presse ab Einführung der Hardware ca. 15 – 20 Meldungen, teils mit Bild, die die Aspekte des Projektes vorstellten. Es handelte sich um freundliche, darstellende Berichte, die in keinem Fall kritisch über das Projekt oder einzelne Ziele Aussagen machten. In der Schule selbst wie im Projektteam wurden diese Berichte immer gut aufgenommen, da man so eine positive Außendarstellung erreichte. Einfluß hatten diese Berichte nur in dem Sinne, daß sie das Gemeinschaftsgefühl aller Beteiligten, an einer positiven Sache zu arbeiten, verstärkten.

3.4 Bewertung der Beteiligung

Beteiligung oder Partizipation als Begriff ist von den Entwicklern in das Projekt eingebracht worden. Von den Adressaten des Beteiligungsangebots wurde ihre Funktion — zumindest zunächst — nicht unter diesem Stichwort begriffen. Sie sahen zu Beginn des Projektes Beteiligung als Zuarbeit zur Entwicklung des Systems an. Den *Begriff Beteiligung* verwandten sie selbst anfangs nicht als Bezeichnung dieser Zuarbeit, übernahmen ihn dann aber vom Projektteam. Der Personalrat verstand seine Aktivitäten als übliche Wahrnehmung der Rechte der Arbeitnehmer.

3.4.1 Bewertung der Beteiligung durch Betroffene und Entwickler

Über den Gesamtzeitraum betrachtet, fanden die Verfahren zur Unterstützung der Beteiligung bei allen Betroffenen Anklang. Die Mehrheit der Betroffenen betrachteten sie aber eher als Informationsveranstaltungen denn als Möglichkeiten zur Einflußnahme. Den späteren Benutzern waren sie häufig zu umständlich, zu zeitintensiv in ihrer Nutzung und zu wenig privat. Sie wollten keine kollektiven Auseinandersetzungen, besonders keine gruppenübergreifenden Beratungen, an denen Personen teilnahmen, die nicht arbeitsmäßig mit dem Verhandlungsgegenstand zu tun hatten. Zusätzlich waren die Benutzer darauf bedacht, daß die bisherige Art der Diskussion und Entscheidungsfindung beibehalten blieb und die Beteiligungsverfahren dazu nicht in Konkurrenz, sondern in Ergänzung standen. Den Betroffenen war der *direkte Weg,* das Einzelgespräch oder das Gespräch einer Funktionsgruppe, z. B. Sekretärinnen oder Oberstufenteam, mit dem Projektteam das adäquate Verfahren, Einfluß zu nehmen. Die angebotenen Verfahren der Entscheidungsvorbereitung und Entscheidung waren dennoch aus Sicht aller Betroffenen sinnvoll, da allein deren Existenz bzw. die Möglichkeit der Einflußnahme ihnen das Gefühl gab, nicht übervorteilt zu werden. Anberaumte Foren der Diskussion von Problemen wurden zur Aussprache benutzt, doch scheint dies individuell sehr unterschiedlich zu sein, inwieweit jemand in der Lage ist, sich öffentlich zu beklagen oder Lösungen einzufordern. Viele, die sich nicht öffentlich artikulieren wollten, wandten sich an den Vertreter der Schule im Projektteam, der den Gesprächsinhalt in die nächste Projektsitzung mit einbrachte. Allen Betroffenen war die Einschätzung gemeinsam, daß die Verfahren der Beteiligung, sowie insgesamt Beteiligung, keinen Selbstzweck darstellt, sondern nur als Mittel zur interessenbezogenen Zielerreichung dient. Beteiligung wurde somit immer ergebnisorientiert betrachtet und bewertet und nicht als demokratische Norm in der Art, daß sie eine Demokratisierung der Arbeits- oder Lebenswelt bedeutete.

Die *Systementwickler* als Protagonisten der Entwicklung und deren Vorgehensweise waren über die ihrer Ansicht nach geringe Wahrnehmung von Beteiligung enttäuscht. Diese Enttäuschung liegt in dem hohen Aufwand für Beteiligung begründet und der Erfahrung, daß, ohne die permanente Aktivität durch das Team, Beteiligung wohl kaum stattgefunden hätte. Deshalb neigten die Entwickler dazu, Beteiligung auf persönliches, direktes Informieren und Beraten zu reduzieren. Ein weiteres Problem für die Entwickler, das durch die Beteiligung der Betroffenen entstand, war die Überbrückung oder das Zusammenfügen von individuellen Betroffeneninteressen und Organisationsinteressen. In einigen wenigen Fällen gelang dies durch gemeinsame Gespräche aller Beteiligten, i. d. R. wurde jedoch irgendwann vom Team selbst eine Lösung nach Rücksprache mit der Schulleitung ausgewählt. Insgesamt gesehen bewerten die Entwickler die Erfahrungen mit der Betroffenenbeteiligung dennoch als positiv. Leitend für diese Bewertung ist die Einsicht, daß durch eine Beteiligung ein gegenseitiger Lernprozeß angestoßen werde, der sich besonders in der Einführungsphase konfliktmildernd auswirkte und zu einem gegenseitigen besseren Verständnis führte. Der offene Entscheidungsprozeß, das Zielfinden mit den Betroffenen bedeutet nach Ansicht der Systementwickler eine Überforderung der Betroffenen. Diese könnten sich schlecht vorstellen, wie das künftige System aussehen und wirken wird. Dies müßten sie aber konkret für ihre Arbeitssituation antizipieren können, um das System beurteilen zu können. Beteiligung als Verfahren hatte nach Ansicht der Entwickler noch weitere Folgen für das System. Durch die enge Abstimmung und den Zwang zu Kompromissen wurde ein maßgeschneidertes System entwickelt, das sich stark an die bisherige Arbeitsweise in der Schule anlehnte und diese zwar innovierte aber nicht grundlegend änderte. Für die Betroffenen wurde dies als Vorteil gesehen.

3.4.2 Bewertung zentraler Aspekte der Beteiligung

Beiträge der Betroffenen zur Projektdefinition

Die Organisationsformen und Verfahren der Beteiligung gingen auf Vorschläge und somit Vorstellungen der Systementwickler zurück. Die Entwickler haben deshalb stark das Beteiligungsverhalten der Betroffenen gelenkt. Die Betroffenen nutzten zwar die angebotenen Möglichkeiten, eigene Formen der Beteiligung wurden jedoch von ihnen möglicherweise deswegen nicht entwickelt. Ihnen wurde zu Beginn zweierlei, einmal die Entwicklungsabsicht und dann das Beteiligungsangebot, quasi übergestülpt. Von den Betroffenen wurde der Vorschlag der partizipativen Systementwicklung zu Beginn nicht offen begrüßt. Er hatte für die Betroffenen anfangs nur einen geringen Stellenwert. Deren Hauptaugenmerk richtete sich auf die Innovation insgesamt: auf die Gründe, den Einsatzbereich, die Ziele, Absichten und möglichen Lösungen. Das Verfahren war den

Betroffenen dabei nebensächlich. Erst nachdem sich die Betroffenen mit dem Pilotversuch einverstanden erklärt hatten, wandten sie sich auch dem Verfahren zu. Dabei machten etliche Betroffene deutlich, daß auch ohne und neben den vom Projektteam angebotene Verfahren eine Einflußnahme auf die Entwicklung und insbesondere das Ergebnis möglich sei. Diejenigen, die das behaupteten, waren Mitarbeiter, die hierarchisch hohe Positionen bekleideten und als Fachleute akzeptiert waren. Aus diesen beiden Aspekten leitete sich auch ihr Einfluß ab, den sie in direktem Gespräch mit den Verantwortlichen ausüben wollten. Diese Einstellung zur Einflußnahme änderte sich jedoch im Laufe des Prozesses, da sie sahen, daß sie sich aus dem Kreis der anderen ausschlossen, und deren praktizierte Beteiligung erfolgreich war.

Gegenstände der Beteiligung

Die Gegenstände der Beteiligungsaktivitäten wurden nicht in der Form schriftlich festgelegt, daß Grenzziehungen deutlich wurden, z.B. was bzw. was nicht Gegenstand sein konnte. Die Grundsatzentscheidung, daß eine Systementwicklung stattfinden würde und diese allein den Bereich der Schulverwaltung und nicht zusätzlich auch den Informatikunterricht zum Ziel hatte, wurde ohne Beteiligung der Betroffenen getroffen. Sie wurden jedoch zu Beginn des Projekts auf den Präsentationsveranstaltungen um ihre Zustimmung gebeten und verweigerten diese nicht. Zwar bemängelten dabei einige Lehrer, daß der pädagogische Teil nicht unterstützt werden sollte, sie akzeptierten aber die Begründung, daß dies den Rahmen des Projekts sprengen oder ein ganz anderes Projekt bedeuten würde. Proteste gab es darüber nicht, aber es reduzierte sich der Kreis der am Projekt interessierten Lehrer und auch Schüler, da nur wenige in erheblichem Maße im Bereich der Schulverwaltung mitarbeiteten.

Im Prinzip war jedes Problem beteiligungsoffen. Die meisten Gegenstände wurden vom Projektteam zur Verhandlung vorgeschlagen und dann von den Betroffenen beraten. Aktive Anstöße kamen von den Betroffenen hauptsächlich bei Gegenständen, die ihre konkrete Arbeit betrafen, also Auswahl der zu unterstützenden Tätigkeiten für den eigenen Arbeitsbereich, Festlegung des Druck–Layouts von Listen, Organisation der Arbeit. Arbeitsplatzübergreifende Aspekte wurden hauptsächlich vom Personalrat, der Schulleitung oder dem Projektteam in die Diskussion mit eingebracht und wurden auch beraten.

Die Hardware–Auswahl wurde vom Projektteam durchgeführt. Da sie in einer frühen Phase der Systementwicklung stattfand, hielt das Projektteam eine direkte Beteiligung von Betroffenen für nicht sinnvoll, da denen die erforderlichen Kenntnisse fehlten und sie vor eine Situation gestellt worden wären, die sie weit überfordert hätte und von ihnen eine Entscheidung und damit auch Verantwortung gefordert worden wäre, die nicht zumutbar war. Statt dessen versuchte man im Projektteam, mit verteilten Rollen einen Anforderungskatalog zur Hardware–Auswahl zusammenzustellen. Projektmitarbeiter "übernahmen" dabei die Vertretung jeweils einer Betroffenengruppe und versuchten, die Anforderungen "ihrer" Klientel zu definieren. Dieses Verfahren wurde von den Betroffenen akzeptiert. Sie sahen sich selbst nicht in der Lage, über die Hardware zu urteilen und meinten, daß dies auch im Entscheidungs– und Verantwortungsbereich des Projektteams läge. Direkten Einfluß auf die Hardware-Auswahl nahmen die Betroffenen somit nicht, wohl aber auf die Aufstellung und die Verteilung der Terminals untereinander.

Die Ziele der Software und alle Anwendungsprogramme waren zum großen Teil aus direkten Anforderungen der Betroffenen entwickelt worden, die auch darüber bestimmten, welche Funktionen und Auswertungen für ihren Tätigkeitsbereich programmiert werden sollten, diese Programme auf ihre Praxistauglichkeit überprüften und dann abnahmen. Ebenso entstanden die Masken und Listbilder oft aufgrund von Vorlagen der Betroffenen und wurden solange modifiziert, bis sie von den Betroffenen abgenommen wurden. Vorschläge des Projektteams auf Detailebene wurden fast immer durch die späteren Benutzer modifiziert.

Auf Software–Gestaltungsgrundsätze (z.B. Flexibilität, Robustheit etc.) nahmen die Betroffenen keinen Einfluß und versuchten es auch nicht. Die Gestaltungsgrundsätze wurden zu Beginn des Projekts vom Projektteam auf einem allgemeinen Niveau festgelegt. Deren Bedeutung war durch die Betroffenen bei ihrem damaligen Stand der Kenntnis nicht abschätzbar.

Datensicherheit wurde von den späteren Benutzern reklamiert und die Vorkehrungen des Projektteams kritisch begleitet. Datenschutz war im Interesse der indirekt Betroffenen, hauptsächlich der Schüler und einiger Eltern, die in Gruppendiskussionen darüber sprachen und Regelungen forderten. Den späteren Benutzern waren diese Diskussionen um den Datenschutz anfangs lästig und sie hielten die geäußerten Befürchtungen für übertrieben. Im Laufe des Arbeitens entwickelten sie jedoch eine Sensibilität für diese Fragen, was sich konkret in ihrem Verhalten niederschlug. So wurden nicht mehr - wie vorher - Listen oder andere Arten von Output in den Papierkorb geworfen, sondern dem Hausmeister übergeben, der dann für die Vernichtung zu sorgen hatte. Da das Schulverwaltungssystem gerade aus Datenschutzgründen als Stand-Alone-System geplant worden war, besaßen die Benutzer die Hoheit über die Daten. Informationen an Externe wurden nur noch nach Genehmigung durch die Schulleitung herausgegeben. Der Vorschlag des Projektteams, einen Datenschutzbeauftragten an der Schule einzurichten und von allen Gruppen gemeinsam wählen zu lassen, wurde von den Betroffenen positiv aufgegriffen. Besonders Eltern und Schüler engagierten sich dafür. Die Konkretion blieb jedoch aus, weil man sich über den Wahlmodus nicht einigte, weil unklar war, ob dies eine Person oder ein Gremium sein sollte, besonders aber, weil dafür technische Qualifikationen vorausgesetzt wurden, die keiner der möglichen Kandidaten aufwies.

Der Einfluß der Betroffenen auf die mit der Einführung einhergehende Reorganisation war sehr groß. Die Mitarbeiter im Verwaltungsbereich setzten durch, daß sich an der Aufgabenverteilung kaum etwas änderte und daß die bisherige Organisationsstruktur beibehalten wurde. Dies war auch im Interesse der Schulleitung. Versuche des Projektteams, neue Lösungen einzubringen, scheiterten am gemeinsamen Widerstand, so daß im Prinzip eine DV–technische Unterstützung bisher praktizierter manueller Tätigkeiten erfolgte und eine Neukonzeption von Schulverwaltung unterblieb.

Bei den Aushandlungsprozessen über diese Gegenstände achteten die Betroffenen sehr stark darauf, daß die bestehenden inhaltlichen Zuständigkeiten erhalten blieben. Dies betraf nicht nur die Frage, wer worüber mitberaten oder entscheiden durfte, sondern hatte auch Auswirkungen auf die Verfahren der Beteiligung (=gruppenspezifische Beratungsprozesse).

Formen und Verfahren

Die Formen und Verfahren der Beteiligung wurden vom Projektteam vorgeschlagen und teilweise von den Betroffenen modifiziert. Die Betroffenen nahmen durch ihr Nutzungsverhalten sowie durch verbale Kritik und Anregungen Einfluß auf die partizipationsstützenden Verfahren. Da z.B. die Eltern den Einladungen zu Gruppengesprächen nur in geringer Zahl Folge leisteten, aber zu Ausstellungen und Präsentationen im Rahmen von Schulveranstaltungen kamen, reagierte das Projektteam dadurch, daß es diese Form der eher zwanglosen Information verstärkt praktizierte. Ein weiteres Beispiel sind die Versuche des Projektteams, regelmäßig in bestimmten Zeitabständen zu informieren und Projektinhalte mit einem heterogenen Betroffenenkreis zu diskutieren. Die Betroffenen wünschten Informationen dann, wenn etwas Neues, Wesentliches zu besprechen war und sie wünschten diese Gespräche nicht gruppenübergreifend, sondern gruppenspezifisch. Dem trug das Projektteam Rechnung. Einen massiven Einfluß nahmen die Betroffenen auf die Termingestaltung und die Inhalte des Projekts. Dies geschah nicht auf den an Teilnehmerzahl großen Diskussionsrunden, sondern durch die späteren Benutzer aufgrund deren Fachkenntnis und den daraus resultierenden Anforderungen und Verbesserungsvorschlägen. Als z.B. die Entwicklung des Bereichs "Oberstufenwahlen" anstand, trafen sich die Lehrer, die damit verwaltungsmäßig und pädagogisch befaßt waren, über einen längeren Zeitraum mit Mitarbeitern des Projektteams, brachten eigene Vorstellungen und Ziele mit ein und prägten die Entwicklung dieses Bereichs. Dadurch ergab sich auch ein Einfluß auf die zeitlichen Rahmenbedingungen der Entwicklung, ähnlich wie durch die Beteiligung der Betroffenen an anderen Bereichen der Entwicklung auch: Der Zeitrahmen mußte ausgedehnt werden. Immer dann, wenn die Betroffenen fachlich zuarbeitend an der Entwicklung teilnahmen, wurden Forderungen und Realisierungswünsche genannt, die die Zeitvorstellungen des Projektteams für Analyse und Entwicklung zur Makulatur machten.

Reichweite

Die Reichweite der Beteiligung ergab sich für die Betroffenen nicht aufgrund von Aussagen oder Absichtserklärungen, sondern aus der Zuständigkeit und dem bisher Praktizierten. Über ihren Arbeitsgegenstand waren sie gewohnt, mit der Schulleitung zu beraten, die dann die Entscheidungen fällte. Die Reichweite von Beteiligung läßt sich für die Betroffenen wie folgt kennzeichnen: sie hatten Informations-, Vorschlags- und Beratungsrechte über alle Aspekte des Systementwicklungsprozesses soweit es die technischen Ziele und Realisierungen und die sozio-organisatorischen Aspekte betraf. Ihnen oblag faktisch die Auswahl der einzelnen Aufgaben des Systems. Formale Entscheidungskompetenzen besaßen sie jedoch nicht. Dies schien für die Betroffenen kein Problem zu sein. Sie forderten keine zusätzlichen Kompetenzen. Dies war in diesem Fall auch nicht nötig, denn die Ausrichtung der Systementwicklung als maßgeschneiderte Einzelfallentwicklung begünstigte die Integration oder Übernahme der Positionen bzw. Interessen der Betroffenen, weil konkurrierende bzw. kontroverse Positionen in vielen Fällen, besonders bei Detaillösungen, gar nicht bestanden.

Einfluß auf die personellen und organisatorischen Rahmenbedingungen nahmen die Betroffenen nicht. Dies wurde auch in keiner Weise versucht oder auch nur angesprochen. Die Betroffenen sahen sich auch nicht verantwortlich für die Systementwicklung, sondern wiesen diese dem Projektteam und der Schulleitung zu. Verantwortlich sahen sie sich in den offensichtlich sie betreffenden Teilaspekten. Die Verantwortlichkeit scheint eine wesentliche Rolle bei dem Beteiligungsverhalten gespielt zu haben. Dies zeigte sich immer dann, wenn Betroffene aufgefordert wurden, über den von ihnen zu verantwortenden Arbeitsbereich hinaus, Aussagen zu machen, zu urteilen etc.. Dies wurde häufig mit dem Hinweis abgelehnt, daß man die Verantwortlichkeit anderer für ihre Tätigkeiten respektiere und nicht hineinreden wolle, so wie man es auch für den eigenen Bereich erwarte.

3.4.3 Fazit

Die abgelaufene Beteiligung an der Systementwicklung hat an der Art und Weise, wie Beratungen ablaufen und Entscheidungen fallen, nichts geändert. Es war ein begrenzter, zielgerichteter Versuch der Konstruktion und Einführung eines Systems und nicht der Umstrukturierung der Organisation einschließlich der Demokratisierung der Entscheidungsstrukturen.

Betrachtet man die erfolgte Partizipation unter dem Aspekt Interessenberücksichtigung, so kam es weniger auf die Ausprägungen der Modelle und Verfahren der Partizipation an, als auf die dadurch hergestellte Öffentlichkeit. Das Projektteam hatte sein Tun permanent allen Gruppen gegenüber zu rechtfertigen. Dadurch entstand ein Zwang, Interessen angemessen zu berücksichtigen. Probleme konnten schlecht ausgeklammert oder unter den Tisch gekehrt werden. Mögliche Konflikte wurden deshalb schon vorher im Projektteam antizipiert und diskutiert, einer Lösung zugeführt oder den Betroffenen zur Beratung vorgelegt. Dies kann man zu der These zusammenfassen, daß die durch Partizipationsaktivitäten hergestellte Öffentlichkeit zu einem Legitimationsdruck führte, der zu einer Antizipation und Übernahme oder Konkretion von Interessen und Problemen führte.

Der Gesamtprozeß war zwar von Aufforderungen und Möglichkeiten zur Beteiligung begleitet, die Zeitdauer, die Komplexität der Thematik und die hohe Abstraktion der planerischen Darstellungen machten es jedoch den Betroffenen schwer, über den gesamten Prozeßverlauf einen Überblick zu gewinnen. Beteiligungsaktivitäten und Entscheidungsprozesse, wie sie zur Entwicklung des Grobkonzepts durchgeführt wurden, wurden in ihrer Relevanz nicht erkannt. Planerische Ziele schienen den Betroffenen nicht mehr Wert zu sein als veränderbare Zeichen auf dem Papier. Die Tragweite einer Entscheidung über ein Grob- oder Sollkonzept wurde nicht begriffen. Man sah ein solches Konzept eher als vorläufige Liste an, die man später erweitern könnte oder aus der man später noch beliebig streichen könnte. Entsprechend gelang es den Betroffenen auch nicht, durch Gruppengespräche aus der Gesamtzahl der möglichen DV-Unterstützungen für die Schulverwaltung eine Untermenge festzulegen, die dann technisch umgesetzt werden konnte.

Am befriedigendsten für alle Betroffenen liefen die Beratungen dann ab, wenn konkret dinglich ein Vorschlag vorlag. Die Reaktion des Projektteams, möglichst früh eine erste Teilversion einzuführen, erwies sich aus Beteiligungssicht als sehr förderlich. Ebenso förderlich war die Ausrichtung des Prozesses als maßgeschneiderte Einzelentwicklung. Dadurch hatte das Projektteam die Möglichkeit, bestimmte Tätigkeiten nicht auf den

Durchschnittsbenutzer, sondern eine bestimmte, bekannte Benutzergruppe hin zu entwickeln. Der gesamte Prozeßverlauf ging davon aus, daß Konflikte durch Beratung und Interessenberücksichtigung zu lösen seien. Dieser Grundtenor bestimmte alle Auseinandersetzungen und führte so zu einer wechselseitigen Einbindung aller Beteiligten und zur Bewältigung der Entwicklungsaufgabe. Die Harmoniebestrebung mußte jedoch teilweise durch aktive Themenausgrenzung erkauft werden. So wurden übergreifende Fragen über den Sinn des DV-Einsatzes in einer Schulverwaltung besonders in der Anfangsphase abgeblockt. Fragen zur Arbeitssicherheit wurden zwar gestellt und auch beantwortet, jedoch waren die Betroffenen mit den Antworten zu leicht zufrieden. Insgesamt führte die partizipative Entwicklungsstrategie möglicherweise dazu, daß — bezogen auf den Gesamtsinn des Vorhabens — die Betroffenen unkritisch und unpolitisch wurden und sich als Mitverantwortliche bei der Erledigung einer von anderen definierten Aufgabe sahen. Die Mitverantwortung als zweite, möglicherweise Kehrseite von Beteiligung wurde von den Systementwicklern immer wieder gefordert: Beteiligung sollte auch als Mitarbeit bzw. Mitgestaltung stattfinden und nicht allein als Äußerung von Anforderungen oder Aufstellen von Zielkatalogen und Kontrolle der Ergebnisse. Dabei war aber festzustellen, daß eine zu starke Verlagerung der Betroffenenaktivitäten auf den Aspekt der Mitgestaltung die Kontrolle der Betroffenen eher reduzierte, da ihnen dann die kritische Distanz fehlte.

Hinzu kam ein weiterer Effekt, der nach Aussagen der Systementwickler der Beteiligung zuzuschreiben und somit auf das Eingehen auf die Wünsche und Forderungen der Betroffenen zurückzuführen ist. Danach war es nur schwer möglich, innovative Aspekte über die Automatisierung des Bestehenden hinaus durchzusetzen. Die starke Anlehnung an die Vorstellungen der Betroffenen führte so zu einem eher status quo-ausgerichteten DV-System, das fast zu einer 1:1-Abbildung der bestehenden Ablauforganisation und Arbeitsverteilung wurde.

4. Fallbericht Bürgeramt

4.1 Charakterisierung des Falles

4.1.1 Projektgegenstand

Seit Herbst 1980 führen die Stadt Unna und die Gesellschaft für Mathematik und Datenverarbeitung gemeinsam das *Projekt Bürgeramt* durch. Ziel dieses Projektes ist die exemplarische Neuordnung der kommunalen Verwaltungsstrukturen; aus der Sicht des Bürgers und seiner Anliegen zusammengehörende Verwaltungsabläufe sollen in einem einzigen Amt zusammengefaßt werden. Die übliche Bündelung gleichartiger Verrichtungen wird zugunsten einer *projektartigen* Verwaltungsorganisation aufgegeben, das Bürgeramt hat sowohl für Verwaltungsfachleute wie für Gewerkschaften eine besondere Bedeutung als Modellvorhaben. Das Projekt hat mit der Konzipierung dieses Bürgeramtes die Ziele "Gestaltung und Erprobung eines Verfahrens partizipativer Systementwicklung" und "Analyse der Auswirkungen auf die Betroffenen" verbunden (vgl. *Dunker/Noltemeier 1985*, 0–2f.).

4.1.1.1 Entstehung des Projektes

In der Stadt Unna kamen die ersten Planungsanstöße für das Bürgeramt vor allem vom Stadtdirektor, der auch in den späteren Phasen als Promotor des Projektes unentbehrlich war. Ein wichtiges Ereignis für die Konkretisierung der damals noch recht diffusen Suche nach besseren Prinzipien der Verwaltungsorganisation war ein Besuch einer Delegation aus Unna bei der Stadt St. Gallen, um hier Möglichkeiten eines erweiterten Einsatzes von Informationstechnik zu studieren. Statt der erwarteten Beispiele für den Einsatz von Technik gewann die Delegation die Idee des Organisationsmodelles für ein Bürgeramt (vgl. *Unna 1980*, 11f. und 17). Nach einer Vorstudie wurde daraufhin von der Stadt Unna zusammen mit der Gesellschaft für Mathematik und Datenverarbeitung ein Projekt gestartet, das durch je eine Projektgruppe der beiden Projektträger bearbeitet wurde und bis zur Einstellung des Förderungsbereiches "Informationstechnik in öffentlichen Verwaltungen" durch den Bundesforschungsminister finanziert wurde.

Der Ursprung der Idee, das Projekt partizipativ durchzuführen, geht ebenfalls auf gemeinsame Interessen der Stadt Unna, der GMD und des BMFTs zurück. Sie paßte in die in der Zwischenzeit entwickelte Beteiligungsphilosophie hinein, wie sie im Fallbericht Schulis bereits skizziert worden ist. Die GMD schlug dann auch vor, das Projekt Bürgeramt als einen zweiten Anwendungsfall der Beteiligung an der Systementwicklung neben dem schon laufenden Projekt Schulis zu konzipieren. Das Bundesforschungsministerium förderte zum Bewilligungszeitraum weitere Beteiligungsprojekte; man kann auch davon ausgehen, daß die mit dem Projekt verbundenen erheblichen Veränderungen der Verwaltungsorganisation und die Konsequenzen einer Aufgabenzusammenfassung für den Datenschutz aus der Sicht des Bundesforschungsministerium im Rahmen einer Beteiligung von Mitarbeitern und Bürgern sicherer zu bewältigen waren.

4.1.1.2 Konstruktionsprinzipien des Bürgeramtes

Das Projekt Bürgeramt ist von der (allerdings bisher oft nur plakativen) Diskussion über die Bürgerferne der öffentlichen Verwaltung wesentlich beeinflußt worden. Für das in Umfragen etc. immer wieder festgestellte Unbehagen der Bürger gegenüber der Verwaltung werden eine Reihe von Gründen angegeben, z.B. komplizierte Gesetze, unverständliche Sprache usw.. Zwei Richtungen der wissenschaftlichen Reflexion dieses Unbehagens haben für das Projekt Bürgeramt Bedeutung. Das Projekt Verwaltungsautomation an der GH Kassel beschäftigt sich vor allem mit organisatorischen und technischen Aspekten der Verwaltungsorganisation. Spezialisierung und Arbeitsteilung in der Verwaltung, verbunden mit bestimmten Formen des Technikeinsatzes, prägen danach die Informationsaufnahme der Verwaltung und die Bearbeitung der Bürgeranliegen. Der Bürger wird gezwungen, seine Anliegen *verwaltungs*gerecht zu formulieren und nicht umgekehrt. Eine übersichtliche Darstellung dieser Problematik findet sich bei *Brinckmann u.a. (1985)*. Das Projekt Bürgeramt hat sich dieser Betrachtungsweise weitgehend angeschlossen, ein Mitglied des Projektes Verwaltungsautomation war in der Phase der Projektdefinition Projektberater. Die andere Richtung der wissenschaftlichen Reflexion legt auf die strukturelle Determiniertheit des Verwaltungshandelns weniger Wert. In den Arbeiten der Bielefelder Forscher *Grunow* und *Hegner* stehen die Interaktionen von Bürgern, Beschäftigten und Verwaltung im Vordergrund. In den Untersuchungen dieser Gruppe wird vor allem die durch bestimmte Orientierungsmuster der Verwaltungsbeschäftigten und der Klienten bewirkte Nicht–Nutzung prinzipiell beanspruchbarer Verwaltungsleistungen thematisiert. Die Ursache vermuten sie in bestimmten Formen der Problemwahrnehmung und –behandlung, die sich gegenseitig behindern, und sprechen von einem "bürokratischen Dilemma" (vgl. dazu eine Kurzfassung der umfangreichen Arbeiten von *Grunow/Hegner 1979*). *Nocke (1979)* klagt mit Bezug auf die Arbeiten von *Grunow/Hegner*, daß die Bürgernähe der Verwaltung in der Praxis meist als Problem des Verwaltungspersonals verkürzt werde und strukturelle Veränderungen der Verwaltungsorganisation nicht angegangen würden.

Das Projekt Bürgeramt knüpft an beiden Überlegungen an, setzt jedoch ausdrücklich auf die Änderung der Verwaltungsorganisation. Das *Konstruktionsideal* des Bürgeramtes liegt in einer Zusammenfassung von Verwaltungsaufgaben aus der Sicht der Bürgeranliegen in Verbindung mit erweiterten Informationsangeboten. Die zur Erfüllung des Ideals notwendigen Veränderungen wurden im Verlauf der Projektarbeit und hier insbesondere auch im Rahmen des Beteiligungsprozesses konkretisiert. Heute kann man von vier *Konstruktionselementen* des Bürgeramtes sprechen:

— **Aufgabenzusammenfassung:** Die Aufgaben des Einwohnermeldeamtes werden durch Aufgaben aus dem Ordnungsamt, aus dem Sozialamt und aus dem Baubereich ergänzt. Die Information und Beratung des Bürgers wird zu einer neuen und eigenständigen Aufgabe des Bürgeramtes ausgebaut und organisatorisch wie technisch unterstützt.

— **Allround–Sachbearbeitung:** Der Effekt der Aufgabenzusammenfassung wird durch das Prinzip verstärkt, daß *jeder* Sachbearbeiter *alle* Aufgaben des Bürgeramtes abschließend bearbeiten können muß. Die Allround–Sachbearbeitung bedingt erheblich höhere Anforderungen an die Qualifikation der Beschäftigten und bedingt Fach- und Verhaltensschulungen.

— **Dezentralisierung:** Alle Aufgaben des Bürgeramtes werden in der gleichen Qualität auch in Außenstellen des Bürgeramtes wahrgenommen. Der Bürger kann beliebig zwischen Zentrale und Außenstellen wählen.

— **Informationstechnik:** Die drei Konstruktionselemente Aufgabenzusammenfassung, Allround–Sachbearbeitung und Dezentralisierung stehen in einem komplizierten und teilweise widersprüchlichen Verhältnis zueinander. Die gleichzeitige Anwendung aller drei Prinzipien erhöht die Organisationsschwierigkeiten erheblich. Die Informationstechnik bietet mit der Online–Verarbeitung ein *Hilfsmittel* zur Bewältigung der Aufgabenerweiterung bei gleichzeitiger Entspezialisierung und Dezentralisierung.

4.1.1.3 Der Entwicklungsstand des Bürgeramtes

Das Bürgeramt wird in drei Stufen realisiert. Die Eröffnung des Bürgeramtes erfolgte am 20. Februar 1984 mit der erste Realisierungsstufe (Umstellung des Meldewesens auf Online–Verarbeitung, Einführung eines DV–gestützten Informationssystems). Die zweite Stufe sah die Ausgliederung von relativ "einfachen" Aufgaben aus dem Ordnungs- und Sozialbereich in das Bürgeramt vor. Diese Stufe war im November 1985 weitgehend abgeschlossen. Dieser Bericht umfaßt nur die Ereignisse bis zu diesem Zeitpunkt. Die dritte Stufe sieht noch genauere Untersuchungen vor, ob komplexe Aufgaben wie z.B. die Wohngeldbeantragung in das Bürgeramt integriert werden können. Diese Frage wird zur Zeit mit Hilfe eines Programm–Prototypen gründlich untersucht. Das Projekt wird 1986 mit dem Versuch der Übertragung des in Unna entwickelten Modelles in eine andere Stadt beendet werden.

4.1.2 Betriebliche Entscheidungsstrukturen und –traditionen

Die Gemeindeordnung des Landes Nordrhein–Westfalen (GO NW) unterscheidet nach dem Prinzip des britischen "local government" (vgl. *Holler 1981*) zwei für das Projekt Bürgeramt relevante Entscheidungsträger. Der Gemeinde- bzw. Stadtrat formuliert die Kommunalpolitik, der Stadtdirektor und mit ihm die Verwaltung sind für die Ausführung dieser Entscheidungen verantwortlich. Dem Stadtdirektor steht ferner die Organisationsgewalt zu, er kann also entscheiden, mit welchem Personal, mit welchen Sachmitteln oder in welcher Reihenfolge die Verwaltungsarbeit erledigt wird. Die faktische Zuordnung eines konkreten Vorhabens, wie z.B. des Projektes "Bürgeramt", ist weitgehend davon bestimmt, ob die Mitglieder des Rates in diesem Vorhaben in erster Linie lediglich eine Änderung der Verwaltungsorganisation sehen, oder ob sie das Vorhaben in seinen organisatorischen und technischen Dimensionen als politische Aufgabe wahrnehmen. Diese pragmatische, von unterschiedlichen Kräften beeinflußbare Einflußverteilung ist in der einschlägigen Literatur ein wesentliches Kennzeichen der realen Kommunalpolitik.

Die Verwaltungsorganisation ist im Laufe der Zeit auch durch die Kooperation mit anderen Verwaltungen und externen Institutionen geprägt worden. Ein isolierter Entscheidungsraum existiert hier nicht mehr, die Verwaltung muß auf die Interessen ihrer Kooperationspartner Rücksicht nehmen. Im Rahmen unseres Projektes sind dies vor allem die Institutionen der Gemeinsamen Kommunalen Datenverarbeitung. Durch die Hereinnahme des Partners GMD in die Entwicklung des Bürgeramtes entstehen ebenfalls Abhängigkeiten, die die Entscheidungsstrukturen nicht unberührt lassen. Für das Projekt i.e.S. besteht eine Doppelzuständigkeit der Stadt Unna und der GMD, im Streitfall könnte jede Seite nur über ihren Einflußbereich verfügen und lediglich ein Vetorecht geltend machen.

Durch die Rechte der Arbeitnehmer in der öffentlichen Verwaltung und durch die faktische Verflechtung der Beschäftigten mit den Parteien erhält das Entscheidungsverfahren weitere Teilnehmer. Im Landespersonalvertretungsgesetz NW ist festgehalten, daß der Personalrat in einer Reihe von Punkten, die z.B. durch die Einrichtung eines Bürgeramtes berührt werden, ein Mitbestimmungsrecht besitzt (vgl. §72 LPVG). Solche mitbestimmungspflichtigen Punkte sind z.B. die Umsetzung von Personal, die Eingruppierung, Beginn und Ende der täglichen Arbeitszeit, Gestaltung der Arbeitsplätze, Maßnahmen zur Hebung der Arbeitsleistung und zur Erleichterung des Arbeitsablaufes sowie die Einführung grundlegend neuer Arbeitsmethoden. *Altvater (1983*, 189ff.) weist darauf hin, daß die Mitbestimmungsrechte nach den Personalvertretungsgesetzen in einzelnen Fällen weitgehender als nach dem Betriebsverfassungsgesetz sind.

Neben diesen formal abgesicherten Rechten haben die Verwaltungsbeschäftigten umfangreiche informelle Möglichkeiten zur Beeinflussung der Entscheidungsträger. In der öffentlichen Beurteilung wird die Verwaltung oft mit Bürokratie, d.h. Arbeiten nach strikten Regeln und gelenkt von einer strengen Hierarchie, gleichgesetzt. Bereits *Max Weber* hatte hier lediglich von einem Ziel gesprochen, dessen Realisierung ein ständiger Prozeß sei und dessen persönlichkeitsverleugnende Umstände durch einen sozialen Ausgleich erkauft werden müßten (vgl. *Bosetzky/Heinrich 1980*, 32, 109ff.). Im Ergebnis entstehen für die Personen Ansprüche, über die sich die Verwaltungsleitung nicht einfach hinwegsetzen kann. In der Realität ist die Verwaltung nicht zuletzt auch eine kollegiale Organisation, in der auf Besitzstände und Interessenkoalitionen Rücksicht genommen wird. Hinzu kommt, daß eine Reihe von Verwaltungsmitarbeitern über die Mitarbeit in Parteien und Gewerkschaften Einfluß auf die politischen Entscheidungsträger hat.

Zusammenfassend läßt sich sagen, daß sich der reale Entscheidungsablauf nicht in den von der Gemeindeordnung skizzierten idealtypischen Bahnen der politischen Entscheidung durch den Rat und der sachgerechten Ausführung durch die Verwaltung hält. Praktisch ist die Situation durch die Zusammenarbeit der verschiedenen kommunalen Institutionen gekennzeichnet, jede Gruppe verfügt damit zumindest über (über informale Kanäle zu realisierende) Vetomöglichkeiten. Diese Konstellation ist eine wichtige Voraussetzung für das Entstehen von formal gesicherten Beteiligungsmöglichkeiten. Diese Bedingung wird durch die Erfahrung mit aufwendigen Entscheidungsprozessen ergänzt. Die Beteiligten waren z.B. durch die komplizierten Formen der Zusammenarbeit von Stadtrat und Verwaltung mit beteiligungsähnlichen Entscheidungsverfahren vertraut, es wurden keine übertriebenen Erwartungen in das spezielle Beteiligungsverfahren gesetzt.

4.1.3 Zur Ausgangslage der Beteiligung

4.1.3.1 Zur Ausgangslage der Mitarbeiterbeteiligung

a) Rahmenbedingungen der Mitarbeiterbeteiligung

Die Beschäftigten sind zumindest bei Fragen der Reorganisation von Verwaltungsbereichen und der Systementwicklung relativ gut organisiert. Sie verfügen mit Personalräten und Gewerkschaften über bereits entwickelte Organisationen, die mit den durch die Veränderungen aufgeworfenen Fragen vertraut sind. Die Beschäftigten bei der Stadtverwaltung Unna sind in einem relativ hohen Maße Mitglied der Gewerkschaft ÖTV. Zu Projektbeginn waren nach Auskunft der ÖTV–Geschäftsstelle Unna insgesamt 525 Beschäftigte der Stadtverwaltung Unna Mitglieder bei der ÖTV, das waren rund 78% der 671 besetzten Stellen (inklusive Dienstkräfte in der Probe- und Ausbildungszeit). Mit 87% war die zahlenmäßig stärkste Beschäftigtengruppe, die Angestellten, überdurchschnittlich organisiert. Es folgten Arbeiter mit einem Organisationsgrad von 75% und Beamte mit einem Organisationsgrad von 65%. Neben der ÖTV waren keine anderen Gewerkschaften (DAG oder Beamtenbund) in der Stadtverwaltung Unna vertreten.

Zu den relevanten Rahmenbedingungen der Mitarbeiterbeteiligung gehörte, daß die Beschäftigtenzahl der Stadtverwaltung Unna stagnierte und daß eine Reihe von Planstellen nicht besetzt war. Es war also zu einer gewissen Leistungsverdichtung gekommen, die für die Beschäftigten aber auch mehr Selbständigkeit und eine verbreiterte Aufgabenpalette bedeutete. Von den meisten von dieser Entwicklung betroffenen Beschäftigten wurde die Leistungsverdichtung aber wegen dieses "Ausgleichs" nicht kritisiert (vgl. *Tepper 1985*, 102ff.). Die Reorganisationserfahrungen der Beschäftigten in der Stadtverwaltung Unna boten keinen wichtigen Anlaß für die Kritik des Projektes. Eine weitere wichtige Rahmenbedingung war die Struktur des Einwohnermeldeamtes, das mit seinen Aufgaben und mit dem dort tätigen Personal den Kristallisationspunkt für das Bürgeramt bildete. Die Aufgaben dieses Amtes waren teilautomatisiert und wiesen einen relativ hohen Grad an Routinisierung auf. Die Mitarbeiter hatten zum großen Teil keine Verwaltungsausbildung, sondern waren angelernt. Entsprechend den geringen Anforderungen, die die Aufgaben stellten, waren die Beschäftigten in den unteren Vergütungsgruppen eingeordnet (in der Regel BAT V II, in Einzelfällen sogar nur BAT V III). Zum auch anderswo bekannten Erscheinungsbild solcher Verwaltungsabteilungen gehört es, daß hier fast ausschließlich Frauen arbeiten. Ein weiterer Faktor in der Geringschätzung von Einwohnermeldeämtern neben der routinisierten Arbeit ist der starke Publikumsverkehr, der von vielen Beschäftigten als eine Belastung verstanden wird. Die Belastung durch den Publikumsverkehr wird sicherlich auch das sonst mit dem Einwohnermeldeamt nicht zu vergleichende Bürgeramt in seiner Attraktivität für die Beschäftigten mindern. Zusammengefaßt wird es verständlich, daß das Einwohnermeldeamt einen ganz niedrigen Rang in der Image–Skala der Verwaltungsabteilungen einnahm. Eine Beteiligung von Beschäftigten anderer Ämter mit dem Ziel, einmal selbst im Bürgeramt arbeiten zu wollen, ist von daher kaum zu erwarten. Umgekehrt kann man jedoch von einem Interesse der Mitarbeiter des ehemaligen Einwohnermeldeamtes an einer Aufwertung ausgehen.

b) Beteiligungsbereitschaft und Beteiligungsmotive

Die Ziele und Überlegungen, die die Beschäftigten mit ihrer Beteiligungsbereitschaft verknüpfen, lassen sich durch eine schriftliche Befragung nachvollziehen, an der sich mit 223 Beschäftigten etwa die Hälfte der Verwaltungsbelegschaft i.e.S. beteiligte (vgl. *Tepper 1985*). Zum Zeitpunkt der Befragung war der Inhalt des Projektes Bürgeramt allen Mitarbeitern der Verwaltung in Gruppendiskussionen vorgestellt worden[1]. Sie waren auf Aufgaben in ihrem Bereich hingewiesen worden, die nach ersten Überlegungen der Projektgruppen für eine Übernahme ins Bürgeramt infrage kommen könnten. Nach unserem Betroffenheitsbegriff konnte man zumindest zum Zeitpunkt der Befragung den größten Teil der Verwaltungsbeschäftigten als (in Abstufungen) potentiell betroffen bezeichnen.

Trotzdem fühlte sich aber nur ein geringer Teil der Befragten von der Bürgeramtsplanung *subjektiv betroffen.* 5% der Befragten erwarteten "sehr starke Veränderungen" und 8% erwarteten noch "relativ starke Veränderungen" an ihren Arbeitsplätzen durch die Einrichtung des Bürgeramtes. Im Vergleich zur Zahl und Breite der mit den Mitarbeitern diskutierten möglichen Bürgeramtsaufgaben ist dieser Grad der Betroffenheitswahrnehmung gering. Zudem zieht nur weniger als die Hälfte der ihre Betroffenheit wahrnehmenden Befragten auch die Konsequenz der Äußerung von Beteiligungsbereitschaft, die Schnittmenge von subjektiv wahrgenommener Betroffenheit und Beteiligungsbereitschaft beträgt nur 5% aller Befragten. Insgesamt haben aber rund 25% aller Befragten ihre Beteiligungsbereitschaft erklärt. Die Beteiligungsbereitschaft, die im Rahmen der Befragung der Beschäftigten festgestellt werden konnte, beruht also weitgehend auf einer zumindest von einer subjektiven Betroffenheit unabhängigen Handlungsbereitschaft. Die von 25% der Befragten geäußerte Beteiligungsbereitschaft bedeutet in absoluten Zahlen 56 interessierte Beschäftigte. Auf die Gesamtzahl der Verwaltungsmitarbeiter hochgerechnet würde dies sogar ein Potential von über 100 beteiligungsbereiten Mitarbeitern bedeuten.

Interessant ist ein Blick auf die Motive, die die in der Befragung an einer Beteiligung interessierten Beschäftigten als Hintergrund für ihr Interesse angegeben haben. Bei der direkten Frage nach den Motiven für eine Beteiligung wurden von beteiligungsbereiten wie von nicht–beteiligungsbereiten Befragten das Durchsetzen weiterer Verbesserungen für die Mitarbeiter und der Einsatz für die Bürger sehr häufig genannt. Da sich die durch einen unterschiedlichen Grad der Beteiligungsbereitschaft unterschiedenen Befragtengruppen in der Betonung dieser Forderungen nicht signifikant unterscheiden, sind sie als Motive bei der Bildung der Beteiligungsbereitschaft unwichtig. Als wirksam im Sinne großer Unterschiede zwischen beteiligungsbereiten und nicht beteiligungsbereiten Befragten erwiesen sich vor allem individuelle Beteiligungsmotive (neue Themen kennenlernen und neue Qualifikationen erwerben). Abbildung 14 zeigt die gefundenen Beteiligungsmotive (die einzelnen Motiv–Kategorien wurden nach dem Gesamtmittelwert geordnet und dann nach der Beteiligungsbereitschaft differenziert).

---

[1] vgl. dazu Abschnitt 4.2.3.1 und 4.3.1.1

Abbildung 14: Mittelwerte der von den Befragten beurteilten Gründe für ein stärkeres Engagement bei der Bürgeramtsplanung

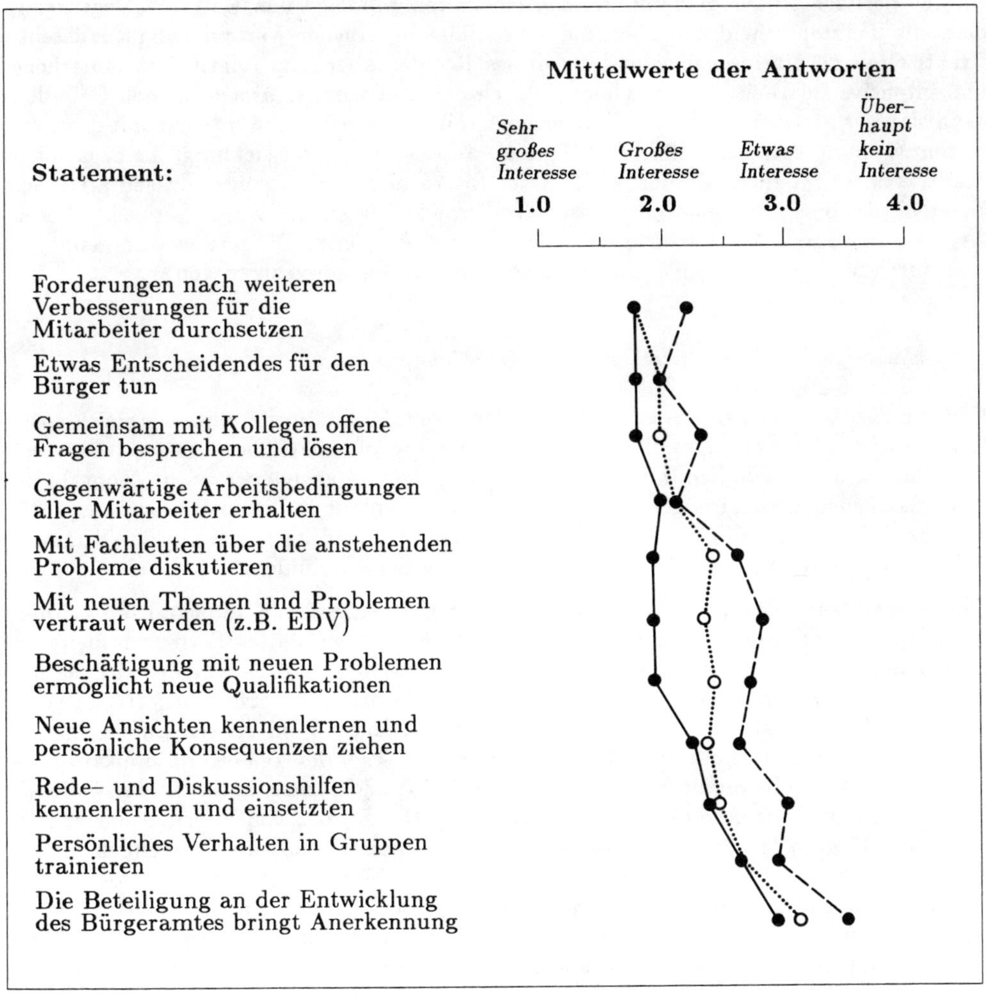

Legende:
●——● Zur Beteiligung bereite Mitarbeiter (n=56)
o·········o Vielleicht beteiligungsbereite Mitarbeiter (n=101)
●– – –● Nicht beteiligungsbereite Mitarbeiter (n=48)

4.1.3.2 Zur Ausgangslage der Bürgerbeteiligung

a) Rahmenbedingungen der Bürgerbeteiligung

Die organisatorischen Rahmenbedingungen für eine direkte Beteiligung von Bürgern an der Systementwicklung sind mit denen der Beschäftigten nicht zu vergleichen. Die Bürger besitzen mit dem demokratisch gewählten Stadtrat das Entscheidungsorgan, dem die Letztentscheidung über die Durchführung solcher Veränderungen zusteht. Praktisch setzt die Inanspruchnahme dieses Rechtes aber eine relativ kontinuierliche und intensive Bearbeitung des Themas durch den Rat voraus. Aus zeitlichen Gründen kann sich der Stadtrat weder als Ganzer noch mit einem Ausschuß *intensiv* mit der Projektentwicklung befassen. Eine Beteiligung "an der Systementwicklung" i.e.S. ist dem Stadtrat nicht möglich. Zudem wird in der Literatur auf die wenig repräsentative Sozialstruktur von Parlamenten verwiesen. Im Projekt Bürgeramt wurde versucht, diesen Argumenten durch die Beschäftigung einer Anwaltsplanerin (Bürgeranwältin genannt) und durch die Gründung eines Bürgerarbeitskreises Rechnung zu tragen.

b) Schwierigkeiten einer direkten Bürgerbeteiligung

Für die meisten Bürger beschränkt sich der Kontakt zu Bürgeramts-vergleichbaren (kommunalen) Verwaltungsstellen auf wenige und unproblematische Anliegen (z.B. Ausweise ausstellen). Lediglich in besonderen Lebenslagen intensiviert sich der Kontakt zu den verschiedenen zuständigen Verwaltungen und auch zur Kommunalverwaltung. Die Mehrzahl der Bürger dürfte von einer Organisationsänderung innerhalb der Kommunalverwaltung nur marginal berührt sein oder sich berührt fühlen.

Die Bürger bemerken die in der Verwaltung bisher eingesetzte Informationstechnik, meist Stapel-Verfahren, nur indirekt in Form der ihnen zugesandten Formschreiben und Bescheide. Über die Unverständlichkeit dieser Schreiben und Bescheide wird häufig geklagt, weitergehende Initiativen gegen oder für bestimmte Formen des Technikeinsatzes in der Verwaltung sind aber selten. Die in solchen Initiativen aufgegriffenen Auswirkungen der Technik (z.B. Datenschutz oder — bei der Tele-Kommunikation — Veränderungen im Kommunikationsverhalten) sind zunächst abstrakte, "unpersönliche" Bedrohungen und insofern nicht sehr motivierend. Der Einsatz von Informationstechnik wird den Bürgern ferner vielfach als ein Mittel dargestellt, das die Leistungen für sie verbessern und die Anforderungen an sie senken soll. Zumindest für den uninformierten Bürger entfällt damit ein weiteres Motiv für eine Beteiligung. Das im Gegenzug notwendige Aufzeigen möglicher negativer Auswirkungen durch die Verwaltung oder die Projektgruppen brächte dagegen beide in einen Interessenszwiespalt mit ihren Durchsetzungswünschen.

Wenn Bürger trotz dieser vordergründig für ihre Interessen nicht relevanten Problemlage aktiv werden wollen, dann können sie auf keine fachkundigen, einflußreichen *und gleichzeitig* auch aktionsbereiten Organisationen zurückgreifen. Politische Parteien kümmern sich zwar prinizipiell um die projektspezifischen Themen, auf konkrete Projekte und Probleme müssen sie jedoch oft erst aufmerksam gemacht werden, und selbst dann wird die Thematik nur ein Aspekt in einer wesentlich breiteren Aufgabenstellung bleiben. Bei der Neugründung einer speziellen Initiative für oder gegen bestimmte Formen des

Technikeinsatzes sind die Schwierigkeiten noch größer, da dann gar kein organisatorischer Unterbau genutzt werden kann und alle Einflußkanäle erst noch aufgebaut werden müssen. Die Bürgerseite hat gegenüber allen anderen beteiligten Gruppen (Verwaltungsspitze, Systementwickler und Beschäftigte) bei einer Beteiligung erhebliche Organisationsprobleme.

Auch Ersatzformen der direkten Bürgerbeteiligung, wie sie für eine bestimmte Bürgergruppe die Anwaltsplanung darstellt, werden von dieser ungünstigen Situation getroffen. Ohne ein Mindestmaß an eigenem Engagement der von der Anwaltsplanung vertretenen Bürgergruppen scheint die Anwaltsplanung die behaupteten Probleme zu erfinden. Ein solcher Hintergrund beeinträchtigt die Durchsetzungsfähigkeit der Anwaltsplanung.

c) Beteiligungsbereitschaft der Bürger

Über die Beteiligungsbereitschaft der Bürger lassen sich keine vergleichbar fundierten Angaben wie bei den Mitarbeitern machen. In einer repräsentativen Befragung von 1.190 Haushalten in Unna (im weiteren "Bürgerumfrage" genannt, vgl. im einzelnen *Liedtke 1984a*, 116f.) ergab sich, daß die befragten Bürger eine relativ hohe allgemeine Handlungsbereitschaft demonstrierten. In einem hypothetischen Fall (Gefährdung von Fußgängern durch eine falsche Ampelschaltung) wollten 31% der Befragten gegenüber der Verwaltung oder anderen zuständigen Stellen für eine Verbesserung der Verkehrsregelung aktiv werden.

Gegenüber diesem, die Handlungsbereitschaft sicher herausfordernden Fall, stellt sich das Bürgeramt als ein für die Bürger im großen und ganzen unproblematischer Fall dar. Die Befragung der Bürger (vgl. *Liedtke 1984b*, 64ff.) ergab, daß die Vorstellungen der befragten Bürger über eine bürgerfreundliche Verwaltung weitgehend mit den proklamierten Projektzielen identisch sind. Die vier wichtigsten Forderungen der Bürger sind bessere Aufklärung über Rechte, bessere Information über Zuständigkeiten und Verfahren, weniger Lauferei zwischen Ämtern und schnellere Bearbeitung von Anträgen und Eingaben. Drei Viertel der befragten Bürger sehen die Einrichtung des Bürgeramtes insofern auch als nützlich an. Ein breites Interesse an einer direkten Beteiligung ist unter diesen Umständen nicht zu erwarten. Die Beteiligung der Bürger beschränkte sich tatsächlich auch auf einen kleinen Kreis (vgl. Abschnitt 4.3.2.2).

4.1.3.3 Beteiligungsverständnis der Systementwickler

Auf seiten der GMD waren 13 Mitarbeiter, auf seiten der Stadt Unna waren 8 Mitarbeiter mit dem Projekt beschäftigt[1]. Die Projektmitarbeiter haben sehr unterschiedliche Qualifikationen und Aufgaben, neben Informatikern und Mathematikern waren Betriebswirte, Juristen, Verwaltungswissenschaftler, Sozialwissenschaftler und Verwaltungspraktiker mit der Systementwicklung betraut. Bezogen auf das Beteiligungsverständnis kann man also nicht von *den* Systementwicklern sprechen. Die Spannbreite

---

1) Die Projektgruppenstärke schwankte über die Laufzeit, die Zahlenangabe bezieht sich auf die Maximalgröße der Gruppen

der unterschiedlichen Interessen wurde in einer Befragung der Projektmitarbeiter zu Anfang des Projektes deutlich (vgl. *Tepper 1982*, 56ff.). Die befragten Projektmitarbeiter nannten jeweils verschiedene Gefahren für die Betroffenen und für die Funktionsfähigkeit des Bürgeramtes, auf die sie in ihrer Arbeit besonderes Augenmerk legen wollten. Es ist innerhalb der Projektgruppen aber nie versucht worden, diese unterschiedlichen Ansatzpunkte in Diskussionsrunden zu vereinheitlichen. Das Projekt hat im Gegenteil bewußt aus der Unterschiedlichkeit von Meinungen und Kenntnissen Profit gezogen.

Bestandteil der Arbeitsteilung innerhalb des Projektes war es allerdings auch, daß die sozialwissenschaftlichen Projektmitarbeiter in erster Linie für die konzeptionelle Weiterentwicklung der Beteiligung und für die Auswertung der Beteiligungsaktivitäten zuständig waren. Die meisten Beteiligungs*aktivitäten*, wie z.B. die Gruppendiskussionen, wurden dagegen von allen Projektmitgliedern mitgetragen. Obwohl die Systementwickler i.e.S. die Beteiligungsinitiative nicht angeregt hatten, haben sie im Verlauf des Projektes die Beteiligung doch immer als einen wichtigen Bestandteil aufgefaßt und auch auf eine konsequente Realisierung geachtet.

Die Verhaltenskonstanten der Systementwickler lassen sich im Vorgriff auf die Beschreibung des Beteiligungsprozesses nur durch die Interpretation ihres Verhaltens im Entwicklungsprozeß selbst festmachen. Zwei durchgehende Handlungsorientierungen lassen sich nachträglich im Verhalten der Projektgruppen entdecken. Eine Handlungsorientierung besteht in der Akzeptanz und Förderung von Meinungsvielfalt. Die Projektgruppen diskutierten z.B. die verschiedenen Modelle zur direkten Beteiligung der Beschäftigten relativ ausführlich, ihre Entscheidung für ein Modell ohne prinzipielle Teilnahmeobergrenzen muß daher als ein bewußter Entschluß zugunsten der Meinungsvielfalt verstanden werden. Die andere hier wichtige Handlungsorientierung besteht in einer Zielhierarchie, in der Technik nur das Mittel zur Erfüllung sozialer und organisatorischer Ziele ist. Die Projektgruppen diskutierten die Möglichkeiten der technischen Realisierung bewußt erst, als die Ziele i.e.S. festgelegt waren. Unseres Erachtens waren diese Orientierungen wichtige Beiträge für die Durchführbarkeit der Beteiligung und für das Entstehen einer Zusammenarbeit von Systementwicklern und Betroffenen bzw. Beteiligten.

4.2 Beschreibung des Beteiligungsverfahrens

4.2.1 Überblick über den Aufbau der Beteiligungsorganisation

Die Beteiligungsorganisation wies vier *Merkmale* auf: Die Beteiligungsorganisation war *dualistisch*, weil Bürger und Mitarbeiter ihre Interessen unabhängig formulieren konnten. Für jede dieser Gruppen von Beteiligten existierten verschiedene Beteiligungsformen, die der *Artikulationsbreite* dienten. Die Beteiligungsorganisation kann nicht nur wegen dieser Artikulationsbreite zusätzlich auch *kommunikativ* genannt werden, sondern auch wegen der Unterstützung einer gruppenübergreifenden Kommunikation. Schließlich war die Beteiligungsorganisation *hierarchisch*, denn die verschiedenen Gruppen von Beteiligten mit ihren verschiedenen Beteiligungsformen trafen sich letztlich in einem zentralen Beratungsgremium, das die Aufgabe der Integration der verschiedenen Interessenspositionen hatte. Diese Organisation der Beteiligung ist grundsätzlich von

Kooperationsnotwendigkeiten gezeichnet, denn weder für die Bürger noch für die Mitarbeiter kann ein einziges Organ die Aufgaben der Beteiligung allein übernehmen. Im folgenden werden zunächst die Beteiligungsinstanzen der Mitarbeiter und dann die der Bürger geschildert. Danach wird der Aufbau des Beratungsgremiums beschrieben.

4.2.1.1 Die Mitarbeiterbeteiligung im Projekt Bürgeramt

— **Individuelle Beteiligung.** In direkten Kontakten eines Mitarbeiters mit Projektgruppenmitgliedern konnten Fragen des jeweiligen Arbeitsplatzes geklärt werden. Diese direkten Kontakte sind im Rahmen der Systementwicklung nichts Besonderes, sie sind weithin die einzige und auch durchaus übliche Form der Beteiligung der betroffenen Beschäftigten. Solche Kontakte sind bei einer Systementwicklung absolut notwendig, es hat sie daher auch in unserem Projekt gegeben.

— **Gruppendiskussionen.** In Diskussionen zwischen Mitarbeitern einer Abteilung, eines Amtes oder eines Dezernates mit Projektgruppenmitgliedern und zuständigen Vorgesetzten wurden die gemeinsamen Probleme des jeweiligen Bereiches besprochen. Neben informellen Gesprächen am Arbeitsplatz dienten auch die Gruppendiskussionen der Information und Meinungsbildung der beteiligten Mitarbeiter. Im Gespräch mit Kollegen wurden eigene Ansichten überprüft und verändert, so daß sich eine Gruppenmeinung als Voraussetzung für gemeinsame Forderungen bilden konnte.

— **Mitarbeiter–Arbeitsgruppe.** Die Mitarbeiter–Arbeitsgruppe diente der kontinuierlichen Begleitung und Kontrolle der Systementwicklung. Die Verdichtung der Beteiligungsaktivitäten in der Mitarbeiter–Arbeitsgruppe eröffnete bessere Möglichkeiten für die Information, für die Qualifikation und für den Erfahrungs– und Meinungsaustausch. Sie begründet so die Erwartung einer effizienteren Einflußnahme auf die Systementwicklung.

  Die Mitglieder der Arbeitsgruppe sollten sich mit ihren Kollegen in den jeweiligen Ämtern beraten und ihre in der Arbeitsgruppe gewonnenen Erfahrungen weitergeben. Die Mitarbeiter–Arbeitsgruppe sollte und konnte den Personalrat nicht ersetzen, sondern ergänzte seine Arbeit.

— **Personalrat und Gewerkschaften.** Die Beteiligung von Personalrat und Gewerkschaften stellte sicher, daß deren kollektiv orientierte Vorstellungen in entscheidenden Fragen berücksichtigt wurden. Personalrat und die Gewerkschaft ÖTV entsandten dazu Vertreter in das Beratungsgremium (bei der Stadt Unna) und in den Lenkungsausschuß (beim BMFT bzw. nach Förderungsende bei der GMD).

4.2.1.2 Die Bürgerbeteiligung im Projekt Bürgeramt

— **Individuelle Kritik.** Auch den Bürgern stand die Möglichkeit der individuellen Kritik offen. Konkrete Formen nahm diese Kritik in der Publikumsbefragung und in der Bürgerumfrage an (vgl. *Liedtke 1984a* und *1984b*). Ausstellungen und Informationsstände boten ebenfalls Gelegenheiten für Gespräche zwischen Bürgern und Projektmitarbeitern.

— **Bürgerarbeitskreis.** Ähnlich wie die Mitarbeiter–Arbeitsgruppe für die Beschäftigten diente der Bürgerarbeitskreis der ständigen Begleitung und Kontrolle der Systementwicklung durch die Bürger selbst. Theoretisch konnte sich hier jeder interessierte Bürger beteiligen. Notwendiger Bestandteil der direkten Beteiligung von Bürgern war die Öffentlichkeitsarbeit des Projektes.

— **Bürgeranwältin (Anwaltsplanung).** Das Konzept der Anwaltsplanung setzt an sozioökonomisch ungleich verteilten Partizipationsvoraussetzungen bzw. –chancen der Bürger an. Die Bürgeranwältin (Anwaltsplanerin) hatte die sogenannten "artikulationsschwachen" Bürgergruppen zu vertreten und die sonst nicht artikulierten Probleme dieser Gruppen in die Projektarbeit einzubringen. Dieser Bevölkerungsteil lebt in schwierigen sozioökonomischen Verhältnissen, von daher wurden auch besondere Anforderungen dieses Kreises an das Bürgeramt erwartet. Die Bürgeranwältin war von der Stadt Unna formal unabhängig, sie war Angestellte der GMD.

— **Beirat des Stadtrates.** Der Hauptausschuß des Rates der Stadt Unna hatte zusammen mit dem Beschluß zur Beantragung und Durchführung des Projektes einen Beirat eingerichtet, der mit Vertretern der im Rat vertretenen Fraktionen besetzt war. Der Beirat befaßte sich intensiv mit den Projektfragen. Die Aufgabe des Beirates war es, Empfehlungen für die Entscheidungen des Rates vorzubereiten. Faktisch gab er jedoch den Projektgruppen auch eine Reihe von Gestaltungshinweisen. Vor diesem Hintergrund ist auch der Beirat ein Bestandteil der Beteiligungsorganisation (geworden).

4.2.1.3 Partizipative Projektsteuerung durch das Beratungsgremium

Das Beratungsgremium war das zentrale Instrument, das der Abstimmung der Interessen von Bürgern, Mitarbeitern und Verwaltungsführung diente. Es war drittelparitätisch besetzt, jede Gruppe hatte 3 Mitglieder entsandt. Die Verwaltungsführung war durch einen Dezernenten und zwei Amtsleiter vertreten, die Bürger durch zwei Parlamentarier (je einer der SPD und CDU) sowie durch die Bürgeranwältin und die Mitarbeiter durch zwei Personalräte, u.a. den Personalratsvorsitzenden, sowie durch einen örtlichen Vertreter der Gewerkschaft ÖTV. Es war dabei vorgesehen, daß die konkret betroffenen Mitarbeiter auf den Sitzungen des Beratungsgremiums gehört werden sollten. Nach Gründung der Mitarbeiter–Arbeitsgruppe hatte das Beratungsgremium dem Vorschlag der Projektgruppen zugestimmt, daß die Mitarbeiter–Arbeitsgruppe einen nicht stimmberechtigten Vertreter ins Beratungsgremium entsenden konnte. Der Stadtdirektor als Leiter des Projektes der Stadt Unna und der Leiter des Projektes der GMD berichteten auf den Sitzungen des Beratungsgremiums über die Projektentwicklung und brachten die Argumente aus Sicht des Projektes zu den Tagesordnungspunkten in die Diskussion ein.

Formal verfügte das Beratungsgremium über keine Entscheidungsrechte. Wie im Abschnitt 4.1.2 schon erwähnt wurde, stehen dem Stadtrat und dem Stadtdirektor bestimmte Rechte zu, die sie zwar nicht unbedingt wahrnehmen müssen, aber auch nicht formell delegieren können. Ebenso hatte der GMD–Vorstand sein Weisungsrecht gegenüber der Projektgruppe der GMD nicht zugunsten des Beratungsgremiums aufgegeben. Das Beratungsgremium traf jedoch *faktisch* die Entscheidungen über die Projektarbeit, denn die im Beratungsgremium gefundenen Kompromisse wurden als verbindliche Richtlinie für die Weiterarbeit nie angezweifelt. Lediglich der Beschluß zur Projektbeantragung und die Entscheidung über die Realisierung des vom Beratungsgremium ausgewählten Bürgeramtsmodelles wurden vom Stadtrat, bzw. dem Hauptausschuß bestätigt.

4.2.2 Weiterentwicklung der Beteiligungsorganisation durch Aufgaben–Teams

Die so skizzierte Beteiligungsorganisation eignet sich vorwiegend zur kontrollierenden Begleitung der Systementwicklung, d.h. Vorarbeiten oder Vorschläge des Projektes werden von den Betroffenen überprüft und ggf. mit Änderungsvorschlägen versehen. Für die Phase der tatsächlichen Programmierung der einzelnen Bürgeramtsaufgaben schien diese Form der Beteiligung aber unzureichend zu sein, denn hier müssen fachkundige Sachbearbeiter und Systementwickler z.B. bei der Maskengestaltung *eng zusammenarbeiten.* Zusammenarbeit heißt hier zunächst die Kombination unterschiedlicher Fachkenntnisse (über die die Beteiligungsgremien gar nicht verfügen), es sind aber auch unmittelbare Rückkoppelungsprozesse notwendig. Um den auftauchenden Anforderungen unter Beibehaltung und Ausnutzung der vorhandenen Beteiligungsorganisation entsprechen zu können, wurde die Idee der Aufgabenteams entwickelt. Diese Aufgaben–Teams bedeuten eine (partielle) Aufgabe der Beteiligungsprinzipien der Dualität und der Hierarchie zugunsten der *Gleichzeitigkeit* aller Prozesse.

Die Aufgaben–Teams sollten aus den drei Gruppen Mitarbeiter, Bürger und Systementwickler bestehen. Für die Mitarbeiter sollten der für die jeweilige Aufgabe zuständige Sachbearbeiter und zwecks Abstimmung mit der Mitarbeiter–Arbeitsgruppe ein Mitglied dieser Gruppe in die Aufgaben–Teams delegiert werden. Die Bürger sollten durch ein Mitglied des Bürgerarbeitskreises und durch die Anwaltsplanerin vertreten werden. Die Systementwickler sollten durch eines der mit der Programmierung beauftragten Projektgruppenmitglieder und durch einen mit der Organisation des jeweiligen Arbeitsbereiches betrauten Mitarbeiter des Hauptamtes vertreten werden. Diese Aufgaben–Teams haben nur wenige Male getagt, dabei wurden eine Reihe von Schwierigkeiten deutlich. Es stellte sich heraus, daß wegen der unterschiedlichen Zeiteinteilung von Bürgern und Verwaltungsbeschäftigten ein gemeinsamer Termin beider Gruppen nur unter größten Schwierigkeiten vereinbart werden konnte. Auch die Kombination zuständiger Sachbearbeiter und Delegierter der Mitarbeiter–Arbeitsgruppe erbrachte nicht die gewünschten Ergebnisse. Bei der für den Programm–Entwurf notwendigen Feinanalyse der Aufgabe fühlten sich die fachlich mit der Aufgabe nicht befaßten Delegierten fehl am Platze.

Die angestrebte Gleichzeitigkeit konnte nicht erreicht werden, es blieb letztlich bei den üblichen Gesprächen der Systementwickler mit den fachlich zuständigen Sachbearbeitern und Vorgesetzten sowie bei der kontrollierenden Begleitung durch die Beteiligungsgremien.

4.2.3 Beiträge der Projektgruppen zur Beteiligung

4.2.3.1 Information der Beschäftigten und der Bürger

Die Projektgruppen haben einen relativ großen Aufwand für die Information der Betroffenen geleistet (vgl. nähere Informationen bei *Ehrenberg/Kaeten-Ammon/Tepper 1983*). Die Stadtverwaltung Unna und die Projektgruppen haben die Beschäftigten und Bürger regelmäßig durch zwei "Zeitungen" informiert. Für die Mitarbeiter war eine Sonderreihe der Dienstlichen Mitteilungen gedacht. Bis zur Eröffnung des Bürgeramtes im Februar 1984 erschienen 11 spezielle Ausgaben der "Dienstlichen Mitteilungen", in denen über den Fortgang der Entwicklungsarbeiten berichtet wurde. Danach wurde diese Sonderreihe der "Dienstlichen Mitteilungen" eingestellt. Für die Bürger wurden die "Bürger-Informationen" herausgegeben. Bis Oktober 1985 erschienen 9 Ausgaben, in denen ebenfalls die Projektentwicklung geschildert wurde und in denen die Ergebnisse der Bürgerumfrage der Öffentlichkeit zugänglich gemacht wurden.

Neben diesen beiden Informationsreihen gab es eine Reihe von unterschiedlichen Informationsveranstaltungen. Zu Beginn des Projektes wurde in Gruppendiskussionen allen Ämtern in der Stadtverwaltung das Projekt vorgestellt[1]. In einer zweiten Diskussionsreihe wurden die Ergebnisse der im Rahmen der Ist-Analyse durchgeführten Publikumsbefragung den Ämtern erläutert, die an der Befragung beteiligt waren. Hier wurden gleichzeitig erstmals Gestaltungsalternativen für ein Bürgeramt vorgestellt und diskutiert. Neben den Gruppendiskussionen mit den Mitarbeitern gab es besondere Amtsleiter-Veranstaltungen. Die Fraktionen des Rates wurden in zwei Veranstaltungen zunächst über die Ziele des Projektes und erste Ergebnisse sowie später über die Organisations- und DV-Modelle informiert. Das Projekt stellte sich auch mehrfach der Öffentlichkeit vor, z.B. durch einen Stand auf dem Marktplatz. In Veranstaltungen der Gewerkschaft ÖTV wurde das Projekt ebenfalls vorgestellt.

Die Berichterstattung über das Projekt in der örtlichen Presse ist sehr umfangreich gewesen. Insgesamt erschienen allein in einer der zwei Zeitungen mit eigenem Lokalteil 85 Artikel, die sich direkt mit dem Bürgeramt beschäftigten. Der größte Teil der Presseberichte fiel in die Zeit bis zur Bürgeramtseröffnung im Februar 1984, nämlich 65 Artikel (dies entspricht durchschnittlich knapp 2 Artikeln pro Monat). Viele Artikel wurden von Mitteilungen der Projektgruppen angestoßen, daneben haben aber auch Parlamentarier, der Bürgerarbeitskreis und auch Beschäftigte der Verwaltung Zeitungsmeldungen initiiert. Einige Artikel wurden auch von den Journalisten selbst recherchiert. Die Wirksamkeit der Pressearbeit läßt sich aus der Bürgerumfrage erkennen: 30% der befragten Bürger gaben an, daß sie die ersten Informationen über das Bürgeramt aus der Presse entnommen haben. Etwa 8% der befragten Bürger wurden zuerst durch eigene Veröffentlichungen der Projektgruppen erreicht (vgl. *Liedtke 1984b*, 124), der Rest war über das Bürgeramt nicht informiert.

Neben diesen mit besonderen Medien oder besonderen Anlässen verbundenen Informationsleistungen gab es eine sehr umfangreiche "alltägliche" Informierung der Betroffenen.

---

[1] Die Diskussion des Projektes wurde in Anlehnung an die Metaplan-Methode durch 5 Fragen (nach Realisierungsproblemen, Vor- und Nachteilen des Konzeptes, gewünschten Absicherungen und Formen der Interessenvertretung) strukturiert. Die Teilnehmer äußerten in der Diskussion viele Einwände und Befürchtungen. Diese Diskussionsreihe wurde gründlich ausgewertet (vgl. *Tepper 1982*).

In jeder Sitzung von Beteiligungsgremien haben Projektmitglieder über die Entwicklung des Projektes berichtet. In vielen Fällen wurde die Hälfte der Sitzungsdauer für aktuelle Informationen genutzt.

4.2.3.2 Entwicklung eines Schulungskonzeptes

Voraussetzung für eine sachkundige Beteiligung der Mitarbeiter an den genannten Arbeitsschritten ist eine umfassende Schulung, die an den Erfordernissen der konkreten Aufgabenstellung innerhalb der Projektentwicklung ausgerichtet ist, sowie Kenntnisse über die gesellschaftlichen Auswirkungen der Einführung von Datenverarbeitung vermittelt (vgl. *Briefs 1983a*). Neben fachlichem Wissen sollte den Betroffenen auch Wissen über die Auswirkungen von Informationstechnik und Handlungswissen vermittelt werden. Dieser doppelten Zielsetzung entspricht das für das Projekt Bürgeramt entwickelte Schulungskonzept.

Das Schulungskonzept wurde schrittweise entwickelt, das prinzipielle Konstruktionsmerkmal der doppelten Zielsetzung von Schulungsmaßnahmen ist aber bereits in den ersten Veranstaltungen verwirklicht. Eine der ersten Schulungsmaßnahmen war ein zweiteiliges Seminar für den Personalrat der Stadtverwaltung Unna und für die Vertrauensleute sowie für weitere interessierte Mitarbeiter; neben einem technik-orientierten Teil gab es auch einen Veranstaltungsteil über Fragen der Auswirkungen der Informationstechnik.

Eine zweite Schulungsreihe versuchte zu Beginn des Projektes die Aspekte Motivierung von Bürgern zur Beteiligung, Beteiligungsorganisation und Schulung in informationstechnischen Fragen miteinander zu verbinden. Die Volkshochschule Unna hatte sich angeboten, ihre Informatikkurse für die Behandlung von Fragen des Bürgeramtes zu modifizieren. Es wurde z.B. überlegt, einen speziellen Kurs für vom Bürgeramt "betroffene" Bürger einzurichten oder das Bürgeramt als Beispiellieferant im Rahmen der normalen Informatikkurse zu verwenden. Diese Pläne wurden später dann aber nicht realisiert. Zur Vorbereitung der Volkshochschulaktivitäten veranstaltete die GMD eine dreiteilige Dozentenfortbildung. Die Konzeption dieser Fortbildungsreihe betonte die Diskussion von Auswirkungen der Informationstechnik in den Bereichen Arbeitsplatz, Familie/Freizeit und Politik/Gesellschaft. Wie weit die vermittelten Kenntnisse in die Informatikkurse der VHS eingeflossen sind, wurde von uns nicht mehr beobachtet, weil die anvisierte Kooperation mit der VHS nach dieser Fortbildungsreihe "einschlief". In der VHS wurde die Beendigung der Kooperation vermutlich durch die Einbeziehung der Volkshochschule in die Ist-Analyse und damit in den Kreis der potentiell betroffenen Ämter gefördert.

Gewerkschaftliche Fortbildungsveranstaltungen gehörten zwar nicht zum Schulungskonzept des Projektes, sie ergänzten aber faktisch das Angebot des Projektes. Einige Beschäftigte der Stadtverwaltung Unna besuchten Funktionärsschulungen der ÖTV, die vor allem Handlungsmöglichkeiten der Personalvertretung thematisierten. Im Rahmen dieser Schulungen wurden die Teilnehmer aus Unna mehrfach auf das Projekt angesprochen. Neben den Funktionärsschulungen hat die ÖTV-Geschäftsstelle Unna Wochenendseminare angeboten, die die Informationstechnik und auch konkret das Bürgeramt zum Thema hatten. In ähnlicher Weise hat die Mitarbeiter-Arbeitsgruppe in Eigenregie eine Schulungsveranstaltung zu Fragen der Technikauswirkungen mit einem Referenten der Gesellschaft für Arbeitsschutz und Humanisierungsforschung mbH, Dortmund, durchgeführt. Wichtig ist schließlich auch der Besuch eines von der ÖTV angebotenen mehrtägigen Seminars in Berlin, der vom Projekt organisiert und finanziert wurde. In diesem Seminar berichtete eine Forschergruppe von den Ergebnissen ihrer Untersuchung des Einsatzes von Informationstechnik in Kommunalverwaltungen (vgl. die veröffentlichten Untersuchungsergebnisse bei *Armanski u.a. 1983*).

Nach dem Abschluß der Auswahl eines Organisationsmodelles wurde für die konkrete Schulung der Mitarbeiter im Rahmen der Realisierung der einzelnen Bürgeramtsstufen ein mehrstufiges Konzept entwickelt. Neben den im Rahmen der Realisierung notwendigen Fach- und Verhaltensschulungen beinhaltete auch dieses Konzept Handlungsanstöße für die Betroffenen im Rahmen der Beteiligung. Es ging darum, bei den Mitarbeitern das Wissen über die Vorgehensweise bei der Systementwicklung und über die dabei eingesetzten Hilfsmittel zu vergrößern, damit eine Kontrolle der Systementwicklung durch die Mitarbeiter auch in der Phase der Programmierung möglich bleiben sollte. Im Oktober 1983 wurden Mitglieder der Mitarbeiter-Arbeitsgruppe und des Personalrats in einem zweitägigen Seminar in der GMD diesem Ziel entsprechend mit der Funktionsweise von DV-Anlagen vertraut gemacht. Durch die gemeinsame Programmierung eines kleinen Beispiels in einer einfachen Programmiersprache wurde die Einsicht in die theoretisch erklärten Funktionsweisen verstärkt, und es wurde vor allem auch der Hintergrund für die Arbeitsweise bei der Systementwicklung deutlich. Schließlich wurden in der GMD vorhandene DV-Systeme besichtigt und vor allem hinsichtlich der Gestaltung der Benutzerschnittstelle diskutiert. Von besonderem Interesse neben speziellen technischen Lösungen wie der sogenannten "Maus" war die auf wenige Funktionstasten reduzierte Bedienung des beschriebenen Schulis-Systems.

Zum Schulungskonzept des Projektes in der Phase der Realisierung des Bürgeramtes gehören auch Verhaltensschulungen. In der Literatur wird diesem Bereich seit den o.g. Untersuchungen von *Grunow/Hegner* große Aufmerksamkeit geschenkt, im Projekt wurden Verhaltensschulungen vor allem vom Bürgerarbeitskreis und auch von der Bürgeranwältin gefordert. Im November 1983 wurden die Mitarbeiter des Bürgeramtes zu einem zweitägigen Seminar geschickt, das ein Kölner Institut regelmäßig für Verwaltungsmitarbeiter mit Publikumsverkehr anbietet. Der Inhalt des Seminars läßt sich durch die Stichwörter "Konfliktentstehung und Konfliktbewältigung" charakterisieren, neben theoretischen Erklärungen gab es auch eine Reihe von Übungen. Ein ebenfalls zweitägiges Nachfolgeseminar mit Videoübungen fand im Herbst 1984 statt. Da von gelegentlichen Seminaren keine nachhaltigen Verhaltensänderungen erwartet werden können, waren begleitende Schulungen geplant. In einer Art "Supervision" sollten hier praktische Probleme im Umgang mit den Klienten des Bürgeramtes besprochen werden. Diese "Supervisionen" kamen bisher nicht zustande, letztlich fehlte es wohl an einer akzeptierten Person für diese heikle Verhaltenskritik.

4.2.3.3 Die Entwicklung von Organisationsalternativen

Die Entwicklung von alternativen Modellen begann mit der Diskussion über *Gestaltungskriterien.* In einer Klausurtagung des Beratungsgremiums und der Projektgruppen wurden erste Kriterien genannt, die mit den Ergebnissen der eingangs erwähnten

Vorstudie weitgehend identisch waren. Das Bürgeramt sollte danach durch die Aufgaben des Einwohnermeldeamtes und aller sonstigen Aufgaben, die "einfach und sofort" zu erledigen sind, sowie durch ein umfassendes Angebot von Information und Beratung bestimmt sein. Als weitere Kriterien wurden genannt, daß die Aufgaben aus der Sicht des Bürgers eng zusammenhängen müssen und daß die Aufgaben ausgeprägten Informations- und Beratungscharakter haben. Ein Gestaltungspotential im Sinne von *alternativen* Entwicklungsmöglichkeiten war in diesen Überlegungen aber noch nicht aufgezeigt.

Abbildung 15: Grundzüge der von den Projektgruppen vorgeschlagenen Organisationsalternativen für ein Bürgeramt

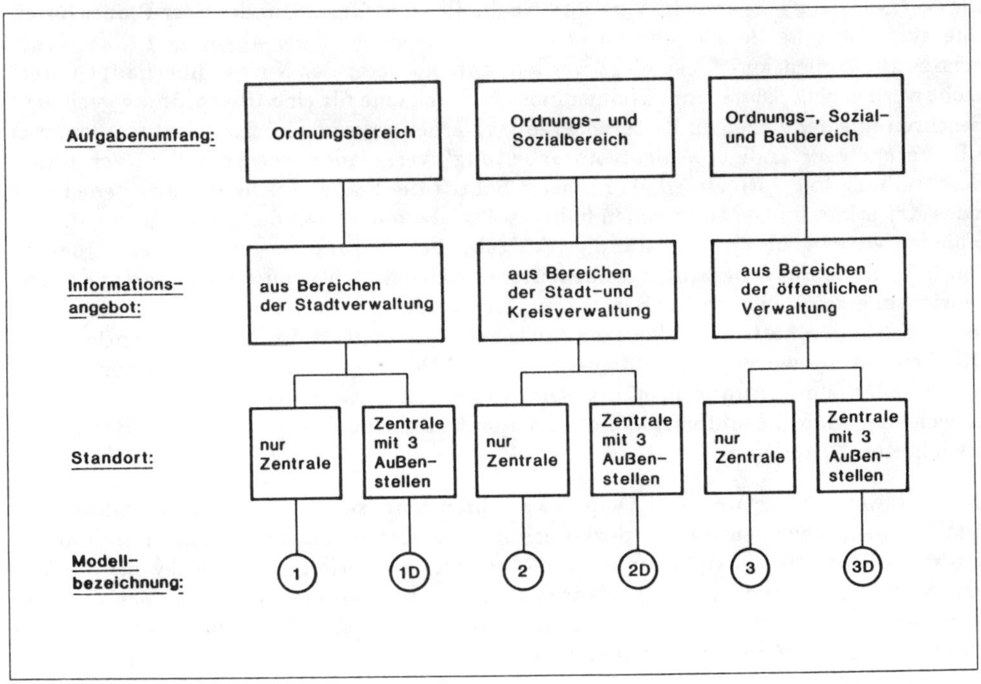

Die Projektgruppen entwickelten dazu eine Liste, die Gestaltungsalternativen in Form von gegensätzlichen Begriffen vorstellte, z.B. in der Form von "Dezentralisierung vs. Zentralisierung". Für die Alternativenentwicklung bedeutete dies, daß der Ansatzpunkt nicht in den Zielen (verschiedene Bedürfnisse unterschiedlicher Adressatengruppen), sondern in den Mitteln zur Realisierung des Bürgeramtes gesucht wurde. Den Beteiligungsgremien wurden diese alternativen Gestaltungskriterien teilweise mehrfach vorgestellt, ohne daß es zu einer nennenswerten Diskussion kam. Erst als die Projektgruppen verschiedene Mittelkombinationen als umfassende Organisationsalternativen vorstellten (vgl. Abbildung 15), wurde ernsthaft über die Gestaltungsprinzipien diskutiert. Diese Diskussionsprozesse sind in den Berichten über die einzelnen Beteiligungsgruppen ausführlich wiedergegeben, auf eine Erörterung der Argumente wird daher hier verzichtet.

4.2.3.4 Bewertungsverfahren für die Auswahl eines Organisationsmodelles

Um die Auswahl eines Organisationsmodelles zu erleichtern, wurde eine mit dem Delphi-Verfahren verknüpfte Nutzwertanalyse durchgeführt. Die Nutzwertanalyse und das Delphi-Verfahren sind bekannte und übliche Entscheidungsverfahren, ihre projektspezifische Konkretisierung ist ausführlich bei *Dunker/Noltemeier (1985)* beschrieben worden.

Die Nutzwertanalyse versucht Vor- und Nachteile eines Gegenstandes oder Planes durch eine systematische Beurteilung zu erfassen und gegeneinander abzuwägen. Zunächst müssen die Dimensionen festgelegt werden, anhand derer der Nutzen überhaupt untersucht werden soll. Diese Dimensionen müssen durch eine für eine Überprüfung geeignete Beschreibung der einzelnen Kriterien ergänzt werden, es muß also festgelegt werden, was z.B. unter "vollständiger Aufgabenbearbeitung" verstanden werden soll. Nach dieser Beschreibung folgt prinzipiell als nächster Schritt die Frage, welche relative Bedeutung jedes Kriterium im Gesamtrahmen haben sollte. Es mußte von den Beteiligten z.B. entschieden werden, ob die "vollständige Aufgabenbearbeitung" gegenüber der "Qualität von Information und Beratung" unbedeutend, gleichgewichtig oder höherwertig ist. Die Gewichtung selbst wurde im Beratungsgremium durchgeführt, von den einzelnen Beteiligtengruppen hatte sich allein die Mitarbeiter-Arbeitsgruppe gründlich vorbereitet. Die Gewichtung wurde dann entsprechend dem Delphi-Verfahren in mehreren Schritten (Wiederholungen) durchgeführt. Die Nutzwertanalyse endet mit der Bestimmung, in welchem Maß die unterschiedlichen Organisationsmodelle die von den Beteiligten gewichteten Kriterien erfüllen.

Die Nutzwertanalyse und das Delphi-Verfahren sind keine objektiven Verfahren, sie sind in einem gewissen Sinne "Sozialtechniken". Genau besehen beruhen sie darauf, daß sich die beteiligten Gruppen auf eine bestimmte Interpretation der jeweils relevanten Wirklichkeit einigen. Die Verfahren bieten dabei vordergründig lediglich eine bestimmte Strukturierung dieses Diskussionsprozesses, die Art der Strukturierungsregeln und vor allem auch die ungeregelten Verfahrensphasen haben jedoch Auswirkungen auf das Entscheidungsergebnis. Dies ist insoweit nicht ernst zu nehmen, als kein Verfahren ergebnisneutral ist und im allgemeinen statt einer absoluten Korrektheit auch nur eine den Erhebungsaufwand und den Nutzen abwägende "zufriedenstellende" Korrektheit von Planungs- und Vergleichsdaten gefordert wird. Gegenüber bloßen Nutzenbehauptungen und anderen Formen der impressiven Nutzenfestlegung, die oft legitimatorisches Beiwerk für ganz andere Absichten sind, bietet das von uns zusammen mit allen beteiligten Gruppen durchgeführte Verfahren auf jeden Fall Vorteile. Die Nutzwertanalyse sorgte insbesondere bei den beteiligten Mitarbeitern für eine sehr intensive Diskussion der Beurteilungskriterien, die Entscheidung für eine Bürgeramtsalternative wurde insofern auf einer guten Grundlage getroffen.

4.2.3.5 Systemaufbau und Software–Ergonomie

Die Konzeption und die ergonomische Gestaltung der Programme waren prinzipiell Beteiligungsthemen, die Beteiligten konzentrierten sich jedoch nur auf einen Ausschnitt der gesamten Thematik (Maskeninhalt und -aufbau, vgl. Bericht über die Mitarbeiter-Arbeitsgruppe). Beide Aspekte blieben letztlich Aufgabe der Systementwickler. *Mielke (1985)* bietet eine auf einem DIN–Entwurf basierende Gliederung von "Maßnahmen der Software–Ergonomie" an, an die wir uns bei der Beschreibung des Beitrages der Projektgruppen halten:

— **Aufgabenangemessenheit:** *Mielke* zählt hierzu die Gestaltung der Bildschirmmasken, die An– und Abmeldeprozeduren, Schlüsselzeilen, Dialogverzweigung und Blätterfunktionen zum Umschalten zwischen mehreren Bildschirmmasken. Das Projekt entwickelte für das Bürgeramt einen einheitlichen Aufruf für die vom Hersteller der DV–Anlage gelieferten Programme und für die durch das Projekt entwickelten Programme, es wurden Schlüsselzeilen für Fehlermeldungen festgelegt, die Dialogverzweigung wurde durch die Möglichkeit befehlsgesteuerter Maskenwahl neben der üblichen Menüsteuerung komfortabel gemacht, und die in der Hersteller–Software schon vorhandenen Blätterfunktionen wurden übernommen.

— **Selbsterklärungsfähigkeit:** *Mielke* zählt dazu verständliche Systemmeldungen, Informations–Funktionen, den Aufbau der Menüsteuerung und die Feldbezeichnungen. Im Rahmen der Beteiligung wurden eine Reihe von Bezeichnungen und Informationen auf ihre Verständlichkeit geprüft und anschließend verbessert. Eine Reihe von Erläuterungen mußte allerdings in die Help–Funktion übernommen werden, weil gesetzlich fixierte Begriffe selten selbsterklärend sind.

— **Steuerbarkeit:** *Mielke* führt hier das Vermeiden von Zwangsfolgen, die Dialogunterbrechung, die Dialogverzweigung und den beliebigen Aufruf über Transaktionscodes auf. Im Projekt wurden Zwangsfolgen durch kleine, einzeln anwählbare Programmbausteine vermieden. Durch die Verbindung von menü– und befehlsgesteuertem Maskenaufruf wurde — wie schon angesprochen — eine relativ große Freiheit beim Aufruf von Programmen erzielt. Möglichkeiten der Dialogunterbrechung sind generell nicht vorgesehen, lediglich für das komplexe Programm Wohngeldbeantragung waren sie unabdingbar. Hier kann an jeder beliebigen Stelle das Programm unterbrochen und später wieder fortgesetzt werden.

— **Verläßlichkeit:** *Mielke* versteht darunter u.a. kurze Antwortzeiten und eine feste Zuordnung von Funktionstasten. Zur Sicherstellung von kurzen Antwortzeiten hat das Projekt Anforderungsarten differenziert. Bei Abfragen wurde bei der Programmierung besonderer Wert auf kurze Antwortzeiten gelegt, bei Neuerfassungen spielt die Antwortzeit eine weniger große Rolle. Die Funktionstasten des Systems wurden einheitlich belegt, ein Wechsel der Funktion findet nicht statt.

— **Fehlertoleranz und Fehlertransparenz:** *Mielke* faßt darunter die Prüfung von Eingaben, die Übernahme von Standardwerten bei fehlenden Eingaben und die Bestätigung von Löschaufträgen. Die Bürgeramtsprogramme sehen eine Reihe von Plausibilitäts– und Konsistenzprüfungen vor, in einer Reihe von Fällen sind Standardwerte voreingestellt und Löschaufträge müssen sicherheitshalber bestätigt werden, bevor sie ausgeführt werden.

4.2.4 Überblick über die Systementwicklungsorganisation

Abbildung 16: Vereinfachte Organisationsschemata des Systementwicklungs-prozesses im Projekt Bürgeramt

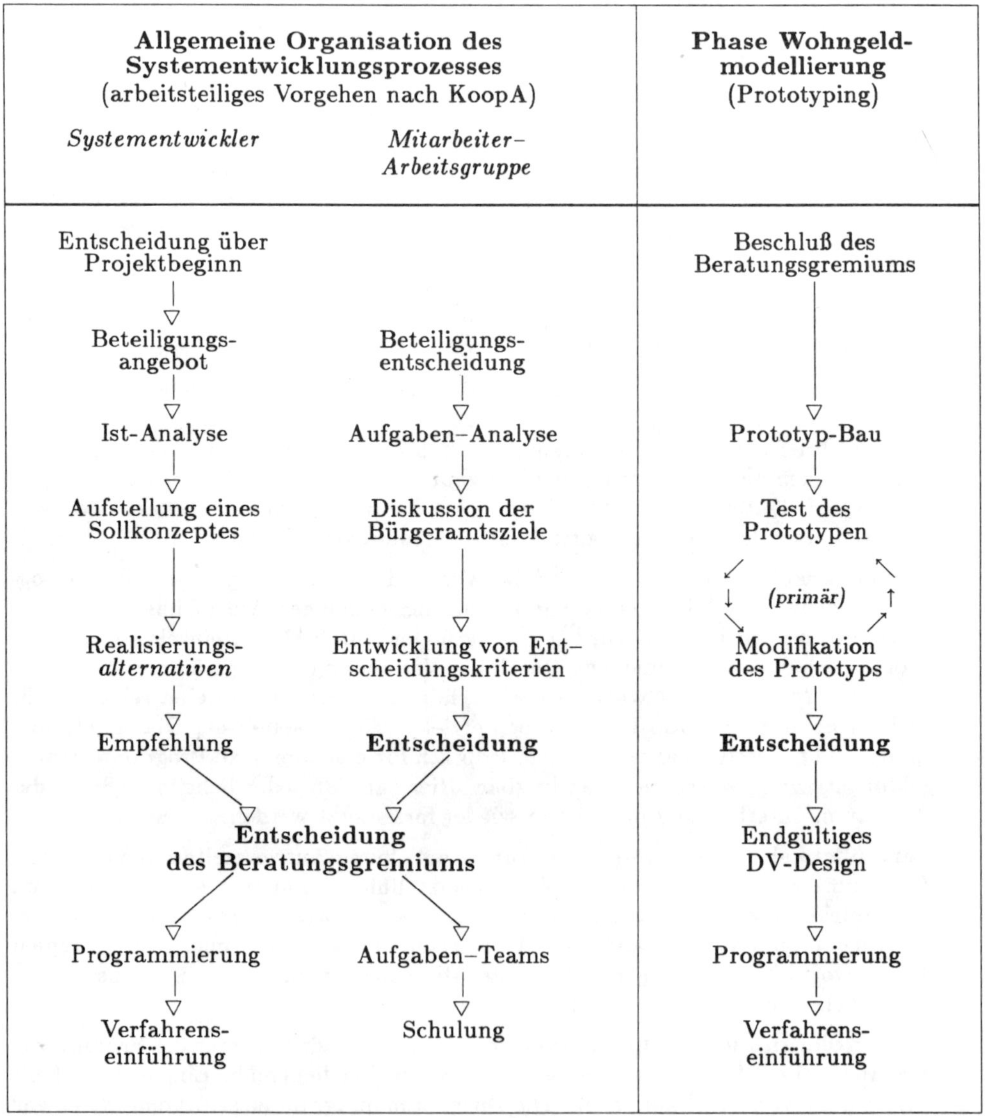

Ebenso wie im Projekt Schulis basiert die Organisation des Systementwicklungsprozesses auf dem KoopA-Arbeitssystem. Dieses Arbeitssystem wurde auch im Projekt

Bürgeramt im Prinzip unverändert gelassen und in den skizzierten partizipativen Projektrahmen eingebettet. Eine gründliche Modifikation dieses Arbeitssystems wurde nicht für nötig gehalten, um es im Rahmen eines partizipativen Systementwicklungsprozesses nutzen zu können. Verschiedene Mitglieder der Projektgruppen Bürgeramt hatten aber schon zu Projektbeginn betont, daß aufgrund der Beteiligung eine strenge Handhabung des Arbeitssystems nicht möglich sein würde. So wurde von vornherein in Rechnung gestellt, daß die Arbeitsstufen aufgrund der vermehrten Koordinations- und Beratungsprozesse nicht vollständig abgeschlossen sein können, bevor die Systementwickler die nächste Arbeitsstufe in Angriff nehmen. In der Praxis kam es dann zu einem Nebeneinander von verschiedenen Arbeitsstufen. Am deutlichsten wurde dieses versetzte Abarbeiten der Arbeitsstufen bei der Aufgabe "Wohngeldbeantragung". Während andere Bürgeramtsaufgaben schon programmiert wurden, wurde für diese Aufgabe noch die Ist–Analyse durchgeführt. Aus den Schwierigkeiten der Analyse dieser komplexen Aufgabe heraus veränderte sich obendrein das Arbeitssystem. Es stellte sich heraus, daß eine abstrakte Diskussion selbst mit den sachkundigen Beschäftigten über das Wohngeld nicht möglich war. Zur Erleichterung der Soll–Konzeption wurden daher prototypische Arbeitsabläufe durch miteinander verkettete Bildschirmmasken simuliert.

Neben diesem Wechsel des Arbeitssystems für die komplexe Aufgabe der Wohngeldbeantragung ist die Entwicklung einer gewissen Arbeitsteilung zwischen Systementwicklern und Beteiligten interessant. Von den Systementwicklern war implizit unterstellt worden, daß trotz gewisser Verzögerungen beide Gruppen im Rahmen *eines* Arbeitssystems arbeiten könnten. Es ergaben sich aber nicht einfach nur zeitliche Verzögerungen, sondern auch eine inhaltliche Arbeitsteilung. Am deutlichsten zeigt sich diese Arbeitsteilung an den Unterschieden zwischen Formulierung von Realisierungsalternativen (durch die Projektgruppen) und Entwicklung von Entscheidungskriterien (vorwiegend durch die Beteiligten). Abbildung 16 skizziert die Organisation des Systementwicklungsprozesses, wie sie sich im Verlauf des Projektarbeiten entwickelt hat.

4.3 Ablauf und Ergebnisse der Beteiligung

Im Verlauf der 4jährigen Beteiligungspraxis haben rund 140 Sitzungen der Beteiligungsgremien stattgefunden, Gruppendiskussionen etc. nicht mitgerechnet. Die Fülle der bearbeiteten Themen läßt sich im Rahmen eines Berichtes kaum mehr darstellen. Wir komprimieren den Beteiligungsprozeß hier auf seine Ergebnisse (vor allem Teilnahmeverhalten und Forderungen), ausführlichere Beschreibungen des Beteiligungsablaufes finden sich bei *Ehrenberg/Kaeten–Ammon/Tepper (1983)*.

4.3.1 Prozeß und Ergebnisse der Mitarbeiterbeteiligung

4.3.1.1 Ist–Analyse und Gruppendiskussionen

Möglichkeiten zur individuellen Beteiligung, d.h. zur Mitteilung spezieller Arbeitsplatzprobleme und Befürchtungen, gab es im Rahmen des Projektes Bürgeramt besonders in der Phase der Ist–Analyse. Die Projektmitarbeiter ließen sich von den zuständigen Sachbearbeitern die Aufgabe sowie den Arbeitsablauf schildern und verarbeiteten diese

Ergebnisse u.a. zu den bekannten Flußdiagrammen. In den für diese Analyse verwandten Fragebogen wurden Fragen aufgenommen, die den Sachbearbeitern Gelegenheit zur Reflexion ihrer Arbeit gegeben haben. Es wurde nach Freiheitsgraden bei der Reihenfolge der Arbeitsaufgaben, Kontrollmöglichkeiten, Schwierigkeiten bei der Aufgabenabwicklung, Informationsdefiziten, Fehlerquellen und Entscheidungsspielräumen gefragt. Die Antworten der Befragten waren nicht sehr ergiebig, sie spielten weder für die Systementwicklung noch für die Beteiligung eine Rolle. Zu Hinweisen, die über den Kontext der vorbereiteten Fragen hinaus ging, kam es nicht.

Im Rahmen des Projektes wurde ferner eine schriftliche Befragung der Mitarbeiter durchgeführt, in der neben der bereits zitierten Betroffenheitswahrnehmung auch nach der Bewertung des Bürgeramtsidee, nach den (Re–)Organisationserfahrungen, nach Arbeitsstrukturen, nach der Arbeitszufriedenheit und nach der Beurteilung der Beteiligung gefragt wurde. Dem Ursprung der Antworten nach ist diese Befragung eine Form der individuellen Beteiligung, an ihr haben 223 Beschäftigte teilgenommen (vgl. die umfangreichen Auswertungsergebnisse bei *Tepper 1985*).

Große Bedeutung für die Projektarbeit und für die Information der Betroffenen hatten die erwähnten Gruppendiskussionen. Eine erste Runde diente dazu, den Beschäftigten das Projekt vorzustellen und ihre Erwartungen und Befürchtungen unter den Kollegen zu "veröffentlichen". An dieser Diskussionsrunde nahmen 229 Beschäftigte teil, es wurden rund 1.000 Aspekte des Bürgeramtes auf Kärtchen (Metaplan–Methode) niedergeschrieben und nach einer Zusammenfassung mit den Teilnehmern besprochen (vgl. eine ausführliche Ergebnisdarstellung bei *Tepper 1982*). Diese Diskussionsrunde wurde von den Teilnehmern in der Mitarbeiterbefragung auch bewertet. Drei Viertel der befragten Teilnehmer stimmten darin überein, daß die Diskussionsrunde "sinnvoll" war, Kritik wurde vor allem an der (allerdings zu Projektbeginn nicht zu vermeidenden) Vagheit der angebotenen Informationen und an der Metaplan–Methode geübt (vgl. *Ehrenberg/Kaeten–Ammon/Tepper 1983*, 166ff.). In einer zweiten Runde von Gruppendiskussionen wurden die ämterspezifischen Ergebnisse der Publikumsbefragung und die ersten Überlegungen der Projektgruppen zu Gestaltungsalternativen für das Bürgeramt vorgestellt. In ähnlicher Weise wurde den Amtsleitern das Projekt in zwei Versammlungen vorgestellt.

4.3.1.2 Entwicklung der Mitarbeiter–Arbeitsgruppe

Dem Beratungsgremium wurden am 12. 10. 1981 von den Projektgruppen vier Alternativen für die Einrichtung von Mitarbeiter–Arbeitsgruppen vorgelegt. Diese Angebote boten den Beschäftigten lediglich einen organisatorischen Rahmen, inhaltlich waren sie unbestimmt. Die Vorschläge unterschieden sich im einzelnen durch verschiedene Annahmen über die quantitative Beteiligungsbereitschaft (mit Wirkung für die vorzusehende Größe der Gruppe) und in der Art der Teilnahmeberechtigung (Interesse, Betroffenheit oder Wahl durch die jeweiligen Arbeitsgruppen). Der ausgewählte Vorschlag für die Einrichtung einer Mitarbeiter–Arbeitsgruppe eröffnete die Teilnahme für alle interessierten Mitarbeiter.

Nach der Zustimmung des Beratungsgremiums zur Einrichtung der Mitarbeiter–Arbeitsgruppe wurde intensiv für eine Teilnahme geworben. Am Ende der Motivierungsphase waren 18 Mitarbeiter namentlich benannt, die Interesse an einer Beteiligung hatten. Diese 18 Gründungsmitglieder kamen aus verschiedenen Ämtern, es ergab sich eine annähernd gleichmäßige Verteilung nach Dezernaten. Lediglich der Baubereich war nicht ausreichend vertreten, der Sozialbereich war dagegen überrepräsentiert.

Die erste Sitzung der Mitarbeiter–Arbeitsgruppe fand am 16. Dezember 1981 statt. Die Zahl der Mitglieder steigerte sich innerhalb eines halben Jahres von 18 Gründungsmitgliedern auf 28 Personen. Insgesamt sind 32 verschiedene Beschäftigte im Zeitverlauf Mitglieder der Mitarbeiter–Arbeitsgruppe gewesen. Im Frühjahr 1983 wurde dann nach Gesprächen mit Mitgliedern, die schon längere Zeit nicht mehr zu den Sitzungen erschienen waren, die Zahl der Mitglieder auf 14 reduziert. Insgesamt haben von Dezember 1981 bis Dezember 1985 65 Sitzungen stattgefunden, an denen durchschnittlich 9 Mitglieder teilgenommen haben. Zusätzlich zu den Mitgliedern nahmen häufig auch Mitglieder des Personalrates an den Sitzungen teil. Über die Jahre gesehen nahm die Sitzungsfrequenz der Mitarbeiter–Arbeitsgruppe stetig ab. Im Frühjahr 1985 wurde dann der regelmäßige Sitzungsrhythmus (ursprünglich alle 14 Tage) aufgegeben, die Mitarbeiter–Arbeitsgruppe tagte nur noch bei Bedarf. Als Grund wurde die erschöpfende Behandlung alter Themen genannt und neue Themen ergaben sich wegen des nahenden Projektendes kaum noch. Abbildung 17 gibt einen Überblick über die Sitzungshäufigkeiten.

Abbildung 17: Zahl der Sitzungen der Mitarbeiter–Arbeitsgruppe (1982 – 1985)

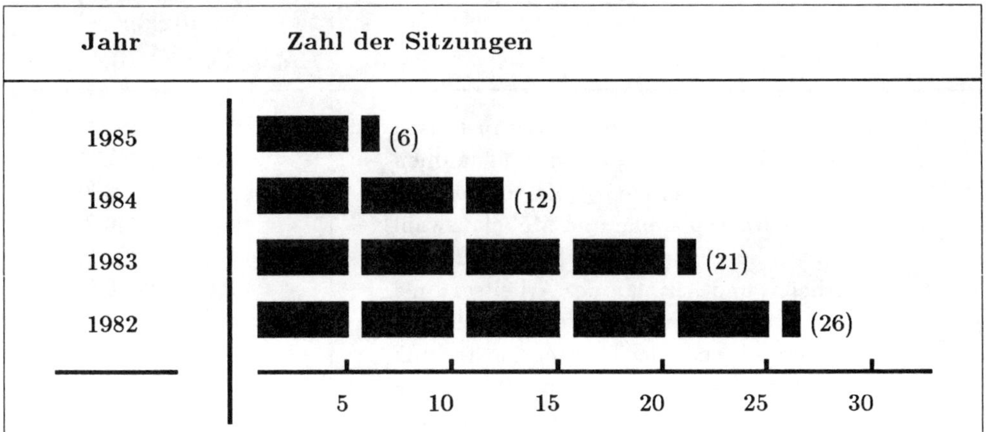

Zu den regelmäßigen Teilnehmern an den Sitzungen der Mitarbeiter–Arbeitsgruppe gehörten 3 Mitarbeiter des alten Einwohnermeldeamtes; seit der Bürgeramtseröffnung im Februar 1984 nahm auch ein Mitarbeiter einer Bürgeramtsaußenstelle regelmäßig an den Sitzungen teil. Diese Beschäftigten können ohne Zweifel als von der Einrichtung des Bürgeramtes stark betroffen bezeichnet werden. Zum Kreis der i.e.S. betroffenen Beschäftigten gehörte auch ein Sachbearbeiter, der mit seinem Aufgabengebiet "Kummerstrippe" in das Bürgeramt versetzt worden ist. Die übrigen Teilnehmer kamen aus betroffenen Ämtern, waren aber persönlich nicht (oder — bedingt durch die Projektentwicklung — nicht mehr) betroffen.

4.3.1.3 Übersicht über die Arbeitsinhalte

Jede Tagesordnung der Sitzungen der Mitarbeiter–Arbeitsgruppe enthielt den Punkt "Informationen". Hier wurde von den eingeladenen Mitgliedern der Projektgruppen und von Mitgliedern der Mitarbeiter–Arbeitsgruppe selbst über Ereignisse seit der letzten Sitzung berichtet. Oft entspann sich über diese Berichte eine intensive Diskussion. Dieser Informationsaustausch war oft auch so breit und ausführlich, daß die Tagesordnungspunkte mit speziellen Themen nur noch ergänzend behandelt zu werden brauchten. Mit diesem meist wenig strukturierten Informationsaustausch ist ein großer Beitrag zur Meinungsbildung der Mitglieder der Mitarbeiter–Arbeitsgruppe verbunden gewesen, ebenso wurde jeder über den Fortschritt der Projektarbeiten auf dem laufenden gehalten.

Abbildung 18: Rangliste wichtiger Themen der Mitarbeiter–Arbeitsgruppe

	Auswahl wichtiger Themen	**Diskussionshäufigkeit** absolut*)	in %
1.	Informationsaustausch	62	31,5 %
2.	Schulungskonzept und -maßnahmen	18	9,1 %
3.	Bürgeramts-Organisationsmodell	15	7,6 %
4.	Raumplanung und Möbelauswahl	15	7,6 %
5.	Entwicklungsstand von DV-Programmen	12	6,1 %
6.	Arbeits- und Zeitplan der Arbeitsgruppe	11	5,6 %
7.	Bewertung der Beteiligung	10	5,1 %
8.	Auswirkungen der Informationstechnik	9	4,6 %
9.	Inhalt und Abschluß Dienstvereinbarung	9	4,6 %
10.	Einstufung und Stellenbesetzung	9	4,6 %
11.	Analysemethoden der Projektgruppe	8	4,1 %
12.	Bewertung des Bürgeramtes	7	3,6 %
13.	Erörterung der Projektziele	6	3,0 %
14.	Öffnungszeiten im Bürgeramt	6	3,0 %
Summen		197	100 %

*) Zahl der Sitzungen mit dem jeweiligen Thema

Eine kurze Inhaltsangabe jeder einzelnen Sitzung der Mitarbeiter–Arbeitsgruppe ist in den Berichten der Projektgruppen enthalten (vgl. insbesondere *Dunker/Noltemeier 1985*, 5–26). Hier soll eine Rangliste der Häufigkeit, mit der wichtige Themen in der Mitarbeiter–Arbeitsgruppe behandelt wurden, genügen. Abbildung 18 weist zunächst den Punkt Informationsaustausch als regelmäßigen Tagesordnungspunkt aus. Der Schulungsbedarf, das Schulungskonzept und die verschiedenen Schulungsmaßnahmen, die Erarbeitung von Forderungen der Mitarbeiter an das Organisationsmodell des Bürgeramtes, die Raumplanung und Möblierung sowie der Entwicklungsstand der DV–Programme waren weitere häufig behandelte Themen. Die Erarbeitung der Forderungen an das Organisationsmodell des Bürgeramtes war nicht nur häufig Sitzungsgegenstand, sondern nahm auch einen großen Zeitaufwand in Anspruch (u.a. dienten zwei ganztägige Klausurtagungen der Mitarbeiter–Arbeitsgruppe nur diesem Thema). Gegenüber diesen eng mit dem Projektfortschritt verbundenen Themen kam aber auch die Reflexion nicht zu kurz. Allein zehnmal wurde die Beteiligung grundsätzlich bzw. auch hinsichtlich der aktuellen Ergebnisse bewertet und neunmal stand das Thema "Auswirkungen der Informationstechnik" zur Debatte.

4.3.1.4 Ergebnisse der Mitarbeiterbeteiligung

a) Diskussion über das Bürgeramtskonzept

Bei der Aufgabenzusammenfassung im Bürgeramt sprachen sich die Mitarbeitervertreter gegen eine Lösung aus, die dem Bürgeramt nur die einfachen Aufgaben zur Bearbeitung überträgt. Unter dem Gesichtspunkt der Qualifikationssicherung oder –erhöhung der Sachbearbeiter sei es erforderlich, in ausreichendem Maße auch besser bewertete Tätigkeiten in das Bürgeramt zu übernehmen. In diesem Sinne befürworteten die Mitarbeitervertreter auch die personenbezogene, tiefgehende Beratung des Bürgers im Bürgeramt. Auskünfte und Informationen wurden lediglich als zusätzliches Angebot an den Bürger verstanden.

Die Mitarbeiter–Arbeitsgruppe ließ sich bei ihrer Untersuchung der Bürgeramtstauglichkeit der von den Projektgruppen in der Ist–Aufnahme und Ist–Analyse untersuchten Aufgaben von sachkundigen Mitgliedern oder von den eingeladenen zuständigen Sachbearbeitern die Aufgabe erklären. Für jede Aufgabe wurde dann das Pro und Contra ihrer Verlagerung ins Bürgeramt erörtert. Bei einer Reihe von Aufgaben konnte die Mitarbeiter–Arbeitsgruppe die Empfehlung zur Verlagerung ins Bürgeramt schnell abgeben. Die Verlagerung einiger Aufgaben wurde an Bedingungen geknüpft, beispielsweise wurden Auskünfte und Beschwerden zur Grundsteuer nur als vollständige Aufgabe, nicht aber als Teilaufgabe Grundsteuer–Beratung für verlagerungsfähig gehalten. Nur in wenigen Fällen stimmte die Mitarbeiter–Arbeitsgruppe der Verlagerung überhaupt nicht zu, insbesondere wurde eine Verlagerung der Sozialhilfe (Aufgaben nach dem Sozialgesetzbuch, Allgemeiner Teil) ausgeschlossen. Die Bemerkungen und Bedingungen der Mitarbeiter–Arbeitsgruppe zur Frage der Eignung der untersuchten Aufgaben wurden von den Projektgruppen zum großen Teil ähnlich gesehen bzw. dankbar aufgenommen. Nicht einigen konnte man sich lediglich in der Frage der Verlagerung der Sozialhilfe in das Bürgeramt. Die Projektgruppen strebten die Verlagerung dieser Aufgabe an, sie wollten zunächst eine genaue Aufgabenanalyse durchführen, um danach

Abbildung 19: Beurteilung der Eignung von Aufgaben für die Zusammenfassung im Bürgeramt (Protokollauszüge der Mitarbeiter–Arbeitsgruppe)

Aufgaben		**Empfehlung**	
KGSt–Nr.	*Inhalt*	**Pro**	**Contra**
10.4	Beantragung und Bearbeitung von Bürgeranträgen	Die Antragsannahme sollte im Bürgeramt erfolgen, da der Bürger meistens nicht weiß, an wen er sich wenden soll Der Kontakt zwischen Rat und Bürger wird enger	Trennung der Aufgaben in Antragsannahme und Antragsbearbeitung wegen zu niedriger Qualifikation im Bürgeramt
		Fazit: Antragsannahme *und* Beratung von Bürgeranträgen gehören in das Bürgeramt **Modelle:** Teilweise Modelle 1D, 2D, 3D	
32.4	Umweltschutz *– Beschwerden –*	Intern unterschiedliche Zuständigkeiten, daher wäre eine Anlaufstelle für den Bürger günstig	
		Fazit: Die Aufgabe ist für das Bürgeramt geeignet **Modelle:** Alle Modelle	
64.5	Wohngeldbeantragung	Es wurde befürchtet, daß ins Bürgeramt nur einfache Aufgaben übernommen werden. Die gewünschte Qualifizierung könnte durch die Verlagerung lediglich einfacher Aufgaben nicht erreicht werden	Wohngeld wird an Sozialhilfeempfänger und andere Bürger gezahlt. Für Sozialhilfeempfänger ist die Weiterleitung ins Sozialamt nötig. Die Trennung der Zuständigkeit ist aus Gleichheitsgründen unerwünscht
		Fazit: Die Aufgabe soll in das Bürgeramt	

endgültig entscheiden zu können[1]. Einen Eindruck von dieser intensiven Beschäftigung der Mitarbeiter-Arbeitsgruppe mit den einzelnen Aufgaben vermitteln die Protokollauszüge in Abbildung 19.

Die Aufgabenzusammenfassung nicht nur in einem neuen Amt, sondern auch für jeden einzelnen Sachbearbeiter (Allround-Sachbearbeitung) wurde von der Mitarbeiter-Arbeitsgruppe grundsätzlich begrüßt. Die "Allzuständigkeit des Sachbearbeiters" war aber auch bei den Mitarbeitern — ähnlich wie bei manchen Organisationsfachleuten — nicht unumstritten, da die Gefahr der fachlichen Überforderung besteht. Eine Aufgabe des Prinzips der "Allzuständigkeit" kam für die Mitarbeiter-Arbeitsgruppe aber nicht infrage, Sonderschalter für die Bearbeitung besonders schwieriger Aufgaben wurden als "Lösung" für diese Qualifikationsprobleme strikt abgelehnt. Vorgeschlagen wurde dagegen die Bildung von *Arbeitsgruppen*, deren Mitglieder für alle Aufgaben zuständig sein könnten und die in schwierigen Fällen einen Qualifikations-"Ausgleich" bewirken können. Idealerweise sollte die Arbeitsgruppe aus drei Beschäftigten bestehen, von denen einer aus dem Ordnungsbereich, einer aus dem Sozialbereich und einer aus dem Baubereich fundiertere Fachkenntnisse mitbringt. Dieser Gruppenstruktur wurde auch beim Raumkonzept Rechnung getragen, in der Bürgeramtszentrale bilden die drei Arbeitsgruppen auch räumlich eigene Einheiten. Einige Projektgruppenmitglieder beurteilen diese Diskussion rückblickend als einen wichtigen Beitrag der Mitarbeiter zum Projekt, denn die Systementwickler hätten nach ihrer eigenen Einschätzung sonst die Ansprüche an die Aufgabenzusammenfassung im Bürgeramt nach kurzer Diskussion über die Einwände herabgesetzt. Als Folge der durch die Aufgabenzusammenfassung — auch unter der Bedingung eines gewissen Qualifikationsausgleiches in Arbeitsgruppen — erhöhten Ansprüche an die Qualifikation der Mitarbeiter wurde in der Mitarbeiter-Arbeitsgruppe damit gerechnet, daß mindestens die derzeitige Einstufung von Sachbearbeitern gehalten oder gar eine Höherbezahlung erreicht werden könnte.

Zur Frage eines zentralen oder dezentralen Bürgeramtes entschieden sich die Mitarbeiter schon sehr früh für eine Lösung mit mehreren Außenstellen. Neben der besseren Erreichbarkeit der Verwaltung für Bürger in Außenbereichen wird diese Entscheidung in starkem Maße durch die Vorstellung getragen, daß durch eine Zentralisierung von Aufgaben die Gefahr von Stellenstreichungen durch Rationalisierung erheblich größer ist. Außerdem wurde angenommen, daß die Einbeziehung der Nebenstellen des damaligen Einwohnermeldeamtes eine Ausweitung des damals teilweise recht dürftigen Leistungsangebotes mit sich bringen würde, die die höheren Qualifikationsanforderungen an die Mitarbeiter des Bürgeramtes auch in den Nebenstellen zum Tragen bringen würde.

Nur in Ansätzen diskutiert wurde der Umfang und die Qualität der einzusetzenden Informationstechnik. Es herrscht jedoch die Meinung vor, daß der weitere Einsatz der Datenverarbeitung sozial beherrschbar sein solle. Technik sollte lediglich als vom Sachbearbeiter beherrschbares Hilfsmittel eingesetzt werden und nicht als Instrument zur Leistungssteigerung und Leistungskontrolle sowie des Stellenabbaues. Dieser Grundsatz verhindere beispielsweise den vollen Einsatz aller prinzipiell machbaren Informationstechnik.

---

[1] Diese Untersuchung wurde wegen ihrer schwierig zu beherrschenden Komplexität immer weiter zurückgestellt und fiel schließlich dem Projektende zum Opfer. Der Dissens hatte insofern keine praktischen Folgen.

b) Vorgehen bei der Zielkriterienentwicklung

Die Diskussion über Gestaltungsalternativen bei der Konzipierung des Bürgeramtes spitzte sich vor dem Hintergrund der im Beratungsgremium anstehenden Entscheidung für eins der vorgeschlagenen Modelle zu. Die Mitarbeiter legten sich im Oktober 1982 auf eine Gewichtung ihrer Forderungen fest. Die konfliktreiche Durchführung der Nutzwertanalyse soll hier nicht geschildert werden (vgl. dazu *Ehrenberg/Kaeten-Ammon/Tepper 1983*), zumal sich am Ende mit der einstimmigen Auswahl des umfassenden Modelles 3D viele Meinungsverschiedenheiten relativierten.

Im Rahmen der Durchführung der Nutzwertanalyse waren insbesondere die Beschreibungen der Beurteilungskriterien für alle Beteiligten ein besonderes Ärgernis. Es zeigte sich nämlich, daß eine konfliktfreie Integration der verschiedenen Interessen in die Beschreibung der einzelnen Kriterien nicht möglich war (vgl. dazu im einzelnen *Ehrenberg/Kaeten-Ammon/Tepper 1983*, 202ff.). Das Kriterium "Aufgabenumfang des Bürgeramtes" z.B. bezog sich ursprünglich nur auf die Zahl der im Bürgeramt zusammenzufassenden Aufgaben und auf die Bedeutung dieser Aufgaben für die Bürger, die durch den Arbeitsanfall symbolisiert werden sollte. Die Mitarbeiter ergänzten diese Formulierung durch den Satz: "Für die Mitarbeiter ist die Qualität der Aufgaben von Bedeutung". Sie zeigten damit, daß ihre Auffassung von der Qualität einer Arbeitsaufgabe nicht der Zusammenfassung solcher Aufgaben entspricht, die aus Sicht des Bürgers häufig im selben Kontext anfallen. Hier war zwar nicht das Prinzip der Aufgabenzusammenfassung selbst strittig, wohl aber das Kriterium, nach dem diese Aufgaben auszuwählen sind. Ein anderes Beispiel für die Doppelbödigkeit der Diskussion über die Zielkriterien ist die Funktion der Dezentralisierung für die Beschäftigten und für die Bürger. Für die Bürger bedeutet die Dezentralisierung in erster Linie eine Zugangserleichterung zur Verwaltung, die Mitarbeiter haben diesen Punkt dagegen in erster Linie unter dem Aspekt des höheren Personalaufwandes und damit der Stellensicherung diskutiert.

Die Mitarbeiterinteressen waren wegen dieser unterschiedlichen Interpretationsmöglichkeiten der Zielkriterien durch die verschiedenen beteiligten Gruppen am "sichersten" im Ziel "Akzeptanz des Bürgeramtes durch die Mitarbeiter" verankert. Die Mitarbeiter-Arbeitsgruppe forderte daher ergänzende Formulierungen für dieses Kriterium. In diesen Ergänzungen wurden die Bedingungen erläutert, unter denen das Bürgeramt für die Mitarbeiter akzeptabel sein würde. Eine Reihe dieser Ergänzungsforderungen wiederholte Bestandteile anderer Zielkriterien (z.B. den Aspekt der Qualifizierung im Zielkriterium der Aufgabenzusammenfassung). Wegen dieser impliziten Doppelbewertung blieb die Formulierung des Kriteriums "Akezptanz" zwischen Projektgruppen und Mitarbeiter-Arbeitsgruppe umstritten. Aus der Sicht der Beschäftigteninteressen war es verständlich, daß die Mitarbeitervertreter im Beratungsgremium schließlich alle ihre Punkte diesem Zielkriterium gaben, das durch diesen Punkte-Block zum wichtigsten Ziel überhaupt wurde (vgl. dazu Abbildung 20). Dies war wiederum für alle anderen Mitglieder des Beratungsgremiums, die ihre Punkte differenzierter verteilt hatten, nicht akzeptabel.

Die widersprüchlichen Interessen konnten auch nach dem ersten Gewichtungsdurchgang in der erneut aufbrechenden Kriterien-Kritik nicht in gemeinsame Formulierungen gebracht werden. Als Ausweg wurde von den Mitarbeitern eine Trennung ihrer materiellen Forderungen von ihrem Interesse an der Sicherung dieser Forderungen im Realisierungsprozeß akzeptiert. Der im Zielkriterium "Akzeptanz" enthaltene Sicherungsaspekt wurde durch die folgende Erklärung ersetzt:

"Das Beratungsgremium betrachtet die Akzeptanz des Bürgeramtes durch die Mitarbeiter als eine wichtige Realisierungsbedingung für alle Bürgeramtsmodelle. In diesem Sinne macht sich das Beratungsgremium das Ziel der Sicherung der Arbeitsplätze und der Qualfikation zu eigen und erkennt an, daß die Gestaltung der räumlichen und sonstigen Arbeitsbedingungen wichtige Kriterien für die Akzeptanz aller Modelle durch die Mitarbeiter sind."

Durch diese Erklärung wurde die Sicherung der Mitarbeiterinteressen auf die Ebene der Realisierung der Modelle verschoben und die Zielkriterien wurden von einer Menge Ballast befreit. Allerdings enthalten die schließlich benutzten Zielkriterien weiterhin eine Reihe von auch für die Mitarbeiter wichtigen Festlegungen, z.B. die vollständige Bearbeitung der Aufgaben im Bürgeramt durch jeden Sachbearbeiter oder die geforderte hohe Qualität von Information und Beratung. Die Mitarbeiter–Arbeitsgruppe hat diese Verlagerung im nachhinein gebilligt. Dabei wurde davon ausgegangen, daß man mit der Garantieerklärung des Beratungsgremiums und mit der Auswahl des auch für Mitarbeiter interessanten Modelles 3D mehr erreicht habe, als an Bedeutung durch ein hohes Gewicht für das Ziel "Akzeptanz durch die Mitarbeiter" herausgekommen wäre.

Abbildung 20: Differenzen in der Kriteriengewichtung

	Zielkriterien:	1. Runde	2. Runde	3. Runde
1.	Akzeptanz durch die Mitarbeiter	18,3 %	— %	— %[1]
2.	Qualität der Information und Beratung	10,4 %	13,4 %	12,4 %
3.	Räumliche Gestaltung des Bürgeramtes	9,9 %	7,3 %	6,6 %
4.	Vollständige Aufgabenbearbeitung	7,8 %	9,4 %	10,6 %
5.	Regelung der Kompetenzen	7,1 %	7,6 %	7,7 %
6.	Bearbeitung zusammenhängender Aufgaben	6,7 %	9,0 %	9,6 %
7.	Umfang des Beratungsangebotes	6,5 %	7,9 %	8,1 %
8.	Zuständigkeit der Mitarbeiter	6,1 %	8,7 %	8,8 %
9.	Aufgaben mit hohem Bürgerbezug	5,8 %	8,6 %	7,4 %
10.	Erreichbarkeit des Bürgeramtes	5,7 %	6,5 %	7,1 %
11.	Umfang des Informationsangebotes	4,8 %	6,8 %	7,6 %
12.	Regelung der Informationswege	4,6 %	5,4 %	5,2 %
13.	Beschleunigung der Anliegensbearbeitung	3,6 %	4,3 %	3,7 %
14.	Anpaßbarkeit an neue Entwicklungen	2,7 %	5,1 %	5,2 %
Summen		100 %	100 %	100 %

[1] Das Kriterium entfiel, vgl. dazu den vorhergehenden Absatz

Wie im Kapitel über die Arbeit des Beratungsgremiums noch beschrieben wird, einigten sich die verschiedenen Interessengruppen letztlich auf das weitestgehende Modell, das Modell 3D. Für die Phase der Auswahl eines DV-Modelles bestand zwar formal ebenfalls das Angebot der Beteiligung für die Mitarbeiter, es fehlte aber an DV-Wissen und wohl auch an Interesse für dieses aus der Sicht der Beschäftigten gegenüber den Organisationszielen nachrangige Problem.

c) Einrichtung und Eröffnung des Bürgeramtes

Ab Frühjahr 1983 konzentrierte sich die Mitarbeiter-Arbeitsgruppe auf die sie interessierenden Aspekte der Realisierung des ausgewählten Bürgeramtsmodelles, das waren zunächst die Raumgestaltung und das Schulungskonzept. Weiter wurde in Zusammenarbeit mit dem Personalrat und der Gewerkschaft ÖTV eine Dienstvereinbarung entworfen, die die in der Erklärung des Beratungsgremiums gemachten Versprechen stärker absichern sollte.

Die Raumplanung wurde zunächst vom Hauptamt der Stadt Unna und dort insbesondere vom späteren Amtsleiter des Bürgeramtes durchgeführt. Die Pläne wurden rechtzeitig mit der Mitarbeiter-Arbeitsgruppe besprochen, neben Zeichnungen wurde auch ein Modell angefertigt. Zwei eng verknüpfte Probleme waren im Rahmen der Raumplanung für die Mitarbeiter besonders interessant. Die vorhandenen Räume lassen es trotz umfangreicher Umbaumaßnahmen nicht zu, den Publikumsverkehr völlig gleichmäßig an die einzelnen Bearbeitungsplätze zu lenken. Es lassen sich auch nur 6 Publikumsbedienungsplätze einrichten, die bisher üblichen Nachbearbeitungsplätze mußten beibehalten werden. Publikumsbedienungs- und Nachbearbeitungsplätze wurden in drei Raumgruppen unterteilt, die die angestrebte Gruppenarbeit ermöglichen. Um sowohl Gruppenarbeit wie Belastungsverteilung zu erreichen, wurde innerhalb der einzelnen Gruppen ein wöchentlicher Wechsel von Publikumsbedienung und Nachbearbeitung verabredet und alle vier Wochen tauscht die ganze Gruppe ihre Arbeitsplätze mit einer anderen Gruppe. Im Rahmen dieser Diskussionen spielte neben der Sicherstellung der Allround-Sachbearbeitung und der gewünschten Gruppenarbeit auch das Problem eine Rolle, daß den Bürgeramtsmitarbeitern auf diese Weise kein "persönlicher" Schreibtisch mehr zur Verfügung steht. Vorübergehend sorgten auch die Ideen, eine Spielecke für Kinder einzurichten und Namensschilder mit Vor- und Nachnamen einzuführen, für Aufregung. Die Mitarbeiter bekamen — ebenso auch die Bürger — die Gelegenheit, an der Bemusterung der Möbel teilzunehmen und die Angebote zu bewerten, die bestellten Möbel entsprachen ihren Wünschen.

In der Mitarbeiter-Arbeitsgruppe wurde sehr großer Wert auf die Beeinflussung des Schulungsprogrammes gelegt. Die Arbeitsgruppe befaßte sich frühzeitig und intensiv mit dieser Frage. Die während der ganzen Projektlaufzeit wiederholt aufgestellten Forderungen nach Schulungsmaßnahmen intensivierten sich nach der Verabschiedung des Organisationsmodelles. Das von den Projektgruppen vorgestellte Schulungskonzept wurde grundsätzlich unterstützt, die Mitarbeiter-Arbeitsgruppe bemühte sich dabei vor allem, den Kreis der zur Teilnahme vorgesehenen Mitarbeiter zu vergrößern. Die einzelnen Schulungsveranstaltungen wurden in Sitzungen der Mitarbeiter-Arbeitsgruppe als zufriedenstellend beurteilt. Dabei wurde jedoch immer betont, daß diese Maßnahmen nur den Beginn von umfassenden Qualifizierungsmaßnahmen darstellen könnten.

Als langwierige Angelegenheit erwies sich die Durchsetzung einer Dienstvereinbarung für den Betrieb des Bürgeramtes. Die Konzeption dieser Dienstvereinbarung geschah vor allem durch den Personalrat und den örtlichen ÖTV–Geschäftsführer, alle Entwürfe wurden jedoch eingehend mit der Mitarbeiter–Arbeitsgruppe besprochen, und die Entwicklung der Verhandlungen mit der Verwaltungsspitze wurde regelmäßig diskutiert. Auf Einzelheiten dieser Auseinandersetzung wird bei der Schilderung der Personalratsaktivitäten eingegangen, weil der Personalrat für den Abschluß der Dienstvereinbarung seitens der Mitarbeiter "zuständig" ist.

d) Gestaltung und Bewertung von neuen Programmen

Das erste im Bürgeramt installierte DV–Programm war das (kommerzielle Standard)–Programm für den Bereich Einwohnermeldewesen. Die Erfahrungen mit diesem Programm führten zu einer Mängelliste, die sich durch die Überarbeitung des Programmes durch den Hersteller inzwischen erledigt hat. Im Kontrast zu dieser komplizierten und manchmal auch umständlichen (alten) Version des Programmes für das Einwohnermeldewesen entwickelte das Projekt erstmals für die damals kurz bevorstehenden Bundestagswahlen ein Programm zur Abwicklung der Briefwahlanträge im Bürgeramt. Dieses Programm war vergleichsweise einfach handhabbar, verschiedene Mitarbeiter des Bürgeramtes meinten, daß "dies das beste Programm ist, das wir haben". Die Beschäftigten des Bürgeramtes konnten also durch die sukzessive Einführung der Programme lernen, die Konstruktionsprinzipien der Programme zu vergleichen und ihre Anforderungen an Programme zu präzisieren. Die beteiligten Benutzer nutzten ihre Erfahrungen vor allem bei der Maskengestaltung. Neben der Bestimmung des jeweiligen Maskeninhalts ging es auch um die Maskenfolge und um die Selbsterklärungsfähigkeit von Begriffen.

Einen wichtigen Aspekt des Erfahrungsgewinns und damit der Gestaltung stellt die abschließende Bewertung der fertigen Programme dar. Die Bewertung eines neu installierten Programmes wurde beim von der GMD entwickelten Programm für die Ausstellung und Verlängerung von Fischereischeinen ausprobiert. Als Arbeitsgrundlage für die Bewertung des Programmes dienten die im Zuge der Diskussion über das Organisationsmodell von den Beschäftigten intensiv diskutierten Zielkriterien. Die Beschäftigten sollten sich nun die Frage stellen, in welchem Maße das neue Programm die gemeinsam verabschiedeten Ziele des Bürgeramtes unterstützt. Teilnehmer an der "Abnahme"–Runde waren der Bürgeramtsleiter, zwei Mitarbeiter des Bürgeramtes (die bereits mit dem Programm gearbeitet hatten), der bisher für diese Aufgabe zuständig gewesene Mitarbeiter des Ordnungsamtes und die Bürgeranwältin.

Alle Funktionen des Programmes wurden den Beteiligten (noch mal) vorgeführt. Bei der Vorführung wurden von den Teilnehmern erneut Mängel festgestellt. Nach dieser (fachlichen) Kritik an Programmteilen wurde in einem zweiten Beurteilungsschritt über die Bedeutung des Programmes für die Idee des Bürgeramtes gesprochen. Die Teilnehmer stellten eine hohe Übereinstimmung mit den aufgestellten Zielen fest. Der Zielvergleich zeigte aber auch nicht erfüllte Bürgeramtsziele. Hierzu gehörte insbesondere der Informations– und Beratungsumfang und die –qualität. Eine weitere Annäherung an die Idee des Bürgeramtes würde sich durch eine Ausweitung des Informations– und Beratungsumfanges zu den Themen Fischen, Fischgewässer, Vereine und Fischereiprüfung ergeben. Ein anderer Anlaß für Bedenken waren die geringen Qualifikationsanforderungen, die die Aufgabe und damit auch das Programm an die Benutzer stellt. Vor dem Hintergrund dieses Aspektes wurde Wert auf eine Schulung über die gesetzlichen Grundlagen der Ausstellung von Fischereischeinen gelegt.

4.3.1.5 Personalrat

Der Personalrat hat der Durchführung des Projektes als Teil der Antragstellung zur Bewilligung einer finanziellen Förderung des Projektes durch das Bundesforschungsministerium zugestimmt. Später stimmte er den für die Ist–Erhebung notwendigen Arbeitsplatzuntersuchungen und Befragungen zu. Entsprechend den Projektzielen wie auch dem Personalvertretungsgesetz war der Personalrat der Stadtverwaltung Unna darüber hinaus von Beginn der Projektarbeiten an wichtiger Ansprechpartner für Mitarbeiterbelange. Der Personalratsvorsitzende war Mitglied des Lenkungsausschusses (Beratungsorgan des Bundesministers für Forschung und Technologie) und des projektsteuernden Beratungsgremiums. Seit Januar 1982 nahm ein Mitglied des Personalrates auch an den Sitzungen des parlamentarischen Beirates für das Projekt teil.

Der Personalrat informierte die Belegschaft in seinen Hausmitteilungen über das Projekt. Besonders hervorzuheben ist die enge Zusammenarbeit, die sich zwischen Personalrat und Mitarbeiter–Arbeitsgruppe entwickelte. Seit Mitte des Jahres 1982 nahmen Personalratsvertreter regelmäßig an Sitzungen der Mitarbeiter–Arbeitsgruppe teil; in der Personalratswahl 1984 wurde der Sprecher der Mitarbeiter–Arbeitsgruppe in den Personalrat gewählt.

Ausdruck der engen Abstimmung zwischen Personalrat und Mitarbeiter–Arbeitsgruppe war insbesondere die im Rahmen der Berichterstattung über die Mitarbeiter–Arbeitsgruppe schon beschriebene Diskussion der Zielkriterien. Die Diskussion der Zielkriterien und die Vorbereitungen des Personalrates auf die Gewichtung geschahen in Sitzungen der Mitarbeiter–Arbeitsgruppe. Zu diesem Zweck nahmen 3 Mitglieder des Personalrates und der örtliche ÖTV–Geschäftsführer an den Sitzungen teil. Ein anderer Ausdruck der Verknüpfung war die intensive gemeinsame Diskussion von Personalrat und Mitarbeiter–Arbeitsgruppe über den Charakter der vom Stadtdirektor für das Bürgeramt erlassenen Dienstanweisung und über die vorgeschlagene Dienstvereinbarung.

Bei der Formulierung des Entwurfes für eine Dienstvereinbarung und auch bei den Verhandlungen mit dem Stadtdirektor lag die Initiative eindeutig beim Personalrat. Die Formulierung eines Entwurfes geschah in erster Linie durch den Personalratsvorsitzenden, der sich mit dem örtlichen ÖTV–Geschäftsführer abstimmte. Der Entwurf wurde in einer kleinen Runde überarbeitet. Diese überarbeitete Fassung wurde mit der Mitarbeiter–Arbeitsgruppe besprochen und nach nochmaliger Überarbeitung dem Stadtdirektor übergeben. Die Verwaltungsspitze zögerte lange mit der Aufnahme von Verhandlungen. Ihre Bedenken wurden in einer Sitzung des Beratungsgremiums kurz angedeutet: Pausenzeiten bei dauernder Bildschirmarbeit, die Festschreibung der Zahl der notwendigen Bürgeramtsmitarbeiter und die erforderliche Gesundheitsuntersuchung. Die Verwaltungsspitze stimmte letztlich weitgehend dem Entwurf des Personalrates zu.

Der Abschluß einer Dienstvereinbarung ist selbst eine beachtenswerte Tatsache, da die kommunalen Spitzenverbände Dienstvereinbarungen prinzipiell vermeiden wollen (vgl.

dazu auch den Bericht über das Projekt Schulis). Die Dienstvereinbarung schreibt darüber hinaus im einzelnen eine Reihe von gewerkschaftlichen Forderungen fest. Sie bestimmt ausdrücklich, daß im Bürgeramt Mischarbeitsplätze geschaffen werden. Sie begrenzt den Anteil der Bildschirmarbeit im Rahmen eines solchen Arbeitsplatzes auf 50 Prozent, sie schreibt die Allround–Sachbearbeitung als Regelfall im Bürgeramt vor, gibt den Beschäftigten einen Anspruch auf fachliche Schulungen und betont die Freiwilligkeit der Beschäftigung im Bürgeramt durch ein Recht der Beschäftigten auf gleichwertige Versetzung. Daneben werden — wie üblich — Gesundheitsuntersuchungen, ergonomische Gestaltung der Arbeitsplätze und die Mitsprache des Personalrates geregelt. Die Präambel der abgeschlossenen Dienstvereinbarung betont ausdrücklich, daß das Bürgeramt nicht der Rationalisierung dienen soll, sondern in erster Linie der Verbesserung des Bürgerservices.

4.3.1.6 Gewerkschaft ÖTV

Wie schon erwähnt, ist ein großer Teil der Belegschaft bei der Gewerkschaft ÖTV organisiert. Über die normale Zusammenarbeit mit gewerkschaftlich organisierten Personalräten und den Vertrauensleuten hinaus waren ÖTV–Vertreter Mitglieder in Projektgremien. Der örtliche Geschäftsführer war Mitglied im Beratungsgremium, der Hauptabteilungsleiter Gemeinden in der ÖTV–Hauptverwaltung war Mitglied im Lenkungsausschuß.

Zu Beginn des Projektes gab es ein reges Interesse der ÖTV am Bürgeramt. Auf gewerkschaftlichen Fortbildungsveranstaltungen wurden Teilnehmer aus der Stadtverwaltung Unna um Stellnahmen gebeten. Es fanden Gespräche von Mitgliedern der Haupt– und Bezirksverwaltung mit Personalräten und der Mitarbeiter–Arbeitsgruppe statt. Es wurde eine ständige gewerkschaftliche Begleitung des Projektes erwogen, über die Beschäftigung eines Stipendiaten der Hans–Böckler–Stiftung für 3 Monate kam diese Idee aber nicht hinaus. Nach der Verabschiedung des Organisationsmodelles war ein Interesse der überörtlichen Gewerkschaftsgliederungen am Projekt nicht mehr festzustellen. Die örtlichen ÖTV–Funktionäre und -Mitglieder waren im wesentlichen auf sich gestellt.

4.3.2 Prozeß und Ergebnisse der Bürgerbeteiligung

4.3.2.1 Befragungen und Gespräche

a) Publikumsbefragung

Um nähere Informationen über die Probleme des Bürgers mit der Stadtverwaltung Unna zu erfahren, führten die Projektgruppen zu Projektbeginn eine Publikumsbefragung durch, an der sich 592 Besucher der Stadtverwaltung beteiligten. Der Fragebogen wurde so gestaltet, daß das Interview mit einem Besucher in zwei Teilen (bei Betreten und Verlassen des Amtes) durchgeführt werden konnte. Die Zweiteilung des Interviews hatte den Sinn, die Erwartungen der Besucher vor dem Gespräch mit dem Sachbearbeiter den unmittelbaren Erfahrungen nach dem Verwaltungsbesuch gegenüberstellen zu können. Wesentliche Ergebnisse der Publikumsbefragung waren genauere Beschreibungen von

Zugangshindernissen, von Bearbeitungsmängeln und vor allem auch die Beschreibung von realen Aufgabenzusammenhängen aufgrund des Anliegens der befragten Bürger (vgl. nähere Einzelheiten bei *Liedtke 1984b*).

b) Bürgerbefragung auf dem alten Marktplatz

Im Rahmen eines Informationsstandes haben die Projektmitarbeiter mit etwa 300 Bürgern über das Bürgeramt oder über Schwachstellen der Verwaltung gesprochen. Diese Gespräche erbrachten 76 verschiedene Hinweise auf Verwaltungsmängel. Eine Liste dieser Mängel wurde an die jeweiligen Ämter weitergeleitet. 160 der rund 300 Bürger waren zusätzlich bereit, einen kurzen Fragebogen auszufüllen. Die Bürger wurden gebeten, 3 ihnen besonders wichtige Vorschläge für eine bürgerfreundliche Verwaltung aus einer Liste von insgesamt 9 Vorschlägen auszuwählen. Mit den beiden (logisch zusammengehörenden) Fragen nach dem Wert von umfassenden Informationen und einer ausführlichen Beratung haben die befragten Bürger hier einen deutlichen Schwerpunkt gesetzt (29% der Nennungen). Die übrigen zur Auswahl gestellten Verbesserungsmöglichkeiten wurden aber ebenfalls noch häufig betont: verbesserte Zuständigkeiten, schnelle Bearbeitung und freundliche Bedienung erhielten jeweils rund 15% der Nennungen. 40 der befragten Bürger baten um weitere schriftliche Informationen. Sie hinterließen dazu ihre Adresse. Mit den angeforderten Informationen wurde ihnen gleichzeitig eine Einladung zu einer Bürgerversammlung überreicht.

c) Vorstellung des Planungsstandes in verschiedenen Gremien

Zu Beginn des Projektes wurden die Stadtratsfraktionen über die Bürgeramtsplanung und über die bisherigen Arbeiten informiert. Bei der SPD waren 35 Parlamentarier und sachkundige Bürger anwesend, bei der CDU und der FDP 29 Parlamentarier und sachkundige Bürger (gemeinsame Sitzung der beiden Fraktionen). Den Teilnehmern wurden zunächst die grundsätzlichen Ziele des Projektes und die Beteiligungsorganisation vorgestellt. Dann wurden die Vorgehensweise bei der Ist–Aufnahme und erste Ergebnisse aus der Publikumsbefragung, aus der Mitarbeiterbefragung und aus der Arbeit der Bürgeranwältin berichtet. Abschließend ging die Projektgruppe dann noch auf das weitere Vorgehen ein.

In ähnlicher Weise wurde das Projekt auch in anderen Veranstaltungen vorgestellt. Während die Fraktionen des Rates kaum über die ihnen vorgetragenen Inhalte diskutierten, gab es insbesondere im Gespräch mit den Mitgliedern des SPD–Stadtverbandes Unna und den Mitgliedern des Kreisvorstandes ÖTV Unna intensive Diskussionen. Am Ende dieser Diskussionen wurde jeweils eine Empfehlung zur Unterstützung des Projektes ausgesprochen.

Im Frühjahr 1983 wurden die Fraktionen mit den Entscheidungen der Projektgremien für das Modell 3D vertraut gemacht. Durch Presseveröffentlichungen wurde lediglich bekannt, daß die CDU–Fraktion die Einbeziehung von Sozialamtsaufgaben in das Bürgeramt ablehnt. Nähere Einzelheiten, soweit sie bekannt sind, werden im Zusammenhang mit der Entscheidung für die Realisierung des Bürgeramtes durch den Hauptausschuß geschildert.

4.3.2.2 Tätigkeit und Ergebnisse des Bürgerarbeitskreises

Dem Kreis der an einer Beteiligung interessierten Bürger wurde mit der Einrichtung des Bürgerarbeitskreises Gelegenheit gegeben, auf der Basis ihrer Verwaltungserfahrungen zur Verbesserung der Verwaltungsleistungen und des Verwaltungshandelns beizutragen. Die Einbringung der Arbeitsergebnisse in den parlamentarischen Beirat, das Beratungsgremium und die Projektgruppe erfolgte durch die Bürgeranwältin. Durch sie wurde der Bürgerarbeitskreis auch mit den notwendigen Informationen versorgt.

a) Konstitution, Zusammensetzung und Beteiligung

Der Bürgerarbeitskreis wurde erst relativ spät gegründet, die erste Sitzung fand ein Jahr nach Gründung der Mitarbeiter–Arbeitsgruppe statt. Die Projektgruppen waren der Meinung, daß für die direkte Beteiligung von Bürgern Vorleistungen im Sinne von Ergebnissen der Ist–Analyse und von Modellvorschlägen vorliegen müßten, damit die Motivierung der Bürger nicht durch längere Arbeitsunterbrechungen beeinträchtigt würde. Die Gründung des Bürgerarbeitskreises wurde den den Projektgruppen bekannten Interessenten (z.B. als Folge von Gesprächen der Anwaltsplanerin) schriftlich mitgeteilt. Dem zur gleichen Zeit an rund 4.500 Haushalte verteilten Fragebogen zur Bürgerumfrage wurde ein entsprechender Hinweis beigelegt. Schließlich berichtete die Presse über die Gründung.

Abbildung 21: Zahl der Sitzungen des Bürgerarbeitskreises (1982 - 1985)

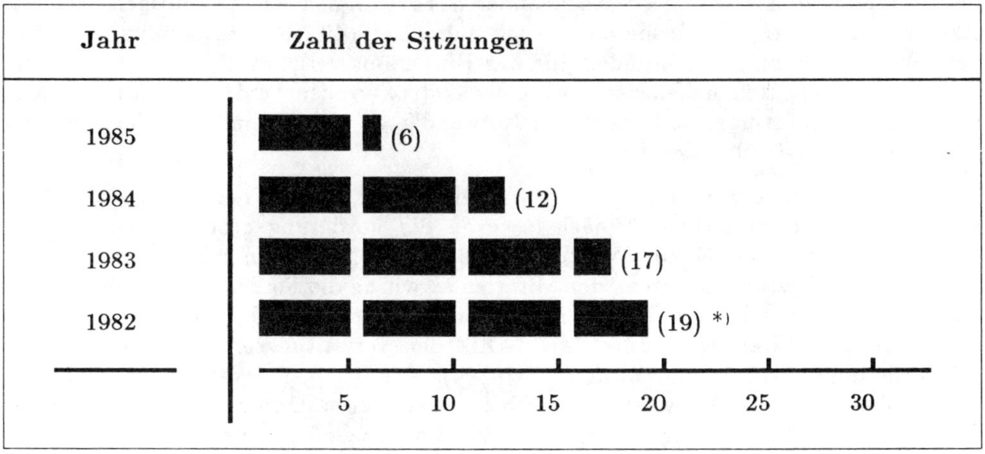

*) Auf der Basis der Monate August bis Dezember 1982 (8 Sitzungen) auf das ganze Jahr hochgerechnet

Eine förmliche Mitgliedschaft im Bürgerarbeitskreis ist nicht vereinbart worden, Angaben über die Beteiligung sind daher etwas problematisch. Trotz einer breiten Öffentlichkeitsarbeit erschienen zu der ersten Sitzung des Bürgerarbeitskreises nur 17

Bürger und Bürgerinnen (vgl. *Ehrenberg/Kaeten-Ammon/Tepper 1983*, 122f.) Bereits in der zweiten Sitzung sank die Teilnehmerzahl auf 8 Bürger. Im Laufe der Zeit haben 30 verschiedene Bürger an Sitzungen des Bürgerarbeitskreises teilgenommen und an 33 Bürger wurden regelmäßig Protokolle der Sitzungen verschickt. 12 der erwähnten 30 Teilnehmer haben nur einmal eine Sitzung besucht, 7 Bürger haben bis zu dreimal teilgenommen, 5 Bürger haben an fast allen Sitzungen des Bürgerarbeitskreises teilgenommen. Seit der 13. bzw der 15. Sitzungen nehmen je ein weiteres Mitglied regelmäßig teil.

Bis Dezember 1985 haben 43 Sitzungen des Bürgerarbeitskreises stattgefunden, einen Überblick über die Sitzungsfrequenz vermittelt Abbildung 21. Die Zahl der Sitzungen geht auch hier ähnlich wie bei der Mitarbeiter–Arbeitsgruppe zum Projektende zurück. An den insgesamt 43 Sitzungen haben im Durchschnitt 6 Bürger teilgenommen. Im Mai 1985 hat der Bürgerarbeitskreis seine Arbeit vorübergehend eingestellt, weil er über die Zähigkeit der Umsetzung seiner Forderungen frustriert war. Im September 1985 fand dann doch wieder eine Sitzung statt.

b) Ergebnisse der bisherigen Arbeit

Das greifbarste Ergebnis des Bürgerarbeitskreises besteht in einer Liste mit 37 Forderungen (vgl. dazu einen Auszug in Abbildung 22). Viele der geforderten Verbesserungen sind gleichlautend mit Projektvorstellungen, z.B. Aufgabenzusammenfassung, Ausfüllhilfen bei schwierigen Formularen, Überarbeitung von Formularen. Der Bürgerarbeitskreis unterstrich damit die Bedeutung dieser Maßnahmen und setzte sich für eine schnelle und konsequente Realisierung ein. In zwei Punkten kommt der Bürgerarbeitskreis zu wesentlich anderen Ergebnissen als die übrigen am Projekt beteiligten Gruppen, insbesondere gegenüber den Mitarbeitern. Einmal wird eine verlängerte Öffnungszeit zumindest für das Bürgeramt verlangt, zum anderen betont der Bürgerarbeitskreis neben den notwendigen strukturellen Veränderungen (wie Aufgabenzusammenfassung etc.) auch die Notwendigkeit von Verhaltensänderungen der Beschäftigten gegenüber den Bürgern.

Die Verlängerung der Öffnungszeiten war eines der ersten Themen, das der Bürgerarbeitskreis diskutierte. Zunächst wurde die Forderung erhoben, daß die gesamte Verwaltung an einem Wochentag bis 18.oo Uhr geöffnet sein sollte. Aufgrund von Widerständen seitens der Mitarbeiter wurde die Forderung mittlerweile auf das Bürgeramt beschränkt. Diese Forderung der überwiegend berufstätigen Bürger im Bürgerarbeitskreis wird durch die Kritik der Verwaltungserreichbarkeit aus der Bürgerumfrage gestützt (vgl. *Liedtke 1984b*, 94). Das Drängen des Bürgerarbeitskreises stieß insbesondere bei Verwaltungsmitarbeitern auf taube Ohren, sie setzen dabei offensichtlich auf das in ihrer strategischen Position mögliche "Aussitzen" der unangenehmen Forderung. Die Projektgruppen versuchten, die Diskussion durch eine an den Erfahrungen anderer Städte orientierte (von der KGSt erhobene) Zusammenstellung von Pro– und Contra–Argumenten und durch die Diskussion konkreter Modelle der Arbeitszeitveränderung (inklusive von Kompensationen für die Beschäftigten) zu öffnen. Ernsthafte Diskussionen blieben bisher zwar aus, das Thema ist jedoch noch nicht abgeschlossen (z.B. ergeben sich neue Ansatzpunkte für die Diskussion über die Forde-

Abbildung 22: Besondere Forderungen des Bürgerarbeitskreises an das Bürgeramt (Auszug aus der Forderungsliste)

Forderungen	Realisierung vorgesehen für		
	1. Stufe	2. Stufe	3. Stufe
Öffnung der Verwaltung an einem Tag bis 18.oo Uhr	Nein		?
Weitere Nebenstelle in Königsborn			?
Dolmetscher für ausländische Mitbürger			?
Ausdruck von Telefonnummern der Sachbearbeiter im öffentlichen Telefonbuch	Nein		
Fachliche und menschliche Qualifikation der Sachbearbeiter (Schulung)	Ja		
Behindertengerechter Zugang	Ja		
Auskunft über eigene Daten	Ja		
Separate Räume für vertrauliche Gespräche	Ja		

Ja = Realisierung vorgesehen; Nein = Realisierung abgelehnt; ? = Bedarf wird noch geprüft

rung des Bürgerarbeitskreises durch die im Herbst 1985 durchgesetzte Verlängerung von Öffnungszeiten in der Verwaltung einer Nachbargemeinde).

Hinsichtlich der Organisationsmodelle für das Bürgeramt entschied sich der Bürgerarbeitskreis ebenso wie die anderen Gruppen und Gremien für das weitestgehende Modell 3D. Für die intensive Diskussion der verschiedenen Modelle wurden 5 Sitzungen verwandt. Die besondere Sichtweise des Bürgerarbeitskreises kommt in den zusätzlichen Maßnahmen zum Ausdruck, die die beteiligten Bürger für notwendig halten. Die Forderung nach einem Dolmetscher für ausländische Mitbürger oder die Möglichkeit, Rechtsauskünfte zu erhalten bzw. zumindest an zuständige Institutionen verwiesen zu werden, wurden z.B. zusätzlich erhoben. Ebenfalls in die Richtung der inhaltlichen und organisatorischen Abrundung geht die Empfehlung, daß die Informationstiefe nicht zugunsten der Informationsbreite vernachlässigt werden darf. Besonderer Wert wurde jedoch auf Verhaltensänderungen der Beschäftigten gelegt. Die routinemäßige Abfertigung, sozusagen die alltägliche "Freundlichkeit" der Sachbearbeiter, wird auf seiten der Bürger als unfreundlich bewertet. In dieser Haltung wurde der Bürgerarbeitskreis auch von der Anwaltsplanerin bestätigt, die aufgrund ihrer Beobachtungen zu einer ähnlichen Kritik des Verhaltens der Beschäftigten gekommen ist. Der Bürgerarbeitskreis setzte sich vor diesem Hintergrund für Verhaltensschulungen der Beschäftigten ein. Es ist sicherlich ein Verdienst des Bürgerarbeitskreises, daß die Verwaltungsführung diesem Aspekt große Aufmerksamkeit schenkt.

c) Versuche zur Einflußvergrößerung

Ein besonderes Problem des Bürgerarbeitskreises stellte sein im Vergleich zu den anderen Beteiligten relativ geringer Einfluß dar. Die Mitglieder des Bürgerarbeitskreises verfügten — anders als die im Rahmen des Projektes beteiligten Ratsvertreter und Beschäftigten — weder über deren formale Rechte noch über deren informelle Einflußkanäle. Einen ersten Versuch zur Verbesserung seiner Lage machte der Bürgerarbeitskreis mit dem Antrag, wie die anderen Gruppen durch ein Mitglied im Beratungsgremium vertreten zu sein. Die Ratsmitglieder im Beratungsgremium sahen in der Teilnahme und Stimmberechtigung eines nicht–parlamentarischen Bürgergremiums einen möglichen Widerspruch zu ihrer demokratischen Legitimation. Dieses Argument wurde zwar von Ratsmitgliedern genannt, sie spielten es aber nicht in den Vordergrund. Durchschlagender war der Hinweis der Verwaltungsseite, daß das Beratungsgremium eine verwaltungsinterne Instanz sei und daß verschiedene Verwaltungsinterna (vor allem Personalangelegenheiten) nicht für die Öffentlichkeit bestimmt sein könnten. Der Bürgerarbeitskreis erschloß sich daraufhin Auswege. Er wandte sich einige Male an die Presse, vor allem initiierte er aber Diskussionsforen. Auf seine Anregung hin kam es zu einer öffentlichen Podiumsdiskussion, es gab gemeinsame Sitzungen des Bürgerarbeitskreises mit dem Beirat und mit der Mitarbeiter–Arbeitsgruppe.

4.3.2.3 Zur Tätigkeit des parlamentarischen Beirates

4.3.2.3.1 Zusammensetzung des Beirates und Sitzungsteilnahme

Am 10. März 1981 konstituierte sich der parlamentarische Beirat des Rates der Stadt Unna zum Projekt "Bürgeramt". Dem Beirat gehören 5 Mitglieder an. Die SPD und die CDU stellen je zwei Mitglieder, die FDP stellt ein Mitglied. Es ist zur Regel geworden, daß die Bürgeranwältin an den Sitzungen des Beirates teilnimmt, seit dem 13. Januar 1982 nimmt auch ein Vertreter des Personalrates teil.

Der Beirat hat seit Projektbeginn 15mal getagt. Während der ersten 6 Sitzungen (Zeitraum März 1981 bis Juli 1982) war die Teilnahme der Mitglieder stark schwankend, bei den danach folgenden Sitzungen haben fast ausnahmslos alle Mitglieder teilgenommen. Wegen der geringen Zahl "stimmberechtigter" Mitglieder ergab sich im Beirat oft die Situation, daß mehr "Gäste" (Projektgruppenmitglieder, Bürgeranwältin und Personalratsdelegierter) als Parlamentarier teilgenommen haben. Zwischen der Eröffnung des Bürgeramtes im Februar 1984 und dem Beginn der Implementation von Programmen der 2. Stufe im September 1985 hatte der Beirat nicht getagt. Bedingt durch die Personalveränderungen im Zusammenhang mit der Kommunalwahl 1984 hat sich die Zusammensetzung stark verändert.

4.3.2.3.2 Erläuterungen zu Themen des Beirates

Den größten Teil seiner Arbeit verwendete der Beirat auf die Aufgabe der kommunalpolitischen Begleitung des Projektes. Die Projektgruppen haben von den erfahrenen Kommunalpolitikern im Beirat viele Anregungen zur Konzipierung des Bürgeramtes und zur Durchführung des Projektes erhalten. Im Rahmen dieser Aufgabe wurde relativ häufig über das System der Gemeinsamen Kommunalen Datenverarbeitung im Kreis und die Bedingungen der konfliktfreien Weiterentwicklung von zentraler und autonomer Datenverarbeitung gesprochen. Die letzten Sitzungen des Beirates waren von der anstehenden Realisierung des Bürgeramtes geprägt, hier vor allem nahm der Beirat seine Aufgabe der Entscheidungsvorbereitung für den Rat wahr. Durch die drei folgenden Aspekte soll die Arbeit des Beirates verdeutlicht werden.

a) Datenverarbeitung und Datenschutz

Die Informationstechnik war in allen Sitzungen des Beirats ein wichtiges Thema. Die Beiratsmitglieder haben ihr Interesse an dieser Thematik schon in der ersten Sitzung betont, als sie weitere Sitzungen für Probleme der Datenverarbeitung und des Datenschutzes wünschten. In den Diskussionen des Beirates über die Datenverarbeitungsorganisation haben seine Mitglieder immer wieder das Bestreben signalisiert, eine "politische Kontrolle" der Informationstechnik durchzuhalten. Beispielsweise forderte ein Mitglied des Beirats, daß Datenverarbeitung nicht länger nur als ein organisatorisches Hilfsmittel zu betrachten sei, sondern auch als ein Thema für die Politik. Seit der ersten Sitzung war auch der Datenschutz ein Thema für den Beirat, er ließ sich über die diesbezüglichen Arbeiten der Projektgruppen regelmäßig informieren. Zu einer Kritik an den Aussagen der Projektgruppen kam es nicht. Die Beiratsmitglieder merkten dagegen "offensichtliche" Probleme an, z.B. das Fehlen von Sichtblenden zwischen den Bearbeitungsplätzen im Bürgeramt oder die Frage des "Mithörens". Im Parteikontext spielte die Datenschutzfrage eine größere Rolle. In einem Zeitungsartikel teilte die FDP mit, daß sie den Datenschutzfragen im Rahmen des Bürgeramtes eine große Aufmerksamkeit schenkt. Die CDU griff ein auch datenschutzrechtlich interessantes Problem auf, als sie sich gegen die Integration von Teilen des Sozialbereiches wandte.

b) Bürgeramtsorganisation

Die Projektgruppen haben dem Beirat die Gestaltungsalternativen in ihren jeweiligen Entwicklungsstufen vorgestellt. Die Diskussionen führten zu zwei wichtigen Bestätigungen für die Projektarbeit. Zunächst wurde der umfangreiche Katalog von Aufgaben für das Bürgeramt grundsätzlich bejaht, d. h. auch die Einbeziehung von Teilen des Sozial- und Bauamtes wurde unterstützt. Einige Einwände gegen bestimmte

Aufgaben (z.B. Aufgaben der VHS) blieben in diesen Diskussionen allerdings noch offen. Weiter wurden bei fast allen Mitgliedern des Beirates Sympathien für die Dezentralisierung des Bürgeramtes sichtbar. Der Beirat beschloß schließlich in konsequenter Fortführung seiner Wünsche nach Aufgabenzusammenfassung und Dezentralisierung die Realisierung des weitestgehenden Modells (3D), seine Bedenken hinsichtlich der Machbarkeit einiger Bestandteile dieses Modells stellte er zurück.

c) Vorbereitung der Ratsentscheidung über die Realisierung

Auch wenn sich der Beirat einstimmig auf das Modell 3D festlegte, so gab er in seinen Empfehlungen zur Formulierung einer Ratsvorlage den geäußerten Bedenken einen großen Stellenwert. Es sollte allen beteiligten Fraktionen eine Zustimmung zur Realisierung des Projektes Bürgeramt möglich gemacht werden. Der SPD kam dabei als Mehrheitsfraktion und als Befürworterin des Modelles 3D einschließlich sogar einer neu zu schaffenden Nebenstelle in diesem Verhandlungsprozeß die Rolle des Kompromißanbieters zu.

Zunächst schlug der Beirat eine Information der Fraktionen über die Einzelheiten des ausgewählten Modelles durch die Projektgruppen vor. Im Anschluß an diese Fraktionssitzungen präzisierten die CDU und die FDP ihre Bedenken. Die FDP hatte schon früher die ihrer Ansicht nach zu hohen Kosten der Verwaltungsnebenstellen kritisiert. Sie bekräftigte diesen Standpunkt noch kurz vor der Entscheidung über die Bürgeramtsrealisierung in der Presse. In der Diskussion im Beirat deutete die FDP aber eine Überprüfung ihrer Position an, wenn sich durch den Einsatz von Datenverarbeitung und durch die Erweiterung des Aufgabenkatalogs auch der Nebenstellen andere betriebswirtschaftliche Bedingungen nachweisen ließen. Die CDU faßte einen förmlichen Fraktionsbeschluß, der eine Zustimmung zur Realisierung empfahl. Bei der Interpretation der aufgeführten Bedingungen ergab sich zunächst der Eindruck, daß auch die CDU keinen Wert auf die Dezentralisierung des Bürgeramtes legen würde. Dies wurde in der Diskussion des Fraktionsbeschlusses aber korrigiert. Die teilweise auch in der Presse geführte Debatte über die Frage, ob Sozialamtsaufgaben im Bürgeramt durchgeführt werden sollten, hatte für den CDU-Beschluß als wesentliche Konsequenz bewirkt, daß bei einer stufenweisen Realisierung die Übernahme jeder einzelnen Aufgabe von einem vorhergehenden Beschluß des Rates bzw. des Hauptausschusses abhängig gemacht werden sollte.

Der Beirat einigte sich auf eine Beschlußvorlage für den Hauptausschuß, in der der Einrichtung des Bürgeramtes unter bestimmten Auflagen zugestimmt wurde. Diese Auflagen bestanden insbesondere in einer stufenweisen Entwicklung des Bürgeramtes. Die erste Stufe bestand in einer Erweiterung des Einwohnermeldeamtes um ein Informationsangebot. Die zweite Stufe bestand aus einer Übernahme von unproblematischen Aufgaben ins Bürgeramt. Für die dritte Stufe, die Übernahme der kritisch diskutierten Aufgaben Gewerbeangelegenheiten, persönliche und wirtschaftliche Hilfen nach dem BSHG sowie die Wohngeldangelegenheiten, wurde eine neue Entscheidung des Hauptausschusses zur Bedingung gemacht. Die Einrichtung einer neuen Nebenstelle wurde nicht fixiert, sondern die Verwaltung sollte zunächst Bedarf und Kosten detaillierter begründen. Hinsichtlich der DV-Entwicklung wurde ein "autonomes DV-System" für die Stadt Unna in Kooperation mit der GKD Unna vorgeschlagen. Der Hauptausschuß folgte dieser Beschlußvorlage im Prinzip, machte jedoch auch die Übernahme der "unproblematischen" Aufgaben der zweiten Stufe von einer vorherigen Beratung in diesem Ausschuß abhängig. Im Verfahren der Erstellung der Beschlußvorlage und im Realisierungsbeschluß selbst wurde also den Bedenken von CDU und FDP durch eine Auslagerung der strittigen Punkte zunächst Rechnung getragen.

4.3.2.4 Ergebnisse der Anwaltsplanung

Die prinzipielle Aufgabenstellung der Anwaltsplanung liegt in der Erfassung und Artikulation der Interessen der von uns so genannten "artikulationsschwachen" Bürgergruppen, die ihre für das Projekt relevanten Interessen nicht selbst oder durch Vertretungsorgane äußern können. Die in der Sozialwissenschaft übliche Bezeichnung Anwaltsplaner wurde von uns mit Bürgeranwältin übersetzt. Die Stelle wurde mit einer ortsfremden Sozialwissenschaftlerin besetzt, nachdem sich in der Stadtverwaltung Unna und auch im Ort niemand sonst für die Besetzung dieser Stelle fand. Die Bürgeranwältin hat sich selbst das weitergehende Ziel gesetzt, die von ihr vertretenen "artikulationsschwachen" Bürger langfristig dazu zu motivieren, ihre Vorstellungen von bürgernaher und -freundlicher Verwaltung selbst zu artikulieren. Die Bürgeranwältin schildert und bewertet ihre Arbeit in einem ausführlichen Abschlußbericht (vgl. *Ehrenberg 1985*), hier werden nur ihre wichtigsten Ergebnisse und Erfahrungen berichtet.

4.3.2.4.1 Arbeitsweise der Anwaltsplanung

Aus der Funktion der Anwaltsplanung ergibt sich nicht schon ihre Arbeitsweise. Die ersten Anwendungsfälle dieses Konzeptes lagen in der Stadtsanierung. Hier fungierten die Anwaltsplaner in erster Linie als fachkundige Vermittler zwischen Verwaltung und relativ gut *organisierten* oder zumindest deutlich *lokalisierbaren* Betroffenengruppen bzw. Bürgerinitiativen. Eine solche Situation ist bei der Einführung von Informationstechnik für die Seite der Bürger nicht gegeben. Die Zielgruppe der "artikulationsschwachen" Bürgergruppen ist diffus, die in diese Gruppe einzuordnenden Bürger sind über das Stadtgebiet verstreut und sie sind auch nicht in speziellen Initiativen, Vereinen etc. organisiert. Sie sind als lediglich *soziologisch* identifizierte Gruppe nicht wirklich greifbar.

Die Anwaltsplanung in Unna arbeitete unter diesen Umständen hauptsächlich *personenorientiert.* Typisch für die Arbeit der Bürgeranwältin in Unna war eine Arbeitsweise, die durch persönliche und telefonische Gespräche mit Bürgern und durch Gespräche mit Verwaltungsmitarbeitern gekennzeichnet ist. In einigen Fällen hat die Bürgeranwältin auch Bürger bei ihrem Verwaltungsbesuch begleitet und Erfahrungen der Konfrontation unterschiedlicher Sichtweisen und Verhaltensmuster gewinnen können. Weitere für sie relevante Erfahrungen konnte die Bürgeranwältin durch die Betreuung des Bürgerarbeitskreises gewinnen.

4.3.2.4.2 Erkenntnisse im Rahmen der Anwaltsplanung

Die Bürgeranwältin entdeckte durch die Begleitung von Bürgern bei Verwaltungsgängen und durch die Aufarbeitung von Verwaltungsverfahren zusammen mit den betroffenen Bürgern eine Reihe von Schwachstellen, die nach ihrer Einschätzung "durch teilweise geringfügige organisatorische Änderungen behebbar" wären. Formulare sind z.B. zu klein geschrieben, Bescheide inhaltlich nicht verständlich, es werden unbekannte Abkürzungen verwendet, die Beschilderung der Ämter ist mangelhaft, es bilden sich unnötige Warteschlangen durch eine schlechte Klientenverteilung, den Betroffenen werden keine Zwischenbescheide bei langwierigen Verfahren gegeben etc..

Daneben beschreibt die Bürgeranwältin aber auch Probleme, die kurz- und mittelfristig nicht lösbar sind. Sie kritisiert z.B. die Verwendung von Amtsdeutsch, sie verweist auf die Bedeutung von persönlichen Beziehungen, die manchen Verwaltungsklienten über die Hürden der Bürokratie helfen, oder sie vermutet, daß die Sachbearbeiter zwecks Erhaltung ihrer Machtposition kein Interesse an der rechtlichen Aufklärung der Bürger haben. Gerade durch ihre Erfahrungen mit der Bedeutung des persönlichen Verhaltens von Sachbearbeitern für die Behebung vieler dieser "kleinen" und doch so nachhaltigen Schwierigkeiten betont die Bürgeranwältin die Notwendigkeit von Schulungen der Sachbearbeiter. Diese Hinweise der Bürgeranwältin sind für das Projekt schwierig zu verarbeiten. Die Probleme, auf die die Bürgeranwältin hinweist, lassen sich mit Organisationsänderungen und mit dem Einsatz von Technik nur unzureichend lösen. Ihre Lösung ist oft eine Frage der Entwicklung eines klientenorientierten Bewußtseins bei den einzelnen Sachbearbeitern und ihren Vorgesetzten, die Artikulation dieser Probleme durch die Bürgeranwältin hat die Projektgruppen insofern zu einer Unterstützung der Forderung nach Verhaltensschulungen geführt. Darüber hinaus bleibt den Projektgruppen aber die Frage erhalten, ob die mit dem Bürgeramt verbundenen organisatorischen und technischen Veränderungen die Bildung dieses Bewußtseins behindern oder begünstigen.

4.3.2.4.3 Schwierigkeiten der Anwaltsplanung

Eine der wesentlichen Schwierigkeiten der Anwaltsplanung wurde bereits im Abschnitt über die Arbeitsweise der Anwaltsplanung erwähnt: Die geringe Organisation der Zielgruppe der Anwaltsplanung erschwert die Kontaktaufnahme außerordentlich. Die aus der geringen Organisierung folgende Notwendigkeit der Konzentration auf die sich bietenden Einzelfälle eröffnet zwar einerseits intensive Einblicke in das Verhältnis Bürger/Verwaltung, birgt aber andererseits auch Gefahren. Die von der Anwaltsplanung im Rahmen eines konkreten Falles festgestellten Mängel sind immer auch personifizierbar, die Anwaltsplanung muß daher aus der Sicht der Sachbearbeiter unangenehm sein und die Person des Anwaltsplaners erscheint dem Sachbearbeiter als "unsympathisch".

Eine zweite Schwierigkeit wurde im Projektverlauf zusehends deutlicher und prägender für die Arbeit der Bürgeranwältin. Zu Beginn des Projektes war zwar gesehen worden, daß die "Klienten" der Anwaltsplanung zu einem guten Teil auch Klienten des Sozialbereiches sein würden. Es bestand aber die Erwartung, daß die von der Bürgeranwältin aufgezeigten Mängel verallgemeinerbar sein würden. Mängel wie fehlende Transparenz, Belastungen durch knappe Zeitbudgets der Sachbearbeiter oder Koordinierungsmängel sind auch für das Einwohnermeldeamt relevant, ihre Brisanz bekommen solche Probleme jedoch erst im Rahmen einer komplexen Sachbearbeitung. Die vorhin vorgestellten Ergebnisse der Anwaltsplanung sind daher auch sehr deutlich durch die Erfahrungen aus dem Sozialbereich gefärbt. Diese Entwicklung ist für sich genommen nicht problematisch. Der Projektansatz mit seiner Komponente der Zusammenfassung von "einfachen und sofort zu erledigenden" Aufgaben führt aber zu anderen Schwerpunkten, als sie die Bürgeranwältin aus ihrer Erfahrung betont. Die Projektentwicklung brachte es obendrein mit sich, daß einige der für das Bürgeramt relevanten Aufgaben aus dem Sozialbereich erst in der dritten Stufe realisiert werden sollen.

4.3.2.5 Partizipative Projektsteuerung durch das Beratungsgremium

4.3.2.5.1 Beteiligung an den Sitzungen des Beratungsgremiums

Das Beratungsgremium hat bis zum Dezember 1985 32mal getagt und sich dabei mit allen wichtigen Projektfragen beschäftigt. Im Durchschnitt haben 6 der 9 Mitglieder an den 32 Sitzungen teilgenommen. Nachdem an den ersten 10 Sitzungen des Beratungsgremiums fast alle Mitglieder teilgenommen hatten, sank die Teilnehmerzahl danach deutlich ab, hielt sich aber bis zum Schluß auf dem angegebenen Durchschnittsniveau. Ähnlich wie in den anderen Beteiligungsgremien kam es parallel zu der Teilnehmerentwicklung zu einer Verringerung des Sitzungsrhythmusses (vgl. Abbildung 23).

Abbildung 23: Grad der Teilnahme an den Sitzungen des Beratungsgremiums

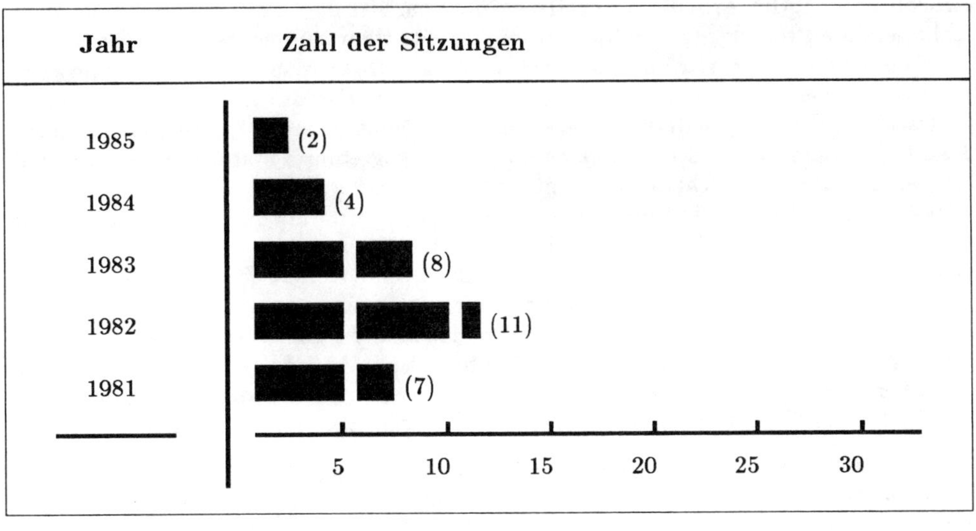

4.3.2.5.2 Zur Arbeitsweise des Beratungsgremiums

Das Beratungsgremium hat entsprechend seiner Aufgabe den Projektgruppen Empfehlungen zu allen wichtigen Projektangelegenheiten gegeben. Obwohl dem Beratungsgremium keine formell abgesicherten Entscheidungsrechte zukommen, wurde das Beratungsgremium einvernehmlich als zentrale Clearing-Stelle für das Projekt betrachtet. Die Arbeit des Beratungsgremiums ließe sich dabei unter zwei Stichwörtern zusammenfassen: Meinungsäußerung und Entscheidung. Typische Beispiele für "Meinungsäußerungen" waren z.B. die Erörterungen der für die verschiedenen Befragungen verwandten Fragebögen. Hier wurde über die Hinweise oder über die Kritik von Mitgliedern des Beratungsgremiums kein Meinungsbild hergestellt, sondern solche Beiträge wurden in den Projektgruppen überprüft und in der Regel auch berücksichtigt. Zum Arbeitstyp der "Meinungsäußerung" zählen auch eine Reihe von Berichten und Gesprächen, die für das "Klima" im Beratungsgremium wichtig waren. Vielfach waren Berichte über Projektereignisse und Randereignisse zugleich Berichte über jüngste Ereignisse. Solche Berichte sind noch nicht durch eine Reihe von Folgeereignissen in einen bestimmten Interpretationsrahmen gestellt, sie sind sozusagen noch "unzensiert", offen für Interpretationen und verschiedenartig rubrizierbar. Oft diente das Beratungsgremium auch zur Abstimmung von Vorgehensweisen. Neben der bewußten Absprache einer Strategie gab es auch die stillschweigende Bestätigung der in den Sitzungen vorgetragenen Arbeitsplanungen.

Im Rahmen dieses Arbeitstyps "Meinungsäußerung" wurden trotz des unverbindlichen Charakters viele Entscheidungen gefällt. Durch Meinungsäußerungen werden Standpunkte skizziert, die für die anderen Teilnehmer Orientierungen bieten. Man könnte dies als "heimliche" Projektsteuerung bezeichnen. Ein schönes Beispiel für die Wirksamkeit der "heimlichen" Projektsteuerung ist die Diskussion um die Durchführung der Schalterbeobachtung. Im Arbeitsplan der Ist-Aufnahme war die Schalterbeobachtung zwar enthalten, die Projektgruppe entdeckte aber bereits während der ersten Vorbereitungsarbeiten die Schwierigkeiten dieses Instruments. Die Diskussion in den Beteiligungsgremien zeigte, daß auch hier starke Bedenken formuliert wurden. Im Beratungsgremium protestierten die Mitarbeitervertreter gegen eine "Notengebung" für die Persönlichkeit des Mitarbeiters. Die Bürgervertreter im Beratungsgremium und Mitglieder des Beirats befürchteten, daß Schalterbeobachtungen insbesondere im Sozialbereich die Bürger stören würden. Unter dem Eindruck dieser Widerstände und dem zusätzlichen Gewicht der schwierigen Handhabbarkeit des Instruments "Beobachtung" wurde die Schalterbeobachtung zunächst verschoben und schließlich ohne weitere Diskussion in den Beteiligungsgremien von der Projektgruppe aufgegeben. In einer ähnlichen Weise verlief auch die Diskussion über die vom Bürgerarbeitskreis geforderte Verlängerung der Öffnungszeiten. Es wurde zwar mehrmals über dieses Anliegen geredet, bisher ergab sich aber noch keine Bewegung in den verschiedenen Auseinandersetzungspositionen (die Diskussion ist aber noch nicht abgeschlossen, vgl. dazu Abschnitt 4.3.2.2).

Entscheidungen im Sinne der mehrheitlichen Abstimmung gab es dagegen im Laufe des Projektes kaum. Von einer Abstimmung i.e.S. kann man nur bei der Auswahl eines Organisationsmodelles sprechen. Im Rahmen dieses Entscheidungsprozesses mußte über das Stimmrecht des Vertreters der Mitarbeiter-Arbeitsgruppe entschieden werden, was man — wenn man will — als eine besondere Entscheidung im Rahmen des gesamten

Verfahrens isolieren kann. Ferner trug das Problem der weiteren Verwertung von Projekterhebungen durch das Hauptamt den Keim eines offenen Entscheidungsprozesses in sich.

4.3.2.5.3 Nähere Erläuterungen zu wichtigen Themen des Beratungsgremiums

a) Weitergabe von Projekterhebungen an das Hauptamt

Die Verhinderung einer möglichen Weitergabe von Erhebungen des Projektes im Rahmen der Beschreibung der gegenwärtigen Arbeitsabläufe an das Hauptamt war zu Beginn des Projektes ein Anliegen der Mitarbeitervertreter. Ihre Befürchtungen liefen darauf hinaus, daß die Zeitaufschreibungen und auch die präzisere Beschreibung einer Aufgabe in den Händen des Hauptamtes zu Nachteilen für die Mitarbeiter führen könnten. Die Mitarbeitervertreter verlangten daher, daß die Erhebungen nicht ans Hauptamt weitergeleitet werden dürften. Das Hauptamt bestand aber seinerseits auf den Erhebungsergebnissen. Der Streit drohte zu einer Belastung des ganzen Projektes zu werden, löste sich aber in der 7. Sitzung des Beratungsgremiums auf, als der Erhebungsinhalt von der Projektgruppe detailliert beschrieben wurde (u.a. sollten die Zeitaufschreibungen von den Mitarbeitern nur in einer aggregierten Form durchgeführt werden). Das Hauptamt erklärte daraufhin, daß es kein Interesse an der Weiterleitung *dieser* Erhebungsergebnisse habe. Der Personalrat erteilte dann seine Zustimmung zur Durchführung der Ist–Aufnahme unter der Bedingung der Nicht–Weitergabe der Aufzeichnungen an das Hauptamt.

b) Auswahl eines Organisationsmodelles durch das Beratungsgremium

Bei der Entwicklung von Organisationsmodellen wurde das Beratungsgremium nicht mit fertigen Modellen konfrontiert, sondern es war in den Diskussions– und Entwicklungsprozeß einbezogen. Ein großer Teil der späteren Mitglieder des Beratungsgremiums hatte bereits an der Klausurtagung zum Start des Projektes teilgenommen, in der erste Kriterien für die Auswahl von Aufgaben und damit ein gewisser Organisationsrahmen entwickelt wurden. In der 7. Sitzung des Beratungsgremiums wurden den Mitgliedern die sich auf unterschiedliche Bedürfnisse von Bürgergruppen beziehenden Ansätze für die Entwicklung von Alternativen vorgestellt. Zwei Sitzungen später nahm das Beratungsgremium einige Präzisierungen ohne Diskussion zur Kenntnis. Die Projektgruppe versuchte in der 11. Sitzung, die Diskussion über die Prinzipien der Gestaltung zu vereinfachen und damit zu beleben, indem statt abgerundeter Modelltypen begriffliche Gegensatzpaare bewertet werden sollten (z.B. Zentralisierung/Dezentralisierung, vgl. Abschnitt 4.2.3.3), aus Zeitmangel kam es jedoch nicht zu einer Diskussion. Bis zu diesem Zeitpunkt nahm das Beratungsgremium die Projektdiskussion über die Grundsätze und über die Bandbreite der Bürgeramtsgestaltung eigentlich nur zur Kenntnis, es wurde lediglich vor einer öffentlichen Diskussion der Gestaltungskriterien gewarnt. Ein Argument war, daß die öffentliche Diskussion die Gestaltung mit emotionalen Argumenten unnötigerweise festlegen könnte. Ein zweites Argument war die Befürchtung, daß die

Modelle in der Öffentlichkeit vorwiegend unter dem Gesichtspunkt erhöhter Verwaltungskosten gesehen und abgelehnt würden.

Einen entscheidenden Schritt kam die Diskussion über die Gestaltungsprinzipien in der 12. Sitzung voran. In einer an die Meta–Plan–Methode angelehnten Diskussion wurden vorteilhafte und nachteilige Aspekte eines größeren oder kleineren Aufgabenumfangs und der Zentralisierung bzw. Dezentralisierung erörtert. Die Diskussion über die genannten Gestaltungsprinzipien war wichtig, weil hier zwei elementare Säulen des Bürgeramtes breit diskutiert wurden und die Meinungsbildung der Mitglieder vorangetrieben worden sein dürfte. Statt weiterer Klärungen verkomplizierte sich die Situation aber in den nächsten Sitzungen zusehends. Die Projektgruppe brachte in der 14. Sitzung ihren Vorschlag ein, den Nutzen der unterschiedlichen Bürgeramtsmodelle durch die schon beschriebene Nutzwertanalyse festzulegen. Die Projektgruppe wollte das Beratungsgremium zunächst zu einer Gewichtung der Zielkriterien bewegen, ohne die letztlich zu bewertenden Organisationsmodelle im einzelnen zu kennen. Gegen dieses abstrakte Bewertungsverfahren wehrte sich das Beratungsgremium, es wollte den Wert bestimmter Ziele nicht ohne Kenntnis der konkreten Bürgeramtsmodelle bestimmen. Die Projektgruppe folgte dieser Forderung. Eine Kurzbeschreibung der Organisationsmodelle wurde dem Beratungsgremium dann in der 15. Sitzung übergeben, in der 16. Sitzung fand eine erste Abstimmung über die Gewichtung der Zielkriterien statt.

Die Durchführung der Nutzwertanalyse führte zu einigen Aufregungen. Zunächst war es — wie schon beschrieben — nicht gelungen, die Zielkriterien widerspruchsfrei zu formulieren. Die Mitarbeiter hatten daraufhin beschlossen, sich auf "ihr" Kriterium "Akzeptanz des Bürgeramtes" zu konzentrieren. Für Aufregung sorgte weiter, daß die Mitarbeiter–Arbeitsgruppe ein imperatives Mandat für die Mitarbeitervertreter im Beratungsgremium beschlossen hatte und daß der als nicht stimmberechtigtes Mitglied des Beratungsgremiums geführte Sprecher der Mitarbeiter–Arbeitsgruppe vom Abstimmungsverfahren ausgeschlossen wurde. Die hier deutlich gewordenen Probleme wurden — wie ebenfalls schon geschildert — durch eine Verlagerung der Absicherung der Mitarbeiterinteressen in die Realisierungsphase des Projektes gelöst. Dieser Vorschlag kam nach einer Vertagung aus dem Beratungsgremium selbst, und zwar von einem der beiden Ratsmitglieder. Die Vertreter der Mitarbeiter–Arbeitsgruppe erklärten sich damit einverstanden, die Gewichtung konnte daraufhin reibungslos durchgeführt werden. Sie führte schließlich zur übereinstimmenden Auswahl des Modelles mit dem größten Aufgabenumfang und mit den konsequentesten organisatorischen Veränderungen, nämlich dem Modell 3D.

c) Bestätigung des vorgeschlagenen DV–Organisationsmodelles

Die Entscheidung über das zu realisierende DV–Organisationsmodell wurde in einem ähnlichen Verfahren wie beim Organisationsmodell vorbereitet. Von den Projektgruppen wurden alternative Lösungen für die Datenverarbeitungs–Organisation gefunden und vorgeschlagen. Die Auswahl zwischen diesen 5 Lösungen erfolgte wieder durch das Aufstellen von Zielkriterien. Die Ziele bestanden u.a. in der Begünstigung der Aufgabenbearbeitung entsprechend den spezifischen Bedingungen der Kommune, in der Stärkung der Selbständigkeit der Kommune und in der Verträglichkeit des DV–Systems mit der Gesamtorganisation. Die Gewichtung dieser Kriterien erfolgte durch die Verwaltungsspitze, während die Projektgruppe den Regeln einer Nutzwertanalyse entsprechend beurteilte, inwieweit die DV–Organisationsmodelle die aufgestellten Kriterien erfüllten. Am Ende kam man zu dem Ergebnis, daß die sogenannte autonome DV–Lösung allen anderen Lösungen vorzuziehen sei. Die Projektgruppen teilten ihr Ergebnis u.a. auch dem Beratungsgremium mit, die Mitglieder des Beratungsgremiums bestätigten die Überlegungen der Projektgruppen.

Zwei Gründe waren wohl wesentlich für diese Passivität des Beratungsgremiums in der Frage der Entscheidung für ein DV–Organisationsmodell. Erstens waren die Mitglieder des Beratungsgremiums keine DV–Fachleute, so daß ihnen eine sachlich gerechtfertigte Bewertung der Zielkriterien schwer fallen mußte. Dies macht die Haltung verständlich, sich der Meinung von Fachleuten anzuschließen. Zweitens stellte die Entscheidung für ein autonomes DV–Organisationsmodell aber auch eine brisante politische Entscheidung gegenüber der GKD Unna dar, denn der Betrieb einer eigenen Datenverarbeitung führt zu Einschnitten in die gemeinsame Datenverarbeitung und zwingt diese zur Reaktion. Das Wohlwollen der übrigen Kreisgemeinden für eine autonome Lösung in Unna wurde daher von allen Seiten gewünscht. Zentrale Figur für Verhandlungen mit dem Kreis und den übrigen Gemeinden in dieser Frage war jedoch der Stadtdirektor; er war Mitglied in entsprechenden Gremien und hatte auch bereits eine Menge Erfahrungen im Umgang mit dieser heiklen Frage gesammelt. Das Beratungsgremium vertrat die Position, daß der Stadtdirektor die politischen Signale setzen sollte und unterstützte dann die Entscheidung des Stadtdirektors, die autonome Lösung durchzusetzen.

d) Realisierung des beschlossenen Bürgeramtsmodelles

Die Beschlußvorlage für die Entscheidung über die Bürgeramtsrealisierung wurde auch im Beratungsgremium mehrfach diskutiert. Nach der Zustimmung des Hauptausschusses zur vorgeschlagenen Realisierung läßt sich beim Beratungsgremium — anders als z.B. zunächst bei der Mitarbeiter–Arbeitsgruppe — eine inhaltliche Auszehrung feststellen. Die weitere Entwicklung der DV–Konzeption wurde ebenso wie die Entwicklung des Raumkonzeptes, des Schulungskonzeptes und der Umbauplanung nur noch zur Kenntnis genommen. In die Aushandlung der Dienstvereinbarung zwischen Personalrat und Stadtdirektor schaltete sich das Beratungsgremium nicht ein, es wurde lediglich zweimal nach dem Stand der Verhandlungen gefragt. Berichte aus dem Bürgeramt nach der vollzogenen Umstellung signalisierten die grundsätzliche Zufriedenheit aller Beteiligten. Eine grundsätzliche Revision von Zielen und der bis dahin entwickelten Realisierungskonzepte war daher unnötig, es ging vielmehr um die Abwicklung der Realisierung des beschlossenen Konzeptes. Ein Bedarf an Entscheidungen wurde nicht mehr gesehen, die im Rahmen der Realisierung und Programmierung notwendigen Klärungen wurden im direkten Kontakt der betroffenen Gruppen erzielt. Die nach der Entscheidung für ein Modell veränderte Situation machte sich auch in einer fallenden Sitzungsfrequenz bemerkbar, das Beratungsgremium sprach sich für eine Halbierung des Sitzungsrhythmusses aus und selbst dieser Turnus wurde zuletzt nicht mehr eingehalten.

4.4 Bewertung der Beteiligung

Die Bewertung des im Projekt Bürgeramt praktizierten Beteiligungsverfahrens macht Schwierigkeiten, weil das Projekt im Berichtszeitraum noch nicht völlig beendet war. Eine Reihe von Aufgaben ist erst kurz vor dem Berichtsende in das Bürgeramt übernommen worden, erst mit diesen Aufgaben kann man von dem Bürgeramt sprechen, das in den Projektzielen anvisiert worden war. Die Beurteilung des Beteiligungsverfahrens ist insoweit vom Projektergebnis abhängig, als sich die Betroffenen natürlich fragen, was ihnen die Beteiligung eingebracht hat. Eine solche subjektive Bewertung der Beteiligung und des Bürgeramtes ist nach Abschluß des Projektes noch geplant. Eine erste subjektive Bewertung kommt in Stellungnahmen der beteiligten Gruppen zum Ausdruck. Anschließend wird von uns eine analytische Bewertung der Beteiligung vorgenommen, die sich nicht auf das Ergebnis der Beteiligung, sondern auf den Prozeß der Beteiligung bezieht.

4.4.1 Kommentare der beteiligten Gruppen zum Beteiligungsverfahren

Die Mitarbeiter–Arbeitsgruppe hat zusammen mit dem Personalrat zur Halbzeit des Projektes eine Stellungnahme abgegeben, die vor allem die Erfahrungen mit der Entwicklung und Verabschiedung des Organisationsmodelles für das Bürgeramt wiedergeben. Eine erste Kernaussage besteht in dem Verweis auf die Unsicherheit, mit der die Beteiligung belastet ist. Keine Vereinbarung, die in der Planungsphase des Bürgeramtes getroffen wurde, erschien wirklich verläßlich. Eine weitere wichtige Feststellung besteht in dem Hinweis auf die Doppelbelastung der Mitglieder der Mitarbeiter–Arbeitsgruppe durch ihre normale Arbeit und durch die Mitarbeit in der Arbeitsgruppe. In dieser Doppelbelastung wird zusammen mit allgemeinen Motivationsgrenzen ein wichtiger Grund für den Rückgang der Mitgliedschaft und der Teilnahme in der Mitarbeiter–Arbeitsgruppe gesehen. Im einzelnen kritisieren die Beschäftigten in ihrer Stellungnahme die Umstände bei der Definition der Zielkriterien für das Bürgeramt, die Umstände bei der Durchführung der Nutzwertanalyse und die Aufnahme der Aufgabe "Wirtschaftliche Hilfen" (Sozialhilfe) in den Katalog der für das Bürgeramt geeigneten Aufgaben. Sie loben die Kooperation von Personalrat und Mitarbeiter–Arbeitsgruppe und die selbständige Arbeitsweise der Mitarbeiter–Arbeitsgruppe. Es wird herausgestellt, daß die Mitarbeiter–Arbeitsgruppe ihre Sitzungen selbst vorbereitet und durchgeführt hat, ihre eigene Erfolgskontrolle hat und an keine Weisungen gebunden ist. Die Freistellung von Beschäftigten für projektrelevante Seminare und die Schulung der Beschäftigten werden ebenfalls deutlich gewürdigt. Die positive Beurteilung wurde auch in letzter Zeit wiederholt: "Das, was wir hier an Mitarbeiterbeteiligung erreicht haben, ist wirklich beispielhaft. Alle, die mitarbeiten wollten, wurden für Schulungen freigestellt, auch während der Arbeitszeit. Wir wollten nicht, daß die Leute von der Technik überrannt werden, wie es oft der Fall ist" (Sprecher der Mitarbeiter–Arbeitsgruppe in *Heinemann 1985*). Neben der prinzipiell positiven Bewertung der Beteiligung *in Unna* besteht Besorgnis über die Verwertung der Forschungsergebnisse in anderen Kommunen: "Wir können nicht sicher sein, daß sie überall zur Verbesserung des Bürgerservices genutzt werden" (Personalratsvorsitzender in *Heinemann 1985*).

Über Schwierigkeiten der Beteiligung, die das Beratungsgremium gesehen hat, liegen ebenfalls einige Informationen vor, denn anläßlich des einjährigen Bestehens wurde der

Versuch gemacht, die bis dahin geleistete Arbeit zu bewerten. Die Fülle der von den Mitgliedern des Beratungsgremiums zu verarbeitenden Informationen wurde dabei von einigen Teilnehmern kritisiert. Ein Teilnehmer meinte sogar, imgrunde sei eine hauptamtliche Beschäftigung mit den Problemen notwendig, um das Projekt wirklich kontrollieren zu können. Andere Teilnehmer stellten dem jedoch entgegen, daß sie zuwenig Informationen bekommen würden. Gemeint waren dabei insbesondere Informationen über Absichten der Projektgruppen. Ein Teilnehmer kritisierte schließlich, daß im Beratungsgremium immer wieder Gespräche und Abstimmungen zu Detailfragen durchgeführt wurden, ohne daß sich die Teilnehmer dabei über das Endergebnis sicher sein könnten. Die Projektgruppen blieben am Ende etwas ratlos mit den widersprüchlichen Forderungen nach mehr und weniger Information zurück.

In ihrem Abschlußbericht analysiert die Bürgeranwältin die Ergebnisse und die Schwierigkeiten der Anwaltsplanung (vgl. *Ehrenberg 1985*). Sie stellt fest, daß "das von der Bürgeranwältin anvisierte Ziel der Motivation und der eigenständigen Mitarbeit von 'sozial Schwachen' am Forschungsprojekt nicht erreicht werden konnte, sondern lediglich die Aktivierung einer Gruppe von 'Normalbürgern'[1]". Sie stellt fest, daß der Auftrag der Integration der sogenannten artikulationsschwachen Bürgergruppen in den Planungsprozeß eine Fehleinschätzung der realen Möglichkeiten war. Unter Berufung auf die Erfahrungen anderer Anwaltsplaner meint sie, daß sozial Schwache ihre Lage nicht durch die Beteiligung an Planungsprozessen zu verbessern suchen, sondern in erster Linie auf konkrete (materielle) Maßnahmen fixiert sind. Als weitere Ursachen für die Schwierigkeiten der Anwaltsplanung nennt sie einmal die an Einzelfällen orientierte Arbeitsweise, die notwendigerweise auch individuelles Fehlverhalten der Sachbearbeiter thematisiert und die die Repräsentativität als Rechtfertigung nicht beanspruchen kann. Sie problematisiert ferner, daß ihre durch die Anstellung bei der GMD erreichte relative Unabhängigkeit von der Stadtverwaltung Unna auch den Nachteil einer geringen Integration in die Verwaltungsorganisation bedeutet hat und daß sie daher von Informationsquellen abgeschnitten war. Ein letzter kritischer Punkt ist, daß die Bürgeranwältin nicht auf organisierte Gruppen zurückgreifen konnte. Für den von ihr betreuten Bürgerarbeitskreis kommt die Bürgeranwältin in ihrem Abschlußbericht zu einem positiven Ergebnis: "Der Bürgerarbeitskreis hat sich mit zunehmender Fachkompetenz emanzipiert und zu einem selbständigen Beteiligungsgremium entwickelt. Seine Unabhängigkeit von der Verwaltung und seine gute Zusammenarbeit mit der Presse haben den Forderungen, wie z.B. nach verlängerten Öffnungszeiten oder dem Bau des behindertengerechten Eingangs, ein großes Gewicht verliehen".

Gespräche mit den Systementwicklern und Mitgliedern der Verwaltungsführung ergaben, daß sie die Beteiligung insgesamt positiv beurteilen. An Kritik haben beide Seiten nur Punkte vorgebracht, die sie selbst angesichts der intensiven Mitarbeit der Beteiligten eher für marginale Einwände hielten und nicht durch eine besondere Stellungnahme breittreten wollten. Von der Projektgruppe Unna wurde die Funktion des Beirates infrage gestellt. Der Beirat könne die Entscheidungen, die für die Weiterführung und Entwicklung des Projektes notwendig sind, nicht selbst fällen, sondern dies sei nach wie vor Aufgabe des Hauptausschusses bzw. des Rates. Die Besetzung von zwei Gremien

[1] Gemeint ist der Bürgerarbeitskreis (die Verfasser)

mit Parlamentariern sei nutzlos und berge die Gefahr in sich, daß sich die Gremien widersprechen. Zu einem Vorschlag der Projektgruppe zur Veränderung der Gremienstruktur ist es aber nicht gekommen. Von den Systementwicklern in der Projektgruppe der GMD wurde auf zwei Schwierigkeiten hingewiesen. Einmal kollidiert die Beteiligung manchmal mit Zeitplänen, zum anderen ist die Erstellung und Fundierung von Gestaltungsalternativen aufwendig und mangelhaft. Aufwendig ist die Fundierung insofern, als für alle Varianten Material gesammelt und ausgewertet werden muß. Man macht also Arbeiten, von denen man weiß, daß sie später nicht mehr gebraucht werden, wenn die Entscheidung für eine der Varianten gefallen ist. Mangelhaft ist die Alternativenproduktion insofern, als eine Projektgruppe eher Varianten einer Grundidee und nicht grundlegend verschiedene Alternativen entwickeln kann.

4.4.2 Analytische Bewertung des Projektes

Beiträge der Betroffenen zur Projektdefinition

Initiator und Promotor des Bürgeramtskonzeptes war in erster Linie der Stadtdirektor, die späteren Beteiligten stellten zunächst lediglich eine Zielgruppe für die geplanten Reorganisationsmaßnahmen dar. Von einem Beitrag zum Bürgeramtskonzept und zur Anlage der Systementwicklung kann in dieser frühen Phase noch nicht gesprochen werden. Dies bedeutete aber nicht den generellen Ausschluß der Mitarbeiter und Bürger aus der Entscheidung über den Beginn der Systementwicklung. Der Personalrat wurde um seine Zustimmung gebeten, wobei es sehr fraglich ist, ob das Projekt im Falle einer ablehnenden Haltung des Personalrates finanziell gefördert und durchgeführt worden wäre. Ebenso war auch die Zustimmung des Stadtrates zur Projektdurchführung notwendig.

Auch die Beteiligungsorganisation ist zumindest anfangs sehr stark von den Projektgruppen beeinflußt gewesen. Die Anregung zur Beteiligung kam aus der Gesellschaft für Mathematik und Datenverarbeitung. Insbesondere geht die Einrichtung der Mitarbeiter-Arbeitsgruppe und des Bürgerarbeitskreises auf Initiativen der Projektgruppen zurück. Beide Gruppen verselbständigten sich aber bald und prägten das Projekt auf ihre Weise. Beide fanden angemessene Arbeitsformen. Die Mitarbeiter-Arbeitsgruppe nutzte das Organisationswissen der Sachbearbeiter und fand Wege zu einer intensiven Kooperation mit dem Personalrat. Der Bürgerarbeitskreis versuchte Einflußlücken durch Presseveröffentlichungen und Diskussionsforen zu schließen.

Gegenstände der Beteiligung

Während in der Definitionsphase des Projektes von einer aktiven Einflußnahme der Betroffenen nicht geredet werden kann, ist die Situation bei der Nutzung von Gestaltungspotentialen in den späteren Projektphasen völlig anders. Sowohl Beschäftigte wie Bürger haben an der Ausarbeitung des Bürgeramtskonzeptes intensiv mitgearbeitet, sie haben auf die Einlösung der im Konzept enthaltenen Versprechen gedrängt und bequeme Auswege aus Realisationsproblemen wurden durch dieses Drängen wesentlich erschwert.

Insbesondere für die Beschäftigten war ein Bürgeramt ohne intensive Information und Beratung sowie ohne die Integration qualifizierter Sachbearbeitungsaufgaben nicht vorstellbar. Diese Forderungen wurden zusammen mit der Forderung ergänzender Schulungsmaßnahmen immer wieder vorgebracht. Jede der von den Projektgruppen untersuchten Aufgaben wurde von der Mitarbeiter–Arbeitsgruppe zusammen mit fachkundigen Sachbearbeitern auf ihre Eignung für das Bürgeramt geprüft. Die auf die Organisation bezogenen drei Gestaltungselemente des Bürgeramtes (Aufgabenzusammenfassung, Allround–Sachbearbeitung und Dezentralisation) wurden in vielen Sitzungen der Beteiligungsgremien präzisiert und so als tragende Grundlage des Systementwicklungsprozesses verfestigt. Mit Vorschlägen wie der Arbeitsgruppenstruktur für das Bürgeramt überwand die Mitarbeiter–Arbeitsgruppe das vorwiegend reaktive Verhalten und entwarf selbständig kreative Lösungen für Probleme. Der Bürgerarbeitskreis setzte mit seinen wichtigsten Forderungen (Öffnungszeiten und Verhaltensschulungen) ebenfalls nachhaltige Akzente.

Während den beteiligten Betroffenen die Wahrnehmung ihrer Interessen bei der Entwicklung des Organisationskonzeptes keine prinzipiellen Schwierigkeiten machte, taten sie sich bei der Beeinflussung des Datenverarbeitungskonzeptes schwer. Mit zunehmender DV–Erfahrung verstärkten sich aber auch hier die Gestaltungsversuche. Eine Beteiligung bei der Auswahl einer DV–Anlage (inklusive Standard–Software) wurde der Mitarbeiter–Arbeitsgruppe angeboten, das Angebot wurde aber nicht konsequent wahrgenommen (Besichtigungstermine bei Herstellern wurden z.B. ausgelassen). Die Gestaltungsgrundsätze für die vom Projekt selbst zu entwickelnden Bürgeramts–Programme wurden zunächst allein in den Projektgruppen diskutiert. Mit zunehmender DV–Erfahrung der beteiligten Benutzer wurden dann die Gestaltungsgrundsätze kommentiert (z.B. Faktoren wie Informationsdichte auf Masken). Die im Umgang mit den sukzessive eingesetzten Programmen gewonnenen Erfahrungen flossen schließlich über die beteiligten Benutzer in die Entwürfe für die Masken der neu zu entwickelnden Programme ein. Die Bürgerseite beteiligte sich an der Entwicklung des DV–Konzeptes nur in zwei Fragen. Einmal ging es um die Organisation des Rechenzentrums als gemeinsame Einrichtung der kreisangehörigen Gemeinden oder als autonom von der Stadt Unna betriebene Einrichtung. Zum anderen ging es um den Datenschutz, der aber nur eine nebensächliche Rolle spielte. Beirat und Bürgerarbeitskreis ließen sich von dem für diese Aufgabe extra abgestellten Projektmitglied über die Datenschutzprobleme und –vorkehrungen berichten. Die Datensicherung spielte im Rahmen der Beteiligung keine Rolle.

Thematisierung von Problemen und Auswirkungen

Auswirkungen des Bürgeramtes und der Informationstechnik auf den Arbeitsplatz und auf die Arbeit standen eindeutig im Vordergrund des Interesses. Vorwiegend wurden dabei die Gefahren des Arbeitsplatzverlustes und die Probleme des Qualifikationsverlustes bzw. auch umgekehrt der Qualifizierung angesprochen. Die Beschäftigten erreichten in der Dienstvereinbarung eine Arbeitsplatzgarantie und den Bürgeramtsmitarbeitern wird durch die Integration qualifizierter Sachbearbeitungsaufgaben eine Qualifizierungschance geboten (die sich bereits in einer höheren Bezahlung der Stellen im Bürgeramt ausgewirkt hat).

Physische Auswirkungen der Informationstechnik, also Gefährdungen des Körpers, spielten als Konfliktquellen in Diskussionen mit den Beschäftigten keine große Rolle. Im Rahmen der Dienstvereinbarung wurden ergonomische Standards festgeschrieben, sie standen auch bei der Auswahl der Möbel unter Beteiligung der Beschäftigten mit im Vordergrund.

Auswirkungen des Bürgeramtes und der Informationstechnik auf die Zufriedenheit, also Gefährdungen der Psyche, wurden relativ oft angesprochen. Am häufigsten wurden die mit dem Publikumsverkehr verbundenen Belastungen und Folgen (wie Arbeitsplatzrotation zum Abfangen des ungleichen Publikumsandrangs) kritisiert. Lösungen im Sinne von Ursachenbeseitigung konnte das Projekt nicht anbieten.

Während die arbeitsplatzbezogenen Gefährdungen vorwiegend von den Beschäftigten angesprochen wurden, haben sich die Bürger mit Gefährdungen der Interaktion auseinander gesetzt. Sie haben sich dabei vor allem auf die Qualität des Services bezogen.

Lerneffekte

Lerneffekte sind nur schwierig zu beschreiben. Offensichtlich ist jedoch, daß die beteiligten Beschäftigten sich durch den Beteiligungsprozeß qualifiziert haben. Sie haben durch die Diskussion der Aufgaben anderer Ämter einen besseren Organisationsüberblick bekommen, sie haben die Arbeitsweise von Organisatoren und Systementwicklern kennengelernt, sie wurden mit der Informationstechnik vertraut gemacht und sie haben gelernt, ihre Interessen zu formulieren und zu vertreten. Die grundsätzlich asymmetrischen Handlungsressourcen von Management, Entwicklern und Betroffenen wurden durch diesen Prozeß zwar nicht aufgehoben, aber doch nicht unwesentlich korrigiert. Darüber hinaus bietet die im Projekt Bürgeramt relativ starke Beteiligung von Beschäftigten, die im engeren Sinn nicht betroffen waren, gute Möglichkeiten zu einer Distribution der Beteiligungs- und Technikerfahrungen in künftig betroffene Ämter und Abteilungen.

Ohne Zweifel haben auch die — gemessen an der Einwohnerzahl — wenigen beteiligten Bürger Erfahrungen gewonnen, es ist aber offen, welche Bedeutung diese Erfahrung bekommen wird. Es steht zu befürchten, daß die gewonnenen Erfahrungen mangels unmittelbarer Verwertungsmöglichkeiten versickern.

4.4.3 Erfolg der Systementwicklung und der Beteiligung

Das Bürgeramt ist mit dem ehemaligen Einwohnermeldeamt überhaupt nicht mehr vergleichbar. Die Zahl der wahrgenommenen Aufgaben hat sich mehrfach erhöht, das Bürgeramt wird nach Abschluß der zweiten Ausbaustufe mehr als doppelt soviele hauptsächliche Arbeitsaufgaben wie ein konventionelles Einwohnermeldeamt haben. Die erhöhte Zahl der Aufgaben allein bringt für die Bürger schon eine vergrößerte Chance, mehrere Anliegen an einem Bedienungsplatz erledigen zu können. Zudem handelt es sich bei den integrierten Aufgaben durchweg um publikumsintensive Aufgaben und auch das Informations- und Beratungsangebot deckt einen weiten Aufgabenbereich ab, so daß das Bürgeramt tatsächlich zu einer häufig nutzbaren Verwaltungsstelle für die Bürger geworden ist. Für die Mitarbeiter bedeutet die Aufgabenintegration eine Erhöhung der an sie gestellten Qualifikationsanforderungen. Die Breite der Anforderungen an ihr

Fachwissen nimmt zu, es kommen die im Umgang mit der Technik erforderlichen Kenntnisse neu hinzu und auch das Niveau der an die Beschäftigten gestellten Anforderungen steigt. Dies schlägt sich in erhöhten Ansprüchen an das Verhalten der Beschäftigten gegenüber dem Publikum (kompetente Information, Anbieten der Bürgeramtsleistungen statt bloßer Reaktion auf Klientenwünsche) nieder. Den neuen Anforderungen wurde in der Bezahlung Rechnung getragen. Während im ehemaligen Einwohnermeldeamt eine starke Gehaltsdifferenzierung üblich war (wobei über die Hälfte der dort beschäftigten Mitarbeiter nur in den Gehaltsgruppen BAT V II und BAT V III eingestuft war), werden die Beschäftigten des Bürgeramtes heute generell mit BAT VIb entlohnt. Aus Sicht der Projektgruppen ist damit der grundlegende Anspruch des Bürgeramtes, nämlich eine Serviceverbesserung für die Bürger bei gleichzeitiger Verbesserung der Arbeitsbedingungen, eingelöst worden.

Über diese Erfolgsbetrachtung hinaus ist auch bei den beteiligten Betroffenen ein "Produzenten-Stolz" unverkennbar. Das Bürgeramt ist zu einem Begriff in der Fachwelt geworden und wird von Software-Häusern und Herstellern für ihre entsprechenden Produkte und Projekte übernommen. Die Stadt Unna kann sich mit diesem neuen Modell gegenüber der Öffentlichkeit und interessierten Kommunen profilieren und tut dies auch (Fernsehberichte, Zeitungsartikel, Messe-Ausstellungen und über 40 Besichtigungen des Bürgeramtes durch interessierte Kommunen etc. in nur einem Jahr). Die beteiligten Beschäftigten haben in ihrer Stellungnahme ihre im Beteiligungsprozeß erarbeitete Selbständigkeit vorgezeigt, auch die abgeschlossene Dienstvereinbarung kann sich im Kreis der auf einklagbare Regelungen bedachten Gewerkschaftler sehen lassen.

Der Anteil der Beteiligung am fertigen Produkt, dem Bürgeramt, wird sich nicht zufriedenstellend isolieren lassen. Das Bürgeramt läßt sich nur noch als Produkt von Interaktionsprozessen begreifen, in denen die Arbeit einer Gruppe durch eine andere Gruppe kritisiert oder bestätigt wurde und in denen Lücken in der Arbeit der einen Gruppe durch Leistungen anderer Gruppen ersetzt wurden. Vor diesem Hintergrund bedeutete die Beteiligung eine Absicherung des Systementwicklungsprozesses und eine thematische Erweiterung bzw. den Erhalt eines relativ breiten Spektrums der Systementwicklung. Dabei blieben die parallelen Stränge von Systementwicklung, Mitarbeiter- und Bürgerbeteiligung durch ihre Zusammenführung im Beratungsgremium beherrschbar. Gleichzeitig kann man vielleicht sogar aus den mit dem Projektfortschritt zurückgehenden Beteiligungsaktivitäten schließen, daß der für die Beteiligung wichtige Interessenausgleich gelungen ist. Statt der sonst üblichen Behinderungen der Implementation von Informationstechnik klagen die Betroffenen hier über die Langwierigkeit der Realisation. Man kann feststellen, daß die Beteiligung prinzipiell *erwartungsgemäß* gewirkt hat.

Die analytische Bewertung des Beteiligungprozesses zeigt über diese generelle Einschätzung hinaus, daß die Beteiligung nur einen Teil des in Kapitel 2 aufgezeigten Gestaltungspotentials aktivierte. Das Schwergewicht der Beteiligung lag auf der Entwicklung des Organisationskonzeptes und seiner Absicherung durch die Dienstvereinbarung, durch Schulungen und durch die Schaffung von "Lieferungsverpflichtungen" für entsprechende Programme. Auch bei der Thematisierung von Auswirkungen zeigte sich eine Schwerpunktsetzung auf die Gefährdungen der Arbeit. Erst mit zunehmender DV-Erfahrung verstärkte sich auch die Beeinflussung der Programmentwicklung.

Grundsätzlich sprechen diese Ergebnisse für eine Erweiterung des Gestaltungspotentials. Dieser Verbesserung des Gestaltungspotentials steht aber gegenüber, daß die beteiligten Betroffenen ebenso wie andere Beteiligte Bedingungen mit ihren Forderungen verbunden haben. Das Charakteristikum der systemhaften Verknüpfung der Elemente des Gestaltungspotentials galt auch für die Beiträge der Betroffenen, die bei einer Systementwicklung gegebene Beschränkung der Handlungsfreiheit wurde nicht wesentlich verbessert. Die mit der Beteiligung verbundenen Lernprozesse machen es dabei sehr wahrscheinlich, daß den beteiligten Betroffenen in künftigen Fällen eine weitergehende Ausschöpfung des Gestaltungspotentials gelingen wird.

5. Handlungspotentiale von Entwicklungsakteuren

Wir hatten bereits in der Einleitung dargestellt, daß die Entwicklung eines informationstechnischen Systems keine wohl–definierte Aufgabe ist. Sie ist vielmehr ein Prozeß, bei dem Probleme identifiziert, Lösungsalternativen gesucht sowie technische, organisatorische und soziale Komponenten des Systems aufeinander abgestimmt werden müssen. Weder liegt am Ausgangspunkt das Problem im Detail fest, noch gibt es eine einzig richtige Lösung. Lediglich im nachhinein kann es so erscheinen, als sei der schließlich gewählte Weg der einzig mögliche gewesen.

Wir hatten ebenfalls die Handlungsform der Beteiligung als eine offene, nicht festgelegte Interaktion zwischen ungleichen Partnern beschrieben, deren Charakteristikum es ist, daß durch sie ein prinzipiell wohl geordnetes Muster von Kompetenzen, Rechten und Pflichten durchbrochen wird. Betroffene "mischen sich ein" in Angelegenheiten, für die sie formal nicht zuständig, von denen sie jedoch faktisch (materiell oder immateriell) betroffen sind.

In den Kapiteln 2 bis 4 haben wir beschrieben, inwieweit Gestaltungsmöglichkeiten aus technischer, organisatorischer und sozialer Perspektive bei einer Systementwicklung bestehen und wie sie in Entwicklungsprojekten konkret genutzt worden sind. Bereits bei der Diskussion des Technikbegriffs wurde deutlich, daß ein Rekurs auf die Handlungskategorie notwendig ist; erst recht aber bei der Abschätzung der Nutzungsmöglichkeiten von Gestaltungspotentialen im organisatorischen Umfeld eines Anwendungsprojektes kam es entscheidend auf das Handeln der beteiligten Personen an.

In Ergänzung zu dieser bisherigen Betrachtung der Funktion des Handelns für die Entwicklung und Nutzung von Gestaltungspotentialen wollen wir uns in diesem Kapitel näher mit den objektiv-strukturellen und subjektiv-psychologischen Determinanten der Handlungspotentiale der Akteure beschäftigen. Wir gehen davon aus, daß das Handeln zwar z. T. bestimmt ist durch die oben diskutierten Gestaltungspotentiale der Technik, durch Merkmale also, die dem Gegenstand selbst zugehören. Wir glauben jedoch auch, daß das Handeln der Akteure bestimmt ist durch deren eigene *Handlungspotentiale*. Hierzu gehören auf der "objektiven" Seite die materiellen und immateriellen Ressourcen der verschiedenen Gruppen im betrieblichen arbeitsteiligen Kontext. Hierzu gehören auf der "subjektiven" Seite die Deutung dieser Ressourcen und sozialpsychologische Merkmale der Akteure. Diese Faktoren prägen die Wahrnehmung und Bewertung der eigenen Rolle und der eigenen Handlungsmöglichkeiten in bezug auf die Beeinflussung der Systementwicklung. In dieser Wahrnehmung und Bewertung der Systementwicklung und der damit verbundenen Einflußmöglichkeiten verschmelzen "objektive" Momente, wie Aufgaben, Ressourcen, Rechte etc., und "subjektive" Momente der Akteure, wie Erfahrungen, Einstellungen, Normen etc.. Externe Vorschriften, Rechte, Restriktionen werden "internalisiert" und erscheinen dann als eigene Überzeugungen, wie andererseits eigene Präferenzen gerechtfertigt und durch äußere Faktoren begründet werden.

Eine besondere Dynamik erhalten die Handlungspotentiale durch ihr Aufeinandertreffen im Zuge eines Beteiligungsgeschehens. Hier kreuzen sich die unterschiedlichen Handlungsperspektiven der verschiedenen Akteure, treffen sich Erwartungen und Gegenerwartungen, Eigenperspektiven und vermutete Perspektiven der anderen bezüglich der verschiedenen Beiträge zur Entwicklungsaufgabe. Systementwickler gehen aufgrund ihrer Ausbildung und ihrer Aufgabe nicht nur faktisch an die Systementwicklung anders heran als die Betroffenen, sie deuten auch ihr Handeln in bestimmter Weise anders als diese. Außerdem haben die Entwickler bestimmte Vorstellungen von den Zielen und Interessen der Betroffenen sowie von deren möglichen Handlungsbeiträgen zur Entwicklungsaufgabe. Entsprechendes gilt auch für die Betroffenen in bezug auf ihre eigene Position, ihr eigenes Handeln und die Vorstellungen, die sie umgekehrt von der Funktion der Systemspezialisten entwickeln. Entsprechendes gilt ebenfalls für die verantwortlichen Führungskräfte bezüglich der Rolle, die sie selbst sowie die Systementwickler und betroffenen Mitarbeiter im Verlauf einer Systementwicklung spielen oder spielen sollen.

Abbildung 24 zeigt in typisierender Form die Beziehungen zwischen den drei Hauptgruppen der Akteure und der im Mittelpunkt des Interesses stehenden Systementwicklung.

Abbildung 24: Beziehung der Vorstellungen und Erwartungen der Akteure voneinander und von der Systementwicklung

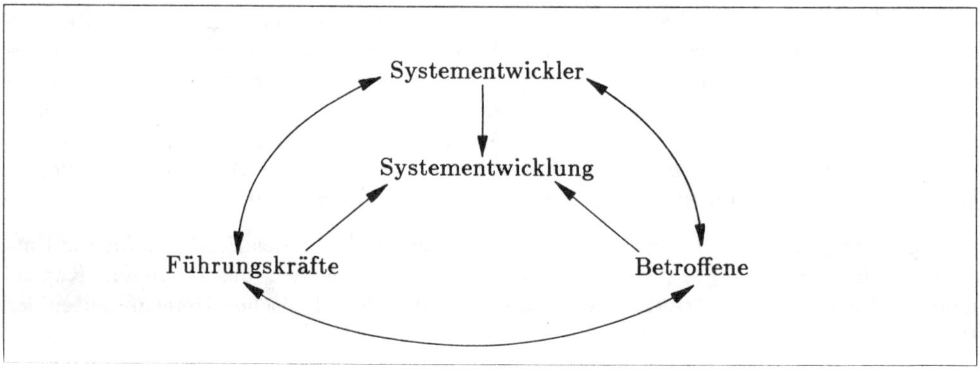

Diesem Teil unserer Untersuchung liegt die Vorstellung zugrunde, daß die Handlungspotentiale der Akteure wesentlich die Beteiligung von Betroffenen an einer Systementwicklung bestimmen. Durch die erworbenen Fremd- und Selbstbilder, durch das entwickelte oder zugewiesene Aufgabenverständnis, durch die Erwartungen von Effekten einer Systementwicklung und von Effekten eigener Beiträge zur Systementwicklung wird das jeweilige Handeln geprägt. Defizite in den Handlungsorientierungen führen dabei zu Lücken im Beteiligungshandeln. Drei Gruppen von vermuteten Defiziten wollen wir näher untersuchen.

Erstens vermuten wir in bezug auf die oben beschriebenen Gestaltungspotentiale, daß bei den Betroffenen, den Entwicklern und den Führungskräften eine ausschnitthafte

Betrachtung der Relevanz einzelner Stufen, Gegenstände und Verfahren der Systementwicklung für die Beteiligung vorliegt. Eine Beteiligung bezieht und beschränkt sich danach zu sehr auf vordergründig als die eigentlichen Entscheidungsgegenstände eingestufte Festlegungen von Lösungskonzepten und ihre Ausgestaltung. Die weichenstellenden Festlegungen am Anfang eines Projektes über die Problemdefinition, die generelle Zielsetzung, die Gegenstände und Verfahren der Ist–Aufnahme und Ist–Analyse etc. werden auf beiden Seiten nicht hinreichend als betroffenenrelevante Entscheidungen begriffen und finden dann auch ohne Beteiligung von Betroffenen statt (vgl. hierzu auch die entsprechenden Ergebnisse bei *Edstrom 1977*). Weiterhin nehmen wir an, daß technische Aspekte (z.B. Hardware–Auswahl) und instrumentelle bzw. methodische Gesichtspunkte (z.B. Beschreibungsmittel) in ihrer Bedeutung für die Betroffenen als zu gering eingestuft bzw. von den Betroffenen mangels wahrgenommener Einflußchancen ausgeklammert werden. Außerdem wird bei der üblichen Organisation des Prozesses einer Systementwicklung und den eingesetzten Verfahren und Instrumenten zur Ermittlung und Beschreibung von bestehenden Arbeitsabläufen sowie zur Gestaltung und Darstellung von neuen Systemen den betroffenen Beschäftigten die eigene Betroffenheit und die alternative Gestaltbarkeit der zu entwickelnden Systeme auch entsprechend ihrer Interessenlage nicht genügend deutlich.

Eine zweite Richtung von Vermutungen über Defizite an Angeboten und Nutzungen von Beteiligung liegt für uns in der Überbetonung formal–rechtlich festgelegter Entscheidungsrechte (z.B. die des Personal–/Betriebsrates) und entsprechend absichernder Maßnahmen (Abkommen, Dienst–/ Betriebsvereinbarungen o.ä.). Die fachlich begründeten Einflußmöglichkeiten über die Kompetenz der Beschäftigten (d.h. deren Kenntnisse und Fähigkeiten in bezug auf Arbeitsinhalten und Arbeitsabläufe) und über die Kompetenz der Entwickler (d.h. deren Kenntnisse und Fähigkeiten in bezug auf technisch–organisatorische Eigenschaften von Systemen) werden dabei nur unzureichend eingebracht. Ebenso werden sozial–gruppendynamisch orientierte Einflüsse im Rahmen der Diskussions– und Aushandlungsprozesse (z.B. durch Argumentationsstärke, Fähigkeiten zur Kooperation und Koalition, Fähigkeiten zur Beeinflussung durch Bestätigungs– und Widerspruchstechniken etc.) sowie die sozio strukturell bedingte Konfliktstärke, die in der Möglichkeit liegt, relevante Leistungen zu verweigern bzw. die Leistungsverweigerung glaubhaft anzukündigen, außer Acht gelassen.

Die dritte Richtung von Defiziten liegt nach unserer Einschätzung auf der Ebene der beteiligten Akteure und ihrer Verbindung zueinander. Mal sind es eher einzelne Beschäftigte an konkret betroffenen Arbeitsplätzen, mal eher Interessenvertreter seitens der Personal- bzw. Betriebsräte, mal sind es gewerkschaftliche Stimmen, die sich zu einer Systementwicklung äußern oder die sich mit der allgemeineren Frage der technisch–organisatorischen Innovationen befassen und auf ihre Gestaltung Einfluß zu nehmen versuchen. Eine umfassende Beschäftigung aller dieser Ebenen und eine Abstimmung und gegenseitige Ergänzung und Unterstützung findet jedoch kaum statt.

Wir werden im folgenden — zunächst theoretisch, dann anhand der Ergebnisse von drei Fallstudien — untersuchen, wie die Handlungspotentiale der beteiligten Akteure, d.h. der Entwickler, der Führungskräfte und der Betroffenen, zustandekommen und erklärbar sind. Wir stützen uns dabei auf eine Reihe von sozialpsychologischen und soziostrukturellen Theorieansätzen. Diese bieten keine geschlossene Theorie des Beteiligungsgeschehens bei einer Systementwicklung. Sie tragen aber jeweils Teile zum

Verständnis (der Entwicklung) von Handlungsperspektiven bei. Wir wollen zunächst den Gesamtrahmen der theoretischen Vorstellungen skizzieren und im Anschluß daran deren Einzelbestandteile erläutern.

5.1 Theoretischer Bezugsrahmen für die Analyse von Handlungspotentialen für eine partizipative Systementwicklung

Die Handlungspotentiale der Akteure einer Systementwicklung beruhen strukturell auf den ihnen verfügbaren *Ressourcen*. Als solche begreifen wir

— formale Rechte
— Organisationsgrad
— Handlungs- und Verhandlungskompetenzen
— Wissen, Zeit, Finanzbudget

Diese Ressourcen werden nicht 1:1 in Handeln umgesetzt. Erstens richtet sich die Nutzung der Ressourcen, d.h. ihre Einbringung in ein Handlungsfeld, nach den Zielen der Person sowie den Realisierungsaussichten der Ziele durch eigenes Handeln. Zweitens werden die eigenen Ressourcen von den Handelnden nicht unbedingt "objektiv richtig" eingeschätzt, sondern unterliegen vielfältigen Möglichkeiten der Wahrnehmungsverzerrung. Es ist also ein Filter anzunehmen zwischen den Handlungsressourcen der Akteure und deren tatsächlichem Handeln. Als solche 1. Filter betrachten wir:

— sozio-demographische Merkmale für die Chancenzuteilung von Macht und Einfluß,
— Vorerfahrungen mit Prozessen der Organisationsentwicklung, mit eigenen Beiträgen und Einflußmöglichkeiten,
— Einstellungen und Erwartungen bezüglich der einzusetzenden Technik und bezüglich der Beteiligung von Betroffenen sowie die
— Deutung der prägenden Kräfte der allgemeinen und der speziellen Technikentwicklung.

Die auf diese Weise gefiltert wahrgenommenen Ressourcen werden entsprechend den Zielen der Akteure in Handeln umgesetzt. Dabei wird ein zweiter Filterungsprozeß wirksam, der die Handlungsbeiträge der Akteure in bezug auf den Entwicklungsprozeß wirksam werden läßt. Dieser 2. Filter besteht aus:

— der Organisation des Innovationsprozesses und
— den dabei thematisierten Diskussions- und Entscheidungsgegenständen.

Die Abbildung 25 faßt den hier skizzierten Gedanken zusammen.

Die Determinanten für die Selektivität der Ressourceneinschätzung und -realisierung wollen wir auf einer subjektiv-individuellen und auf einer strukturell-kollektiven Ebene untersuchen. Zunächst wollen wir uns mit der Funktion und Bedeutung der Ressourcen und Restriktionen anhand soziostruktureller Theorieansätze befassen. Anschließend wollen wir die subjektiv-individuelle Seite erläutern und stützen uns dabei auf Lerntheorien, Wahrnehmungstheorien, Nutzenerwartungstheorien, Einstellungstheorien und Theorien der Kontrollüberzeugung.

Abbildung 25: Determination des Entwicklungsprozesses durch das Handeln der Akteure

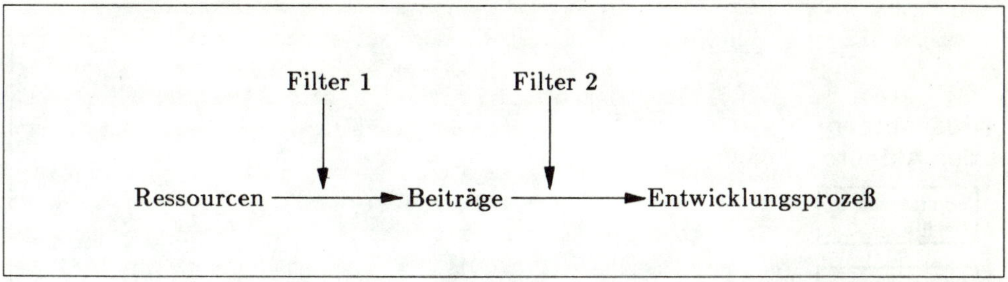

5.1.1 Kollektive und strukturelle Bedingungen des Beteiligungshandelns

In diesem Kapitel wird der Frage nachgegangen, ob die von den Arbeitnehmern wahrgenommene Einflußverteilung in der Art und Organisation des Prozesses und der Verteilung der kollektiven Ressourcen begründet ist. Es sollen somit prozeßimmanente und kollektive, strukturelle Bedingungen auf ihre beteiligungsfördernde oder beteiligungshemmende Funktion hin untersucht werden.

Dem Konzept zur Analyse von Handlungsressourcen liegen unterschiedliche theoretische Versatzstücke und verallgemeinernde Erklärungsansätze zugrunde. Es handelt sich dabei um Arbeiten über Durchsetzungs- und Entscheidungsprozesse bei betrieblichen Innovationen durch Datenverarbeitung (Konzept der innerbetrieblichen Handlungskonstellation nach *Weltz/Lullies (1983a)* und das Promotorenmodell von *Witte et al. (1973)*) sowie Ansätze zur Analyse und Gestaltung innerorganisatorischer Beziehungen von *Maslow (1954)*, *Argyris (1964)* und *Leavitt (1965)*, denen eine sozio-technische Sicht von Organisationen zugrunde liegt. Des weiteren wird auf Ansätze zur Herrschaftssicherung und Legitimation von Planungen der systemtheoretisch orientierten Kritischen Theorie (*Offe 1972*, *Gronemeyer 1973*) sowie den Machtanalysen der us-amerikanischen Community-Power-Forschung (Elemente von Machtbeziehungen nach *Dahl (1963)* und *Harsanyi (1965)*; Non-Decisions-Ansatz von *Bachrach/Baratz (1977)*) zurückgegriffen. Diese Ansätze sind in *Mambrey (1985*, 42ff.) ausführlich dargestellt.

Aus diesen Ansätzen läßt sich nicht bruchlos ein Analyserahmen der Verteilung von Einflußchancen und Restriktionen bei der Systementwicklung und -einführung deduktiv ableiten. Es lassen sich jedoch theorieangestoßen Dimensionen benennen, die als strukturelle, kollektive und prozedurale Determinanten gelten können. Abbildung 26 erläutert den aus den genannten Elementen entwickelten Bezugsrahmen.

Es handelt sich nicht um ein Kausalmodell prozeduraler Art mit dem Anspruch auf deterministische Beziehungen, sondern um einen heuristischen Rahmen zur Analyse und Strukturierung. Das Modell besteht in seinen Grundstrukturen aus den *Akteuren* einschließlich der ihnen zugeordneten *Ressourcen* und dem *Prozeß*, dessen Bestimmungsgrößen idealtypisch dargestellt werden.

Abbildung 26: Darstellung des Bezugsrahmens

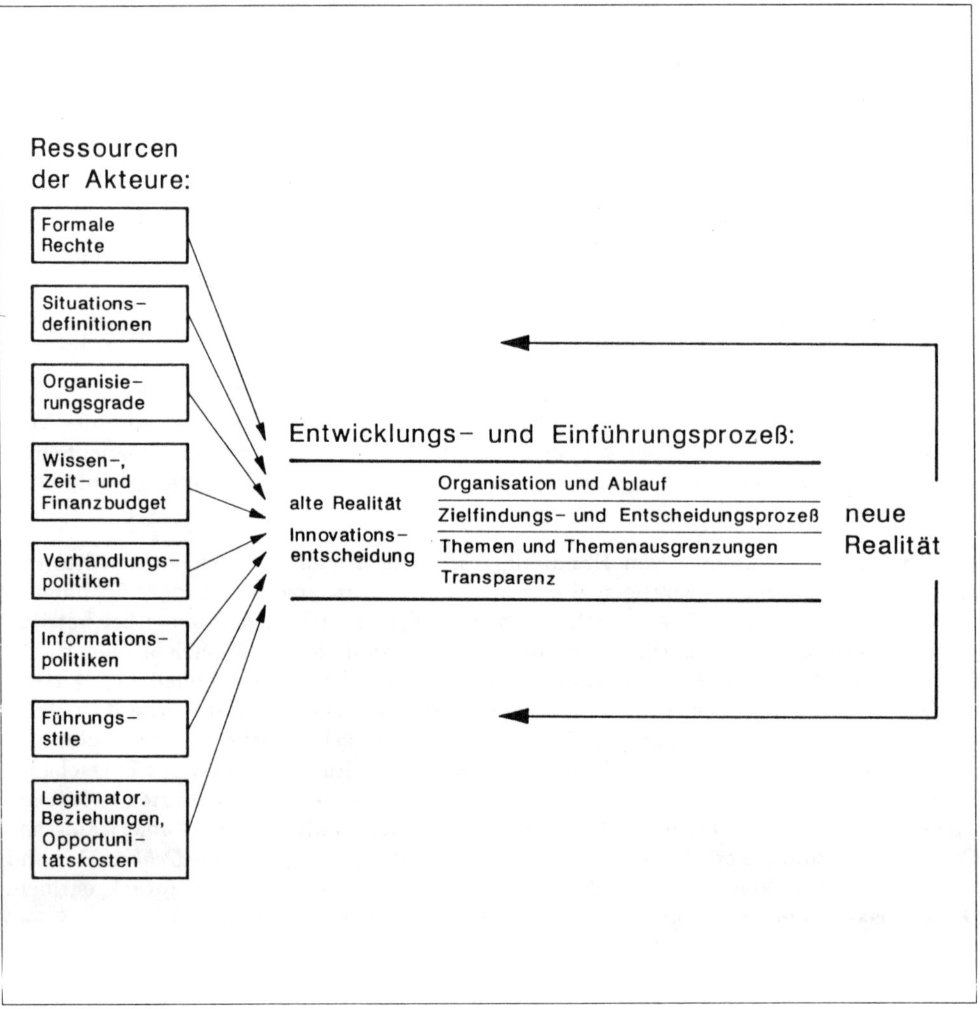

5.1.1.1 Akteure

Eine zentrale Rolle spielen die Akteure des Entwicklungsprozesses. Akteure von Systementwicklungsprozessen werden differenziert in Leitungsebene (Management), Systementwickler und Betroffene. Diese Unterscheidung wird aufgrund der jeweiligen Tätigkeiten bzw. Rollen im Entwicklungsprozeß vorgenommen. Diese Kategorisierung erscheint — besonders angesichts praktischer Erfahrungen — sehr grob, ist aber die vorherrschende. Inbesondere bei den Personen der Leitungsebene treten Zuordnungsprobleme auf. Abteilungsleiter und Unterabteilungsleiter, also das mittlere Management, können aufgrund der Betroffenheit durch die Systementwicklung und aufgrund fehlender Direktionsrechte über die Systementwicklung häufig zu den Betroffenen gerechnet werden. Die Betroffenen wiederum lassen sich differenzieren in Benutzer des späteren Systems, in Personen, deren Tätigkeiten sich verändern oder entfallen oder in Personen, deren Daten verwaltet werden oder die Dienstleistungen erhalten, die mit Hilfe des Systems erbracht werden, also die übrigen Organisationsteilnehmer und Kunden bzw. Klienten der Organisation. Zu den Systementwicklern werden die Personen gerechnet, deren Tätigkeit hauptsächlich darin besteht, das DV–System zu entwickeln, in die Organisation einzupassen und/oder zu warten.

Diese drei Gruppen, die organisationsintern wohl die hauptsächlichen Akteure sind, sollen um solche Akteursgruppen ergänzt werden, die zusätzlich auftreten und in die Entwicklung eingreifen können. Dies sind vordringlich die gewählten Repräsentanten der Arbeitnehmer, also Personal- oder Betriebsräte, Gewerkschaften, sowie Konzernleitung, Aufsichtsräte oder kommunale Körperschaften und bei externen Systementwicklern das jeweilige Software–Unternehmen oder die Hardware–Anbieter. In seltenen Fällen kann auch die organisationsexterne öffentliche Meinung, z. B. in Form der Lokalpresse, eine Rolle spielen.

Die Akteure lassen sich nicht nur aufgrund ihrer formalen Stellung unterscheiden und beschreiben. Wichtig ist, in welchem Maße und in welcher Form sie bestimmte Ressourcen aufgreifen und Rollen für sich und andere Beteiligte definieren. Auf die Relevanz von Rollenwahrnehmungen bei betrieblichen Innovationsprozessen hat besonders ***Witte (1973)*** hingewiesen. Eine besondere Bedeutung für den Ablauf und das Ergebnis von Innovationsprozessen sind sogenannte "Promotoren", die unabhängig von der Gruppenzugehörigkeit wirken können. Witte unterscheidet zwischen dem Machtpromotor (Einflußbasis aufgrund der Stellung in der Hierarchie), dem Fachpromotor (Einflußbasis aufgrund des Expertenwissens) und dem Kommunikationspromotor (Einflußbasis aufgrund der kommunikativen Fähigkeiten). Diese Promotoren sorgen entweder für sich oder miteinander für das notwendige Aktivitätsniveau und die Aktivitätsrichtung, die letztlich für den erfolgreichen Abschluß eines Einführungsprozesses maßgeblich sind. Die Einführung des Modells der Promotoren bei Entscheidungsprozessen bedeutet nicht, daß Entscheidungen in Organisationen personalisiert und zu individuellen Akten werden oder wieder zur "normativen Kunst" gemacht wird. Die Promotoren sind jedoch als Prozeßförderer anzusehen, die über eine oder mehrere spezifische Ressourcen verfügen.

5.1.1.2 Ressourcen der Akteure

Die genannten Akteure verfügen in unterschiedlichem Maße über kollektive bzw. strukturelle Ressourcen, die sie zur Verfolgung ihrer Ziele einsetzen können. Wir wollen folgende Ressourcen im einzelnen untersuchen:

a) Formale Rechte
b) Situationsdefinitionen und Zielidentitäten
c) Organisierungsgrade
d) Wissen, Zeit- und Finanzbudgets
e) Verhandlungspolitiken
f) Führungsvorstellungen (Ideologien)
g) Informationspolitiken
h) Legitimatorische Beziehungen und Opportunitätskosten

a) Formale Rechte

Bei dieser Ressource geht es um die den einzelnen Akteursgruppen zur Verfügung stehenden formalen Rechte. Es handelt sich dabei um die Direktionsrechte der Leitungsebene, Rechte aus der betrieblichen Mitbestimmung (PersVG; BetrVG), Rechte der kommunalen Selbstverwaltung, Rechte aus Tarifverträgen und Rechte aus Betriebsvereinbarungen u.a.m.. Es geht weiter darum, den Bekanntheitsgrad und die Ausschöpfung der spezifischen Beteiligungsgesetze darzustellen. Zusätzlich soll der hierarchische Aufbau der Organisation einbezogen werden, um die Verortung der Akteursgruppen im Gesamtaufbau der Organisation deutlich zu machen. Besonders wichtig ist die Frage, wer Weisungsrechte gegenüber den Systementwicklern hat, sei es in der DV-Abteilung einer Organisation oder als externe Berater, wem sie zugeordnet sind und wer über ihre Arbeiten urteilt.

Die Bedeutung formaler Rechte in Entscheidungsprozessen ist unbestritten. Dies wird für die Systementwicklung besonders deutlich von *Kubicek/Berger (1983*, 23ff.) herausgearbeitet. Danach bilden die formalen Regelungsbestimmungen die Basis für Verhandlungsprozesse zwischen Arbeitgebern und Arbeitnehmern, beinhalten jedoch "lediglich unvollständig definierte Handlungsmöglichkeiten" (*Kubicek/Berger 1983*, 27) und müssen ergänzt werden durch konkretere Handlungsbedingungen, vergleichbar den weiteren hier genannten Ressourcen. Besonders in Norwegen haben sich diese Überlegungen zur Regelung der Verhandlungen zwischen Arbeitgebern und Arbeitnehmern über die Entwicklung und den Einsatz von DV in Organisationen in Abkommen und Gesetzen niedergeschlagen (General Agreement of 1978 between the Norwegian Federation of Trade Unions and the Norwegian Employers' Confederation (N.A.F.) on Computer Based Systems und Act relating to Worker Protection and Working Environment). Diese Regelungen verbessern die formale Position der Arbeitnehmer, doch evaluative Studien der Anwendungspraxis dieser Gesetze und Regelungen zeigen, daß formale Regelungen höchstens den Handlungsrahmen abstecken, für sich genommen jedoch noch keine Gewähr für eine erfolgreiche Beteiligung von Arbeitnehmern an der Systementwicklung bieten (vgl. *Schneider/Ciborra 1983*, 243ff.; ebenso *Mathiassen/Rolskov/Vedel 1983*, 251ff.).

Rechtliche Regelungen, wie z.B. in Skandinavien, die Mitbestimmung beim Einsatz von DV–gestützten Systemen vorsehen, gibt es in der Bundesrepublik Deutschland nicht. Es bestehen jedoch die Möglichkeiten, dies per Tarifvertrag überbetrieblich zu regeln oder auf Betriebsebene Betriebs– bzw. Dienstvereinbarungen abzuschließen, die die Rechte und Pflichten der an der Entwicklung Beteiligten und die Anwendungsbedingungen für die jeweilige Organisation regeln.

b) Situationsdefinitionen und Zielidentitäten

Die Relevanz der Situationsdefinition, z.B. von Auslöser, Ausgangslage und Problemdefinition wird in der empirischen Studie von *Weltz/Lullies (1983a)* deutlich. Die Autoren stellen als ein Ergebnis fest, "daß mit der Definition des Problems vielfach die Richtung des Einführungsprozesses vorgegeben war, die nur schwer korrigierbar erschien. Daraus folgt, daß die Problemdefinition nicht nur auf die Geschwindigkeit bzw. Verzögerung der Durchführung der Organisationsmaßnahme, sondern auch auf deren spätere in der Praxis realisierte konkrete Ausgestaltung, prägenden Einfluß hatte. Zugleich wird bereits mit dieser Phase die zentrale Bedeutung betrieblicher Organisationsstrukturen und Einflußverhältnisse deutlich, denn dadurch, daß die Problemdefinition unterschiedlich ausfiel — je nachdem, welche betriebliche Stelle daran ausschlaggebend beteiligt war —, war ja eine wichtige Vorentscheidung für die weitere Gestaltung des Einführungsprozesses gefallen" (*Weltz/Lullies 1983a*, 54). Problemdefinitionen erfolgen nicht nur zu Beginn, sondern auch bei allen relevanten Zwischenschritten (Phasen) von Entwicklungen.

Es ist davon auszugehen, daß sich Interessen bzw. Lösungsvorschläge dann besser durchsetzen lassen, wenn sie von einer größeren Zahl von Individuen konsentiv vertreten werden. Heterogene Ziele in Gruppen verhindern eher die Durchsetzung (vgl. *Olson 1968*). Daher sind die Möglichkeiten einzelner Akteursgruppen zu untersuchen, die Zieldefinition vorzunehmen bzw. diese zu erkennen und auf sie Einfluß zu nehmen. Außerdem ist zu untersuchen, ob über Vor– und Nachteile des DV–Einsatzes zu Beginn und während des Verlaufs der Entwicklung diskutiert wurde und um welche Vor– und Nachteile es sich dabei handelte. Weiter wird gefragt, ob die Akteursgruppen die Absichten oder das Ergebnis antizipieren konnten und ob sie eigene Ziele entwickelten. Falls eigene Ziele entwickelt wurden, soll gefragt werden, wie hoch die Zielidentität (der Konsens innerhalb der Gruppen über das Ziel bzw. Unterziele) war.

c) Organisierungsgrad

Für das Konfliktpotential einer Gruppe ist das Organisierungsverhalten, (Selbstorganisation; Fremdorganisation), der Organisationsgrad in den Akteursgruppen (loser Verbund; ausgeprägte Infrastruktur; Anzahl und Status der Gruppenmitglieder) und der Organisierungsgrad allgemein (Zugehörigkeit zu Parteien und anderen Verbänden) wichtig. Alle drei Größen sind häufiger in empirischen Untersuchungen zur Erklärung des Konfliktpotentials herangezogen worden (vgl. *Bachrach/Baratz 1977*; *Nelles 1977*; *Nelles/Oppermann 1979*). Besonders der Aspekt der Selbstorganisation von Arbeitnehmern im Zusammenhang mit einer Beteiligung an der Systementwicklung ist u. E. eine wichtige Größe.

Hier soll herausgefunden werden, wie ausgeprägt die drei Aspekte von Organisierung bei den Akteuren sind. Gibt es z.B. bei den Betroffenen eine Selbstorganisation, gibt es eine Projektorganisation mit festen Verfahrensregeln, gibt es z.B. Arbeitsgruppen mit gemeinschaftlichen Beratungen oder DV–Verbindungsleute. Welche organisierten Interessenvertretungen gibt es? Wie ist deren Beziehung zu ihrer Basis?

d) Wissen, Zeit– und Finanzbudgets

Die Verfügbarkeit über Zeit, Geld und Wissen stellt eine weitere wichtige Ressource bei Entscheidungsprozessen dar. Dies wurde am Beispiel der kommunalpolitischen Entscheidungsprozesse gut belegt (vgl. *Berkemeier 1972*; *Naßmacher/Holler 1976*). Die Relevanz dieses Aspektes für die Systementwicklung haben Kubicek und Berger deutlich gemacht. Sie vertreten die Auffassung, daß "die tatsächlichen Einflußchancen nicht nur von den jeweiligen Beteiligungsrechten, sondern auch von der Infrastruktur abhängen" (*Kubicek/Berger 1983*, 41).

Es soll gefragt werden, welche Qualifikation bezogen auf Beteiligung resp. Durchsetzung in betrieblichen Entscheidungsprozessen und welches Wissen über die Technik und das Vorgehen bei deren Modifikation und Einsatz vorliegen. Es wird weiter gefragt, welchen Aufmerksamkeitsgrad der Entwicklungsprozeß für die einzelnen Akteursgruppen besitzt, Wieviel Zeit für Information und Aktion verwendet wird, ob es Probleme für Akteursgruppen beim Zeitbudget gibt, z.B. durch Verweigerung von Freistunden o.ä.. Weiter interessiert, ob durch Finanzmittel eine ungleiche Situation entsteht, z.B. dadurch, daß externe Berater nicht engagiert oder Aktionen nicht durchgeführt werden können.

e) Verhandlungs– und Durchsetzungspolitiken

Verhandlungs– und Durchsetzungspolitiken gehören zum Kernbestand betriebswirtschaftlicher und politikwissenschaftlicher Forschung. Aus entscheidungstheoretischer Sicht weist Kirsch darauf hin, daß es notwendig ist, Taktiken zu untersuchen, die Organisationsteilnehmer "dazu bewegen, empfangene oder hervorgerufene Informationen als Entscheidungsprämissen zu akzeptieren" (*Kirsch 1977*, 216). Kirsch führt einige Taktiken auf, z.B. Versprechen, vollendete Tatsachen, autorisierte Vorschriften, Manipulationstechniken, Überreden und sozio–emotionale Beziehungen (vgl. *Kirsch 1977*, 217ff.). Personifiziert werden bestimmte Durchsetzungsstrategien bei Innovationen in Organisationen in den drei Promotorentypen beschrieben (vgl. *Witte 1973*).

Es wird zu fragen sein, welche Strategien die Akteure zur Zielerreichung verfolgen. Gibt es überhaupt kollektive Strategien? Agieren die Betroffenen im Sinne einer Kooperation, eines zeitbegrenzten Bündnisses (partikulare Kooperation) oder im Sinne einer Verweigerung (konfliktorientiert)? Gibt es einen Promotor, der die Innovation vorantreibt, gibt es neben den formal zuständigen Entscheidern ein "Vorentscheidergremium"?

f) Führungsstile

Neben den Verhandlungs– und Durchsetzungsstrategien ist für das Entscheidungsgeschehen der betriebliche Führungsstil bedeutsam. Betriebswirtschaftler und Psychologen untersuchen Führungsstile in Organisationen, um den Einfluß von Ideologien auf

Entscheidungen bzw. bei der Konfliktaushandlung zu analysieren. Diese Arbeiten zielen auf praxisorientierte Vorschläge und versuchen, "beste Führungsstile" zu identifizieren (vgl. *Müller/Hill 1980*, 129ff.; *Schreyögg 1980*, 162ff.) bzw. zu entwickeln oder Führungsstile aus der Sicht von Mitarbeitern und Vorgesetzten bewerten zu lassen (*Frew 1980*, 173ff.).

Auch in den bisher vorliegenden Arbeiten zur partizipativen Systementwicklung wird auf die Relevanz z.B. einer partnerschaftlichen Einstellung bzw. eines entsprechenden Führungsstiles hingewiesen, die die Arbeitgeber–Arbeitnehmer–Beziehungen strukturieren. Diese sozialpartnerschaftlichen Beziehungen werden als Voraussetzungen für die Partizipation von Betroffenen begriffen (vgl. *Kubicek 1980a*, 56ff.). Dieser Bewertung, die auch von aus der human–relations–Richtung kommenden Wissenschaftlern (*Mumford/Land/Hawgood 1978*; *Mumford/Henshall 1979*) geteilt wird, widersprechen Autoren, die eine Funktionalisierung der Arbeitnehmer durch die Arbeitgeber vermuten, wenn eine konsensorientierte Strategie der innerbetrieblichen Auseinandersetzung vorherrscht (vgl. *Bjoern–Andersen 1979*; *Briefs 1980a*). Die Relevanz der Ideologien bzw. des zugeschriebenen Rollenverständnisses der Akteure wird durch diese Auseinandersetzung besonders klar.

Welche Vorstellungen bestehen bei den Akteuren über den Umgang miteinander, z. B. sozialpartnerschaftliches Verständnis, Herr–im–Haus–Standpunkt, emanzipatorisches Verständnis? Welche professionellen Werte existieren? Welche Probleme entstehen dabei für die einzelnen Akteure durch Beteiligung, wie bewerten sie sie? Welches Rollenverständnis haben die Akteure?

g) Informationspolitiken

Der Informationsfluß oder, umfassender gesehen, die Kommunikationsstruktur ist eine weitere wichtige Determinante bei Entscheidungsprozessen. Besonders prominent wird ihr Stellenwert von der Systemtheorie herausgearbeitet (vgl. *Karl W. Deutsch 1969*), für die der Informationsaustausch die zentrale dynamische Größe darstellt.

Nach Kirsch ist "die Beeinflussung eines Individuums durch andere ... in der Regel eine Folge der sozialen Kommunikation" (*Kirsch 1977*, 201). Zu ähnlichen Ergebnissen kommen auch Bormann et al. aus organisationsanalytischer Sicht (vgl. *Bormann et al. 1969*). Die Praxisrelevanz von Informationspolitiken in Zusammenhang mit den betrieblichen Auseinandersetzungen über die neuen Technologien arbeitet Briefs heraus (vgl. *Briefs 1980a*, 175ff.).

Hier geht es um die Frage, ob es explizite Informationsstrategien gibt. Es interessiert schwerpunktmäßig, wie die Kommunikation innerhalb der Akteursgruppen und zwischen den Akteursgruppen organisiert ist bzw. wie sie abläuft.

h) Legitimatorische Beziehungen und Opportunitätskosten

In seiner Herrschaftssoziologie klassifiziert Max Weber Herrschaft dem Legitimationsanspruch entsprechend in drei Typen, nämlich rational–bürokratisch, traditional und charismatisch (*Weber 1964*, 159). Dabei weist er auf den reziproken Charakter dieser spezifischen Machtbeziehung hin. Mächtige und Machtuntergebene müssen wechselseitig Leistungen erbringen. Diese unterliegen ständiger kritischer Überprüfung. Bei

Verweigerung oder Androhung von Verweigerung ist somit die Legitimationsbeziehung gefährdet und mögliche Kosten (Opportunitätskosten) entstehen. Unter Verhandlungsgesichtspunkten in Entscheidungsprozessen ist es daher wichtig, zu wissen, welche Folgen durch temporäre Leistungsverweigerungen entstehen, ob diese die Aufgabenerfüllung oder die Legitimationsstruktur in Frage stellen und ob sie leicht zu kompensieren sind. Da im Bereich der Systementwicklung die Systementwickler selbst zwar DV–Experten, auf organisatorischem oder arbeitsprozeduralem Gebiet jedoch Laien sind, bedürfen sie der qualifizierten Information durch die Arbeitnehmer. Ohne dieses Wissen läßt sich kein System kostengünstig herstellen. Diese Abhängigkeit in Verhandlungen um DV–Arbeitsplätze auszunutzen, ist eine häufig erhobene Forderung von Gewerkschaftsseite (*vgl. Briefs 1980a*).

Hier interessiert die Frage, welche Unterstellungsverhältnisse, welche Abhängigkeiten existieren. Dabei interessieren weniger die hierarchisch–formalen Abhängigkeiten, sondern die legitimatorischen Beziehungen. Das Angewiesensein der Leitungsebene auf Mitdenken und Mitmachen der Arbeitnehmer rechtfertigt die Vermutung einer legitimatorischen Beziehung insbesondere dann, wenn diese eigenständig dispositiv tätig sind. Weiter soll erhoben werden, welche Sanktionsmöglichkeiten für die Betroffenen bestehen, z.B. durch kollektive Verweigerung u.a.m.. Welche persönlichen Folgen von Beteiligung werden bei den Akteursgruppen gesehen, z.B. Chance zur Profilierung bei den Vorgesetzten oder "Unbeliebtmachen"?

5.1.1.3 Entwicklungsprozeß

Der Entwicklungs- bzw. Einführungsprozeß von Technik ist Ergebnis individuellen Handelns auf Basis des technischen Wissensstandes und rechtlicher, ökonomischer und sozialer Handlungsbedingungen und Optionen. Dem Prozeß selbst, folgt man den Argumentationen von Offe und Bachrach/Baratz, kann eine eigene Entität zugesprochen werden.

"Prozesse ... sind niemals bloße prozedurale Formalismen, sondern sie präjudizieren als solche den möglichen Inhalt bzw. das mögliche Resultat des jeweiligen Prozesses" (*Offe 1972*, 80).

Durch seine spezifische Gestaltung und damit durch prozeßimmanente Bestimmungsgrößen begünstigt oder benachteiligt er Akteure bei der Wahrnehmung ihrer Interessen (vgl. auch *Crozier/Friedberg 1979*, 63ff.). Vergleichbar mit einem Kartenspiel werden die Regeln vorgegeben, auf Basis derer die Akteure zueinander in Beziehung treten. Akteursbezogene und prozedurale Aspekte stehen deshalb in enger Verbindung zueinander. 4 Kategorien von prozeßimmanenten Determinanten sollen untersucht werden (vgl. dazu noch einmal Abbildung 26):

a) Organisation des Ablaufs der Entwicklung
b) Zielfindungs– und Entscheidungsprozeß
c) Themen und Themenausgrenzungen
d) Transparenz der Entwicklung

a) Organisation und Ablauf der Entwicklung

Die praktische Relevanz der Organisation der Projektsteuerung wird durch die vielen Modelle und Vorschriftenkataloge belegt, die sich damit befassen (z.B. ORGWARE

IV; SCS–Modell; KoopA etc.). Aus Sicht des Wissenschaftlers weist Kirsch auf diesen Aspekt hin und führt zur Verdeutlichung die Unterscheidung von Objekt– und Metaentscheidungen ein. "Metaentscheidungen sind Entscheidungen über die Strukturen, in denen Objektentscheidungen zu treffen sind" (*Kirsch 1977*, 246). Solche Metaentscheidungen prägen die Struktur, in der sich Entscheidungsepisoden vollziehen und können auch als Entscheidungsprämissen begriffen werden (vgl. *Luhmann 1971*, 66ff.). Besonders interessant ist dabei im Rahmen dieser Untersuchung, ob die Betroffenen Zugang zu den Metaentscheidungen haben und wie durch die Metaentscheidungen ihr Beitrag zur Systementwicklung geregelt ist. Dabei soll differenziert werden, ob und wie der *freiwillige* Beitrag der Organisationsteilnehmer, an Beratungen und Entscheidungen teilzunehmen, organisiert wurde und wie die Beteiligung der Beschäftigten aufgrund der Ausfüllung ihrer organisatorischen Funktion organisiert wurde. Diese Unterscheidung von Beteiligung auf der Basis von Freiwilligkeit oder als Teil der Arbeitsaufgabe (qua Amt oder Funktion) geht auf die grundlegende Arbeit von March und Simon (vgl. *March/Simon 1976*) zurück.

Hier soll untersucht werden, wie die Projektsteuerung organisiert wurde, wer bestimmt, wer hat Zugriff auf und Informationen über die Metaplanung, Detailplanungen und Realisierungen. Wie ist die Beteiligung und Aufgabenverteilung organisiert, wie sind die Zuständigkeiten verteilt?

b) Zielfindungs– und Entscheidungsprozeß

Wie eine Systementwicklung aus Beteiligungssicht zu bewerten ist, hängt stark von der Art und Weise ab, wie die Ziele festgelegt und realisiert werden. Wird eine top–down–Strategie verfolgt, so bedeutet dies, daß nach Festlegung der Ziele (z.B. in Form eines Anforderungskataloges) durch das Management der DV–Abteilung oder externen Entwicklern der Auftrag erteilt wird, diese Ziele schrittweise umzusetzen. Eine Beeinflussung dieser Ziele bzw. des Ergebnisses kann dann für die Betroffenen nur noch im Laufe der Realisierung und Implementierung erfolgen. Solche Aktivitäten der Betroffenen werden häufig von den Organisationsentwicklern oder Systementwicklern als Störungen begriffen, die zu managen sind. Dieses Managen erfolgt durch "Strategien zur Überwindung von Widerständen" (*Klages/Schmidt 1978*, 64), die zu einem speziellen Zweig der Organisationsforschung und –lehre ausgebaut wurden und sich auf "verschiedene Formen des gruppendynamischen Trainings und Tätigkeitsvollzugs" (*Klages/Schmidt 1978*, 65) konzentrieren. Dem stehen Ansätze gegenüber, die nach einer Ist–Analyse alternative Ziele darzustellen versuchen, die dann gemeinsam von Management und Betroffenen diskutiert und bewertet werden und aus denen die späteren Systemziele identifiziert werden (vgl. *Mambrey 1983*; *Tepper 1983*).

Dazu muß festgehalten werden, wie der Stand der DV–Entwicklung in der Organisation ist, ob es sich um eine Aktualisierung bestehender Anlagen und Aufgabenerledigungen handelt oder ob es eine Umstellung z.B. von der Durchschreibebuchhaltung auf ein Dialogsystem ist. Es soll untersucht werden, ob das Ergebnis als Ziel vorab festgelegt wurde oder erst zu entwickeln war (Zieloffenheit des Prozesses). Es interessiert, was disponibel war, z.B. Hardware, Anwendungsprogramme, Benutzerschnittstelle, Arbeitsbedingungen, Entlohnung, ob die Grundsatzentscheidung über den DV–Einsatz selbst disponibel war u.a.m.. Hinzu kommt die Beantwortung der Frage, ob — und wenn ja — wie Alternativen erzeugt werden und wer über die Auswahl entscheidet.

c) Themen und Themenausgrenzungen

Dieser dritten prozeduralen Determinante liegt die Sichtweise von Cohen, March und Olson zugrunde, daß es im Laufe eines Prozesses mehrere Entscheidungsgelegenheiten oder -arenen (choice opportunities) gibt (*Cohen/March/Olson 1976*, 26). Dabei ist interessant, welche Themen zur Beratung und Entscheidung anstehen, wer daran teilnimmt und besonders auch, welche Themen nicht behandelt werden. Diese "non-issues" (*Bachrach/Baratz 1977*, 74) lassen Rückschlüsse auf die Beteiligungszugänglichkeit eines Prozesses und die Reichweite der Beteiligung zu. Der in Anlehnung an diese Überlegungen von Bachrach/Baratz entwickelte Begriff der Selektivität durch Offe versucht zu erklären, warum ein Nichtberücksichtigen von Interessen erfolgt, ohne daß ein direktes Intervenieren eines Akteurs notwendig wird. Offe vermutet als Grund u.a. systemische Selektivitätsleistungen: "Systemisch sind Selektivitätsleistungen, die unmittelbar durch organisatorische Strukturen und Prozesse des politischen Systems erzeugt werden" (*Offe 1972*, 75).

Hier soll festgehalten werden, welche Fragen organisationsöffentlich diskutiert werden, z.B. nur arbeitsplatzbezogene oder auch organisationspolitische, ob es Arenen (Foren) zu zentralen Aspekten der Systementwicklung gibt, ob Entscheidungspunkte (milestones; points of no return) deutlich und zum Gegenstand von Beratung und Entscheidung gemacht werden. Es interessiert, ob Themen eingegrenzt werden (s.o.), aber besonders auch, ob heikle Themen wie z.B. Entlassung, Kontrolle, Qualifikation u.a.m. ausgegrenzt wurden. Welche thematischen Ausgrenzungen (non-issues) lassen sich identifizieren, welche Gruppen sind davon betroffen?

d) Transparenz der Entwicklung

Systementwicklung ist ein Prozeß, der von der Analyse der Organisation bis hin zur technischen Realisierung und Einführung Spezialkenntnisse verlangt, über die nur die jeweiligen Experten verfügen. Teilnahme an Entscheidungen setzt jedoch voraus, daß Information und Kenntnis über die Möglichkeiten und Risiken gegeben sind. Da die Systementwicklung außerhalb der Alltagserfahrung der Betroffenen liegt und die angewandte Technologie in der öffentlichen Meinung mystifiziert wird, ist es wichtig, zu wissen, welche prozeduralen Vorkehrungen es gibt, Informationen und Kenntnisse zu vermitteln und Informationen und Anforderungen in die Systementwicklung einzubringen. Vermittlung und Feedback werden durch Methoden und Verfahren hergestellt. Die Funktion dieser Methoden und Verfahren, Transparenz herzustellen, wird unter Systementwicklern als eine wichtige Größe angesehen (vgl. *Mumford/Weir 1979*; *Floyd/Keil 1983*; *Land 1983*).

Hier soll aufgezeigt werden, welche Versuche es gibt, methodisch eine gemeinsame Verständigungsbasis zu finden, z.B. durch den Einsatz von Verfahrensregeln, Beschreibungsmitteln, Schulungen, Präsentationen, Arbeitskreisen, Prototyping. Welche Möglichkeiten gibt es, den Prozeß, die Technik, die Ziele oder die spätere Arbeitssituation zu durchschauen?

5.1.2 Subjektive Erklärungsansätze des Beteiligungshandelns

Nach den besprochenen strukturellen Ansätzen zur Erklärung von Beteiligung befassen sich die folgenden subjektiven Erklärungsansätze mit der Wahrnehmung und Bewertung von Beteiligungsmöglichkeiten durch die einzelnen Personen.

5.1.2.1 Lerntheorien

Lerntheorien gehen in den unterschiedlichen Prägungen davon aus, daß das Verhalten gesteuert wird durch die Wirksamkeit von Verstärkungsbedingungen, die mit dem Verhalten verknüpft sind. Belohnung und Bestrafung, Verhaltenserfolg und -mißerfolg, Assoziationen von Reiz und Reaktion bestimmen die Eintrittswahrscheinlichkeit des Verhaltens. Maßgeblich sind damit Erfahrungen bei vergangenen Ereignissen. Was als befriedigend für den Organismus erfahren wurde, wird wieder zu erreichen bzw. beizubehalten gesucht; was als belastend empfunden wurde, wird zu vermeiden getrachtet (vgl. zur Lernpsychologie *Foppa 1970*).

Damit sind Lerntheorien primär zur Erklärung von Verhalten in häufig wiederkehrenden Situationen und von Handlungskontinuität geeignet. In bezug auf die Beteiligung bei einer Systementwicklung würden sie voraussagen, daß sich die potentiellen Akteure in fortdauernde Übereinstimmung mit ihrem bisherigen Verhalten zu setzen trachten. Damit ist nicht ausgeschlossen, daß auch Verhaltensänderungen, daß neues Verhalten auftritt; hierfür sind dann aber entsprechende erkennbare Anreizbedingungen erforderlich, die dieses neue Verhalten, d.h. das Einräumen, Fördern oder Nutzen von Beteiligungsmöglichkeiten seitens der Führungskräfte, der Entwickler bzw. der Betroffenen, als befriedigender erscheinen lassen als bisheriges Verhalten oder Nicht-Verhalten. Eher zu erklären sind nach den Lerntheorien "traditionelle" Verhaltensweisen. Dies kann einmal bedeuten, daß sich bei einer Systementwicklung jeder entsprechend seiner Profession verhält, d.h. daß die Führungskräfte für Grundsatzentscheidungen und deren Kontrolle zuständig betrachtet werden, Entwicklern die Ausführung der Innovationsentscheidung obliegt und die Betroffenen erst bei der Übernahme des fertigen Systems als Benutzer oder Verweigerer ins Spiel kommen. In einem weniger strikt arbeitsteiligen Kontext kann die Tendenz zur Handlungskontinuität bedeuten, daß die vorhandene Differenzierung von aktiven und passiven Mitgliedern des sozialen Feldes auf die unterschiedlichen Aktivitätsniveaus im Zusammenhang mit der technisch-organisatorischen Innovation durchschlägt. Aus der Sicht der Lerntheorien bietet die Systementwicklung den "Partizipationsriesen" also einen (weiteren) Anknüpfungspunkt für ihre Beteiligungsaspirationen und die "Beteiligungszwerge" stehen weiter hintan.

5.1.2.2 Wahrnehmungstheorien

Wahrnehmungstheorien, genauer Theorien sozial bedingter Wahrnehmung, zeigen auf, daß für das Handeln von Personen nicht die objektive Realität als solche, in der sich jemand als handelndes Subjekt befindet, maßgeblich ist. Die Realität ist für das Subjekt vielmehr nur bzw. erst insofern relevant, als es die Realität in bestimmter Weise wahrnimmt, ihr Bedeutung und Sinn verleiht. Das Besondere der sozialen Wahrnehmungstheorie ist ihr Deutungsversuch dieser je unterschiedlich geprägten Wahrnehmung von Realität: sie ist eine Kombination aus allgemeinen "Gesetzen" der Wahrnehmungsprägung, aus situativ bedingten Wahrnehmungsbestimmungen und aus sozialisationsbedingt geprägter Wahrnehmung.

Wahrnehmungsprägungen und als Sonderform davon auch Wahrnehmungsverzerrungen bedingen, daß die Wahrnehmung nicht einfach die Realität im Verhältnis 1:1 abbildet, sondern daß sie immer schon einen kognitiven Einordnungs- und Verarbeitungsprozeß darstellt (vgl. *Holzkamp 1972*). Maßgebliche Eigenschaften der Prägung von Wahrnehmungvorgängen sind ihre Selektivität, ihre Interpretativität und ihre Strukturiertheit. D.h. die Realität wird nicht vollständig, sondern ausschnitthaft wahrgenommen; die Wahrnehmung bildet diesen Ausschnitt auch nicht einfach vorstellungsmäßig nach, sondern deutet ihn in spezifischer Weise. Schließlich strukturiert die Wahrnehmung die Einzelkomponenten und ihre Interpretation zu einem Gesamtbild. Wie diese Selektions- und Interpretationsprozesse, wie aber auch die Strukturierung zustandekommt, wie sie von Information und Kommunikation, von Erfahrungen und Einstellungen, von Motivations- und Wertzuständen der Person in Vergangenheit und Gegenwart, wie sie von zukunftsgerichteten Interessen und Erwartungen geleitet werden, haben die Arbeiten zur Wahrnehmungstheorie deutlich gemacht[1]. Mit der Frage der Sozialisationsabhängigkeit und der Bedeutung für Handlungsmöglichkeiten von Personen haben sich v.a. funktionalistische Theorien der Wahrnehmung befaßt (vgl. zusammenfassend *Graumann 1956*).

Wahrnehmungstheoretische Arbeiten kommen zu dem Ergebnis, daß es für den Handelnden zum erfolgreichen Überleben nicht zentral ist, die Realität in ihrer Komplexität vollständig aufzunehmen und zu verarbeiten, sondern die für seine Ziele, Interessen und Lebenslagen relevanten Elemente herauszukristallisieren und in einen Deutungszusammenhang zu bringen, sie in einen Kontext zu stellen. *March/Simon* beschreiben die wechselhaften Beziehungen der sozialen Wahrnehmungsprozesse zum jeweiligen Kontext, in dem die Person steht: "Wahrnehmungen, die mit dem Bezugsrahmen nicht in Einklang stehen, werden gefiltert, ehe sie das Bewußtsein erreichen, oder werden reinterpretiert oder 'rationalisiert', um die Diskrepanz zu beseitigen. Der Bezugsrahmen dient genauso zur Bestätigung der Wahrnehmungen, wie die Wahrnehmungen zur Bestätigung des Bezugsrahmens dienen" (*March/Simon 1976*, 143).

Wir wollen uns mit diesen Hinweisen auf die Themen und Ergebnisse der sozialen Wahrnehmungstheorie begnügen und für unsere Aufgabe folgendes festhalten:

1. Die Wahrnehmung von Systementwicklungen und die Wahrnehmung von Beteiligungsmöglichkeiten unterscheidet sich von Person zu Person.

2. Die Wahrnehmung hängt längerfristig ab von Vorerfahrungen mit Innovationen, ihren Auswirkungen auf die Betroffenen und mit den eigenen Einflußchancen auf die Entwicklung sowie von den daraufhin gebildeten Einstellungen hierzu.

3. Die Wahrnehmung hängt kurz bis mittelfristig weiterhin davon ab, welche Informationen in welchem kommunikativen Kontext über die anstehende Innovation eines DV-technischen Informationssystems vermittelt worden sind.

---

[1] Vgl. allgemein z.B. *Graumann 1966*; *Stadler/Seeger/Raeithel 1975*; vgl. für Wahrnehmungsprägung durch Information und Kommunikation z.B. *Schulz 1971*

4. Die Wahrnehmung prägt die Handlungsbereitschaft der Personen in bezug auf eine Beteiligung an der Systementwicklung (auf seiten der Beschäftigten) bzw. in bezug auf die Ausfüllung der eigenen Rolle und die Einbeziehung bzw. Förderung von Betroffenenbeteiligung im Projektablauf (auf seiten der Entwickler).

Um die unterschiedlichen Handlungsbereitschaften zu begründen, ist es also sinnvoll, auf die Wahrnehmung der Situation und die Wahrnehmung der Handlungsmöglichkeiten zu rekurrieren und diese wiederum nachzuvollziehen anhand der genannten Vorerfahrungen, der Informationen und Kommunikationen über die Systementwicklung und die Beteiligungsmöglichkeiten und die dadurch gebildeten Einstellungen.

5.1.2.3 Nutzenerwartungstheorien

Nutzenerwartungstheorien sind Theorien zur Erklärung von Handeln, die von einer utilitaristischen Grundannahme ausgehen. Sie nehmen an, daß sich der Handelnde in einer Situation bei der Auswahl der für ihn verfügbaren Handlungsalternativen für diejenige entscheidet, die ihm den größten Nutzen verspricht. Sie setzen das Vorliegen von Handlungsalternativen (im einfachsten Fall Handeln oder Nicht–Handeln) voraus und unterstellen das Abwägen der Handlungspräferenz durch das Abschätzen des *relativen* Nutzens der Handlungen für den Handelnden. Die Nutzenerwartungstheorie geht streng von einer subjektiven Auffassung der Handlungserklärung aus: nur die subjektiv perzipierten Erwartungen und Bewertungen gehen in das Handlungskalkül ein. Zwei Variablen genügen der Nutzenerwartungstheorie zur Vorhersage von Handeln. Erstens die Sicherheit oder Wahrscheinlichkeit von eintretenden Handlungskonsequenzen und zweitens der Belohnungswert oder der Nutzen der Handlungskonsequenz (vgl. *Schmid 1982*).

Da in einer Situation nicht nur eine Handlungsmöglichkeit besteht, sondern mehrere, und da diese Handlungen nicht nur eine Handlungskonsequenz haben können, sondern mehrere, muß dieses Grundmodell entsprechend erweitert werden.

Ein Beispiel mag das Modell erläutern (vgl. dazu die Rechnung mit fiktiven Zahlenwerten in Abbildung 27). Ein Beschäftigter in der Verwaltung eines Betriebes erfährt von der Absicht der Einführung eines Informationstechnik–gestützten Systems. Er sieht für sich persönlich zwei grobe Klassen von Handlungsmöglichkeiten: H1 bedeutet, sich intensiv mit der Entwicklung auseinanderzusetzen und auf sie Einfluß zu nehmen suchen; H2 meint, sich passiv zu verhalten und die Entwicklung auf sich zukommen zu lassen. Als Konsequenzen eines Engagements erwartet er mit großer Sicherheit erheblichen Aufwand an Zeit und ebenfalls mit ziemlicher Sicherheit Konflikte mit anderen beteiligten Akteuren. Einflußchancen als Handlungskonsequenz nimmt er als unsicher wahr. Den einzelnen Handlungskonsequenzen ordnet er subjektiv folgende Werte zu: Der Zeitaufwand ist für ihn etwas belastend, da er vermutet, daß er für eine Beteiligung nicht im vollem Umfang von seinen üblichen Pflichten entbunden werden kann. Auch die erwarteten Konflikte hält er für ziemlich belastend. Die Beeinflussung der Systementwicklung in seinem Sinne bewertet er hingegen sehr positiv. Als Handlungskonsequenz für den Fall passiven Verhaltens nimmt er mit ziemlicher Sicherheit eine Beeinträchtigung seiner beruflichen Entfaltungsmöglichkeiten nach Einführung eines Informationssystems ohne

Abbildung 27: Bildung der Nutzenwerte zweier Handlungsalternativen

	Handlungs-konsequenzen	Auftretenswahr-scheinlichkeit	Nutzen	Produkt
Handlungs-alternative H1	Aufwand	0.9	– 0.2	– 0.18
	Konflikt	0.8	– 0.3	– 0.24
	Einfluß	0.3	+ 1.0	0.30
			Produktsumme:	– 0.12
Handlungs-alternative H2	berufliche Nachteile	0.8	– 0.7	– 0.56
	Isolation	0.3	– 0.2	– 0.06
			Produktsumme:	– 0.62

seine Beteiligung und eine gewisse Isolierung in der Kollegenschaft an; diese beruflichen Nachteile bewertet er als recht negativ und die Isolation als etwas unangenehm.

Für beide Handlungsalternativen stellt sich damit in der Summe eine negativ geprägte subjektive Nutzenerwartung ("Nettonutzen") ein. Für die Person sind beide Handlungen nicht überwiegend positiv ausgewiesen. Trotzdem würde die erste Handlungsalternative, die Beteiligung an der Systementwicklung, nach dem Kalkül der Nutzenerwartungstheorie als "kleineres Übel" präferiert und realisiert.

Man wird damit rechnen müssen, daß die Vorstellungen der verschiedenen Akteure sowohl hinsichtlich der erwarteten Inhalte von Handlungskonsequenzen als auch hinsichtlich der subjektiven Sicherheit, mit der sie diese Konsequenzen erwarten, unscharf sind. Sie haben selbst in der Mehrzahl kaum Erfahrungen mit einer partizipativen Entwicklung von informationstechnischen Systemen, sondern extrapolieren anderweitige Erfahrungen im und außerhalb des Betriebes und deuten dementsprechend die verfügbaren Informationen über die anstehende Systementwicklung.

5.1.2.4 Einstellungstheorien

Einstellungstheorien sehen für die Individuen die Notwendigkeit, sich ständig in Beziehung setzen zu müssen zu materiellen und sozialen Objekten und Ereignissen ihrer Umgebung. Diese Beziehungen werden, so betonen Einstellungstheorien, nicht jeweils ad hoc neu aufgebaut, sondern nehmen eine relativ feste und überdauernde Form an. Sie werden als Einstellungen bezeichnet. Die meisten Einstellungstheorien differenzieren die Beziehung, in der eine Person zu anderen Personen, zu Objekten und Ereignissen seiner Umwelt steht, in mehr oder weniger expliziter und systematischer Weise. Die ausgeprägteste Tradition dieser Differenzierung hat eine Auffassung, die Einstellungen in drei Komponenten strukturiert sieht: der *affektiv-emotionalen Beziehung* zur Umwelt (=Bewertung), der *kognitiven Beziehung* zur Umwelt (=Überzeugungen, Wissen,

Vermutung) und der *konativen Beziehung* zur Umwelt (=Wollen, Streben, Handlungsabsicht). Zwischen diesen Komponenten wird eine Tendenz zum Ausgleich, zur Balance erwartet.

Vor allem Konsistenz–Theorien haben sich mit unterschiedlichen Aspekten dieser Beziehung ausführlich beschäftigt: die Theorie kognitiver Dissonanz (vgl. *Festinger 1957*), die Kongruenztheorie (vgl. *Osgood/Tannenbaum 1955*), die Balancetheorie (vgl. *Heider 1946*; *1958*). Theorievergleiche stießen auf erhebliche Schwierigkeiten, die sowohl in der konzeptionellen Abgrenzung der Komponenten gegeneinander als auch in der angemessenen diskriminativen Operationalisierung liegen (vgl. *Oppermann 1975*). Als Ergebnis der bisherigen Arbeiten kann man festhalten, daß der Versuch der Erklärung von Verhaltensbereitschaften (konative Komponente) aus der kognitiven und affektiv–emotionalen Komponente von Einstellungen nicht überzeugend gelungen ist (vgl. zusammenfassend *Wicker 1969*; *1971*; *Benninghaus 1973*; *Oppermann 1975*). Als angemessener als die Frage nach der generellen Gültigkeit einer Beziehung zwischen den Einstellungskomponenten und zwischen ihnen und dem tatsächlichen Handeln wird seitdem die Frage betrachtet: "unter welchen Bedingungen und in welchem Ausmaß sind Einstellungen eines bestimmten Typs verbunden mit Verhalten eines bestimmten Typs?" (*Ehrlich 1969*, 30). Auf diese Frage wird neuerdings auch von der Attributionstheorie eine Antwort zu geben versucht (vgl. nächsten Abschnitt). Wir wollen hier zunächst die Relevanz von Einstellungstheorien für unser Thema, die Beziehung zwischen der Wahrnehmung und Bewertung von Beteiligungsmöglichkeiten einerseits und der Beteiligung selbst andererseits, herausarbeiten.

Einstellungstheorien stellen fest, daß die Person wahrnehmend, bewertend und handelnd nicht immer wieder neu in einer Situation steht, sondern ein affektives, kognitives und konatives Orientierungssystem (Einstellungen) entwickelt, das ihr die Aufnahme und das Unterhalten von Beziehungen zu ihrer Umgebung erleichtert (vereinfacht, vereinheitlicht etc.). Neue Situationen werden im Lichte vorhandener Erfahrungen bewertet. Gebildet wird dieses Orientierungssystem in einem Lern– und Sozialisationsprozeß durch eigene Erfahrungen und die Übernahme anderer, für die Person relevanter Orientierungssysteme von Bezugspersonen. Einstellungen sind einerseits eine Folge von Verhalten, genauer, ein "interpretatives Verarbeitungsresultat des tatsächlich erfolgten Verhaltens" (*Oppermann 1975*, 84). Zusammen mit normativen Überzeugungen bilden Einstellungen andererseits eine Disposition für das tatsächliche Verhalten der Person.

Einstellungstheoretisch sind für das Handeln von Personen deren "Hypothesen" oder Überzeugungen über das Verhalten und deren Perzeption von Verhaltenserwartungen sozialer Bezugspersonen von Bedeutung. Die allgemeinen kognitiven Vorstellungen von einer Beteiligung können sich auf die Sinnhaftigkeit und die Vorbedingungen von Beteiligung beziehen (man braucht bestimmte Kenntnisse/Erfahrungen, man muß persönlich ein bestimmter "Typ" sein, um sich für eine Beteiligung zu eignen und daran interessiert zu sein, man braucht bestimmte Rechte, Zeit, Informationen, Beratungsunterstützung etc.). Sie können sich auf die gegenwärtige Praxis von Beteiligung beziehen (sie kann als verbreitete Selbstverständlichkeit oder aber als exotische Ausnahme angesehen werden). Schließlich können sich die Überzeugungen auf eher normative Aspekte richten, an denen man sich bei Entscheidungen über eine Beteiligung orientiert. Diese können wiederum eigene Standards sein (eine Beteiligung an einer für die Person relevanten Veränderung der Arbeitsbedingungen gehört für sie zur Pflicht, um die eigenen und die Interessen der Kollegen zu wahren); normative Überzeugungen spielen aber auch als Fremderwartungen an das Verhalten eine Rolle (so können sich Personen durch die eigenen Kollegen, durch Vorgesetzte, durch Systementwickler zur Beteiligung aufgefordert oder gar verpflichtet fühlen); in einer letzten formalisierten Stufe könne sie sogar als berufsethische Ehrenkodizes fixiert werden oder sich allgemein in einer “herrschenden” öffentlichen Meinung, einem Zeitgeist, einer politischen Kultur etc. ausdrücken.

5.1.2.5 Theorien der Kontrollüberzeugung (Ursachenattribution)

Theorien der Kontrollüberzeugung gehen zurück auf eine erweiterte soziale Lerntheorie von *Rotter (1966; 1972)*. Während die “Grundform” der sozialen Lerntheorie (vgl. *Rotter 1954*) in fast nutzentheoretischer Weise Verhalten bestimmt als Funktion von Erwartungen eines Ziels und des Bekräftigungswertes des Ziels, geht die erweiterte Form in Verbindung mit motivationstheoretischen Überlegungen davon aus, daß zwischen den Reiz und die verhaltensleitenden Zielerwartungen und Bekräftigungswerte kausale Kognitionen, d.h. Ursachen–“Attributionen”, treten (vgl. *Weiner 1976*, 216). Diese Attributionen drücken aus, wem die Ursache des Handelns zugeschrieben wird. Dabei werden zunächst zwei Klassen unterschieden: interne Kontrollüberzeugungen und externe Kontrollüberzeugungen. Im ersten Fall wird die Erklärung für das Handeln in der eigenen Person (seinem Wollen, Können, Tun) gesehen, im anderen Fall sind äußere Faktoren (das Wollen, Können, Tun anderer) maßgeblich für das Ergebnis oder die Folgen von Handlungen (vgl. *Preiser 1982*, 149).

Drei Aspekte dieser Forschungsrichtung wollen wir in unserem Zusammenhang berücksichtigen. Erstens soll das Attributionskonzept als eine intervenierende Variable betrachtet werden, die zwischen den Einstellungen und dem Verhalten vermittelt. Damit soll die Erklärungsschwäche der Einstellungen für das tatsächliche Verhalten ausgeglichen werden. Einstellungen werden demnach dann und nur dann als Prädiktor für Verhalten betrachtet, wenn das Verhalten bzw. dessen Ergebnis primär von der eigenen Person abhängig betrachtet wird (interne Attribution). Belege für die Fruchtbarkeit dieser Ergänzung der generellen Einstellungs–Verhaltensbeziehung in realen Verhaltenssituationen finden sich z.B. bei *Oppermann/Six* (1979).

Zweitens soll das Attributionskonzept in seiner finalen Wendung eingeführt werden, um die Verhaftung der bisherigen Theorieansätze an retrospektiven oder zumindest status quo–orientierten Betrachtungsweisen zu überwinden: Anders als die Lerntheorien, die Wahrnehmungs– und Einstellungstheorien sowie die Nutzenerwartungstheorie sieht die final orientierte Theorie der Kontrollüberzeugungen in eigenen, selbstgesetzten Zielen der Person die bedeutsame Erklärungsgröße für das Verhalten. Eine Einbeziehung dieser zielorientierten Betrachtungsweise soll damit der Gefahr einer allzu mechanistischen Ausrichtung der bisher skizzierten Theorieansätze begegnen. Für die These einer Wirksamkeit von Ursachenzuschreibungen und der Zielorientiertheit für das Handeln sind auch über Laborsituationen hinaus im angewandten Bereich der Sozialforschung bestätigende Ergebnisse vorgestellt worden (vgl. *Hohner 1982*; *Preiser 1982*; *Wieberg/Krampen 1982*).

Ein dritter Grund für die Aufnahme von Theorien der Attribution und Kontrollüberzeugung liegt in der Möglichkeit, eine Brücke zu schlagen von den bisher behandelten individualistischen, subjektiven Theorieansätzen zu den kollektiv–strukturellen Theorieansätzen. Wie die bisherigen Theorien so ist zwar die Attributionstheorie auch eine subjektivistische Theorie in dem Sinne, daß sie ihre "Messungen" bei der Person vornimmt und mit der Attribution eine mentale Größe erfaßt. Sie verweist jedoch noch ausdrücklicher und weitreichender auf die Wirksamkeit der "Mächtigkeit" äußerer Bedingungen (Schicksal, Zufall, einflußreiche andere Personen und deren Zielvorstellungen) als dies oben bereits in der Form sozialer Verhaltenserwartungen der Fall war.

Zusammenfassend soll also die Theorie der Ursachen– und Finalattribution dazu beitragen, die Wirksamkeit der bisher skizzierten Theorien als Erklärungsgrößen von Handeln zu verbessern, sie um eine Zielorientierung zu erweitern und als Verbindungsglied zwischen mentalen und strukturellen Theorien zu dienen. Eine Beteiligung an der Systementwicklung wird damit letztlich durch die subjektiven Hypothesen der Person darüber erklärt, wer oder was die Entwicklung allgemein und die Ergebnisse der eigenen Einflußbemühungen speziell bestimmt und ob und wie die persönlichen Zielvorstellungen über das Ergebnis der Entwicklung entscheiden oder zumindest in dieses einfließen können.

Die skizzierten Ansätze zur Erklärung von Beteiligungshandeln führen zu folgenden Untersuchungskategorien:

— Soziodemographische Merkmale der Akteure, d.h. die jeweilige Sozialisation, der schulische und berufliche Ausbildungshintergrund, die berufliche und allgemeine soziale Stellung sowie Erfahrungen in sozialen Austausch– und Verhandlungsprozessen. Auf solchen Faktoren beruhen grundlegende Fähigkeiten sozialen Handelns und prägen das allgemeine Handlungspotential.

— Eigene Erfahrungen mit technisch-organisatorischen Innovationen im Betrieb und eigenen Einflußmöglichkeiten auf deren Ausgestaltung. Außerdem Informationen und Diskussionen über entsprechende Entwicklungen im Kreis sozialer Bezugspersonen als ergänzende oder Ersatzquelle für die Abschätzungsmöglichkeit eigener Einflußmöglichkeiten.

— Einstellungen zum Gegenstand der Innovation, d.h. zu der einzuführenden Informationstechnik, ihren Eigenschaften und Auswirkungen sowie zu den eigenen Handlungsmöglichkeiten. Die zuvor genannten eigenen Erfahrungen mit und die vermittelten Informationen über die fragliche Technik bilden die Basis für die Entwicklung dieser Einstellungen.

— Deutung der bestimmenden Einflußfaktoren auf die Entwicklung und den Einsatz von Informationstechnik. Diese Deutung erfolgt aufgrund der subjektiven Hypothesen über die Gestaltungspotentiale der spezifischen Technik und über die Effekte des eigenen Handelns.

— Wahrnehmung und Bewertung der konkreten Systementwicklung und der Entwicklungsziele. Für diese Einschätzung ist die Art und der Inhalt der Informierung über das Entwicklungsvorhaben relevant.

— Einstellungen zur Beteiligung und Perzeption von Beteiligungsmöglichkeiten. Diese Einstellungen werden gebildet durch subjektive Hypothesen über Handlungseigenschaften und mögliche Handlungsfolgen sowie deren Bewertung.

— Soziale Erwartungen an das Beteiligungsverhalten der Betroffenen und die Beteiligungsunterstützung der Entwickler und Führungskräfte. Beteiligung hängt neben der Verankerung in eigenen Einstellungen auch von Erwartungen sozial relevanter Bezugsgruppen ab.

— Die Beteiligungsbereitschaft ist das letzte Glied in der hier angenommenen psychologischen Erklärungskette von Beteiligung. Sie faßt die bisher dargestellten Variablen zusammen und verbindet eigene Intentionen mit äußeren Handlungsgelegenheiten.

— In der tatsächlichen Beteiligung mündet der Erklärungsansatz. Hier wird neben der Erfassung der Art und des Ausmaßes von Beteiligung auch die Einschätzung der Beteiligungseffekte ermittelt. Diese Ergebnisbewertung durch die Akteure ist ein entscheidender Faktor für die Abschätzung der zukünftigen Beteiligungsentwicklung über die untersuchten Einzelfälle hinaus.

Die Struktur unseres psychologischen Erklärungsmodells des Beteiligungshandelns ist in der Abbildung 28 dargestellt.

5.1.2.6 Nachbemerkung zum Verständnis der Theorieansätze

Die einzelnen Theorieansätze, die wir für die Erklärung von Beteiligung herangezogen haben, wurden als ergänzende Komponenten eines Gesamtentwurfs verwendet. Es geht hier also nicht darum, einen Theorievergleich oder eine Abschätzung ihrer diskriminativen Validität vorzunehmen. Die Aussagenbereiche der Einzeltheorien ergänzen sich vielmehr gegenseitig und weisen erhebliche Überlappungsfelder auf, so daß einzelne Aspekte sowohl in der Terminologie der einen als auch in der der anderen Theorie formuliert werden können.

Der sozialpsychologische Teil unseres Erklärungsrahmens der Beteiligung war formal als Vorhersagemodell aufgebaut, d.h. es wurde so getan als sei die Handlung (Beteiligung seitens der Betroffenen bzw. Förderung der Beteiligung von Betroffenen seitens der Führungskräfte und Entwickler) noch nicht erfolgt. Es wurde so getan, als seien die Wahrnehmung und Bewertung, normative Überzeugungen und Entsprechungsbereitschaften zum Zeitpunkt t(0) erfaßt worden und das Handeln zum darauffolgenden Zeitpunkt t(0+1) vorherzusagen. In den Darstellungen wird jedoch angezeigt (vgl. gestrichelte Linien in Abbildung 28), daß die Praxis der Einbeziehung von Betroffenen in die Systementwicklung Rückwirkungen hat auf die vorgenannten Variablen; anders ausgedrückt, daß die Erfahrung, die die Führungskräfte, die Entwickler und die Betroffenen mit einer Beteiligung machen, die ursprüngliche Wahrnehmung und Bewertung von Beteiligung direkt und über die verschiedenen genannten Zwischenglieder indirekt beeinflußt (verstärkt, modifiziert etc.). Bei den Fallstudien, die gleich als empirische Basis unserer Untersuchung dienen werden, geht der empirischen Erhebung zumindest ein Teil der Systementwicklung bereits voraus. Es handelt sich also um eine ex post–Untersuchung der Handlungsbedingungen. Dementsprechend gehen die Erfahrungen der praktizierten Beteiligung bereits in die zu erfragenden Handlungsbedingungen auf den unterschiedlichen Stufen des Modells ein. Dadurch wird untersuchungstechnisch einerseits eine Tendenz zur Immunisierung des Theoriemodells erzeugt: wenn auch nur

Abbildung 28: Erklärungsrahmen von Beteiligung bei der Systementwicklung im Lichte von Wahrnehmungs–, Nutzen–, Einstellungs– und Attributionstheorien

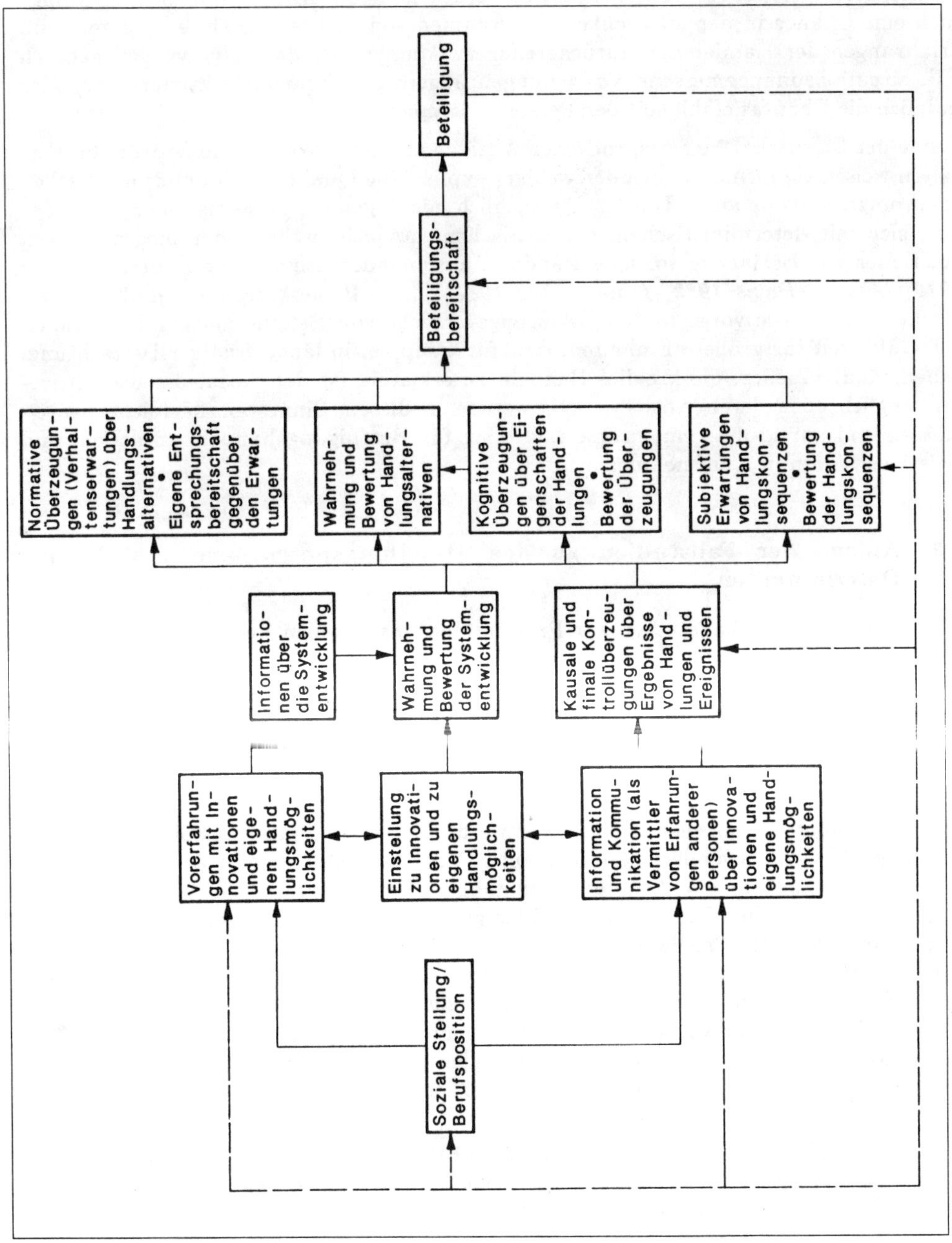

eine gewisse Neigung zur Konsistenzbildung bei Personen vorhanden ist, so werden sie ihre Handlungsdeutung an der tatsächlich erfolgten Handlung, ihrer Verkürzung, ihrem Scheitern oder ihrem Erfolg ausrichten, also keine Erklärung, sondern eine nachträgliche Rechtfertigung für ihr Verhalten liefern[1]. Diese Probleme gilt es bei der Interpretation der Ergebnisse der ex post–Betrachtung zu berücksichtigen. Andererseits liegt allerdings auch eine Chance in der Möglichkeit, im Rahmen von ex post–Analysen auf konkrete Erfahrungen der Handelnden zurückgreifen zu können. Andernfalls würden nämlich u.U. situationsunangemessene Vorstellungen abgefragt, Vorurteile aktiviert und/oder lediglich die Phantasiefähigkeit der Personen strapaziert.

Neben der Eigenschaft der besprochenen Ansätze als quasi–Vorhersagemodelle von Verhalten weisen sie formal mehr oder weniger explizit die Qualität von deterministischen Erklärungsansätzen auf. Dies ist tatsächlich nicht gemeint. Es ist hier nicht der Ort, sich mit deterministischen, stochastischen, nomothetischen oder biographischen Positionen zur Erklärung sozialen Handelns auseinanderzusetzen (vgl. hierzu *Allport 1972*; *Luthans/Davis 1982*; *Franz/Robey 1984*). Eine Bemerkung dazu muß aber gemacht werden. Die vorgestellten Erklärungsversuche von Beteiligungshandeln können nur Gültigkeit für größere Einheiten, d.h. für Gruppen in längerfristiger Betrachtung, haben. Individuelles, punktuelles Handeln zu erklären, ist der Sozialwissenschaft weder möglich noch deren Absicht. Wir werden in diesem Sinne oberflächlicher fragen müssen und nur grobe gemeinsame Leitlinien für Beteiligungshandeln entdecken und viele Unschärfen in Kauf nehmen.

5.2 Anlage der Fallstudien zu den Handlungspotentialen und ihren Determinanten

Für die empirischen Fallstudien zur Prüfung der strukturellen und subjektiven Handlungsbedingungen von Beteiligung wurden Systementwicklungen gesucht, die zumindest im Ansatz eine partizipative Vorgehensweise praktiziert haben. Dies sollte eine erfahrungsbegründete Untersuchung der Einschätzung von Beteiligungsmöglichkeiten und –begrenzungen bei den Entwicklern, Vorgesetzten und Betroffenen gewährleisten. Die Suche war also in diesem Sinne auf eine für die Gesamtheit der Entwicklungsprojekte unrepräsentative Untermenge gerichtet, die zumindest "partizipationsverdächtig" waren. Wir haben aufgrund eigener Kontakte sowie durch Vermittlung von Softwarehäusern, Beratern und Großanwendern ca. 40 potentiell in Frage kommende Projekte hinsichtlich einer Untersuchungsmöglichkeit der Beteiligung im Detail geprüft. Die Auswahl und der Zugang von wirklichen Untersuchungsfällen gestaltete sich extrem schwierig. Als erste Klippe stellte sich das Problem heraus, daß es nur wenige Fälle gab, die wir als partizipative Entwicklung hätten begreifen können. Wir sind dabei begrifflich durchaus großzügig gewesen und haben kein enges Partizipationsverständnis vertreten. Jede Art und jeder Grad der Einbeziehung von Betroffenen wurde als "Beteiligung" akzeptiert; auch schon eine besonders intensive Informierung ohne eigentliche Einflußmöglichkeit der Betroffenen auf die Systemgestaltung hätte uns schließlich genügt, um eine Untersuchung über

---

[1] Zur Problematik von retrospektiven Analysen des Beteiligungshandelns bei der Systementwicklung vgl. die Übersicht bei *Ives/Olson 1984*, 596; vgl. auch *Franz/Robey 1984*, 1203, die ihrerseits auf eine Längsschnittuntersuchung eines Projektes ausweichen.

die dabei gewonnenen Einschätzungen von Beteiligungsmöglichkeiten durchzuführen. Es stellte sich jedoch heraus, daß auch in dieser Hinsicht nur wenige Fälle abgeschlossener Entwicklungen existierten. Es gab zwar einige Projekte, von denen die Entwickler und/oder die Leitungsebene angaben, daß die Betroffenen einbezogen würden, doch waren diese Projekte entweder noch in Vorphasen ohne wirkliche Entwicklungs- oder gar Einführungsschritte oder aber die Behauptung der Einbeziehung der Betroffenen stellte sich als Mißverständnis bzw. schlicht als nicht eingelöst heraus. In vielen Fällen, die wir geprüft haben, bedeutete die Einbeziehung der Benutzer, daß der Leiter oder ein besonders erfahrener Mitarbeiter der Fachabteilung einbezogen wurde, nicht aber die Betroffenen der Abteilung selbst. Es handelte sich dabei meist um ein Vertretungskonzept, das für Organisations- und DV-Fragen der Fachabteilung eine "DV-Verbindungsperson" ausweist, die mit den Systemexperten zusammenarbeitet. Solche Konstruktionen der Einbeziehung der Anwenderabteilungen kamen in der Regel deshalb für unsere Untersuchung nicht in Frage, da auf diese Weise lediglich fachliche Fragen und Vorgaben aus Abteilungssicht, nicht aber Probleme und Anforderungen des direkten Benutzers eingebracht werden.

Eine zweite Problematik — neben der geringen Zahl für die Untersuchung in Frage kommender Fälle — war die hohe Verweigerungsrate einer Untersuchungsdurchführung in den Betrieben. Generell bestand wenig Bereitschaft, über die Form der Entwickler-Anwender-Beziehung Auskunft zu geben. Den entwickelten und eingespielten Stil wollte man oftmals nicht offenlegen und zwar vor allem, um "die Entwickler und/oder die Benutzer nicht zu irritieren" und aus den gewohnten Bahnen zu bringen. Gewohnheiten sollten nicht problematisiert werden, um nicht evtl. "schlafende Hunde zu wecken". Ein zweiter Grund für die Verweigerung von Befragungsmöglichkeiten war der Aufwand, der für Benutzer, Entwickler und Abteilungsleitung durch die Untersuchung entstanden wäre. Dieser wurde z.T. von den Verantwortlichen für den eigenen Betrieb als zu hoch angesehen.

Vor dem Hintergrund dieser Schwierigkeiten erklärt sich der mangelhafte Erfolg bei der Fallsuche. Mit solchen Schwierigkeiten bei der Suche nach partizipativen Systementwicklungsfällen stehen wir nicht allein da. Auch in einer anderen Untersuchung wird von ähnlichen Problemen berichtet, Benutzerbeteiligung in der Praxis aufzuspüren: "... über zwei Jahre regelmäßiger Beobachtung der DV- und Organisationsfachpresse haben nur sehr wenig Ausbeute im Hinblick auf Benutzermitwirkung erbracht. Benutzermitwirkung wird oft nur nebenbei erwähnt" (*Heilmann 1981*, 159).

Bei den beiden von uns untersuchten Fällen handelte es sich um Systemeinführungen, d. h. um die Anwendung von Standardsoftware, und nicht im eigentlichen Sinne um Systementwicklungen. Im ersten Fall handelt es sich um ein System für die kaufmännische Abteilung eines kleineren Energieversorgungsunternehmens. Im zweiten Fall wurde ein System im Einkaufsbereich eines mittelständischen Unternehmens der Autozubehörbranche eingeführt. Diese beiden Fälle werden ergänzt durch das abgeschlossene der beiden eigenen Entwicklungsprojekte, bei dem ein System für Aufgaben der Schulverwaltung eines Gymnasiums entwickelt und eingeführt worden ist (Schulis, vgl. Kapitel 3). Unser zweites Entwicklungsprojekt (Bürgeramt) konnte nicht in die Untersuchung einbezogen werden, da sie zeitlich in die Phase der ersten Ausbaustufe des Systems gefallen wäre und damit mitten in der Systemrealisierung gelegen hätte. Neben der dadurch begrenzten Aussagekraft der Untersuchung gab es außerdem Einwände des Personalrates und der "Mitarbeiter–Arbeitsgruppe" gegen den Zeitpunkt und die mögliche Vermarktung der Untersuchungsergebnisse.

Die Durchführung der Untersuchung in den beiden externen Fällen mußte sich fast ausschließlich auf mündliche Befragungen stützen. Schriftliche Unterlagen waren entweder gar nicht vorhanden oder bezogen sich nicht auf die Fragestellungen unserer Untersuchung. Es wurde ein zweistufiges Vorgehen gewählt. Zunächst wurden offene Gespräche mit Vertretern der beiden Betriebe (Geschäftsführung, Entwickler und Personalvertretung) geführt, um einen Einblick in die Fallbesonderheiten zu erhalten und die Abwicklung der Projekte nachvollziehen zu können. Bei dem eigenen Projekt war dieser Schritt wegen intensiver Fallkenntnis nicht erforderlich. Die eigentliche Untersuchung wurde dann in allen drei Fällen bei den Betroffenen, den Entwicklern und der Leitungsebene anhand je eines Fragebogens durchgeführt, der halbstandardisiert ausgelegt war, d. h. sowohl offene wie geschlossene Fragen enthielt (die Fragebögen sind in *Mambrey/Oppermann 1985d* dokumentiert).

Quantitativ ist die Zahl der auf diese Weise Befragten mit insgesamt 38 Personen (davon 21 betroffene Benutzer, 7 Führungskräfte und 10 Entwickler) nicht groß. Es handelt sich dabei jedoch um den gesamten Personenkreis, der faktisch mit der Entwicklung und Einführung des jeweiligen Systems befaßt war. Nur von diesen Personen waren substantielle Aussagen zu unserem Untersuchungsanliegen zu erwarten. Daß solche Personenzahlen für Fallstudien der vorliegenden Art nichts Ungewöhnliches sind, zeigt z. B. auch die Analyse eines benutzerorientierten Systemdesigns von *Franz/Robey* (1984), die auf 22 Befragten beruhte. Bei der Auswertung haben wir auf die geringe Fallzahl von Personen insofern Rücksicht genommen, als wir die Ergebnisse der Befragungen qualitativ und nicht quantitativ–statistisch aufbereitet und interpretiert haben.

Über die hier vorliegende Darstellung der Untersuchungsergebnisse hinaus wurde für jeden der untersuchten Fälle jeweils ein ausführlicher Bericht erstellt, den Untersuchungspartnern vorgelegt und mit ihnen diskutiert. Nach Verarbeitung der Anmerkungen und Einwände wurden diese Berichte in der Reihe "Arbeitspapiere der GMD" herausgegeben (vgl. *Mambrey/Oppermann 1985*). Für den vorliegenden Band wurden die Ergebnisse in synoptischer Darstellungsweise gemäß den Fragestellungen unseres Untersuchungskonzeptes aufgearbeitet.

5.3 Ergebnisse der Fallstudien

5.3.1 Soziodemographische Merkmale der Akteure

Die Systementwicklungen bzw. –einführungen in den drei Projekten bezogen sich auf Aufgabenbereiche der Sachbearbeitung in der Verwaltung. Die mit der Durchführung der entsprechenden Aufgaben befaßten Personen waren Sekretärinnen und Sachbearbeiter(innen) mit einer Fachausbildung als Büro– oder Industriekaufmann. Einige der Betroffenen hatten Volks–/Hauptschulabschluß, die meisten hatten einen allgemeinbildenden Schulabschluß der mittleren Reife. Eine Ausnahme bildeten die neben den Sekretariatskräften mit Verwaltungsaufgaben befaßten Lehrer in dem Schulprojekt, die als Studiendirektoren von ihrer sozialen und organisationsbezogenen Stellung herausstachen. Ansonsten handelte es sich um eine Arbeitnehmergruppe, die in einer klaren betrieblichen Hierarchie standen und die eingebunden waren in ein stabiles Muster von Aufgaben und Funktionsverteilungen sowie formal fixierten, v. a. aber informell praktizierten Anweisungskompetenzen bei kurzen Leitungsspannen. Die Benutzer waren ca. zur Hälfte männlich und zur Hälfte weiblich; die Führungskräfte waren ausschließlich und die Entwickler überwiegend männlich. Die Altersverteilung konzentriert sich auf Anfang zwanzig bis Ende vierzig, wobei die Benutzer eher zur unteren Altersgruppe, die Entwickler zur mittleren und die Leitungen der Fachabteilungen zur oberen Altersgruppe gehörten.

Nur in einem der drei Fälle war eine Minderheit von zwei Beschäftigten gewerkschaftlich und parteipolitisch organisiert, dies aber auch nur als passive Mitglieder ohne eigene Funktionsträgerschaft. Auch in sonstigen politischen oder sozialen Organisationen waren nur diese beiden und ein weiterer Befragter. Der größere Teil der Beschäftigten wies keine Merkmale besonderer Aktivitäten und Erfahrungen in der Auseinandersetzung mit politischen und sozialen Fragen im persönlichen oder beruflichen Leben auf. Verglichen mit dem durchschnittlichen Organisationsgrad fällt dies nicht besonders aus dem Rahmen. Bei nur ca. 3% Parteimitgliedschaften in der Bundesrepublik wäre statistisch erst bei einer eineinhalb mal so großen Befragtenzahl ein einziges Parteimitglied zu erwarten gewesen. Daß nur ebenfalls 2 Beschäftigte in einer Gewerkschaft organisiert waren, fällt schon eher aus der statistischen Erwartung heraus. Dabei ist jedoch zu bedenken, daß der Organisationsgrad von Beschäftigten in Gewerkschaften von ca. 40% besonders durch die Belegschaften in Großbetrieben bestimmt wird und in Kleinbetrieben und der mittelständischen Wirtschaft, aus denen unsere Fälle stammen, wesentlich niedriger liegt. Trotzdem muß man festhalten, daß das schon für eine kritische Auseinandersetzung mit politischen und ökonomischen Entwicklungen, erst recht jedoch für eine aktive Beteiligung wichtige Feld der Mitgliedschaft und besonders der Aktivität in Parteien und Gewerkschaften als "Sozialisationsfaktor" für den allergrößten Teil unserer Befragtenpopulation ausfiel. So unterstützen gemeinhin die Erfahrungen, die Personen in Parteien, Gewerkschaften, Bürgerinitiativen und auch Vereinen machen, die Bereitschaft und Fähigkeit zur Wahrnehmung von Konfliktsituationen und zur darauf aufbauenden Partizipation; hierdurch können u. U. "unterprivilegierte Gruppen", die von ihrer Primärsozialisation her nur wenig Voraussetzungen für eigenes politisches Handeln mitbringen, in gewissem Maße eine "Kompensationsmöglichkeit zum Ausgleich von sozio–strukturell bedingten Defiziten an Handlungsressourcen" erhalten (*Nelles/Oppermann 1979*, 361). Auch *Wilpert/Rayley* (1983, 107f.) weisen auf diese Bedeutung von Erfahrungen als Mitglied in Organisationsgremien für die Mobilisierungsbereitschaft von Beschäftigten hin.

Der Organisationsgrad war auch bei den Entwicklern und Führungskräften nicht groß. Kaum einer war Mitglied in einem Berufsverband oder einer Standesorganisation. Fast alle hatten jedoch einen Hochschulabschluß und entsprechend bessere Voraussetzungen für entwickeltere Artikulations– und Durchsetzungsfähigkeiten.

Abbildung 29: Soziodemographische Besonderheiten

Soziodemographisch sind unsere Befragtengruppen gekennzeichnet durch

— ein ausgeglichenes Verhältnis von männlichen und weiblichen Benutzern bei einem klaren Überwiegen von männlichen Entwicklern und ausschließlich männlichen Führungskräften,

— ein einfaches bis mittleres allgemeines Bildungsniveau bei den meisten Benutzern und einen hohen Bildungsabschluß bei den Entwicklern und Führungskräften sowie

— einen durchgängig niedrigen Organisations- und Mobilisierungsgrad bei allen befragten Gruppen.

5.3.2 Selbst- oder Fremdorganisation der Betroffenen

In den drei untersuchten Fällen waren jeweils nur wenige Arbeitnehmer (bis zu 12) direkt von der Systemeinführung betroffen. Sie waren Mitarbeiter in kleinen Organisationseinheiten, sahen sich täglich, arbeiteten räumlich eng zusammen und hatten einen direkten Zugang zu den Vorgesetzten. Insgesamt gesehen sind dies gute Voraussetzungen zur direkten Kommunikation und damit zur Herausbildung, Vertretung und Durchsetzung von Gruppeninteressen. In keinem der drei Fälle kam es jedoch durch die bevorstehende Innovation zu einer anderen oder neuen Form von Selbstorganisation. In keinem der Fälle wurde zur Durchsetzung der Interessen z.B. ein Bündnispartner gesucht, wie er sich in Form der Interessenvertretung als einfachste Lösung angeboten hätte. Ein Koalitionsverhalten war somit nicht zu entdecken. Es blieb bei der bestehenden losen Form der direkten Gespräche miteinander während der Arbeitspausen ("Kaffeerundenpartizipation"). Ansprechpartner dieser Betroffenen war in erster und oft einziger Linie der direkte Vorgesetzte. Im Fall Schulverwaltung wurde diese lose und wohl auch schwächste Form der Selbstorganisierung der Betroffenen ergänzt um eine weitere Form, die von den Systementwicklern vorgeschlagen und mit deren Unterstützung auch praktiziert wurde. Diese angebotene Fremdorganisierung sah vor, die direkt Betroffenen als Gruppe zu begreifen und als Gruppe in die Beratungen über die Systementwicklung zu involvieren, sowie ihnen Entscheidungsmöglichkeiten über sie betreffende Aspekte der Innovation zu eröffnen. Der Zwang für die Beschäftigten, eine gemeinsame Stellungnahme abzugeben und eine gemeinsame Entscheidung einzubringen, führte nach deren Angaben bei ihnen dazu, daß sie sich ausführlich untereinander berieten und sich nicht mit ihren Befürchtungen, Problemen und Vorstellungen alleine sahen. Dadurch hätten sie mehr über die Tätigkeiten der anderen Mitarbeiter gelernt, sowie insgesamt ein besseres Verständnis der Abläufe in der Organisation erhalten. Hinzu kam nach ihrer Meinung, daß ihre Forderungen und Bedenken als Gruppenmeinung bzw. -vorschläge vorgetragen, mehr Durchsetzungskraft gewonnen hätten. Solche positive Lernerfahrungen von Einflußmöglichkeiten konnten in den beiden anderen Fällen nicht verzeichnet werden. Es bleibt jedoch anzumerken, daß es zu dieser Erfahrung nur aufgrund der aktiven Unterstützung von außen kam. Ohne eine solche Unterstützung scheinen die von einer Innovation betroffenen Mitarbeiter, zumal wenn es auch noch keinerlei Anstöße oder Hilfen von seiten der Interessenvertretung gibt, ganz in den tradierten, üblichen Verfahren der betrieblichen Entscheidungsfindung verhaftet zu bleiben, in denen die Mitarbeiter am Arbeitsplatz eine wenig aktive Rolle spielen.

5.3.3 Wahrnehmung der Arbeitnehmerrechte

Die Wahrnehmung der Rechte von Arbeitnehmern, auf betriebliche Entscheidungen Einfluß zu nehmen, setzt weitgehend die Existenz einer handlungsfähigen Interessenvertretung voraus. Dies trifft sicherlich nicht nur für die formal abgesicherte, sondern auch für die faktische Einflußnahme zu, wenn es zu Konflikten mit der Leitungsebene kommt.

Die Situation der Arbeitnehmervertretungen in den drei Fällen war sehr unterschiedlich. Im Fall (Energieversorgungsunternehmen) gab es zur Zeit der Systemeinführung keinen Betriebsrat. Die Betriebsratswahlen waren Jahre vorher eingestellt worden. Ein ehemaliges Betriebsratsmitglied, das als Abteilungsleiter im Betrieb arbeitete, nahm die Funktion des "Ansprechpartners" für die Arbeitnehmer wahr. Formal waren die Arbeitnehmer hier also auf sich allein gestellt.

Im Fall Schulverwaltung gab es mehrere kollektive Interessenvertretungen. Für das Schulverwaltungspersonal (Sekretärinnen und Hausmeister) war der Personalrat der Kommune, die Schulträger ist, zuständig. Für das Lehrpersonal war der Hauptpersonalrat für Gymnasiallehrer beim Regierungspräsidenten in Düsseldorf zuständig. Darüber hinaus gab es weitere Mitwirkungsmöglichkeiten, die hauptsächlich im Schulmitwirkungsgesetz NW festgelegt sind: Schülerrat; Lehrerkonferenz Schulpflegschaft und als gemeinsames Beschlußorgan die Schulkonferenz, die sich aus den drei Gruppen (25% Schüler, 25% Eltern und 50% Lehrer) zusammensetzt. Die Gremien nach dem Schulmitwirkungsgesetz NW wurden im Laufe der gesamten Entwicklung nicht von sich aus aktiv und versuchten auch nicht, Entscheidungen an sich zu ziehen. Dies lag zum einen daran, daß die Zuständigkeiten dieser Gremien, was die Verwaltungsautomation betrifft, ungeklärt waren. Zum anderen wurden die Gremien in unregelmäßigen Abständen über die Entwicklungsaktivitäten informiert, was den Repräsentanten oder Mitgliedern wohl ausreichte. Der Hauptpersonalrat der Lehrer sah in Fragen der Verwaltungsautomation keinen Handlungsbedarf für sich, obwohl er mehrfach angeschrieben und angesprochen wurde. Die einmalige Information durch den DV-Verbindungslehrer hielt er für ausreichend. Demgegenüber engagierte sich der Personalrat beim Schulträger in einer wichtigen Frage stark (vgl. die Darstellung auf S. 96f.).

Der Betriebsrat im Fall Autozulieferer wurde durch den Vorstand und den Leiter der DV-Abteilung über die Innovationsabsicht und den Zeitplan informiert und versuchte, ohne in direkten Kontakt mit den betroffenen Mitarbeitern zu treten, eine Betriebsvereinbarung zur Absicherung der Arbeitnehmer durchzusetzen, was ihm jedoch nicht gelang. Stattdessen akzeptierte er eine "stillschweigende Absichtserklärung" des Vorstandes, keine Mitarbeiter zu entlassen. Der Betriebsrat wurde von der Technologieberatungsstelle der IG Metall sporadisch beraten. Diese Beratungen wurden vom Betriebsrat für nützlich aber noch unzureichend gehalten, da die Empfehlungen (z.B. Musterbetriebsvereinbarungen etc.) die spezifischen Probleme und Belange des Betriebs unberücksichtigt ließen und den Beratern angesichts vieler Beratungswünsche für kontinuierliche, intensive und problemangemessene Beratung die Zeit fehlte.

Beide Arbeitnehmervertretungen sahen sich *rechtlich betrachtet* in einer schwachen Position. Dem Direktionsrecht stehen erheblich schwächere Mitwirkungs- und Mitbestimmungsrechte gegenüber. Entscheidungen der Leitungsebene über DV-Entwicklungen, Systemeinsatz und -nutzung könnten höchstens modifiziert, nicht aber verhindert werden. Diese Sicht der Arbeitnehmervertreter entsprach dem damaligen Stand des Landespersonalvertretungsgesetzes NW und den rechtlichen Regelungen sowie der herrschenden Meinung zum Betriebsverfassungsgesetz. Danach liegen die Rechte des Betriebsrats im Bereich von Information, Beratung sowie Mitwirkung und nur in Ausnahmefällen im Bereich Mitbestimmung. Ob dies so bleibt, ist zur Zeit noch offen. Im Zusammenhang mit der Einführung von Datenverarbeitung in Betrieben hat es in letzter Zeit einige Gerichtsprozesse gegeben, die erkennen lassen, daß wohl kaum eine Ausweitung von Beteiligungsrechten zu erwarten ist, sondern vielmehr eine Einengung. Dies trifft weniger auf den Kontrollaspekt nach §87 Satz 1 Nr. 6 BetrVG zu, als auf mögliche Mitbestimmungsrechte bei der Einführung von Bildschirmarbeitsplätzen nach §87 Satz 1 Nr. 7 und §91 BetrVG. Das Urteil des Bundesarbeitsgerichts vom 6. 12. 1984 (-1 ABR 43/81-) legte fest, daß der Betriebsrat kein Mitbestimmungsrecht in der Frage des vorbeugenden Gesundheitsschutzes, des Einsatzes von Schwangeren, der Begrenzung der Arbeitszeit und Festlegung von Arbeitsunterbrechungen und der generellen Ausgestaltung von Bildschirmarbeitsplätzen reklamieren kann (vgl. *Mambrey 1985*, 24ff.).

Diese knappe Darstellung der Rechtslage und die damit korrespondierende Einschätzung der Arbeitnehmervertretungen macht deutlich, warum sie sich bei der Interessendurchsetzung in einer schwachen Position sahen und warum beide Vertretungen anstelle von Betriebs- bzw. Dienstvereinbarungen zur Absicherung der Arbeitnehmer eine "stillschweigende Absichtserklärung" bzw. eine "Zusicherung zum Schutz der Arbeitnehmer" der jeweiligen Leitung akzeptierten. Deutliche Grenzen der Einflußnahme in Konfliktfällen sind somit durch die gesetzlichen Grundlagen gezogen, es fanden allerdings auch keine Versuche zur extensiven Ausschöpfung und der Ausweitung dieses Rahmens statt. Die Betriebs- und Personalräte gehen im allgemeinen auf diese qua Gesetz vorgegebenen Bedingungen ein, was ihnen den Vorwurf der legalistischen Handlungsweise (vgl. *Dybowski-Johannson 1980*) eingebracht hat.

Für die direkte Beteiligung von Arbeitnehmern bedeutet diese Tatsache, daß sie ohne rechtliche Absicherung abhängig vom guten Willen der Leitungsebene aber auch der Interessenvertretung aktiv werden müssen. Sie müssen die Risiken einer Beteiligung selbst tragen und können nur für sich selbst sprechen, was die Bedeutung der Forderungen reduziert. Beides ist ein enormes Handlungshemmnis und läßt im Prinzip nur konsensfähige Verbesserungsvorschläge für die eigenen Tätigkeiten und den eigenen Arbeitsplatz zu, wenn der sich beteiligende Arbeitnehmer keinen Konflikt mit der Leitung oder der Interessenvertretung riskieren will.

Ein weiterer wichtiger Punkt ist die *Aufgabenwahrnehmung* durch die Vertretungen. Der Schutz von Arbeitnehmern vor Verschlechterungen und das Bemühen um Verbesserung der Arbeitsbeziehungen ist nach Meinung der beiden Vertretungen hauptsächlich bis ausschließlich durch sie selbst durchzuführen. Ferner erfordern diese Aktivitäten ein hohes Maß an Professionalität und juristischen Kenntnissen. Zusätzlich seien nur die repräsentativen Vertretungen in der Lage, die Interessen aller Beschäftigten eines Betriebes auf einen Nenner zu bringen und gesamtbetriebliche Lösungen zu vertreten und auch durchzusetzen.

Aus dieser Einschätzung ergab sich eine spezifische *Rollenverteilung*, die in den zwei Fällen praktiziert wurde, in denen die Vertretungen aktiv wurden. Im Fall des Zuliefererbetriebes sah sich der Betriebsrat als alleiniger Vertreter von Mitarbeiterinteressen. Der Kontakt zu den direkt betroffenen Mitarbeitern wurde nicht gesucht, diese wurden auch nicht über das übliche Maß (Belegschaftsversammlung) hinaus informiert oder in Beratungen des Betriebsrats über die Innovation mit einbezogen. Ebensowenig wurden die Mitarbeiter aufgefordert, sich selbst aktiv an der Einführungsphase zu beteiligen. Die Rollenverteilung sah dergestalt aus, daß der Betriebsrat als repräsentatives Organ stellvertretend für die Arbeitnehmer handelt und diese die Funktion der Interessenvertretung allein auf ihn delegieren. Die Gründe für diese Rollenverteilung, die den Mitarbeitern eine passive Rolle zumißt und deren aktive Beteiligung an der Innovation hemmt — oder zumindest nicht fördert — sind nach Ansicht des Betriebsrats vielfältig. Zum einen benachteiligt die Rechtssituation die Mitarbeiterbeteiligung gegenüber der Betriebsratsmitwirkung und -mitbestimmung, zum zweiten wurde Mitarbeiterbeteiligung in der betrieblichen Tradition von Interessendurchsetzung wenig praktiziert und führte a) zu negativen Konsequenzen für die aktiven Mitarbeiter, wenn sie sich in solchen Fällen kritisch äußerten oder b) zu einem Interessenpartikularismus, durch den andere Mitarbeiter, die sich — aus welchen Gründen auch immer — nicht beteiligten, benachteiligt wurden. Ein weiterer Grund, warum der Betriebsrat sich nicht direkt an die Betroffenen wandte und mit ihnen gemeinsam versuchte, Arbeitnehmerinteressen durchzusetzen, lag in der Zusammensetzung des Betriebsrats. Er bestand hauptsächlich aus Vertretern des gewerblichen Bereichs, die zu den kaufmännischen Verwaltungsangestellten wenig persönliche Beziehungen hatten und denen der Bereich der Verwaltung(sautomation) auch weniger vertraut war, als der des Produktionsprozesses.

In den beiden Fällen, in denen die Interessenvertretungen der Arbeitnehmer aktiv wurden, taten sie dies in einer spezifischen Art und Weise. Sie verhandelten mit der Leitungsebene, um eine Betriebs-/Dienstvereinbarung durchzusetzen. Diese Aktivitäten fanden vor der Hardware- und Softwareimplementation statt und wurden im Verlaufe der Prozesse nicht wieder aufgegriffen. Es ist festzustellen, daß es sich nicht um eine den Prozeß begleitende, kontinuierliche Folge von Aktivitäten handelte, sondern eher um einen einmaligen, punktuellen Kraftakt. Ziele dieses Kraftaktes waren Festlegungen zu ergonomischen Aspekten der Systemnutzung (Augenbelastung, TÜV-Sicherheit der Geräte etc.), Abwehr von Entlassungen, Arbeitszeit- und Pausenregelungen und Qualifizierungsmöglichkeiten für die Beschäftigten. Organisatorische (Arbeitsverteilung) und tätigkeitsspezifische Aspekte (Inhalt und Akzeptabilität der Anwendungsprogramme) griff die Interessenvertretung des Autozulieferers nicht auf, der Personalrat im Fall Schulverwaltung versuchte dies. Dabei kam es zwischen dem Personalrat und den Arbeitnehmern, die sich von Beginn an bei der Entwicklung des Systems beteiligt hatten, zu unterschiedlichen Vorstellungen über die Regelungskompetenzen. Die Beschäftigten sahen dies als ihren Bereich an. Auf Bestreben der Sekretärinnen hin verzichtete der Personalrat dann darauf, eine Pausenregelung sowie die Arbeitsverteilung zwischen den Sekretärinnen festzuschreiben, da diese ihm gegenüber darauf bestanden, dies erst einvernehmlich untereinander und dann mit der Leitungsebene zu besprechen und jeweils flexibel zu praktizieren. Vergleichbares autonomes Handeln von Beschäftigten gab es beim Autozulieferer nicht, da diese Betroffenen keine direkten Beteiligungsmöglichkeiten angeboten bekommen hatten, Beteiligung nicht praktizierten und auch nicht vom Betriebsrat über ihre Vorstellungen der Arbeitsorganisation hin befragt wurden. Ebensowenig fand sich autonomes Handeln von Beschäftigten im Fall des Energieversorgungsunternehmens.

5.3.4 Definitionsmacht

In allen drei Fällen kam der Anstoß zur Innovation von der Leitungsebene bzw. über die Leitungsebene und nicht aus der jeweiligen Fachabteilung. Nirgendwo war der Problemdruck in den Fachabteilungen so stark, daß es zu einer Reorganisation und dem Einsatz von Technik hätte kommen müssen. Die Fachabteilungen funktionierten, obwohl über Mängel berichtet wurde, wie z.B. teilweise monotone Routinearbeiten, Suchprobleme, teilweise Spitzenbelastungen etc.. Dies alleine rechtfertigte nach Ansicht der betroffenen Arbeitnehmer nicht notwendigerweise den Einsatz von Computern. Die Leitungsebenen begründeten ihre Initiativen übereinstimmend mit der Absicht, die Organisationen auf einen "modernen" Stand des Arbeitens zu bringen, den Zuwachs an Aufgaben mit einem konstanten Mitarbeiterstamm bearbeiten zu lassen sowie Kunden oder Klienten besser bedienen zu können. Den Mitarbeitern wurden in allen drei Fällen als allgemeine Innovationsgründe somit Leistungsverbesserung und Verbesserung der Arbeitsbedingungen benannt: Ziele, die beide positiv besetzt sind. Die Situationsdefinitionen der Arbeitnehmer waren entsprechend geprägt, da sie dies akzeptierten, so daß sie höchstens den Grad der Zielerreichung anzweifeln, nicht aber die Ziele insgesamt infrage stellen konnten. Da zusätzlich die Innovationsgründe nicht arbeitsorganisatorisch oder abteilungsbedingt waren, konnten sie sich kein oder nur ein diffuses Bild a) vom Problem und b) von der Lösung machen. Problemdefinitionen und -lösungen wurden — mit Ausnahme des Falls Schulverwaltung — außerhalb ihres Erfahrungsbereichs von der Leitungsebene mit Unterstützung von externen Beratern festgelegt. Sie konnten deshalb aus ihrer Sicht nur an der Ausgestaltung und der Einführung mitarbeiten. Das war wenig attraktiv und bedeutete eine höhere Arbeitsbelastung ohne Änderung des Dispositionsspielraums. Entsprechend abwartend und reaktiv verhielten sie sich auch.

Die Definitionsmacht lag somit bei der Leitungsebene und den ihnen zuarbeitenden Beratern. Allein im Fall Schulverwaltung, bei dem die explizite Absicht die Festlegung von Zielen der Systementwicklung und die Beteiligung an der Entwicklung war, hatten die Mitarbeiter die Chance, mitzubestimmen, welche Tätigkeiten unterstützt werden sollten und in welchem organisatorischen Rahmen dies stattfinden sollte. Von diesem Angebot wurde zu Beginn der Entwicklung nur zögernd Gebrauch gemacht, da die Erwartungshaltung bei den Mitarbeitern bestand, ein fertiges System präsentiert zu bekommen und dazu Stellung zu nehmen. Erst im Laufe des Prozesses formulierten sie immer stärker ihre Vorstellungen, was zu erheblichen Planungs- und Arbeitsproblemen der Systementwickler führte, da teils halb fertige Anwendungsprogramme erheblich modifiziert werden mußten oder völlig neue Anforderungen erhoben wurden, die sich erst aus der Kenntnis der technischen Möglichkeiten ergaben.

5.3.5 Informierung und Verhandlung

In allen drei Fällen hatten die Leitungsebene und die Systementwickler die meisten und präzisesten Informationen. Das Informationsmonopol lag bei ihnen und entsprechend hatten sie es in der Hand, wen sie worüber zu welchem Zeitpunkt informierten. Die Informierung der Arbeitnehmer in den Fällen Autozulieferer und Energieversorgungsunternehmen geschah auf hierarchischen Informationswegen mit redundanten Inhalten. Die Leitungsebene informierte das mittlere Management und diese direkten Vorgesetzten informierten dann die Mitarbeiter ihrer Abteilung. Neben dieser mündlichen Information gab es für die Mitarbeiter in beiden Fällen nur sporadische Arbeitsgespräche mit Systementwicklern, die sich jeweils nur um die sie betreffenden technikbezogenen Aspekte kümmerten und darüber auch informierten. Die Mitarbeiter besonders interessierende Fragen der Arbeitsverteilung, der personalpolitischen Maßnahmen oder insgesamt Vergleichswissen aus anderen Bereichen oder Betrieben beantworteten die Systementwickler und Berater nicht, da sie ihren fachlichen Kompetenzbereich nicht verlassen wollten und sich auch nicht zu solchen Antworten berechtigt sahen. Da durch die betrieblichen Interessenvertretungen keine Gegeninformationen oder erweiterte Informationen an die Mitarbeiter gingen, waren sie einem inhaltlichen Gleichklang von Informationen der Leitungsebene und der Systementwickler ausgesetzt. Deren Informationen liefen jeweils darauf hinaus, positives Einvernehmen herzustellen und Akzeptanz zu erreichen, um aus betriebspolitischer Sicht den Innovationsprozeß bruchlos und zügig durchzuführen.

Im Bereich Schulverwaltung lief dies anders ab. Hier waren die Mitarbeiter nicht einer homogenen Informationslage ausgesetzt, sondern hatten erheblich differenziertere Informationswege und Informationsinhalte zur Meinungsbildung zur Verfügung (vgl. S. 79ff.). Dabei erwiesen sich einige Möglichkeiten als besonders fruchtbar für die eigenständige Meinungsbildung der Mitarbeiter. Dies waren die Gespräche mit Mitarbeitern einer anderen Organisation, die vorher vergleichbare Erfahrungen gemacht hatten, die schriftlichen Unterlagen über die zukünftige Entwicklung und über mögliche Auswirkungen sowie die Gegeninformationen des Personalrats. Besonders die Gegeninformationen des Personalrats führten zu einer erheblichen Sensibilisierung und zu einem aktiven Frageverhalten bei den Arbeitnehmern. Systementwickler und Leitungsebene mußten häufig Stellung nehmen, inwieweit die Befürchtungen des Personalrats berechtigt seien und wodurch sich diese Systemanwendung positiv von anderen unterschied. Die heterogene Informationslage in diesem Fall führte zu einem erheblich kritischeren und kompetenteren Frageverhalten der Betroffenen, als in den beiden anderen Fällen.

Ein ähnliches Bild ergibt sich im Bereich der praktizierten Verhandlungs- bzw. Durchsetzungsstrategien der Innovationen. Im Falle des Autozulieferers arbeitete die Leitungsebene mit der Strategie der vollendeten Tatsachen, so daß den Arbeitnehmern nur die Möglichkeiten blieben, entweder das Geplante zu akzeptieren oder gänzlich abzulehnen, was ohne konkretes Wissen unwahrscheinlich ist. Im Fall des Energieversorgungsunternehmens wurden den Mitarbeitern zwar ebenfalls vollendete Tatsachen präsentiert, es gab aber die Möglichkeit, in marginalen Bereichen Modifikationen der Standardsoftware im Sinne von Anpassungen an die Organisation durchzuführen (z.B. Lay–Out von Listen etc.). In beiden Fällen wurden durch die Leitungsebenen die Probleme der Innovation selektiv vermittelt. Die positiven Aspekte der Innovation wurden dargestellt,

Auswirkungen wurden nur im Zusammenhang mit erwarteten Verbesserungen thematisiert (alles wird besser, schneller, einfacher). Diskussionen zwischen Leitungsebenen und Mitarbeitern verliefen ebenfalls selektiv: die Diskussionsform war das direkte, individuelle Gespräch, der Tenor war Harmonie und Konsens. Es wurde somit in beiden Fällen nicht betriebsöffentlich, nicht kollektiv und nicht konfliktorientiert diskutiert. Dies kann man als Entpolitisierung und Entöffentlichung der Innovation begreifen. Wenn eine Verhandlungsinfrastruktur existiert hätte, wäre dies nicht so einfach möglich gewesen.

Anders verlief es in dem geplant partizipativen Systementwicklungsprojekt der Schulverwaltung. Die Tatsachen wurden unter Beteiligung der betroffenen Benutzer geschaffen, Probleme und Auswirkungen wurden differenziert dargestellt und diskutiert, wobei es schriftliche, verbindliche Vorlagen gab. Abstimmungen fanden in Form von Gruppendiskussionen kollektiv statt. Die Verhandlungen liefen zwar überwiegend konsentiv ab, es kam aber auch in einigen Fällen zu Konflikten, die offen ausgetragen wurden. Einen wesentlichen Anteil an diesem Verlauf hatte der Personalrat, der dies im Fall der Absicherung der Arbeitnehmer vor Verschlechterungen in seinen Verhandlungen mit den Vorgesetzten vorpraktiziert hatte. Die Existenz und das Handeln des Personalrats wurde als beispielhaft angesehen, daß Verhandlungen möglich sind und erfolgreich sein können.

Insgesamt lassen sich in den Fällen unterschiedliche Verhandlungsstrategien der Leitungsebene erkennen, die teils beabsichtigt, teils unbeabsichtigt praktiziert wurden. Zum ersten handelt es sich um die Strategie der vollendeten Tatsachen. Die Mitarbeiter werden dabei zu einem relativ späten Zeitpunkt nach Abschluß der Entscheidungen über Hardware, Software und das Reorganisationskonzept über die Tatsache der Art und Weise der Innovation informiert, ohne daß Gestaltungsmöglichkeiten offensichtlich werden. Dies geht bis hin zur ausdrücklichen Weisung, daß Modifikationen in der Einführungsphase ausgeschlossen sind. Für die direkte Beteiligung von Arbeitnehmern sind deshalb keine Ansatzpunkte gegeben. Die Betroffenen haben die ihnen übertragenen Aufgaben zu vollziehen. Zum zweiten handelt es sich um die Strategie der Entkoppelung. Die Leitungsebene versucht und erreicht eine Segmentierung der Innovation in einen technischen (Hardware, Software, Reorganisation) und einen sozialen Teil (Arbeitsbeziehungen). Die Themen werden getrennt voneinander beraten und entschieden und ein Zusammenhang bestritten. Die Entkoppelung der Innovation von Fragen wie Eingruppierung und Entlohnung hindert die Arbeitnehmer daran, sich aktiv zu engagieren, da von ihnen keine negativen (Abgruppierung) aber auch keine positiven Anreize (Höhergruppierung) erwartet bzw. befürchtet werden. Die Betroffenheit der Arbeitnehmer wird dadurch erheblich reduziert. Zum dritten handelt es sich um die Spielballstrategie. Dabei werden von der Leitungsebene im Zusammenhang mit der Innovation willkürlich Verschlechterungen aus Arbeitnehmersicht eingebracht, z.B. Schichtdienst, veränderte Öffnungszeiten, Kopfzahlen zur Entlassung etc., und dann wieder schrittweise zurückgenommen. Dadurch wird eine Disziplinierung der Arbeitnehmer erreicht und die letztlich gewährten Zugeständnisse bleiben vergleichsweise klein. Für die Betroffenen bedeutet diese Erfahrung, daß eine Wiederholung direkter Beteiligung wenig opportun ist. Zum vierten handelt es sich um Themenausgrenzungen. Da, wie oben beschrieben, die Leitungsebene die Definitionsmacht aktiv ausübt, werden Themen werden entweder nicht in die Diskussion eingebracht oder verniedlicht. Den Arbeitnehmern wird so, z.B. bei möglichen negativen Auswirkungen, nicht bewußt, welche Probleme auf sie zukommen. Für die direkte Beteiligung bedeutet dies eine Reduzierung von Betroffenheit auf seiten der Arbeitnehmer, so daß ihnen ein aktives Handeln nicht notwendig erscheint.

5.3.6 Wissen, Zeit–, Finanzbudget

In allen drei Fällen war zu Beginn das Wissen über Technik, Systementwicklung und –einführung und betriebliche Entscheidungsprozesse zwischen der Leitungsebene einschließlich der Systementwickler und den betroffenen Arbeitnehmern asymmetrisch verteilt. Diese Asymmetrie wurde in zwei Fällen dadurch konserviert, daß die Systementwickler ihre Beratungskapazität fast ausschließlich der Leitungsebene zur Verfügung stellten und sich auch selbst als Zuarbeiter der Leitungsebene verstanden. Nur im Fall Schulverwaltung arbeiteten die Systementwickler direkt mit den Betroffenen zusammen und sahen sich diesen gegenüber auch rechenschaftspflichtig. Sie informierten die Betroffenen, so daß sich mit der Zeit — besonders was die technischen, reorganisatorischen und sozialpolitischen Probleme betraf — das Gefälle zwischen Leitung und späteren Benutzern in Wissensfragen abbaute. In diesem Fall kam es somit zu einem Lernprozeß bei den Betroffenen, der jedoch aus Sicht der Systementwickler eine zu geringe Geschwindigkeit aufwies: Die Betroffenen waren zumeist erst dann in der Lage, Planungen oder Realisierungen kritisch und interessenbezogen zu hinterfragen, wenn diese schon fast etabliert waren, so daß Änderungen häufig im nachhinein erfolgen mußten und so der Prozeß verzögert wurde. Es zeigte sich jedoch deutlich, daß dieser Lernprozeß möglich ist, wenn z.B., wie in diesem Fall, die Systementwickler die Förderung des Wissens zu ihrer Aufgabe machen und kontinuierlich betreiben. Das mangelnde Wissen der Arbeitnehmer über die Innovationen in den beiden anderen Fällen hemmte im Gegensatz zu dem Schulverwaltungsprojekt die aktive, kompetente Einflußnahme und förderte das passive, reaktive Verhalten.

Doch nicht nur im Bereich des Wissens, sondern auch im Zeitbudget bestanden zwischen den Akteuren Ungleichheiten, die unterschiedliche Ausgangspositionen verdeutlichten und die sich im Laufe der Prozesse nur gering änderten. Für die Leitungsebene (und die Systementwickler sowieso) war der Entwicklungs– bzw. Einführungsprozeß Arbeitsinhalt, auf den entsprechend viel Zeit während der Arbeitszeit aufgewendet wurde. Für die betroffenen Arbeitnehmer war dieser Innovationsprozeß nicht Arbeitsinhalt, sondern stellte nur einen Nebenaspekt dar. Die Betroffenen waren somit einer zeitlichen Restriktion ausgesetzt, die sie hinderte, sich ausreichend im Rahmen ihrer Arbeitszeit mit den Veränderungen zu beschäftigen. Sie waren während der Innovation sogar mehrfach belastet: Sie mußten ihre täglichen Routinearbeiten erledigen, sie mußten die Handhabung der Systeme erlernen, sie mußten insgesamt die Innovation begreifen, sich ein eigenes Verständnis der Veränderungen und der neuen Wirklichkeit verschaffen, sie hatten teilweise Umstellungsarbeiten (Datenübernahme) vorzunehmen und in einigen Fällen auch Doppelarbeit zu verrichten (manuelle und maschinelle Karteiführung), um Datensicherheit zu gewährleisten und den Routinebtrieb nicht zu gefährden. All dies führte dazu, daß sich der Innovationsprozeß für alle betroffenen Arbeitnehmer als ein sehr zeitintensiver Prozeß herausstellte, der Beteiligung aufgrund der gestiegenen zeitlichen Belastung eher hemmte als förderte. In keinem der drei Fälle erhielten die Betroffenen während der Arbeitszeit freie Zeit für Beteiligungsaktivitäten.

Wie aus allen untersuchten Organisationen bestätigt wurde, ist gerade der Mangel an Zeit, die für Beteiligungsaktivitäten einschließlich der Information zu Verfügung steht, als eine wesentliche Restriktion und somit als beteiligungshemmend anzusehen.

Ein weiterer Punkt, der als Restriktion für Beteiligung anzusehen ist und durch den ebenfalls eine Asymmetrie der Einflußchancen deutlich wird, ist der ungleiche Zugriff auf Finanzen. Während in allen drei Fällen die Leitungsebene sich durch Fachleute zuarbeiten ließ und entsprechende Möglichkeiten hatte, sich zu informieren, Schulungen bei Herstellern zu besuchen etc., war dies den betroffenen Arbeitnehmern eigenverantwortlich und freiwillig nicht möglich. Für sie gab es kein Budget, aus dem heraus sie sich hätten Maßnahmen finanzieren können, die sie besser in die Lage versetzt hätten, sich qualifiziert am Entwicklungsprozeß zu beteiligen.

5.3.7 Promotoren

Vergleicht man die Organisation und den Ablauf der drei Prozesse, so finden sich viele Übereinstimmungen aber auch einige Abweichungen. In allen drei Fällen war der Prozeß fest in der Hand von Promotoren, die aktiv und dominant dafür sorgten, daß die Innovation durchgeführt wurde. Im Fall des Energieversorgungsunternehmens waren es der Geschäftsführer und die Systementwickler und im Fall des Autozulieferers die Leitungsebene und der Leiter der DV–Org–Abteilung. Dabei übernahm die Leitungsebene die Rolle des Machtpromotors und auch auf mittlerer Managementebene zusätzlich die des Kommunikationspromotors, während die Rolle des Fachpromotors von den Systementwicklern übernommen wurde. Diese Promotoren verfolgten inhaltlich unternehmenspolitische Zielsetzungen und setzten sie durch. Den Arbeitnehmern und der Interessenvertretung gegenüber entstand so das Bild, daß nicht Promotoren mit unterschiedlichen Interessen und Kompetenzen agierten, sondern ein aufeinander abgestimmtes Promotorengespann einvernehmlich mit einer eindeutigen Zielsetzung und fester Absicht handelte. Besonders den direkt betroffenen Arbeitnehmern, die über keinerlei formale Mitwirkungsmöglichkeiten verfügten und sich auch auf der kommunikativen und fachlichen Ebene unterlegen sahen, mag daraufhin der Versuch der Einflußnahme als aussichtslos erschienen sein. Die Machtposition der Promotorengespanne wurde noch gestärkt durch den doppelten Prozeß, der in beiden Fällen ablief: Für die Arbeitnehmer war der Entwicklungs- bzw. Einführungsprozeß konkret erfahrbar, ebenso die dort vorgenommenen Entscheidungen. Die Metaentscheidungen, die im Rahmen der Projektbegleitung vorgenommen wurden, waren ihnen unbekannt und von daher nicht nachvollziehbar, obwohl dort die Grundsatzentscheidungen über Zeitdauer, Finanzen, Hardware, Software, Personeneinsatz etc. gefällt wurden. In beiden Fällen war die Planung und Steuerung der Innovation ausschließlich Domäne der Promotoren und wurde durch die Arbeitnehmer nicht angetastet.

Im Fall Schulverwaltung stellt sich die Antwort auf die Promotorenfrage differenzierter dar. Eine eindeutige Zuordnung von Promotionsfunktionen zu Funktionsträgern ist nicht möglich. Die Rolle des Machtpromotors wurde aufgrund der kooperativen Projektleitungsorganisation von der Leitungsebene des Anwenders aber auch den Systementwicklern wahrgenommen, während als Fachpromotor und auch Kommunikationspromotor die Systementwickler und — besonders was den Kommunikationsaspekt betrifft —

der DV–Verbindungslehrer auftraten. Systementwickler und DV–Verbindungslehrer sahen sich dabei in Wahrnehmung ihrer Rollen besonders den Betroffenen verpflichtet und hatten zu diesen auch im Vergleich mit den anderen Fällen eine größere Nähe und häufigere Kontakte. Zusätzlich traten die Promotoren nicht mit einheitlichen Zielsetzungen auf und waren auch nicht von der Leitungsebene abhängig, so daß kein geschlossenes Bild von Macht und Kompetenz entstand, sondern ein eher vielfältiges, offenes Gefüge von Positionen vorherrschte, das sich für Beteiligung offen zeigte, was eine direkte Folge der Heterogenität des Promotorengespanns war. Zwar wurden auch in diesem Projekt die Metaentscheidungen, die Planung der Planung, von der Leitungsebene und den Systementwicklern durchgeführt. Diese Entscheidungen wurden jedoch den Betroffenen und ihren Interessenvertretungen mitgeteilt und mit ihnen diskutiert. Entsprechend größer war die Einsicht in den Ablauf der Entwicklung und die von den Betroffenen gesehene Chance, auf den Prozeß und sein Ergebnis Einfluß nehmen zu können.

5.3.8 Prozeß

Ein weiterer Aspekt, der Beteiligungschancen öffnen oder schließen kann, ist der Prozeß in Form seiner spezifischen Organisation, den Verfahren und Instrumenten. Eine besondere Art von Beteiligungserschwernis wiesen die Einführungsprozesse beim Energieversorgungsunternehmen und beim Autozulieferer auf. In beiden Fällen war die Entscheidung über Hard- und Software vor der ersten Kontaktaufnahme mit den Betroffenen schon gefallen. Es handelt sich, vom Ergebnis her betrachtet, um fast geschlossene Prozesse. In beiden Fällen gab es also für die Betroffenen nicht mehr die Möglichkeit, an der Willensbildung und Entscheidung mitzuwirken, sondern nur noch an der Implementierung und dem reibungslosen Ablauf der Innovation. In beiden Fällen hätte Beteiligung an der Grundsatzentscheidung Abwehrpartizipation bedeutet, was wenig wahrscheinlich ist, wenn a) die Kenntnis über die Entscheidung wenig verbreitet ist und b) kaum fachliche Kompetenz vorhanden ist, die Entscheidung inhaltlich zu kritisieren. Die Folge war entsprechend ein abwartendes, passives Verhalten bei den Betroffenen. Meilensteine innerhalb der Umsetzung, bei deren Erreichen das Vorgehen und die Inhalte ggf. hätten revidiert werden können, waren nicht vorgesehen.

Im Fall Schulverwaltung war zwar die Entscheidung vorab gefallen, daß ein informationstechnisches System eingeführt werden sollte, die Ziele und Funktionen waren jedoch offen und somit gestaltbar. Der Prozeß war auf Überprüfung und Erfahrungsammeln angelegt und ermöglichte rekursive Schritte, so daß Einflußnahmen berücksichtigt werden konnten und so positive Anreize für die Betroffenen entstanden, sich weiterhin direkt zu beteiligen. Entsprechend aktiver waren die Betroffenen in ihren Aktivitäten, den Prozeß in ihrem Sinne zu gestalten.

Eine weitere wichtige Rolle spielen die im Prozeß praktizierten Verfahren der Entwicklung und Einführung. Verfahren im Umgang mit den Betroffenen werden hauptsächlich genutzt, um Informationen von diesen zur Gestaltung und Einführung zu erhalten. Dazu werden die Betroffenen von den Entwicklern in der Regel in Einzelgesprächen befragt, ohne zu wissen, was mit ihrer Antwort geschieht, welchen Stellenwert sie hat und inwieweit sie berücksichtigt wird. Die Antworten werden nicht zur Überprüfung an die Betroffenen zurückvermittelt und das aus den Antworten ermittelte Ergebnis auch nicht in einer größeren Runde, z.B. in Form von Gruppengesprächen oder Betriebsversammlungen mit den Betroffenen diskutiert. Diese Verfahren sind deshalb auf die Experten zugeschnitten und aus deren Sicht inputorientiert und somit expertenzentriert. Durch diese Verfahren werden die Betroffenen in ihrer passiven Rolle belassen und ihnen der Überblick über die Gesamtreorganisation bzw. über die Abteilungsreorganisation verwehrt. Gemeinsame Erfahrungen oder unterschiedliche Sichtweisen können so nicht kollektiv diskutiert werden. Die im Fall Schulverwaltung praktizierten Verfahren (Informationsaktivitäten, verständliche Beschreibungsmittel, Protokolle, Gruppengespräche etc.) führten dagegen in ihrer sowohl inputorientierten, aber auch outputorientierten Anlage zu kollektiven Diskussionen zwischen Betroffenen, Systementwicklern und Leitungsebene. Dadurch wurde bei den Betroffenen die Kenntnis über die Innovation gefördert und ihnen ihre Rolle und ihre Möglichkeiten klarer. Die Systementwickler und die Leitungsebene mußten ihre Vorschläge und Absichten öffentlich und inhaltlich legitimieren, was zu einem Zueinander führte und die Betroffenenperspektive in die inhaltlichen Auseinandersetzungen fest installierte. Insgesamt zeichnete sich ab, daß die formale Legitimation von Leitungsebene und Systementwicklern kaum noch ausreicht, um bei den Betroffenen Akzeptanz herzustellen. Der Aspekt der Legitimation durch aktive Zustimmung scheint stark an Gewicht zu gewinnen, da gerade im Bereich der Technikanwendungen nicht nur passive Akzeptanz gefordert ist, sondern Motivation und aktives Mitdenken der betrofffenen Mitarbeiter.

Gerade dann, wenn Prozesse sehr stark von Promotoren bestimmt werden, ist die Frage wichtig, welche Themen von diesen *nicht* in die Diskussion mit den Betroffenen eingebracht und somit ausgegrenzt werden. In allen drei Fällen wurde die Grundsatzentscheidung, Datenverarbeitung einzusetzen und mit einer Reorganisation zu verbinden, den Betroffenen als Faktum vermittelt und tabuisiert. Dies geschah entweder dadurch, daß der Beschluß für endgültig und unumstößlich erklärt wurde oder erst zu einer späteren Zeit nach Ablauf einer Modellversuchsphase dessen Überprüfung erfolgen sollte. Ein weiteres Thema, das in allen drei Fällen weder den Betroffenen gegenüber angesprochen noch mit ihnen auf eigenen Wunsch diskutiert wurde, war die formale Absicherung der direkten Beteiligung der Betroffenen. In allen drei Fällen wurde das Beteiligungsangebot an die Betroffenen von der Leitungsebene schon als ausreichendes Zugeständnis an die Arbeitnehmer begriffen. Den Betroffenen aber Rechte zuzusichern, auf die sie sich hätten berufen oder die sie hätten einklagen können, hielt keine Leitungsebene für möglich. Von ihnen wurde der Bedarf und die Notwendigkeit nicht gesehen oder — wie im Fall der Schulverwaltung — die rechtlichen Zuständigkeiten auf dieser Ebene als nicht disponibel betrachtet. Zwar sei die Möglichkeit gegeben, Arbeitnehmern Rechte zuzugestehen, die Verantwortung aber sei nicht delegierbar. Kein Vorgesetzter sei bereit, Verantwortungen für die Entscheidungen anderer zu tragen. So blieben aus formaler Sicht alle Beteiligungsangebote beliebig rückholbar und vom guten Willen der Vorgesetzten abhängig. Entsprechend waren die Betroffenen bei ihren Aktivitäten auf das Wohlwollen der Leitungsebene angewiesen, was alternative und kritische Vorschläge zu einem persönlichen Risiko des jeweiligen Arbeitnehmers macht. Weitere Aspekte, die kaum oder nicht thematisiert oder schnell übergangen wurden, waren die möglichen negativen Auswirkungen und die personalpolitischen Aspekte der Innovation. Besonders den Personaleinsatz, die Verteilung der Tätigkeiten und die Eingruppierung hielt die Leitungsebene für ihre Domäne. Diskussionen darüber wurden, wenn überhaupt, nur bilateral zwischen Vorgesetztem und Arbeitnehmer geführt, nicht aber im Kollektiv.

Eine Transparenz des Ablaufs und der Ziele ist Voraussetzung für eine aktive prozeßbegleitende Einflußnahme von Arbeitnehmern. In den zwei o.a. Fällen waren die Arbeitnehmer zu einer sachbezogenen Kritik im Planungs- und Einführungsstadium nicht in der Lage, weil diese Voraussetzung nicht oder nur in einer minimalen Form vorhanden war. Im Fall Schulverwaltung konnten die Arbeitnehmer aufgrund der Prozeßphilosophie und deren Umsetzung durch Systementwickler und Promotoren aufgrund der Informationen einen Lernprozeß vollziehen, der die soziale und fachliche Kompetenz erhöhte. Sie waren aber häufig erst dann in der Lage, sachbezogene Kritik zu äußern und sich aktiv einzubringen, wenn der zu beratende Vorgang fast oder schon bereits abgeschlossen war, was erhebliche Anforderungen an die Flexibilität und Rekursivität der Projektorganisation stellte.

5.3.9 Wahrnehmung und Bewertung der allgemeinen informationstechnischen Entwicklung

In dem vorstehenden Ergebnisteil waren die strukturellen Determinanten der Handlungspotentiale zur Beteiligung behandelt worden. In dem folgenden Abschnitt werden sozial-psychologische Aspekte auf dem Hintergrund der oben beschriebenen Theorieansätze dargestellt. Zu einem guten Teil stellen die subjektiven Handlungsperspektiven eine Interpretation der objektiven Ressourcen und Restriktionen dar, so daß eine Verbindung zwischen den beiden Ergebnisteilen besteht.

5.3.9.1 Erfahrungen mit Organisationsentwicklungen

Für die Wahrnehmung und Bewertung einer für die Betroffenen kritischen oder ambivalenten Entwicklung ist die konkrete Erfahrung mit ähnlichen Entwicklungen relevant, in denen bestimmte Veränderungen für die Betroffenen erlebbar waren und in denen ein Vergleich angestellt werden konnte zwischen den evtl. geplanten oder angekündigten und den tatsächlichen Ergebnissen/Auswirkungen.

In den drei untersuchten Fällen handelte es sich um Betriebe bzw. Verwaltungen, in denen sich in der überschaubaren Vergangenheit die Arbeitsorganisation und die eingesetzten Arbeitsmittel praktisch kaum — jedenfalls nicht erlebnisgegenwärtig — verändert hatten. Eine Ausnahme bildeten lediglich zwei Lehrer im Schulverwaltungsprojekt die sich für ihre persönlichen Schulverwaltungsaufgaben bereits eine eigene DV-Unterstützung entwickelt hatten. Ansonsten verliefen die Arbeiten in den untersuchten Verwaltungen über bereits längere Zeiten konstant in manueller Form. Dies bedeutet zwar nicht, daß keine DV eingesetzt war — in zwei der drei Fälle wurde vielmehr bereits seit mehreren Jahren eine DV-Anlage betrieben. Die Verarbeitung erfolgte jedoch unabhängig von dem Arbeitsablauf der Sachbearbeiter im Batch-Betrieb und hatte für sie lediglich die Bedeutung einer anderen Form der Informationsdarstellung: DV-Liste statt Akte oder Kartei. Außerdem lag die Umstellung schon 10 bis 15 Jahre zurück und war von den jetzt dort Beschäftigten gar nicht mehr erlebt worden oder zumindest in der Befragung nicht als Ereignis präsent. Eigene Erfahrungen mit DV-bezogenen Arbeiten hatten nur sehr wenige Beschäftigte, und die DV war gar nicht oder nur zu einem geringen Teil bestimmend für eigene Arbeit. Lediglich die Führungskräfte in zwei Fällen hatten in früheren Stellungen DV-Erfahrungen gesammelt.

Wir haben es damit bei unserer Untersuchung mit Fällen zu tun, in denen sich der gegenwärtig stattfindende technisch-organisatorische Wandel in einem relativ großen Sprung vollzog. Ihm waren in der jüngeren Vergangenheit keine Vorläuferentwicklungen vorausgegangen. Die befragten Beschäftigten gehörten damit zu einer Gruppe, die nach einer Untersuchung von *Schmidtchen (1984*, 161f.) ca. 40% der erwerbstätigen Bevölkerung ausmacht[1]. Der größere Teil der Mitarbeiter hat nach der Untersuchung von *Schmidtchen* konkrete Veränderungen an seinem Arbeitsplatz oder in seinem Arbeitsbereich erlebt. Die Veränderungen bezogen sich dort zum größeren Teil allgemein auf modernen Maschineneinsatz und neue Arbeitsorganisation. Jeweils ca. 15% nannten jedoch auch Mikroelektronik in der Produktion oder Bildschirmarbeitsplätze.

Von einer EDV-Anwendung in größerem Stil hatten die Befragten bezogen auf ihre Berufssparte nur knapp zur Hälfte gehört. Die andere Hälfte sah eine Veränderung der Arbeitsverhältnisse in ihrem Arbeitsfeld nicht in Aussicht. Wenn überhaupt Änderungen antizipiert wurden, so waren dies — sicherlich mit provoziert durch das Thema der Befragung — die Einführung von Computern allgemein und Änderungen im organisatorischen Aufbau, verbunden mit einer Reihe von Konsequenzen, die die Befragten von sich aus vermutet oder von denen sie über Kollegen gehört haben. Hervorstechend bei den vermuteten Konsequenzen waren die stärkeren Beanspruchungen der Mitarbeiter durch eine schwierige Einarbeitungsphase und höhere Konzentrationsbelastung im laufenden Betrieb. Außerdem vermuteten sie Umsetzungen und Entlassungen im Zusammenhang mit der Computereinführung. Einige zitierten auch Kollegen mit eher positiver Erfahrung. Insgesamt waren die Vorstellungen von den bevorstehenden Entwicklungen, wenn sie überhaupt wahrgenommen wurden, nicht sehr konturenreich. Es waren eher vage Vermutungen, die auch vage bleiben, bis sie durch eigene Erfahrungen ersetzt oder überlagert werden, wenn die Entwicklung die Beschäftigten am Arbeitsplatz mit Veränderungen konfrontiert. Zum Gesprächsgegenstand unter Kollegen innerhalb oder außerhalb des Betriebes wurde die Computereinführung nur bzw. erst, als es um den eigenen Betrieb und dort um das eigene Arbeitsumfeld ging.

Neben den Beschäftigten sind auch die Systementwickler hinsichtlich der Wahrnehmung und Bewertung informationstechnischer Innovationen befragt worden. Unser Erkenntnisinteresse konzentrierte sich dabei auf die Frage, als was die Systementwickler den Gegenstand ihrer Arbeit begreifen. Es hat sich gezeigt, daß die betreffenden Entwickler die von ihnen bewirkten Veränderungen beim Anwender als einen tiefgreifenden Einschnitt in die Arbeitsstrukturen sahen. Es handelt sich für sie bei informationstechnischen Systemen nicht einfach um neue Arbeitsmittel, die statt, neben oder zusätzlich zu bisherigen Arbeitsmitteln eingesetzt werden. Auch nicht lediglich um eine neue Arbeitsorganisation. Vielmehr geht es um Veränderungen der Arbeitsinhalte, der Arbeitsorganisation und der Arbeitsteilung nicht nur am einzelnen Arbeitsplatz, nicht nur bei der einzelnen Anwenderabteilung, sondern weit darüber hinaus im gesamten Umfeld des Betriebes/der Verwaltung bis hin zu den externen Kommunikationspartnern, den

[1] Basis dieser Untersuchung waren die Beschäftigten in der Metallindustrie, die unseren Fällen allerdings nur für den Autozulieferer direkt vergleichbar ist; zu im Trend ähnlichen Ergebnissen kommt jedoch *Troll (1982)* auch für Büroberufe allgemein.

Abbildung 30: Innovationserfahrungen

Bezüglich von Innovationserfahrungen lassen sich unsere Betroffenengruppen kennzeichnen durch

— keine oder nur geringe Reorganisationserfahrungen,

— eine wenig entwickelte Wahrnehmung von bzw. Kommunikation über anstehende oder laufende Innovationsprozesse mit Technikanwendung innerhalb und außerhalb ihres Betriebes und

— eine unscharfe Wahrnehmung von Innovations- und Technikfolgen für die Beschäftigten.

Kunden, Lieferanten etc.. Besonders der Leiter einer DV-Abteilung betonte, daß diese Entwicklung von den Anwendern nicht in einem Zuge begriffen und realisiert werden könne. Es erfolge oftmals — gerade bei umfassenden Systeminnovationen — zunächst eine Umstellung auf einen DV-Betrieb, bei dem die bisherigen Arbeitsabläufe und Arbeitsmittel zum Teil beibehalten bzw. durch das neue System simuliert würden. Erst im zweiten Schritt würde im Zuge der Integration einzelner Teilkomponenten die Leistungsfähigkeit des Systems voll ausgefahren. Erst dieser zweite Abschnitt wurde für den Anwender als die "Stunde der Wahrheit" angesehen. Hier würden die eigentlichen Effekte sichtbar: v. a. mögliche Personaleinsparungen und neue Qualifikationsanforderungen.

Abbildung 31: Entwicklerperspektive

Die Entwickler betrachteten das Ergebnis ihrer Arbeit als

— tiefgreifende Veränderung bezüglich der Arbeitsinhalte und und Arbeitsformen beim Anwender,

— einen schrittweisen aber zielgerichteten Prozeß, der dem Anwender eine "Schonfrist" einräumt, dann aber erhebliche Konsequenzen auf das Qualifikationsprofil und den Stellenplan hat.

5.3.9.2 Einstellungen zur Computertechnik

In den Einstellungen schlägt sich die Erfahrung der Person mit und die Kommunikation über bestimmte Gegenstände in der Umgebung der Person nieder. Außerdem prägt sie die weitere Verhaltensbereitschaft der Person diesen Gegenständen gegenüber. Im vorliegenden Fall der untersuchten Entwicklungen bzw. Einführungen von DV–Systemen beruhten die ermittelten Einstellungen mangels längerfristiger Vorerfahrungen vornehmlich auf dem allgemeinen Stimmungsbild in der öffentlichen Meinung und nur zu einem kleinen Teil auf den Erfahrungen, die die Befragten kürzlich mit dem bei ihnen eingeführten System gesammelt hatten. Aufgrund der Ergebnisse der Sozialwissenschaften zur Einstellungsbildung und zur Einstellungsänderung müßten sich damit die Einstellungen unserer Untersuchungsgruppen zum Zeitpunkt der Befragung in einer Rekonfigurationssituation befinden. Einerseits wurde nämlich eine relative Stabilität von Einstellungen festgestellt, andererseits aber auch die starke Erfahrungsabhängigkeit von Einstellungen herausgearbeitet.

Wir haben die Einstellungen der Beschäftigten in dreierlei Hinsicht ermittelt. Erstens haben wir ein Meßinstrument benutzt, das von *Müller–Böling* entwickelt worden ist (vgl. *Müller–Böling 1978*). Zweitens haben wir eine zusammenfassende Bilanzfrage zur Einschätzung der allgemeinen Vor– oder Nachteile der DV–Technik für Betroffene gestellt. Drittens haben wir die Steuerbarkeit und Beeinflußbarkeit problematischer Auswirkungen der DV–Technik einschätzen lassen.

Müller–Böling hat eine Skala entwickelt, mit der er zu verschiedenen Zeitpunkten Benutzergruppen von Informationstechnik hinsichtlich ihrer Einstellung zu Computern befragt hat. Wir haben diese Skala übernommen, um einen Vergleichsmaßstab für unsere Befragtengruppe zu erhalten. Die Fragenbatterie enthält Aussagen über Eigenschaften und Auswirkungen des Computers auf den Bereich des Arbeitslebens. Fragen zur allgemeinen gesellschaftlichen Bedeutung der Informationstechnik sind nicht enthalten.

Bisher liegen von *Müller–Böling* zwei größere Erhebungsergebnisse vor (vgl. *ders. 1984*); sie beziehen sich auf die Zeitpunkte 1974 und 1983. Danach zeigt sich ein deutlicher Unterschied in den Einstellungen der Benutzer in Richtung auf eine negativere Haltung zum jüngeren Zeitpunkt. Dieses Ergebnis läßt sich einordnen in einen allgemeinen Trend der skeptischeren Einschätzung der Technik und des technischen Fortschritts in den Jahren seit 1970 (vgl. *Lange 1984*).

Unsere Befragtengruppe liegt insgesamt zwischen den Werten von 1974 und 1983 bei *Müller–Böling*. Während dessen Ergebnisse für 1974 einen Skalenmittelwert von 95 und für 1983 einen Wert von 83 aufweisen[1)], haben unsere Befragten einen Mittelwert von 91. Unsere Untersuchungsgruppen liegen damit zwar im negativen Zeittrend, jedoch längst nicht in dem Maße wie bei *Müller–Böling*. Knapp die Hälfte unserer Befragten hat in mindestens der Hälfte der 26 Aussagen der Einstellungsskala eine überdurchschnittlich positive Einstellung zum Computer zum Ausdruck gebracht (personenbezogene Auszählung) bzw. gut ein Drittel aller Aussagen sind überdurchschnittlich positiv bewertet worden (aussagenbezogene Auszählung); bei *Müller–Böling* waren es für 1983 lediglich ein Viertel der Aussagen, die positiv beantwortet wurden.

Unter Umständen sind die etwas positiveren Einstellungen unserer Befragtengruppen zur Informationstechnik auf die spezielle Phase der Anwendung an ihrem Arbeitsplatz

---

1) eigene Berechnung aufgrund der Einzelangaben bei *Müller–Böling 1984*, 100.

zurückzuführen. *Eller* hat jedenfalls in einer Längsschnittstudie festgestellt, daß die Einstellungen — erfaßt mit dem gleichen Skaleninstrumentarium — zu Beginn einer eigenen DV–Erfahrung gegenüber der Einstellung vor einer Einführung zunächst leicht positiver werden. Nach einer längeren Benutzungsdauer gehen die Werte dann allerdings wieder zurück, und zwar deutlich unter den Anfangswert (*Eller 1985*, 137ff.). In unserer Untersuchung haben wir jeweils den Zeitpunkt kurz nach der Einführung getroffen, müssen nach der Erfahrung von *Eller* also mit einer späteren Verschlechterung der Einstellungen rechnen.

Abbildung 32: Vergleich von Müller–Bölings Einstellungsergebnissen zum Computer aus 1974 und 1983 mit unseren drei Fallstudien in 1983/84

Ergebnisse / **Quelle** *(mögliche Werte:)*	**Skalen- mittel- werte** *(28 bis 140)*	**Zahl der über- durchschnittl. positiv beant- worteten Items** *(0 bis 28)*
Müller–Böling aus 1974	95	13
Müller–Böling aus 1983	83	7
Eigene Fälle	91	10

Unsere drei Fälle unterscheiden sich untereinander in ihren Einstellungen zur Computertechnik in bedeutsamer Weise. Während der Fall des Energieversorgungsunternehmens mit einem Skalenmittelwert von 84 und nur einem Befragten mit überdurchschnittlich vielen positiv beantworteten Aussagen in etwa bei dem im Trend negativen Ergebnis von *Müller–Böling* für 1983 liegt, weisen die Befragten des Autozulieferers einen Mittelwert von 103 und fast nur Befragte auf, die mindestens die Hälfte der Items positiv beantwortet haben. Der Fall der Schulverwaltung liegt in beiden Kriterien zwischen diesen beiden Polen.

Wegen der nur geringen Größe der einzelnen Untergruppen können wir diese Unterschiede nicht vertieft interpretieren; die hohe Einheitlichkeit der Beantwortungen innerhalb der einzelnen Fällen weist aber doch auf die Bedeutung betrieblicher bzw. sozialer Besonderheiten für die Einschätzung der Computertechnik hin.

Inhaltlich kommt in den Antworten der Befragten zum Ausdrck, daß sie auf die EDV bei Wahlfreiheit nicht mehr verzichten wollten: sie hat die Verwaltungsarbeit erheblich verbessert, trug zur Wirtschaftlichkeit bei, brachte mehr Ordnung in die Arbeit, erleichterte die Arbeit der meisten Angestellten und machte die Arbeit interessanter.

Am negativsten sticht hervor, daß die EDV viel Arbeitslosigkeit verursacht hat. Dies wurde am stärksten dort betont, wo es die Beschäftigten objektiv am wenigsten betreffen kann, in der Schulverwaltung. Am wenigsten stimmten der Aussage diejenigen zu, die als Beschäftigte der Privatindustrie objektiv am ehesten eine Entlassung zu gewärtigen haben. Im übrigen zog sich das Thema der Arbeitslosigkeit durch die Aussagen der Befragten an verschiedenen Stellen der Interviews hindurch. Dies zeigt die hohe Bedeutung der öffentlichen Meinung für die Urteilsbildung des einzelnen. Für sie persönlich war dies Thema nämlich praktisch ohne direkte Bedeutung, da es in allen drei Untersuchungsfällen eine Beschäftigungsgarantie im Zusammenhang mit der DV–Einführung gegeben hatte.

Neben dem negativ beurteilten Freisetzungseffekt wurde von den Befragten die entstehende Abhängigkeit der Menschen von Maschinen beklagt und die Ansicht vertreten, daß der Mensch durch den Computer letztlich doch nicht vor langweiliger Arbeit bewahrt wird. Die restlichen Aussagen bezüglich der eigenen Entscheidungsspielräume, des unpersönlicher werdenden Arbeitsklimas, der Aufgabenverlagerung, höherer Durchsichtigkeit der Arbeitsvorgänge, Arbeitsbefriedigung und Verwertungsmöglichkeit der beruflichen Fertigkeiten und Kenntnisse wurden uneinheitlich oder unsicher eingeschätzt.

Abbildung 33: Einstellungsbesonderheiten der Betroffenen zur IT

Positiv und negativ hervorstechende Merkmale der EDV für die Benutzer

Positiv:
- bei Wahlfreiheit wollen die Benutzer bei der EDV bleiben
- die EDV hat die Verwaltungsarbeit wesentlich verbessert
- die EDV hat sich nicht als unwirtschaftlich erwiesen
- durch die EDV kommt mehr Ordnung in die Arbeit

Negativ:
- durch die EDV wurde viel Arbeitslosigkeit verursacht
- der Mensch wird nicht vor langweiliger Arbeit bewahrt
- die EDV macht die Menschen zu abhängig von Maschinen

Faßt man die Ergebnisse der Einstellungsuntersuchung zusammen, so kann man eine im Niveau positivere Bewertung der DV–Technik bei unseren Befragten feststellen als dies dem derzeitigen durchschnittlichen Meinungsbild bei den DV–Benutzern entspricht. Die positivere Haltung zeigt sich bei fast allen Aussagen, nur von drei Befragten wurden geringfügig skeptischere Angaben gemacht als sie dem Durchschnitt der Benutzer nach den Ergebnissen von Müller–Böling entsprechen. Es lassen sich zwei Beurteilungssets unterscheiden, die input–/personenbezogenen Effekte und die output–/organisationsbezogenen Effekte. Bei den positiven Aussagen stechen die outputbezogenen Effekte für das Unternehmen hervor; bei den negativen Aspekten überwiegen die inputbezogenen Effekte, die die betroffenen Arbeitnehmer zu tragen haben. Die Anwenderorganisation als ganze oder die Anwenderabteilung im einzelnen hat nach dem Urteil der Befragten Vorteile durch den DV-Einsatz, die in der Wirtschaftlichkeit, der Ordnung und Transparenz sowie der Qualität der Leistungserbringung liegen. Die betroffenen Arbeitnehmer haben z.T. Nachteile zu tragen, die in der generellen Gefahr der Arbeitslosigkeit, der Abhängigkeit von Maschinen und in der Langweiligkeit der Arbeit liegen. Besonders deutlich ist die positive Einstellung bei einigen allgemeinen Aussagen, während konkretere Beurteilungen eher moderat positiv sind. Dies würde sich mit der Vermutung verbinden lassen, daß sich die Einstellungen zur Computertechnik bei den Befragten gegenwärtig in einer Rekonfigurationssituation befinden. Nachdem sie sich zunächst nur auf das allgemeine Meinungsklima stützen konnten, hatten sie nun seit einiger Zeit eigene Erfahrungen gesammelt, die — wie noch gezeigt werden wird — überwiegend positiv ausfielen. Diese eigenen Erfahrungen waren jedoch noch nicht so fundiert und differenziert, daß sie sich in der Mehrheit der konkreten Einzelaussagen niedergeschlagen hätten, sondern zeigen sich eher in einer allgemein positiven Einschätzung der Computertechnik. Diese Deutung läßt sich nur mit einiger Vorsicht formulieren; sie wird nicht gestützt durch einen Vergleich der Stärke der positiven Einstellung zur DV-Technik im allgemeinen und den Einschätzungen der konkreten Systemeffekte in den drei Untersuchungsfällen. Letztere sind in allen drei Fällen praktisch gleich positiv, d. h. fast alle Befragten sahen ihre Interessen bei der Systemgestaltung überwiegend gewahrt, die Einstellungen zu den Informationssystemen unterscheiden sich jedoch in der oben beschriebenen Weise von Projekt zu Projekt deutlich.

Das Gesamtbild der Einstellungen zur DV-Technik, das wir bisher gezeichnet haben, wird abgerundet durch die Ergebnisse auf die o. g. "Bilanzfrage": "Alles in allem betrachtet, glauben Sie, daß eher die Vorteile oder eher die Nachteile überwiegen werden?" In allen drei Fällen war die überwiegende Mehrheit der Meinung, daß die Vorteile überwiegen werden. Für eine Minderheit von 1/4 gleichen sich die Vor- und Nachteile zumindest aus. Keiner der Befragten sah überwiegend Nachteile. Dieses Ergebnis zeigt, daß nicht nur im Vergleich zu den Durchschnittsangaben von DV-Benutzern die Einstellungen unserer Untersuchungsgruppen positiver sind, sondern daß sie auch für die Befragten eine absolut positive Grundhaltung zum Ausdruck bringen[1]. Diese Einschätzung von zu erwartenden Vor- bzw. Nachteilen unterscheidet sich ganz erheblich von zwei größeren Vergleichsgruppen, auf die wir uns bei gleicher benutzter Fragestellung beziehen können (vgl. Abbildung 34). In dem oben beschriebenen Projekt Bürgeramt wurde *vor* Beginn der Entwicklung nach den zu erwartenden Folgen gefragt (vgl. *Tepper 1985*). Die konkreten Erfahrungen mit Systemen konnten in diesem Fall also nicht in die allgemeine Folgenabschätzung eingehen. Da diese Erfahrungen in den von uns untersuchten Fällen positiv beschrieben werden, liegt hierin eine Erklärungsmöglichkeit für die positivere Einschätzung als in dem Fall des Bürgeramtes, in dem die persönlichen Erfahrungen zum Zeitpunkt der Befragung noch nicht vorlagen. Das Ausmaß des Unterschiedes muß allerdings weiterhin überraschen, es wird jedenfalls nicht durch die betrieblichen Bedingungen in den Untersuchungsfällen erklärbar. Die

---

[1] Die Antworten auf diese Bilanzfrage müssen allerdings mit Vorsicht betrachtet werden. Sie verlangt von den Befragten im Grunde eine abstrakte, aber quantifizierende Kalkulation von Vor- und Nachteilen auf einer nicht vorhandenen oder zumindest unsicheren Datenbasis.

bei *Lange (1984)* berichteten Einschätzungen eines repräsentativen Durchschnitts bundesrepublikanischer Bürger weist eine gegenüber unseren Extrempositionen mittlere und über die drei Bewertungskategorien gleichmäßiger verteilte Folgenerwartung auf. Dies geht nicht nur auf die absolut größere Zahl der Befragten in der Repräsentativstudie zurück, d.h. auf die Tatsache, daß ganz unterschiedliche Erfahrungshintergründe bei den Befragten die weiteren Erwartungen geprägt haben: in einigen Fällen gründen die Erwartungen auf positiven eigenen Erlebnissen, in anderen Fällen auf negativen und in der größten Gruppe auf gar keinen eigenen Erfahrungen. Hierauf deutet hin, daß bei *Lange* die Folgenerwartungen bei denjenigen Befragten positiver sind, die über eigene Erfahrungen in der DV–Nutzung verfügen (51%), und besonders bei denjenigen, die auf aktuelle regelmäßige Arbeitserfahrung mit IT zurückgreifen können (58%). Desweiteren liegt ein Unterschied zwischen der Repräsentativstudie und unseren Fallstudie darin, daß dort das vor der Bilanzfrage thematisierte Spektrum an möglichen Auswirkungen weitaus größer ist. Unsere Fallstudien haben sich lediglich auf den betrieblichen *Arbeits*bereich bezogen. In der Studie von *Lange* ging es auch um Auswirkungen der Informationstechnik auf andere Lebensbereiche, z.B. Gesundheit, Familie etc., sowie auf Bereiche der Wirtschaft und der Politik allgemein, z.B. Umweltschutz, Wettbewerbsfähigkeit, Überwachung und Kontrolle etc.. Gerade vor dem Hintergrund dieser Vergleiche stechen die positiven Befunde zur Folgenerwartung der allgemeinen informationstechnischen Entwicklung in unseren Fallstudien hervor.

Abbildung 34: Bilanzurteile zur Informationstechnik

Frage: **Glauben Sie, daß eher die Vorteile oder eher die Nachteile überwiegen werden?**

— Eigene Fälle: primär überwiegen die Vorteile

— Tepper 1985: primär überwiegen die Nachteile

— Lange 1984: ausgeglichene Vor– und Nachteilserwartungen

5.3.9.3 Deutung der bestimmenden Einflußfaktoren auf Entwicklung und Einsatz von Informationstechnik

Vor dem geschilderten optimistischen Hintergrund der Einstellung zur DV–Technik kontrastieren die Einschätzungen der Befragten zur *Beherrschbarkeit* etwaiger negativer Auswirkungen des Computers auf unser Leben. Die Einschätzungen zeigen eine hohe Einheitlichkeit für die drei Befragtengruppen der Betroffenen, der Entwickler und der Vorgesetzten. Sie werden daher für diese Gruppen gemeinsam berichtet.

Es fanden sich drei in etwa gleich große Gruppen hinsichtlich der Einschätzung, ob eventuelle negative Auswirkungen der Computertechnik beherrschbar sind. Die größte

Gruppe hielt mögliche negative Auswirkungen für weitgehend unvermeidbar. Die zweitgrößte Gruppe hielt sie für weitgehend beeinflußbar. Die dritte Gruppe hielt negative Auswirkung nur in einigen Punkten für beeinflußbar. Wenn schon hier bei einer großen Befragtengruppe eine eher Kismet–artige Haltung zutage tritt (Unbeeinflußbarkeit dessen, was kommt), so wird dieser Eindruck noch verstärkt durch die verbreitete Unklarheit, von wem ein entsprechender Einfluß in Richtung einer Vermeidung negativer Auswirkung ausgehen könnte. Die Hälfte der Befragten hatte jedoch keine Vorstellung von möglichen Einflußakteuren. Sich selbst hielten nur 1/4 der Betroffenen für fähig, zumindest etwas, aber eher wenig Einfluß auf die allgemeine Entwicklung ausüben zu können. Der überwiegende Teil attestierte sich selbst keinerlei Einflußmöglichkeiten. Am ehesten scheint das Zusammenspiel von DV– bzw. Organisationsabteilung und anwendenden Fachabteilungen eine Rolle spielen zu können. Die Befragten stehen damit relativ hilflos der Frage gegenüber, wo die treibenden Kräfte der technischen Entwicklung zu suchen sind bzw. wie und durch wen diese zu beeinflussen ist. Dies entspricht den in dem Kapitel über die Gestaltungspotentiale genannten Ergebnissen bei *Laatz 1979*, wo nur 1/5 der befragten Techniker Möglichkeiten der Gestaltung im Rahmen der eigenen Arbeit sahen (vgl. S. 55f.)

Klare Vorstellungen gab es bei unseren Befragten auch nicht in bezug auf die Ursachen des Verlaufs der Entwicklung und der Gestaltung einzelner Systeme. Hier spielten sowohl für die Betroffenen als auch für Entwickler und Führungskräfte einzelne Personen oder Gruppen ebenso eine Rolle wie die allgemeine technische und/oder politische Entwicklung und die Sachzwänge von Computersystemen. Prioritäten wurden dabei nicht gesetzt. Dies ist deshalb von Bedeutung, weil man auf diese Weise keine klaren Anhaltspunkte dafür hat, ob die Befragten Einflußversuche überhaupt für sinnvoll halten, und wenn ja, worauf sie sich zu richten hätten. Wenn die allgemeine Entwicklung oder wenn gar Sachzwänge der Computersysteme für DV–Einführung und Gestaltung "verantwortlich" sind, können Einflußversuche weniger ausrichten, stoßen sie auf engere, härtere Grenzen, als wenn ausmachbare Personen oder Gruppen die Entwicklung bestimmen.

In den gegebenen Fällen unserer Untersuchungsprojekte war nur eine knappe Hälfte der Befragten der Meinung, daß es sich zumindest auch um einflußstarke Gruppen handelt, die die Entwicklung bestimmen. Von diesen war die überwiegende Mehrheit der Überzeugung, daß es deren klare und nachdrücklich verfolgte Zielvorstellungen sind, die die Einflußstärke dieser Gruppen ausmacht. Außerdem spielte für einige noch der jeweilige Sachverstand eine gewisse Rolle und nur eine kleine Minderheit hielt die Stellung im Betrieb für entscheidend. Am ehesten bietet die Auffassung, daß sich die jeweils von den Gruppen verfolgten Zielvorstellungen in der Systemgestaltung wiederfinden lassen, Anknüpfungspunkte für eigenes Handeln. Denn Ziele werden aufgrund von Interessen gebildet, lassen sich hinsichtlich Legitimation und Alternativen diskutieren und sind im Prinzip offen für Kompromißbildungen. Sachzwänge von Systemen oder das personale Pendant hierzu in der Form des Sachverstandes von Experten tendieren zur Geschlossenheit, d. h. zu Alles–oder–nichts–Alternativen, zur Richtig–oder–Falsch–Dichotomisierung. Daß besonders die Benutzer in den verfolgten Zielen eine Hauptquelle des Einflusses einzelner Gruppen sehen, bietet an sich gute Ansatzpunkte für Beteiligungsbemühungen. Wenn sie aktuell auch nicht zu denjenigen zählen oder sich selbst als diejenigen betrachten, die Einfluß haben, so könnten sie unter diesem Deutungsmuster jedoch zu diesen hinzustoßen, wenn sie für sich oder kollektiv für die Beschäftigten insgesamt klare Zielvorstellungen entwickelten. Daß die Entwickler gerade in dem Sachverstand (der Computerfachleute) den Hauptfaktor für Einflußstärke sehen, konterkariert diesen Trend jedoch, insofern sie auf die Stärke von expertokratischen Elementen als Basis der Einflußquelle einzelner Gruppen verweisen.

Abbildung 35: Einfluß und Beeinflußbarkeit

Beeinflußbarkeit der allgemeinen DV–Entwicklung:

— Benutzer sind sich uneins in der Beurteilung der allgemeinen Entwicklung

— Entwickler halten die allgemeine Entwicklung in einigen Punkten für beeinflußbar

---

Möglichkeiten eigenen Einflusses:

— Benutzer sehen kaum bis gar keine eigene Einflußmöglichkeiten

— Entwickler sehen in beschränktem Maße eigene Einflußmöglichkeiten

---

Bestimmung der Entwicklung und Gestaltung des konkreten Projektes:

— Benutzer sehen die konkrete Gestaltung sowohl durch einzelne Gruppen als auch durch die allgemeine Entwicklung und durch Sachzwänge bestimmt

— Entwickler sehen primär bestimmte Gruppen und ein kleinerer Teil auch Sachzwänge von Computern als prägend für die konkrete Gestaltung an

---

Quelle des Einflusses etwaiger einzelner Gruppen:

— Benutzern gilt die nachdrücklich verfolgte Zielperspektive einzelner Gruppen als primäre Einflußbasis

— Entwickler sehen den Sachverstand als ausschlaggebend für den Einfluß an

Nach dieser allgemeinen Einschätzung von Entwicklungsursachen und Beeinflußbarkeit von DV–Anwendungen wollen wir uns im folgenden mit den Deutungen der befragten Gruppen hinsichtlich des Verhaltens und der Einflußmöglichkeiten der verschiedenen potentiellen Akteure im Zusammenhang mit dem jeweiligen konkreten System der betrieblichen Anwendung auseinandersetzen. Wir haben bei den betroffenen Beschäftigten, den Führungskräften und den Entwicklern ermittelt, welches Ausmaß an praktischem Engagement und faktischem Einfluß sie seitens einer Reihe potentieller Akteure bezüglich der anstehenden Systementwicklung zu Beginn der Projekte vermutet haben und welches Maß an Einfluß sie für diese Gruppen für wünschenswert hielten. Berücksichtigt als potentielle Akteure wurden die betroffenen Beschäftigten, der Personal-/Betriebsrat, die Gewerkschaften, die direkten Vorgesetzten, die Geschäftsführung und die Computerfachleute.

Die *Betroffenen* hatten am Anfang des Projekts von der Geschäftsleitung, den DV-Experten und den direkten Vorgesetzten am meisten Engagement und gleichviel faktischen Einfluß auf die Systemgestaltung vermutet. Von sich selbst und den gesamten Beschäftigten hatten sie zwar auch ein gewisses (mittleres) Maß an Engagement erwartet, hielten sich jedoch für nur sehr wenig einflußreich. Noch geringer wurde das Engagement und erst recht der Einfluß von Personalvertretung und Gewerkschaften eingeschätzt.

Auf der Ebene der wünschenswerten Einflüsse verändert sich das Bild nur geringfügig. In der Tendenz gewinnt die Leitung der Fachabteilung gegenüber der Geschäftsführung und den DV-Experten etwas an Boden. Außerdem steigt in der nämlichen Reihenfolge der wünschenswerte Einfluß der Befragten selbst, der gesamten Beschäftigten, der Personalvertretung sowie der Gewerkschaften. Trotzdem bleibt auch der selbst gewünschte Einfluß der Befragten hinter dem der Vorgesetzten und Computerfachleute zurück.

Die Unterschiede zwischen den drei Untersuchungsfällen sind gering. Vorgesetzte, Geschäftsführung und Computerfachleute wurden überall in der gleichen beschriebenen Weise betrachtet. Auch die Betroffenen selbst, die Gesamtbelegschaft und die Interessenvertretung wurde in den drei Fällen nicht systematisch anders beurteilt. Lediglich die relativ sehr gering ausgeprägten Erwartungen der Befragten hinsichtlich des Engagements der Beschäftigten insgesamt ist in dem Schulverwaltungsprojekt auffallend, möglicherweise aber leicht dadurch zu erklären, daß das dort zu entwickelnde System nur für einen kleinen Teil des Personals und nicht für alle Schulangehörigen überhaupt von Bedeutung war; von sich selbst haben die betroffenen Beschäftigten denn auch ein relativ hohes Maß an Engagement vermutet.

Die *Entwickler* zeigten ein im großen und ganzen ähnliches Erwartungsmuster an das Engagement und den faktischen und wünschenswerten Einfluß der einzelnen Gruppen wie die zuvor beschriebenen Betroffenen: Zentral waren auch für die Entwickler sie selbst und die Leitungsebene der jeweiligen Anwenderabteilung. Ebenfalls vergleichbar ist die Erwartung der Entwickler bezüglich des — geringeren — Engagements und Einflusses der Betroffenen, wobei sie hier aber eine Ausgeglichenheit zwischen dem tatsächlichen und dem wünschenswerten Einfluß zum Ausdruck brachten und praktisch kein Einflußdefizit sahen, wie dies bei den Betroffenen der Fall war. Dies gilt ebenfalls für das Engagement und den Einfluß der Personalvertretung und — allerdings auf niedrigerem Niveau — der Gewerkschaften. Besonders deutlich wurde von seiten der Entwickler in dem Schulverwaltungsprojekt ein Engagement und Einfluß der direkt Betroffenen erwartet und auch begrüßt. Ein deutlich geringeres Engagement und einen geringeren Einfluß erwarteten die Entwickler von seiten der Geschäftsführung von Anwenderbetrieben. Für sie galt deutlicher als für die Betroffenen, daß die Systementwicklung Sache der Entwickler und der Fachabteilung ist.

Für die *Leitungsebene* von Anwendern ist kennzeichnend, daß sie Engagement und Einfluß der Fachabteilungsleitung, der Geschäftsführung und den Beschäftigten zuordnen. Die Beschäftigten sind nach ihrer Ansicht in ihrem faktischen Engagement und ihrem Einfluß gegenüber dem status quo zu stärken. Die Systementwickler wurden als die Handlungsausführenden begriffen, denen nur ein mittleres Maß an Einfluß zusteht. Während die Betroffenen und die Entwickler der innerbetrieblichen und überbetrieblichen Interessenvertretung ein eher geringes Engagement und einen niedrigen faktisch Einfluß zugeordnet hatten, den es für sie allerdings zu steigern galt, war es bei der Leitungsebene tendenziell umgekehrt. Sie hatte zu Projektbeginn ein höheres Maß an Engagement und Einfluß vor allem der innerbetrieblichen Interessenvertretung der Beschäftigten erwartet und hielt dies für eher reduzierungsbedürftig. Hier zeichnet sich damit ein Verständnis von Gestaltungs- und Aushandlungsprozessen ab, das auf die Leitungsebenen und die betroffenen Beschäftigten abzielt, expertokratische und politisch-repräsentative Elemente jedoch zurückzudrängen sucht. Die Zusammenstellung in Abbildung 36 zeigt das durchschnittliche Ausmaß des erwarteten Engagements und das perzipierte Einflußdefizit aus der Sicht der drei befragten Gruppen.

Abbildung 36: Erwarteter Einfluß und perzipiertes Einflußdefizit aus der Sicht von Benutzern, Entwicklern und Führungskräften

— Von allen drei Gruppen werden die DV-Experten, die direkten Vorgesetzten und die Geschäftsführung als am einflußreichsten betrachtet

— Direkte Vorgesetzte sehen eher sich selbst und teilweise die Betroffenen als einflußreich an und stufen DV–Experten ab

— Entwickler und Betroffene halten die Beschäftigten und deren Interessenvertretung für relativ einflußlos

— Verlagern sollte sich der Einfluß v.a. auf bereichsspezifische Akteure, d.h. sowohl auf direkte Vorgesetzte als auch auf die Beschäftigten, und zwar zu Lasten von DV–Experten, Geschäftsführung und aus Sicht der Leitung auch zu Lasten der Personalvertretung

Die Darstellung des erwarteten Einflusses und des wahrgenommenen Einflußdefizits zeigt, daß die drei Gruppen unterschiedliche Erwartungshaltungen entwickelt haben. Durchgängig werden die DV–Experten und Führungsebenen als die Einflußreichen und die Betroffenen sowie ihre Vertretungsorgane als die Einflußarmen betrachtet. Interessant und entscheidend ist jedoch die über diese statische Einschätzung hinausweisende dynamische Betrachtung, die in dem Einflußdefizit zum Ausdruck kommt. Hier zeigen die Betroffenen einen Wunsch nach Beschneidung externer Einflußkräfte (Experten und

Geschäftsführung) und nach Stärkung der internen Kräfte (direkte Vorgesetzte und sie selbst). Sie akzeptieren zwar die Dominanz der Fachleute und des hierarchischen Systems, treten aber für eine stärkere Gleichverteilung der Kräfte ein, so daß man ihre Haltung als eine im Ergebnis pluralistische Einflußorientierung bezeichnen könnte. Die Gruppe der Entwickler verfolgt demgegenüber eine klare expertokratische Strategie: sie wollen ihre Position auf Kosten der Fachabteilung und der Geschäftsführung verbessern. Ebenso ist auch das Bestreben der Leitung darauf ausgerichtet, die eigene Rolle zu behaupten. Somit sind es lediglich die betroffenen Beschäftigten, die ohne eine klare Dominanzstrategie antreten und die Überlegenheit der anderen Parteien akzeptieren. Sie gehen damit nicht nur ohne die oben diskutierten nachdrücklichen Zielvorstellungen in der Sache, sondern auch ohne klare Einflußforderungen ins Rennen um die Ertragsverteilung einer betrieblichen Innovation.

Zusammenfassend kann man zu den Erwartungen der Befragten hinsichtlich der prägenden Kräfte der allgemeinen DV–Entwicklung sowie des Engagements und der Einflüsse einzelner Gruppen festhalten, daß ein Großteil der Entwicklungsursachen in dem allgemeinen technischen, ökonomischen und politischen Trend gesehen wurde und nur zu einem Teil auch in den Zielen und Interessen der Entwickler und Betreiber von einzelnen Systemen. Darin liegt für die Wahrnehmung von Beteiligungsmöglichkeiten der betroffenen Beschäftigten eine bemerkenswerte Beschränkung. Sie wird noch dadurch verstärkt, daß diese Einschätzung nicht nur von einer Gruppe, sondern durchgängig von den Betroffenen, den Entwicklern und den Führungskräften geäußert wurde. Durch diese Beurteilung verbleibt subjektiv nur ein geringer Ansatzpunkt für die Ausschöpfung von Handlungsspielräumen bei der Gestaltung von speziellen Anwendungssystemen.

Ausgeschöpft wurde dieser Handlungsspielraum nach den Erwartungen unserer Befragten in den konkreten Entwicklungsprojekten vornehmlich durch die direkten Vorgesetzten von Anwenderabteilungen und durch die Systementwickler. Die Geschäftsleitungen spielten eine zusätzliche, aber geringere Rolle. Steigen sollte vor allem der Einfluß der betroffenen Beschäftigten, worauf die Entwickler etwas, die Beschäftigten ziemlichen und die Abteilungsleitungen den größten Wert legten. Hierin könnte sich der Bedarf an Benutzerakzeptanz durch Benutzerbeteiligung gerade aus der Sicht der direkten Vorgesetzten widergespiegelt haben.

Für die Interessenvertretung im Betrieb (Personal–/Betriebsrat) oder übergreifender Art (Gewerkschaften) blieb aus der Sicht der Befragten eine Aufklärungs– und Schutzfunktion. Sie sollten sich und die Betroffenen über die bevorstehenden Entwicklungen informieren und dafür Sorge tragen, daß Nachteile für die Beschäftigten vermieden werden. Dies gilt besonders für die Arbeitsplatz– und Entlohnungsfrage und für ältere Arbeitnehmer hinsichtlich möglicher Überlastungen durch neue Anforderungen. Eine Konkurrenz zwischen den Einflußmöglichkeiten der Betroffenen und der Interessenvertretung hielt nur ein Befragter teilweise für gegeben. Überwiegend wurde die Meinung vertreten, daß sich die Einflußmöglichkeiten gegenseitig ergänzen. Eher als bei den Beschäftigten wurde von den Entwicklern gefordert, daß sich die Personal–/Betriebsräte und die Gewerkschaften aus der Entwicklung heraushalten sollten. Klare Strategien gab es hier zwar nur vereinzelt, aber in einem Fall wurde die Parole ausgegeben, frühzeitig die Interessenvertretung einzubeziehen, um den Rücken frei zu haben. Darin wurde ein Weg gesehen, die Instanz einzubinden, von der ansonsten nur Widerstand zu erwarten ist, da sie der Entwicklung und Einführung von Informationssystemen aus Gründen der Arbeitsplatzgefährdung ablehnend gegenübersteht.

5.3.10 Information über die konkrete Systementwicklung und Perzeption der Systemziele

Quellen und Adressaten der Informierung

Die Informierung über die Einführung eines informationstechnischen Systems erfolgte nach übereinstimmenden Angaben aller drei Befragtengruppen in allen drei Fällen durch die direkten Vorgesetzten, ergänzt im Fall des Schulverwaltungsprojektes durch die Entwickler, auf deren Initiative das Projekt und das Beteiligungsverfahren zurückging. In allen drei Fällen wurden die Betroffenen selbst informiert. In den beiden Fällen mit einer funktionierenden Interessenvertretung (Betriebs-/Personalrat) wurden auch diese informiert. Informationsbeziehungen zwischen den Interessenvertretungen und den Betroffenen gab es mit einer Ausnahme nicht. Ebensowenig bestanden Kontakte zwischen den Betroffenen und den Betriebs-/Personalräten einerseits und gewerkschaftlichen Beratungsstellen andererseits. Der größere Teil der direkt Betroffenen im Schulverwaltungsprojekt hat sich zusätzlich zu den angebotenen Informationen auch eigenständig über Computersysteme informiert: über Messebesuche, fachlich kompetente Kollegen etc..

Zeitablauf der Informierung

Die Informierung erstreckte sich in zwei Fällen vom Beginn des Vorhabens bis zur Einführung, war aber in einem dieser beiden Fälle auf den die Zeitpunkte des Projektbeginns und der Vorbereitung der Einführung konzentriert. In einem Fall erfolgte sie nach Angaben der Betroffenen erst im Verlauf der unmittelbaren Vorbereitungen, der Schulung und der Systemeinführung. Die Leitung berichtet hingegen auch hier von Besprechungen schon vor Festlegung der konkreten Systemkonfiguration. An dieses Ereignis erinnerte sich jedoch von den Betroffenen nur einer bzw. nur er brachte dieses Gespräch in Verbindung mit dem Einführungsprojekt[1].

Wege der Informierung

Die Informierung erfolgte nach der Mehrzahl der Befragten ausschließlich mündlich, und zwar sowohl einzeln als auch in Gruppen. Nur in dem Schulverwaltungsprojekt wurde zusätzlich auf schriftlichem Wege informiert. Gelegenheiten für die mündliche Informierung waren zumeist informeller Art (Kaffeerunden etc.). Im Schulverwaltungsprojekt wurden jedoch auch Gruppensitzungen zur Informierung genutzt.

---

[1] Dieses Phänomen der kognitiven Entkopplung von — frühzeitiger — Information und Besprechungen über Innovationsplanungen auf der einen Seite und der tatsächlichen Innovation auf der anderen Seite berichtet auch *Heilmann 1981*, 188ff.

Bewertung der Informierung

Inhalt und Verlauf der Informierung wurde in dem Schulverwaltungsprojekt nicht einheitlich beurteilt. Von den befragten Betroffenen, aber vor allem von den Entwicklern wurde berichtet, daß anfangs sehr allgemein und ausführlich informiert worden sei; dafür seien die Informationen aber wenig konkret gewesen und hätten keine Vorstellung von den Besonderheiten des zu erwartenden Systems vermittelt. Diese Kritik an der Informierung wurde von den Betroffenen weniger stark geäußert. Diese fühlten sich vom Ausmaß her sehr gut bis zumindest ausreichend und vom Zeitpunkt her rechtzeitig informiert. Ein weitergehendes Informationsniveau sahen sie für möglich an, betrachteten es aber auch vom eigenen Interesse der Betroffenen abhängig. Zusätzliche Informationen wären jederzeit möglich und vom Projektteam erhältlich gewesen. Stärker selbstkritisch wurde die Informierung der Betroffenen von den Entwicklern betrachtet. Zu Anfang habe man noch nicht genügend zu sagen gehabt, die Aussagen seien zu schwammig gewesen und an den Informationsbedürfnissen der Betroffenen vorbeigegangen. Der große Informationsaufwand der ersten Zeit stand nach Einschätzung der Entwickler in keinem Verhältnis zum Ertrag für die Betroffenen. Vor allem der Verlauf und die Fortschritte des Projektes seien zu wenig transparent geworden. Das Interesse an betroffenenspezifischen Aspekten sei zu wenig berücksichtigt worden. Eine Reihe von Aktivitäten sei nicht kontinuierlich betrieben worden, der jour fixe sei wegen mangelnder Nachfrage wieder eingestellt worden und im späteren Verlauf des Projektes sei dann wohl doch zu wenig informiert worden. Auf diese Weise entstand nach Ansicht von einigen Entwicklern eine Diskrepanz zwischen den Informationen und den entsprechenden Aktionen. Trotz allem wurde von den meisten Entwicklern — und von den Betroffenen, wie schon gesagt, ohnehin — die erreichte Informierung der Betroffenen als ausreichend betrachtet, um sich eine Vorstellung von dem System und den Folgen für den eigenen Bereich machen zu können. Die Entwickler sahen sich jedoch teilweise in ihrem Informationsbemühen von den Betroffenen nicht ausreichend gewürdigt.

Die Beurteilungen der Informierung durch die Betroffenen waren hier nicht ganz so positiv wie bei dem zuerst geschilderten Schulverwaltungsprojekt. Die meisten fühlten sich aber auch hier rechtzeitig und ausreichend bis mittelmäßig informiert; nur eine Minderheit meinte, die Informierung hätte früher stattfinden können und fanden den Umfang der Informierung wenig zufriedenstellend. Dieses Ausmaß der etwas negativeren Beurteilung der Informationsqualität entspricht bei weitem nicht dem Unterschied in dem Ausmaß der "objektiven" Informierung zwischen dem erstgenannten und den beiden anderen Projekten. Dies macht die o. g. Enttäuschung der Entwickler in dem Schulverwaltungsprojekt hinsichtlich der nicht ausreichenden Würdigung der eigenen Informationsbemühungen durch die Betroffenen verständlich, zeigt aber auch, daß die Beschäftigten die gebotenen Informationen an den im Betrieb üblichen Standards messen: im Vergleich hierzu war die Informierung in den beiden anderen Projekten eben doch noch "mittelmäßig".

Trotzdem kann man aus der hohen Zufriedenheit mit dem Zeitpunkt und dem Außmaß der Informierung nicht auf ein geringes Anspruchsniveau der Informationserwartungen schließen. Wenn die Befragten auch erfahrungsbedingt relativ zufrieden waren mit einer generellen Ankündigung von betrieblichen Änderungen und einer tätigkeitsbezogenen Einweisung in der Einführungsphase, so bestand zumindest latent doch ein Bedürfnis

Abbildung 37: Informationseinschätzung

Einschätzung der Angemessenheit des Zeitpunktes der Informierung:

— Benutzer halten den Zeitpunkt der Informierung für rechtzeitig, für manche hätte er aber auch früher liegen können

— Entwickler und Leitung beurteilen den Zeitpunkt der Informierung als (z.T. überaus) frühzeitig

---

Einschätzung der Angemessenheit des Ausmaßes der Informierung:

— Benutzer beurteilen das Ausmaß der Informierung unterschiedlich, von sehr gut bis wenig zufriedenstellend

— Entwickler und Leitung beurteilen das Ausmaß der Informierung durchweg als gut

nach umfassenderer Information. Dieser Informationswunsch bezog sich schwerpunktmäßig auf zwei Bereiche: 1. Auf eine detaillierte und gründliche Informierung über die arbeitsplatzbezogenen Aspekte (wie die einzelnen Programme für die eigenen Aufgaben aussehen, wie sie zu bearbeiten sind, was mit der Arbeit passiert). Hierzu genügt eine einfache — nebenbei erfolgende — Einweisung nicht. 2. bezog sich der Informationswunsch auf ein Verständnis des gesamten Systems und seine organisatorische Einbettung, auf den Aufbau, die Arbeitsweise, die Zusammenhänge zwischen einzelnen Teilkomplexen des Systems. Hier bestand teilweise die Vorstellung, als könnte man — analog zu bisherigen Maschinen — durch einen "Blick" in das Innere der Anlage, die man zu diesem Zweck auseinandernehmen müßte, ein anschauliches Verständnis von der Wirkungsweise des Systems erhalten. So wenig eine Entsprechung dieses Wunsches auch möglich bzw. sinnvoll ist, so sehr zeigt diese Äußerung doch das Bedürfnis nach einem Überschreiten eines bloßen wenn–dann–Verhältnisses gegenüber einem Computersystem: wenn eine bestimmte Aktion ausgeführt wird, so erfolgt aus der "black-box" eine bestimmte Reaktion. Mehr als die Hälfte der Befragten wollte ausdrücklich mehr an Informationen und Kenntnissen. Geeignet zur Befriedigung dieses Wunsches erschienen vor allem die Fachleute aus dem DV–Bereich, aber auch die eigenen Vorgesetzten könnten einen Beitrag hierzu leisten. Eigene Aktivitäten haben immerhin die Hälfte der Befragten unternommen, um sich besser auf die Anforderungen durch das neue Computersystem vorzubereiten.

Ergebnis der Informierung

Im Ergebnis hat die geschilderte Informierung vor dem eigentlichen Projektbeginn in keinem Fall dazu geführt, daß sich die Betroffenen schon zu diesem Zeitpunkt eine Vorstellung von dem hätten machen können, was konkret auf sie zukam. Es war zunächst lediglich eine positive Einstimmung, eine positive Erwartungshaltung erzeugt worden. Die Betroffenen sahen (wohl bereits in der Retrospektive) vor der Systemeinführung zwar Probleme in der generellen Arbeitsüberlastung wegen vieler lästiger und zeitaufwendiger Routinearbeiten und unvollständiger, unkorrekter und unübersichtlicher Daten in ihrem Arbeitsbereich, was durch die DV-Einführung verbessert werden sollte. Trotzdem sahen sie aber nur zu einem kleineren Teil den Anlaß für die Systemeinführung innerhalb ihrer eigenen Arbeitsumgebung. Vielmehr lag der Grund der Umstellung für die meisten Betroffenen in übergeordneten Zielsetzungen oder externen Initiativen. Solche Ziele wurden v. a. in der schnelleren und reibungsloseren Arbeit, der besseren Übersicht und der Kostenersparnis gesehen, die von der Geschäftsführung und/oder den Organisatoren/Entwicklern festgelegt worden seien. Keiner der befragten Betroffenen hat diese Ziele generell negativ bewertet. Die Mehrzahl in allen drei Fällen fand die Projektziele vielmehr positiv, ein kleinerer Teil sah sowohl positive als auch negative Aspekte. In dem Zielspektrum wurde von den Betroffenen jedoch kein Element gesehen, das auf die eigene Interessenlage abgezielt hätte. Eine solche Zielkomponente wurde von ihnen auch nicht ausdrücklich formuliert und in Konkurrenz zu anderen Zielen gesetzt. Auch in dem Schulverwaltungsprojekt wurde die benutzerorientierte Zielperspektive nicht von den Betroffenen eingefordert, sondern von den Entwicklern vorgegeben; sie wurde von den Betroffenen lediglich in einem Diskussionsprozeß mit den Entwicklern inhaltlich mit gefüllt. Von den zu entwickelnden Systemen erwartete die Mehrzahl im Ergebnis, daß ihr eigener Arbeitsbereich "vermutlich nur wenig" oder "überhaupt nicht" verändert würde. Immerhin eine knappe Hälfte fühlte sich aber auch "relativ" oder "sehr stark" betroffen. Die möglichen Veränderungen für die eigene Arbeitssituation wurden jedoch fast ausschließlich in positiver Hinsicht als Verbesserungen erwartet. Verschlechterungen wurden nur von einem Befragten in der Möglichkeit von Freisetzungseffekten gesehen.

Abbildung 38: Betroffenheits- und Zielerwartungen der Betroffenen

— Benutzer antizipierten in der Mehrzahl nur ein geringes Maß an persönlicher Betroffenheit

— Sie erwarteten fast ausschließlich Verbesserungen für sich selbst

— Die Entwicklungsziele der Systemeinführungen bewerteten sie positiv

— Die Entwicklungsziele der Systemeinführungen erschienen einer Mehrzahl als in Richtung auf ihre Interessen veränderbar

Diese positive Zielperzeption bietet für die Betroffenen auf den ersten Blick wenig Anlaß für die Entwicklung eines eigenen Engagements, daß über die Vergewisserung der Gültigkeit und Beibehaltung dieser für sie akzeptablen Systemziele hinausgeht. Es scheint keinen Grund oder zumindest kein Notwendigkeit hierfür zu geben. Nun ist jedoch erstens die Zielsetzung eines Projektes eine Sache und die Ausführung und Gestaltung eines Systems eine andere. Zweitens ist die (positiv bewertete) Zielsetzung zumindest in einem Projekt explizit bereits unter Mitwirkung der Betroffenen entwikkelt und verfeinert worden und nicht von vorneherein fest vorgegeben gewesen. Und auch in einem der beiden anderen Projekte waren die Befragten zu einem guten Teil der Meinung, daß die Ausgangsziele noch veränderbar gewesen seien. Entsprechend wäre auch hier eine Beteiligung sinnvoll zur Abwendung etwaiger Zieldevianzen oder zur Optimierung der Zielverfeinerung und –realisierung. Auf der anderen Seite wäre bei einer massiven Diskrepanz zwischen (perzipierten) Systemzielen und eigenen Zielvorstellungen der Betroffenen eine Beteiligung schwerlich sinnvoll. Man stelle sich nur ein auf Personaleinsparung explizit ausgerichtetes Projekt vor, an dem sich die Betroffenen beteiligen sollen, um mit festzulegen, wer wann unter welchen Bedingungen in die Arbeitslosigkeit entlassen wird. Unter solchen Konstellationen macht eine Beteiligung als Beeinflussungsversuch ebensowenig Sinn wie wenn die Sicherung der Betroffeneninteressen zu 100% feststeht. Gewisse Abweichungen zwischen den vermuteten Projektzielen und Betroffenenvorstellungen sind im Sinne von Motivationsanreizen beteiligungsförderlich. Sie dürfen nur nicht total sein oder auf den Kern der Interessenslage einer Seite zielen. Diese Erwartung läßt sich aus den Ergebnissen der Entwicklungspsychologie zur Bildung von Leistungsmotivation folgern, wie sie in dem Konzept der "dosierten Diskrepanzerlebnisse" (*Heckhausen*) zum Ausdruck kommen. Dies resultiert auch aus den Thesen der Organisationsforschung zur Planung und Innovation über die Wirksamkeit eines "optimalen Stresses" für die Evozierung von Handlungsbereitschaft (vgl. *March/Simon 1976*, 170).

5.3.11 Einstellungen zur Beteiligung und Perzeption von Beteiligungsmöglichkeiten

Bewertungsmerkmale der Beteiligung

Bei den Betroffenen wurden eine Reihe von Vorstellungen bezüglich der Eigenschaften von Benutzerbeteiligung erfragt. Dabei zeigte sich, daß für sie einerseits das kooperative Element der Beteiligung, das heißt eine gutwillige Zusammenarbeit mit den Entwicklern, das hervorstechendste Element war. Fast alle Befragten bejahten eine entsprechende Frage in vollem Maße und sahen in einer solchen Kooperation für sich selbst eine Bereicherung, besonders dort, wo diese Kooperation faktisch auch intensiv stattgefunden hat, nämlich im Schulverwaltungsprojekt. Andererseits wird hierdurch aber auch deutlich, daß eine fehlende Bereitschaft oder Möglichkeit von Entwicklern zu enger Kooperation mit den Betroffenen eine ganz entscheidende Behinderung für Betroffenenbeteiligung ist. Durch knappe Zeitkalkulationen von kommerziellen Systementwicklern und durch Implementation von Standardsoftware ergeben sich diesbezüglich in der Praxis starke Begrenzungen.

An zweiter Stelle rangierte für die Betroffenen der Bedarf an Unterstützung durch eigene Fachleute, Gewerkschaften und Betriebs–/Personalräte. Auch diese Unterstützung sahen die Befragten durchaus positiv als interessant und für sie bereichernd an, obwohl sie in keinem Fall eine solche Unterstützung erfahren hatten. Die Befragten waren ebenfalls der Meinung, daß man in stärkerem Maße besondere Kenntnisse und Fertigkeiten zur Beteiligung braucht, daß besondere Rechte zur Beteiligung erforderlich sind und daß mit der Beteiligung Aufwand und auch Probleme verbunden sind. Andererseits könne man durch Mitwirkung an der Systemgestaltung aber auch bessere berufliche Entfaltungsmöglichkeiten oder Aufstiegschancen erreichen.

Die letztlich genannten Bedingungen stellen für die Entwicklung einer realisierbaren Beteiligungsperspektive eine weitere Begrenzung dar. Die Betroffenen sahen sich von dem Unterstützungsverhalten Externer, von Fähigkeiten und Kenntnissen abhängig, die man nicht erst im Verlauf des Systementwicklungsprozesses erwerben kann. Sie sind angewiesen auf Beteiligungsrechte, die sie ansonsten nicht haben, was insgesamt bedeutet, daß eine Beteiligung in ihren betrieblichen Alltag nicht ohne weiteres eingeordnet werden kann. Sie betrachten Beteiligung als etwas Besonderes, als eine Ausnahme, die nicht zur alltäglichen Praxis gehört.

Abbildung 39: Prioritätenfolge von Voraussetzungen und Konsequenzen von Beteiligung aus der Sicht der Benutzer

	Mittelwert der Angaben (mögliche Werte: 1 bis 4)
Gutwillige Kooperation mit den Entwicklern	3.7
Beratung durch eigene Fachleute (z.B. Gewerkschaften)	3.1
Erreichung beruflicher Vorteile/Aufstieg	2.8
Notwendigkeit besonderer Kenntnisse/Fertigkeiten	2.8
Erfordernis besonderen (Zeit-)Aufwandes für Beteiligung	2.6
Bedarf an besonderen Rechten für Beteiligung	2.5
Auftreten von Problemen bei Beteiligung	2.3
Verbreitungsgrad von Beteiligung in der Praxis[1)]	2.3

[1)] Der hier angegebene durchschnittliche Wert des Verbreitungsgrades von Beteiligung resultiert aus einer sehr unterschiedlichen Einschätzung in den einzelnen Projekten: während in dem Schulverwaltungsprojekt bezogen auf die dortige Praxis der maximale Verbreitungsgrad von 4 angegeben worden ist, liegt der Wert in den beiden anderen Fällen einheitlich am unteren Ende der Skala mit dem Wert 1.

Ziele und Effekte der Beteiligung

Trotz der gewissen "Unwirklichkeit" von Beteiligung wegen der damit verbundenen außergewöhnlichen Aufwendungen, Voraussetzungen und Probleme wurde sie grundsätzlich von allen Betroffenen bejaht. Sie sahen darin ein Mittel, um mehr Wissen und Informationen über neue Systeme zu erhalten, um an der einen oder anderen Stelle bessere Ergebnisse in der Sache und für die eigenen Arbeitsbedingungen zu erzielen, u. U. auch persönliche Wünsche berücksichtigt zu finden und den Arbeitsplatz zu erhalten bzw. zu mehr Arbeitsplatzsicherheit zu kommen.

Ähnlich betrachteten auch die Entwickler, Organisatoren und Vorgesetzten die Ziele der Betroffenen zur Beteiligung. Sie sahen bei den Beschäftigten insbesondere den Wunsch, zu sehen, was auf sie zukommt, die Unsicherheit zu überwinden. Es gehe ihnen aber auch darum, Verschlechterungen der persönlichen Arbeitssituation zu vermeiden, den persönlichen Arbeitsplatz mitzugestalten, ein System zu entwickeln, mit dem man gern arbeitet. Zwei Entwickler sahen in der Beteiligung auch ein Mittel, mit dem einzelne Beschäftigte versuchen, sich zu profilieren, besonders höhere Chargen. Ein Organisationsberater sah die Motivation zur Beteiligung auf die passive Seite beschränkt: sich informieren (lassen) ja, an Mitgestaltung sei keiner interessiert.

Die Entwickler sahen aus ihrer eigenen Perspektive in der Beteiligung primär ein Mittel zur Akzeptanz- und Effizienzsteigerung und zur Erzielung besserer Arbeitsbedingungen für die Benutzer. So sahen es auch die meisten Vorgesetzten. Beteiligung ist zwar auch ein Instrument zur Informationsbeschaffung, doch spielt dies bei Projekten mit Standardsoftware eine geringere Rolle, da hier das Wissen anderer Beschäftiger bereits in einer früheren Phase, d.h. in einem früheren Projekt, in das jetzt im wesentlichen fertige System eingeflossen sei. Außerdem könne man die notwendigen Informationen auch ohne eine Beteiligung erhalten. Ein Wert an sich, ein Element der Selbstbestimmung und Selbstverwirklichung wurde in der Beteiligung kaum gesehen. Vom Charakter her betrachteten die meisten Entwickler und Vorgesetzten die Beteiligung als eine offensive Strategie zur Erreichung von Verbesserungen und nicht nur defensiv zur Abwendung von Nachteilen.

Abbildung 40: Ziele von Beteiligung

— Ziele der Betroffenen

- o Informationen und Wissen über System(entwicklung) erhalten
- o bessere Ergebnisse für die eigenen Arbeitsbedingungen erreichen
- o Arbeitsplatzsicherheit für sich und andere

— vermutete Ziele der Betroffenen aus der Sicht der Entwickler

- o sehen, was auf sie zukommt: Unsicherheit abbauen
- o persönliche Arbeitsbedingungen sichern und verbessern
- o Profilierung gegenüber nächsthöherer Leitungsebene

— Ziele von Entwicklern und Leitung für (das Angebot von) Beteiligung

- o Akzeptanzsicherung
- o Effizienzverbesserung
- o bessere Arbeitsbedingungen
- o unter Umständen auch Erleichterung der Informationsbeschaffung

Im einzelnen meinten die Entwickler, daß die Beteiligung den Betroffenen Gelegenheit gibt, auf Details der Systemgestaltung Einfluß zu nehmen. Sie selbst werden durch die Kooperation mit den Benutzern gezwungen, die Planungen, den Ablauf und die Gestaltungsalternativen mit Vor- und Nachteilen offenzulegen und vor den Benutzern zu begründen. Sie könnten auch nicht nur die eigene Perspektive verfolgen, sondern würden gezwungen, das Produkt durch die Brille der Betroffenen zu sehen. Bei einer Beteiligung müsse man u. U. auch Umwege machen, dem Benutzer einen Lernprozeß einräumen.

Kosten-Nutzenbetrachtung für die Entwicklungsaufgabe

Die Entwickler sahen Beschränkungen und Probleme bei einer Betroffenenbeteiligung in dem damit verbundenen Aufwand. Sie betrachteten diesen Aufwand besonders als externe Auftragnehmer eines Entwicklungsprojektes kritisch. Dabei spielte nicht nur der eigentliche Zeitfaktor eine Rolle, sondern auch die Unwägbarkeiten, die mit einer Beteiligung ins Spiel kommen. Einige Entwickler sahen als Ausweg die Beschränkung der Beteiligung auf einige wenige Mitarbeiter, die direkt mit den DV-Fachleuten kooperieren bzw. an den Gestaltungs- und Aushandlungsprozessen teilnehmen. Der Rest der Betroffenen solle indirekt durch diese Mitarbeiter oder die Vorgesetzten informiert werden. Diese Vorstellung geht in die Richtung einer DV-Verbindungsperson in Fachabteilungen.

Vieles von dem, was die Entwickler in dem Schulverwaltungsprojekt an Beteiligungsmöglichkeiten angeboten haben, sahen sie dort allerdings nicht genutzt, teils aus Desinteresse, teils aus Gründen der Fixierung auf oder der Auslastung durch die täglichen Aufgaben bei den Beschäftigten. Man kann hierin eine Bestätigung des *Gresham*schen Gesetzes der Planung sehen (vgl. *March/Simon 1976*, 172): Routine verdrängt Planung. Wo Veränderung, Innovation statt Routine gewollt ist, muß der Planende aus der Routine herausgestellt sein. Dies kann durch die Etablierung eigener (Stabs-)Stellen für Planung und Organisation und/oder durch die explizite Freistellung der Sachbearbeiter von Teilen ihrer Routinetätigkeit erfolgen. Letzteres stößt jedoch in der Praxis auf große Schwierigkeiten und wird — wenn überhaupt — dann meist nur halbherzig realisiert.

Reichweite der Beteiligung

Vom Ausmaß her wurde von allen drei Befragtengruppen, den Betroffenen, den Entwicklern und den Vorgesetzten, im Prinzip eine weitreichende Beteiligung für wünschenswert gehalten. Sie solle über eine ständige Information der Mitarbeiter hinausgehen und die Möglichkeit einschließen, selbst Vorschläge einzureichen und hierüber zu beraten. Gemeinsame Entscheidungen zu treffen, sich an der Ausführung gemeinsamer Entscheidungen zu beteiligen oder die Durchführung der gemeinsamen Entscheidungen zu kontrollieren, hielt zwar auch noch die Mehrheit — und zwar auch der Führungskräfte —, aber nicht mehr alle Befragten für sinnvoll.

Im Gegensatz zu diesem wünschenswerten Ausmaß der Beteiligung war die faktische Reichweite in den konkreten Fällen wesentlich beschränkter. Vor allem die Betroffenen sahen z. T. geringe Beteiligungstatbestände. Zirka die Hälfte der Befragten in zwei Projekten gab an, daß von Beteiligung eigentlich gar keine Rede sein könne. Eine ständige Information, das Entgegennehmen und gemeinsame Beraten von Vorschlägen habe jedenfalls nicht stattgefunden. Die Entwickler und Vorgesetzten behaupteten allerdings auch in diesen beiden Fällen den Tatbestand einer Beteiligung, so daß trotz des ausdrücklichen Bezuges auf ein und dieselbe faktische Entwicklung Perzeptionsunterschiede zwischen den beteiligten Gruppen deutlich werden: Was für die Entwickler und Vorgesetzten ständige Information und Beratung gemeinsamer Vorschläge war, galt für die Betroffenen noch lange nicht als solche. Lediglich das Schulverwaltungsprojekt bildet hier eine Ausnahme; von den dortigen Befragten wurden diese Grade der Beteiligung in völliger Übereinstimmung aller drei Gruppen bejaht. Gemeinsame Entscheidungen wurden allerdings auch hier nur von den Entwicklern und der Leitung angegeben, während die Betroffenen mit einer Ausnahme angaben, daß die Entscheidungen ohne ihre Beteiligung gefällt worden seien. An deren Ausführung und auch an deren Kontrolle seien sie jedoch wieder beteiligt gewesen, was bei den beiden anderen Projekten, laut Angaben der weit überwiegenden Mehrzahl der Betroffenen, nicht der Fall war, wohl aber von den dortigen Entwicklern und Führungskräften angegeben worden ist.

Abbildung 41: Gewünschte (Soll) und realisierte (Ist) Reichweite der Beteiligung aus der Sicht der Benutzer, der Entwickler und des Managements

- Sämtliche Benutzer, Entwickler und Führungskräfte begrüßten eine Betroffenenbeteiligung bis zur Stufe der Beratung von Vorschlägen
- Gemeinsame Entscheidungen, deren Durchführung und Kontrolle wurde auch noch von einer qualifizierten Mehrheit befürwortet

- Die Benutzer und Entwickler stuften die faktisch praktizierte Beteiligung als geringer ein, sie habe sich auf die Stufen Informierung und Beratung konzentriert
- Die Leitung beschrieb auch die praktisch realisierte Beteiligung als weitergehend, d.h gemeinsame Entscheidungen und deren Durchführung und Kontrolle einschließend

Formen der Beteiligung

Weitergehende Vorstellungen von Beteiligung haben Vorgesetzte und Entwickler im Vergleich zu den Betroffenen selbst nicht nur bei der gerade dargestellten Reichweite der Beteiligung, sondern auch bei einzelnen Formen von Beteiligung angegeben. Es waren sieben verschiedene Formen einer Betroffenenbeteiligung abgefragt worden hinsichtlich der möglichen und sinnvollen Nutzung im Rahmen einer Systementwicklung. Durchgängig durch alle befragten Gruppen wurden Gespräche mit Vorgesetzten und Kollegen zur Bildung und Abstimmung einer Zielvorstellung, die Nutzung von Informationsmaterialien und –medien (Broschüren, Kurse, Messen etc.), das Mitarbeiten in betrieblichen

Arbeitskreisen zum DV–Einsatz und die direkte Zusammenarbeit mit Computerfachleuten für praktikabel gehalten. Nur bei der Mitarbeit in den genannten Arbeitskreisen gab es bei den Betroffenen nennenswerte Vorbehalte bezüglich der bestehenden Möglichkeit und der Rechtfertigung des Aufwandes. Durchgängig waren die Entwickler und die Führungskräfte einheitlicher der Meinung, daß diese Beteiligungsformen möglich und sinnvoll seien als dies bei den Betroffenen der Fall war. Dies gilt erst recht für die beiden letzten Formen der Beteiligung, die von den Betroffenen ganz klar und von den beiden anderen Gruppen auch mehrheitlich zurückgewiesen wurden, der Mitarbeit in überbetrieblichen Arbeitskreisen (von Gewerkschaften, Volkshochschulen o. ä.) und dem Verbreiten von Flugblättern oder (Leser–)Briefen in betrieblichen Zeitungen. Diese beiden Formen wurden für zu aufwendig bzw. für unnütz oder unmöglich gehalten, und zwar besonders von den Betroffenen selbst. Für diese galt damit noch stärker als für die Entwickler und Führungskräfte, daß sie kooperative Beteiligungsformen mit den direkten Vorgesetzten und den DV–Leuten Formen gegenüber vorziehen, die zumindest potentiell konfliktorientiert sein können: Flugblätter verteilen, betriebsöffentliche (Leser–)Briefe schreiben oder in Gremien mitarbeiten, die von Organen expliziter Interessensstandpunkte getragen werden (Arbeitskreise von Gewerkschaften).

Abbildung 42: Wünschenswerte Formen der Beteiligung

Die Priorität der realisierbaren Beteiligungsformen war für die Benutzer, Entwickler und Führungskräfte fast durchgehend wie folgt:

1. Gespräche mit Vorgesetzten
2. Gespräche mit Kollegen zur Meinungsbildung
3. Meinungsbildung durch eigene Informierung bei Messen, Ausstellungen, anderen Betrieben
4. Zusammenarbeit mit DV–Fachleuten
5. Arbeit in innerbetrieblichem Arbeitskreis
6. Arbeit in überbetrieblichem Arbeitskreis von Gewerkschaften, Volkshochschulen o.ä.
7. Erstellen/Verbreiten von Stellungnahmen in Flugblättern, (Leser–)Briefen o.ä.

Wahrnehmung und Bewertung der faktischen Beteiligung

Vor dem Hintergrund dieser allgemeinen Einstellungen zur Beteiligung bei der Systementwicklung, die zwar bereits geprägt sind durch die eigenen Erfahrungen in den jeweiligen Fällen der Entwicklungsprojekte, aber doch hinsichtlich präferierter Formen, Reichweiten und Zielsetzungen über diese hinausgehen (können), wollen wir uns nun mit der konkreten Wahrnehmung und Bewertung von Beteiligungsmöglichkeiten im Zusammenhang mit den jeweiligen speziellen Vorhaben befassen.

Prinzipiell Beteiligungsmöglichkeiten gesehen haben im Schulverwaltungsprojekte alle Betroffenen, in den anderen beiden Fällen ca. die Hälfte; die andere Hälfte hat in diesen Projekten gar keine Möglichkeiten zur Einflußnahme gesehen. Die Beteiligungsmöglichkeiten bestanden nach den Angaben der befragten Betroffenen ausschließlich in direkten Gesprächen mit den zuständigen Abteilungsleitern, sonstigen Vorgesetzten und/oder mit den Computerfachleuten. Andere Beteiligungsmöglichkeiten etwa kollektiver Art oder über Vertretungsorgane der Beschäftigten wurden in keinem der drei Fälle genannt.

Eine beschränkte Beteiligung wurden in zwei Projekten indirekt von den Entwicklern bestätigt, wenn sie sagen, daß von den Mitarbeitern "nicht viele Fragen gestellt" worden sind bzw. daß Möglichkeiten (erst) in der Einarbeitungsphase bestanden hätten, was aber bedeutet, daß es nur um Anpassungsmaßnahmen und nicht um Gestaltung ging. Dies wurde von einem Organisationsberater mit der Tatsache der Standardsysteme begründet, bei deren Einführung lediglich eine psychologische Bearbeitung von Mitarbeitern möglich sei, nicht aber Änderungen in der Substanz. Von den Entwicklern und der Leitung wurde in einem der beiden Fälle mit Standardsoftwareeinsatz von einer Marge von 5% Änderungen an der Software aufgrund von Mitarbeiterwünschen gesprochen, in dem anderen Fall sogar von 0% im ersten Jahr und nur bei längerfristigem, ernsthaftem Bedarf kleinere Anpassungen in Aussicht gestellt. Die Beteiligungsmöglichkeiten haben in den beiden Projekten, soweit überhaupt vorhanden, nach Angaben sowohl der Betroffenen als auch der Entwickler in der Einführungsphase bestanden, also als die Anlage da war und die Schulung und Einpassung in die Anwenderorganisation vorgenommen wurde. Dabei ging es um Masken, Feldbezeichnungen, Fehler ausbügeln, die Raumgestaltung und das Mobiliar. Eigene Vorschläge konnten in diesen Projekten von den Betroffenen nicht oder nach einigen wenigen Angaben nur für unbedeutende Dinge gemacht werden. Trotzdem gab es auch in diesen Projekten nach Angaben zumindest einiger betroffener Mitarbeiter Änderungs- und Gestaltungswünsche seitens der Benutzer, die sich auf die Arbeitsinhalte und die Arbeitsabläufe im Detail bezogen und zum Teil auch berücksichtigt wurden.

Anders wurden die Beteiligungsmöglichkeiten in dem Schulverwaltungsprojekt dargestellt. Hier spielte zwar auch der direkte persönliche Kontakt zwischen Entwicklern und Betroffenen die entscheidende Rolle. Die Ausgestaltung, den zeitlichen Verlauf und die Gegenstände der Beteiligung betrachten die Befragten jedoch wesentlich reichhaltiger (vgl. die Beteiligungsbeschreibung in der obigen Falldarstellung). Wichtig ist in diesem Zusammenhang die Tatsache, daß diese Beteiligungsmöglichkeiten von allen Befragten nicht nur als potentielle Möglichkeiten, sondern als reale Chance wahrgenommen und genutzt wurden. Entsprechend war auch die Zahl derjenigen unverhältnismäßig hoch, die angaben, man habe nicht nur reaktiv zu Projektfragen Stellung nehmen, sondern auch eigene Vorschläge machen können, und zwar nicht nur in bezug auf unbedeutende Dinge, sondern in allen wichtigen Projektfragen. Sämtliche Befragten gaben an, daß es von den betroffenen Benutzern im Verlauf der Entwicklung Änderungswünsche gegeben hätte, die auch zum großen Teil berücksichtigt worden seien. Lediglich die Wünsche zur räumlichen Plazierung des Terminals im Thekenraum seien nicht erfüllt worden.

Abbildung 43: Beteiligungsmöglichkeiten

Vorschlagsmöglichkeiten bei der Gestaltung des Systems:

— Benutzer sahen in der Mehrzahl keine Vorschlagsmöglichkeiten, nur eine Teilgruppe hielt sie für gegeben

— Entwickler und Führungskräfte hielten Vorschläge von Betroffenen überwiegend für möglich.

Tatsächlich aufgetretene und berücksichtigte Änderungswünsche:

— Benutzer gaben gut zur Hälfte Änderungswünsche der Betroffenen und auch deren Berücksichtigung an

— Entwickler bejahten in großer Mehrheit Änderungswünsche von Betroffenen und deren Berücksichtigung

— Der Leitung waren nur in einer Minderheit Änderungswünsche ihrer Mitarbeiter und deren Berücksichtigung bekannt

---

Perzipierte Möglichkeiten einzelner Beteiligungsformen:

— Benutzer sahen primär Beteiligungsmöglichkeiten in der Form von persönlichen Gesprächen und der persönlichen Mitarbeit bei der Systemeinpassung; eine qualifizierte Minderheit sah allerdings keinerlei Möglichkeiten zur Beteiligung

— Entwickler sahen primär Beteiligungsmöglichkeiten in der Form persönlicher Gespräche und der Diskussion von Gestaltungskonzepten mit Betroffenen

— Die Leitung läßt nur eine schwache Präferenz persönlicher Gespräche erkennen

Sieht man die Bewertungen der befragten Benutzer, der Führungskräfte und der Entwickler im Zusammenhang, so kann man festhalten, daß alle Gruppen eine Betroffenenbeteiligung im Grundsatz gutgeheißen haben. Dabei wird eine Tendenz bemerkbar, den von allen im wesentlichen einheitlich angestrebten Effekt einer auf die Arbeitsplatzbedürfnisse des Benutzers ausgerichteten Systemgestaltung mit möglichst geringem Aufwand zu erzielen. Dies zeigt sich bei den Systementwicklern darin, daß sie es nur mit wenigen kompetenten Vertretern der Benutzergruppen und ansonsten erst bei der evtl. konkreten Einweisung mit den einzelnen Benutzern selbst zu tun haben wollten. Bei den Führungskräften äußerte sich die Input–Minimierung in dem Bestreben, die üblichen Zuständigkeiten und Entscheidungsbefugnisse beizubehalten und die Beteiligung auf sachliche Beiträge der Mitarbeiter zur Gestaltung ihrer Arbeitsaufgabe zu konzentrieren, um eine zufriedenstellende und effektive Systemnutzung zu erreichen. Die Betroffenen selbst betrachteten die Beteiligung zwar als ein wünschenswertes Engagement, das allerdings ein besonderes Maß an Kenntnissen, Fertigkeiten, Rechten, Aufwand und Konfliktbereitschaft verlangt. Sie beließen es aber bei dieser Einschätzung und blieben für sich nicht nur bei einer Miniaturform von Beteiligung, sondern — von dem Schulverwaltungsprojekt abgesehen — eigentlich im Vorfeld von Beteiligung. Sie präferierten einen für sie üblichen Stil der Auseinandersetzung mit betrieblichen Fragen, indem sie auf die persönlichen Kontakte mit ihren Vorgesetzten und evtl. den Entwicklern setzten und letztlich doch eher darauf vertrauten, daß die Verantwortlichen die Betroffeneninteressen schon von sich aus mit berücksichtigen würden, statt sich selbst für eine betroffenengerechte Gestaltung einzusetzen. Damit orientierte sich die Beteiligung im Sinne einer Mini–Maxi–Betrachtung an einer Minimierung des Inputs statt zu einer Maximierung des Outputs von Beteiligung. Dies gilt zwar im Schulverwaltungsprojekt gerade für das Ausmaß der Beteiligungsangebote durch die Entwickler am wenigsten, doch auch hier konzentrierte sich die Beteiligung auf vertraute Wege der direkten Kommunikation, schloß keine formalen Beteiligungsrechte ein und zeigte bei den Betroffenen eine ausgeprägte Erwartungshaltung an die stellvertretende Interessenberücksichtigung durch die Entwickler.

5.3.12 Erwartungen zur Beteiligung und zur Beteiligungsförderung

Diese Einschätzung wird gestützt durch die geäußerten Vermutungen über die bestehenden gegenseitigen Erwartungen an eigene Beiträge der Akteure zur Realisierung von Betroffenenbeteiligung. Über die Hälfte der Befragten aus allen Gruppen nahmen an, daß ihre Kollegen, die Vorgesetzten und/oder die Betroffenen von ihnen selbst eigene Beiträge zur Systemgestaltung erwarten. Diese Beiträge lagen aus der Sicht der Betroffenen in einer Offenheit, mit der sie die Systeminnovation aufnehmen sollten, und in einer Gesprächs- und Kooperationsbereitschaft im Entwicklungsprozeß zur Identifizierung von Schwachstellen und zur Gewährleistung und Optimierung eines effektiven Systembetriebs. Erwartungen der Verfolgung beschäftigtenspezifischer Ziele wurden nicht genannt.

Für die Systementwickler und die Leitungsebene bezogen sich die an sie gerichteten Erwartungen hauptsächlich auf eine gründliche Information und Einweisung der Benutzer über bzw. in die neuen Anforderungen und Aufgaben. Diese Haltungen mischten sich mit gelegentlichen protektionistischen Elementen, d. h. die Vorgesetzten und auch die Entwickler begriffen sich auch in einer Fürsorgefunktion zum Schutz der Betroffenen. Diese Selbstdeutung ging sicherlich auch als reaktiver Effekt auf unser Untersuchungsanliegen zurück. Sie liegt jedoch auch im Trend eines Führungsstils als Kompromißform zwischen der "*Theorie X*" und der "*Theorie Y*" von *McGregor (1970)*. Für die Entwickler gehört es ebenfalls teilweise zum Selbstverständnis, den Benutzern nicht einfach Systeme aufzuoktroyieren; im Schulverwaltungsprojekt war eine betroffenenbezogene Systemgestaltung zudem explizite Leitorientierung der Entwicklung. Dieses Verständnis kann man jedoch nicht verallgemeinern. So zitiert *Heilmann (1981*, 55ff.) Ergebnisse von *Klein (1980*, 24ff.) und eigene Erkenntnisse, nach denen Entwickler sich eher als technische Experten mit besseren analytischen Fähigkeiten als Angehörige von Fachabteilungen betrachten und sich eher an Wirtschaftlichkeitszielen der Geschäftsleitung orientieren als an den Interessen der Benutzer (vgl. auch *Timm 1984*, 186f.).

In unseren drei Fällen wurden die Vorgesetzen und Computerfachleute von den Betroffenen in der Rolle der Vertreter auch ihrer eigenen Bedürfnisse gesehen und akzeptiert.

Abbildung 44: Perzipierte Erwartungen anderer an eigene (Angebote der) Beteiligung

- Benutzer sahen an sich gerichtete Beteiligungserwartungen in der Form von persönlichen Gesprächen und der Mitarbeit bei der Systemeinpassung, eine qualifizierte Minderheit perzipierte keinerlei an sie gerichtete Beteiligungserwartungen
- Entwickler sahen kaum, daß man Angebote zur Betroffenenbeteiligung von ihnen erwartete
- Die Leitung fühlte sich teilweise zu persönlichen Gesprächen mit den betroffenen Mitarbeitern aufgefordert

Man betrachtete sie in den untersuchten Fällen als kompetent und kooperationsbereit und auf das Wohl der Betroffenen bedacht. Die befragten Benutzer wünschten sich allerdings ein noch größeres Maß an Information, eine geduldige Einarbeitung und gründlichere Schulung im Hinblick auf das Gesamtsystem. Von den Vorgesetzten erhofften sie sich darüber hinaus ein entschiedenes Eintreten für die Erhaltung der bestehenden Arbeitsplätze.

Die Entwickler sahen den Benutzer hingegen in einer oft abwartenden, passiven und desinteressierten Haltung. Er sei in der Regel primär an der Erhaltung des status quo interessiert, um sich nicht einer neuen Situation aussetzen und umlernen zu müssen. In den gegebenen Fällen wären die Mitarbeiter jedoch im großen und ganzen aufgeschlossen gewesen. In der allgemeinen Einschätzung weisen die Antworten der Entwickler in eine Richtung, die auch von *Hedberg/Mumford* (1975, 55f.) aufgezeigt wurde. Danach kooperieren die Entwickler zwar faktisch in starkem Maße mit den Benutzern[1] und behandeln sie dabei als kompetente Sachkenner ihres Aufgabenbereiches, aber in dem geäußerten Fremdbild werden die Benutzer als eingeschränkt und an Neuerungen uninteressiert beschrieben.

[1] vgl. auch *Mumford 1972*, 136ff., die berichtet, daß 90% der Kontakte von Systementwicklern auf Benutzer bezogen sind

5.3.13 Beteiligungsbereitschaft und tatsächliche Beteiligung sowie die Einschätzung der Beteiligungseffekte

Vor dem Hintergrund der geschilderten Einstellungen und Erwartungen zur Beteiligung, den Einschätzungen der bestehenden Beteiligungsmöglichkeiten, den Zielen und Voraussetzungen wollen wir in diesem Abschnitt die Beteiligungsbereitschaft und die tatsächliche Beteiligung der Befragten selbst darstellen und die Einschätzung der Beteiligungseffekte skizzieren.

Von den befragten Betroffenen gaben gut die Hälfte an, sie hätten selbst den Wunsch und die Absicht gehabt, sich an der Entwicklung bzw. Einführung des neuen Systems zu beteiligen. Dieser Anteil verteilt sich sehr unterschiedlich auf die drei Projekte. Beim Schulverwaltungsprojekt waren sämtliche Befragte zur Beteiligung bereit. In den beiden anderen Projekten war das Verhältnis in einem Fall 4 : 4, in dem anderen war nur ein Befragter beteiligungsmotiviert, die anderen hatten keine Beteiligungsabsicht bzw. sind gar nicht auf den Gedanken gekommen.

Diese Unterschiede lassen sich kaum durch personen- oder gruppenspezifische Besonderheiten der Betroffenen in den drei Fällen erklären. Sie spiegeln am ehesten Unterschiede wider, die in der Intensität lagen, mit der der Beteiligungsgedanke von den Führungskräften oder den Entwicklern als Verfahrensbestandteil der Innovationsmaßnahme proklamiert und den Betroffenen gegenüber vermittelt worden war.

Der Beteiligungsbereitschaft entsprach in ziemlich exakter Weise die tatsächliche Beteiligung. In dem Schulverwaltungsprojekt waren nicht nur alle beteiligungsbereit, sondern sämtliche Betroffene hatten auch an der Systemgestaltung mitgewirkt. In den beiden anderen Projekten hatte sich nur ein eigentlich beteiligungsbereiter Befragter (angeblich aus Zeitgründen) faktisch doch nicht engagiert und ein anderer war ohne ursprüngliche Beteiligungsabsicht nach der Einführung des Systems doch noch aktiv geworden. Daraus kann man schließen, daß die Betroffenen keinen "besonderen objektiven Hindernissen" begegnet sind, die ihrem Wunsch nach Einflußnahme in den konkreten Fällen entgegengestellt worden wären. Man kann daraus aber nicht schließen, daß es solche "objektiven" Hindernisse oder Restriktionen überhaupt nicht gegeben hätte. Vielmehr deuten die Ergebnisse der vorangehenden Kapitel darauf hin, daß aus der Sicht der Computerfachleute und der Führungskräfte die allgemeine DV-Entwicklung und für die Betroffenen zusätzlich auch die konkrete DV-Einführung in ihrem Betrieb kaum von ihnen selbst beeinflußt werden kann. Eine Betroffenenbeteiligung wurde außerdem von den Betroffenen als etwas Außergewöhnliches gekennzeichnet, das nur schwer realisierbar ist. Sie wurde damit dem Anspruch nach so hoch gehängt, daß sie ihnen selbst kaum noch erreichbar erscheinen konnte. Wurde dann aber Beteiligung eingeplant und angeboten, d.h. wurden Beteiligungsmöglichkeiten bereitgestellt, so wurde dieses Angebot aufgegriffen und in der Form realisiert, die in das übliche Handlungsspektrum paßte.

Die Erfolge einer solchen Beteiligung wurden im wesentlichen positiv eingeschätzt. Man kann allerdings keinen Zusammenhang herstellen zwischen einer Beteiligung und der Zufriedenheit der Betroffenen mit dem Entwicklungsergebnis. Trotz der berichteten unterschiedlichen Reichweite der Beteiligung in den drei Fällen haben durchgängig die Mehrzahl der Betroffenen und auch die Entwickler und Vorgesetzten angegeben, daß die Benutzerinteressen "im großen und ganzen" genügend berücksichtigt worden sind. Auf eine "vollkommene" Berücksichtigung wollten sich nur wenige festlegen — ausschließlich aus dem Schulverwaltungsprojekt. Aber auch nur ganz wenige waren der Meinung, daß die Betroffeneninteressen "eher nicht genügend" berücksichtigt worden seien.

Mit dieser Zufriedenheit mit dem Entwicklungsergebnis liegt die Befragtengruppe über den Vergleichswerten, die von *Müller-Böling (1978*, 187) bei Benutzern von DV-Systemen mit der gleichen Frage festgestellt worden sind. Dort waren gut 40% mit der Umstellung zufrieden, während es bei uns gut 3/4 der Befragten waren. Schon eher vergleichbar sind unsere Ergebnisse mit den insgesamt sehr positiv akzentuierten Resultaten von *Schmidtchen (1984*, 168), bei dem ebenfalls 3/4 der befragten Benutzer im Bereich der Metallindustrie die Neuerungen am Arbeitsplatz einer Rückkehr zum alten Zustand vorzogen. Die positive Abweichung von den Werten bei *Müller-Böling* aus dem Jahre 1977 ist umso bemerkenswerter als der allgemeine Trend der Technikbewertung im Zeitverlauf eher eine negative Tendenz aufweist (s.o. und vgl. *Lange 1984*). Man kann also einerseits davon ausgehen, daß wir es mit besonders positiv aufgenommenen Systemgestaltungen und/oder Einführungsverfahren zu tun haben. Andererseits wird man aber auch damit rechnen müssen, daß die Zufriedenheit mit einer Beteiligung und einem Beteiligungsergebnis abhängt von der Erfüllung der Beteiligungs*erwartungen.* Und die Übereinstimmung der aufgrund betrieblicher Tradition gebildeten Beteiligungsaspiration mit dem faktisch praktizierten Ausmaß der Beteiligung scheint im konkreten Fall der Systementwicklungen genügend groß gewesen zu sein.

Abbildung 45: Wunsch und Absicht zur eigenen Beteiligung

— Knapp zwei Drittel der Benutzer hatten die Absicht, sich zu beteiligen und haben dies auch getan

— Die meisten Benutzer, Entwickler und Führungskräfte hielten die Betroffeneninteressen durch das Ergebnis der Systemgestaltung für berücksichtigt

Inwieweit diese positive Bewertung der Entwicklungsergebnisse auf die Beteiligung der Betroffenen zurückging, kann man nur vorsichtig beurteilen. Es gibt keine objektiven Vergleichsmöglichkeiten in bezug auf denselben Fall und auch subjektiv können die beteiligten Akteure nur sehr vage abschätzen, welche Verfahrensbestandteile und welche Systemeigenschaften im Endergebnis direkt oder indirekt auf die Beteiligung der Betroffenen zurückgehen.

Wir haben versucht, die Beteiligungseffekte auf einige wesentliche Aspekte des Entwicklungsprozesses und des Entwicklungsergebnisses zu konzentrieren und haben die Gruppen der Betroffenen, der Entwickler und der Führungskräfte danach gefragt, inwieweit sich eine Benutzerbeteiligung bei der Systementwicklung auf diese Aspekte auswirkt. Die Frage zielte wegen der angesprochenen Unsicherheit bei der Einschätzung konkreter Ursachen für bestimmte Effekte nicht ausschließlich auf die jeweils abgelaufene Systementwicklung ab, sondern war etwas allgemeiner auf Beteiligungswirkungen insgesamt gerichtet. Man kann jedoch mit Sicherheit davon ausgehen, daß die Erfahrungen der Betroffenen in den jeweiligen Fällen in hervorragender Weise die Antworten auf die Fragen geprägt haben.

Abbildung 46: Einschätzung des Effektes einer Betroffenenbeteiligung

— Der Entwicklungsverlauf wird aus der Sicht aller drei Gruppen aufwendiger und komplizierter

— Aus Sicht der Entwickler wird der Prozeß zusätzlich auch störanfälliger, die Benutzer und Führungskräfte betrachten ihn umgekehrt als reibungsloser

— Für die Benutzer und Führungskräfte ist der Mehraufwand und die steigende Kompliziertheit akzeptabel, die Entwickler hingegen betrachten sich als die Kostenträger

— Die Rangfolge der Beteiligungseffekte auf das Entwicklungsergebnis ist für die drei Gruppen weitgehend identisch:

1. Das System ist besser an die Benutzer angepaßt
2. Das System wird besser von den Benutzern akzeptiert
3. Das System wird funktionsfähiger
4. Das System wird besser in die Organisation eingebettet
5. Die Arbeit mit dem System wird leichter
6. Das System wird mehr durch Kompromisse bestimmt
7. Das System bringt bessere Arbeitsplätze
8. Das System bringt besser entlohnte Arbeitsplätze

Nach den Angaben der Befragten läßt sich sagen, daß eine Entwicklung durch die Beteiligung um einiges aufwendiger wird. Am aufwendigsten stellte sich eine partizipative Vorgehensweise aus der Sicht der Entwickler dar. Alle Gruppen waren auch der Meinung, daß eine Entwicklung unter Beteiligung der Betroffenen komplizierter und nicht einfacher wird. Die Betroffenen und die Leitungsebene der Anwenderorganisation fanden diesen zusätzlichen Aufwand und die Kompliziertheit des Verfahrens jedoch gerechtfertigt, jedenfalls konnten sie dies eher akzeptieren als die Entwickler, die die Beteiligung als zusätzliche Last empfanden. Außerdem sahen die Entwickler ein partizipatives Projekt eher als störanfällig an, während die Betroffenen und Vorgesetzten eine Entwicklung mit Betroffenenbeteiligung als etwas reibungsloser einstuften. In diesem Ergebnis bestätigt sich im Grunde eine Auffassung, nach der Aufwand und Probleme einer Systementwicklung durch die Beteiligung der Betroffenen in die Entwicklungsphase vorverlagert werden und damit das Entwicklungsteam zusätzlich belasten, während ansonsten die Nachbesserungen und Konflikte erst in der Betriebsphase auftreten, wenn die Entwickler bereits das Feld verlassen haben und die Benutzer und Führungskräfte mit der Hinterlassenschaft der Entwicklung konfrontiert werden.

Der Effekt der Beteiligung auf das Entwicklungsergebnis wurde von allen Befragtengruppen positiv eingeschätzt. Die Systeme wurden als ("objektiv") besser an die Interessen der Benutzer angepaßt und als ("subjektiv") besser von den Benutzern akzeptiert gesehen. Alle Gruppen hielten dies für einen begrüßenswerten Effekt. An nächster Stelle rangierte die bessere Funktionsfähigkeit partizipativ entwickelter Systeme und ihre bessere Einbettung in die Organisation. Auch dies wurde von allen Gruppen positiv bewertet. Dies gilt ebenfalls für den Aspekt der Arbeitserleichterung und die Interessantheit der Arbeitsplätze. Auch hier war man sich mit der Ausnahme zweier Entwickler über die positiv zu bewertenden Beteiligungseffekte einig. Kontrovers wurde lediglich die von allen als höher eingestufte Kompromißhaftigkeit eines partizipativen Projektes beurteilt. In allen Gruppen und allen Projekten gab es Stimmen, die die notwendigen Kompromisse bei einer Beteiligung für das Projektergebnis negativ fanden. Unter dem Strich überwog jedoch die Meinung, daß der im Verlauf der Beteiligung erfolgende Abstimmungs- und Annäherungsprozeß unterschiedlicher Standpunkte für die Systemgestaltung nicht als störend, sondern eher als positiv zu bewerten sei. Besonders die Leitungen der Anwenderorganisationen bewerteten diese Kompromißhaftigkeit des partizipativen Entwicklungsergebnisses positiv. Bei den Entwicklern sind neben diesem für sie eher problematischen Kompromißergebnis im Vergleich zu den anderen beiden Gruppen die etwas zurückhaltendere Einschätzung der Beteiligungseffekte auf die Leistungsmerkmale des Systems im Sinne der Arbeitserleichterung und der Organisationseinbettung auffallend.

Der einzige Punkt, auf den eine Beteiligung nach Meinung der Befragten praktisch keinen Einfluß hat, ist die Höhe der Entlohnung der entstehenden bzw. geänderten Arbeitsplätze. So verständlich diese Perspektive auf den ersten Blick auch sein mag, so gibt sie doch bei näherer Betrachtung zu denken. Sie könnte nämlich darauf hindeuten, daß ein wesentliches Ziel der Beteiligung, nämlich eine Anreicherung, eine Qualifikationsverbesserung der Arbeitsbedingungen durch eine Benutzerbeteiligung bei der Systemgestaltung nicht erreicht wird. Deshalb stößt es besonders auf, daß gerade auch die für die Arbeitsorganisation und Qualifikationsentwicklung zuständigen Leitungen von Anwenderabteilungen diesen mangelnden Beteiligungseffekt nicht nur konstatierten, sondern auch akzeptiert bzw. ausdrücklich gutgeheißen haben.

Insgesamt kann man jedoch festhalten, daß die Effekte einer Beteiligung bezüglich des Verfahrens und bezüglich des Ergebnisses — sieht man einmal von dem Mokieren der Entwickler über den ihnen zugefallenen zusätzlichen Aufwand, die größere Kompliziertheit und Störanfälligkeit ab — von allen befragten Gruppen positiv eingeschätzt worden sind. Man kann sogar sagen, daß die Erfolgsbeurteilung aller Gruppen positiver ausfällt als es dem Ausmaß der in den Projekten stattgefundenen tatsächlichen Beteiligung entspricht.

5.4 Ergänzende Expertengespräche zur Frage der Handlungs- und Gestaltungsmöglichkeiten sowie der Motivation und Qualifikation zur Beteiligung

Nachdem die in Abschnitt 5.2 berichteten Schwierigkeiten dazu geführt haben, daß wir nur zwei externe Einführungsprojekte und eine unserer beiden eigenen Entwicklungen hinsichtlich der Einschätzungen von Beteiligungsmöglichkeiten und den Realisierungsbegrenzungen haben durchführen können, haben wir diesen Untersuchungsteil durch eine Reihe von Einzel- und Gruppengesprächen mit "Experten" vertieft und ergänzt. Als Experten haben wir solche Personen begriffen, die qua Amt oder Funktion mit der Entwicklung von DV-Systemen und den damit einhergehenden Tätigkeiten und Entscheidungen befaßt sind. Dies sind neben den professionellen Entwicklern die Leiter von Anwender-/Fachabteilungen und für die Seite der Betroffenen die Personalvertretungen. Von diesen drei Gruppen haben wir Vertreter ausgesucht, die in jüngerer Zeit mit DV-Einführungen zu tun hatten und sich zur Frage der Betroffenenbeteiligung — zum Teil aufgrund eigener Erfahrung — eine Meinung gebildet hatten. Von seiten der Entwickler haben wir in diesem Sinne 12 Leiter von Entwicklergruppen oder DV-Abteilungen gewinnen können. Von seiten der Leitungsebene haben wir 15 Abteilungsleiter oder deren Stellvertreter befragt und von den Personalvertretungen 8 Betriebs- oder Personalräte. Die Gesprächspartner kamen aus den Bereichen der Versicherungswirtschaft, der Transportwirtschaft, der Energiewirtschaft, der Metallverarbeitung und Automobilindustrie sowie verschiedenen Zweigen der öffentlichen Verwaltung.

Wir haben die Gruppen getrennt befragt. Es wäre sicherlich auch reizvoll gewesen, die möglichen unterschiedlichen Perspektiven und Positionen der Entwickler, Vorgesetzten und Personalvertretungen gemeinsam zu diskutieren, die unterschiedlichen Einschätzungen in direkter Kontrastierung aufeinander zu beziehen. Wir haben diesen Weg jedoch nicht gewählt, da uns die Gefahr zu groß schien, daß dann nur plakative Positionen im Sinne der "Lehrmeinung" der jeweiligen Seite geäußert worden wären, während wir uns von den Gesprächen mit jeder Gruppe "unter sich" mehr Offenheit versprochen haben.

Die Gespräche wurden in der Regel in Anlehnung an die Metaplan-Methode durchgeführt, d. h. wir haben "Auslöserfragen" gestellt und die Teilnehmer an den Gruppengesprächen haben sich schriftlich durch knapp formulierte Antworten dazu geäußert, die für alle sichtbar an Pinnwände geheftet wurden. Anschließend bestand Gelegenheit zur schriftlichen und mündlichen Kommentierung der eigenen Meinung oder auch der Meinung der anderen Gesprächsteilnehmer.

Die Ergebnisse dieser Befragungen sind für jede Gruppe gesondert ausgewertet und in je einem Aufsatz dargestellt worden (vgl. *Oppermann/Mambrey 1985*; *Mambrey/Oppermann 1985b*; *1985c*). Eine synoptische Darstellung der Untersuchung erfolgte in *Mambrey/Oppermann* (1985a). Wir wollen hier die Ergebnisse der Untersuchung in zwei Punkten zusammenfassen: Erstens zur Frage nach den Gestaltungsbereichen einer Technikanwendung, auf die sich ein Betroffeneneinfluß richten kann, sowie die Handlungsmöglichkeiten der Beschäftigten zur Ausübung eines solchen Einflusses; zweitens zur Frage der Motivation und Qualifikation der betroffenen Beschäftigten zur Beteiligung an der Systementwicklung.

5.4.1 Perzeption von Gestaltungspotentialen und Handlungsmöglichkeiten

Gestaltungspotentiale von Informationssystemen, die für eine Auslegung im Interesse der Betroffenen geeignet erschienen, wurden von den befragten Gruppen in der räumlich–organisatorischen Gestaltung der Arbeitsplatzumgebung, in der benutzerfreundlichen Gestaltung der Schnittstelle Mensch–Computersystem und in der Art der Vorgehensweise gesehen.

Am naheliegendsten ist die Frage der räumlich–organisatorischen Arbeitsumgebung. Sie bezieht sich sowohl auf Hardware–Komponenten des informationstechnischen Systems im engeren Sinne, d. h. auf die Ausstattung mit komfortablen Peripherie–Geräten, wie Bildschirm, Drucker am Arbeitsplatz etc.. Eine solche Ausstattung erscheint angesichts der Preisentwicklung entsprechender Geräte einerseits realisierbar und bildet andererseits eine Voraussetzung für die Erfüllung der Forderung nach ganzheitlichem Aufgabenzuschnitt für den einzelnen Sachbearbeiter. Die Ausstattungsfrage bezieht sich aber auch auf über das DV–System hinausgehende Aspekte des sonstigen Mobiliars und der materiellen Ausstattung am Arbeitsplatz. Hier werden differierende Perspektiven deutlich. Von Systementwicklern und Vorgesetzten werden in solchen Ausstattungsfragen für die Beschäftigten relevante Aspekte einer modernen und ansprechenden Arbeitsumgebung gesehen. Man ist hier zu bemerkenswerten Zugeständnissen und materiellem Aufwand bereit, wenn dies die Akzeptanzbereitschaft durch die betroffene Belegschaft fördert. Von der Interessenvertretung der Beschäftigten wird in diesem materiellen Aufwand für die Büroausstattung teilweise eine Kompensationsleistung für die Belastungen von Bildschirmarbeitsplätzen gesehen: teurer Schreibtisch für Arbeitsintensivierung, Blumentopf gegen Kopfschmerzen. Außerdem wird die Offenheit und Flexibilität des Managements in Fragen der Büroausstattung als Ablenkung von der Starrheit in den zentralen Innovationsentscheidungen zur Rationalisierung gedeutet: statt Mitbestimmung bei der Systementwicklung Mitwirkung in der Teppichbodenfrage.

Der Bereich der Mensch–Maschine–Schnittstelle wird von allen drei Gruppen weiter gefaßt als lediglich die Raum– und Gerätefrage betreffend. Auch bei den Personalvertretungen ist die Relevanz von software ergonomischen Aspekten bereits begriffen worden. Eine Verbesserung der Dialogführung im Sinne der Benutzer ist die eine Seite, die andere Seite ist der Zuschnitt der Arbeitsaufgaben zur Erhaltung und Entfaltung von Qualifikationen, Kommunikationsbeziehungen und Handlungsspielräumen.

Die Einlösung dieser Gestaltungspotentiale wird entscheidend abhängig gesehen von der Ablauforganisation der Systementwicklung und den realen Einflußmöglichkeiten der Betroffenen und ihrer Vertreter. Nicht nur die Personalvertreter, sondern auch die Leitungen der Fachabteilungen und die Systementwickler sahen eine Chance für eine betroffenenorientierte System– und Systemumfeldgestaltung nur bzw. besonders dann, wenn nicht von zentraler Stelle bis ins Detail gehende Vorgaben mit ausschließlichen Rationalisierungszielen erfolgen und wenn die einzelnen Schritte der Systementwicklung zwischen DV–Experten und den Benutzern abgestimmt werden.

Wer von den Benutzern einbezogen werden soll, wird von den befragten Gruppen sehr unterschiedlich gesehen. Systementwickler betrachten einzelne, meist von der Leitungsebene der Fachabteilung zu benennende, in der Regel durch besonders umfassende Qualifikationen und ein technisches Verständnis ausgewiesene Sachbearbeiter (DV–Verbindungsleute) als besonders geeignet. Für sie ist oft "Benutzerbeteiligung" mit der Einbeziehung einer solchen Verbindungsperson identisch, die die Funktion eines "Frühwarnsystems", eines Vermittlers und Schlichters sowie eines sachkompetenten Vertreters gleichzeitig übernimmt.

Für die Leitungsebene gilt bereits die Tatsache, daß die DV–Abteilung nicht (mehr) allein für die Systemauslegung und –gestaltung zuständig ist, sondern die Fachabteilung gehört und einbezogen wird, als Benutzerbeteiligung. "Benutzer" ist hier die Fachabteilung als solche, die repräsentiert wird durch die Leitung, die wiederum diese Funktion teilweise an einzelne Mitarbeiter der Abteilung delegiert.

Für die Personalvertretungen hingegen wird die Berücksichtigung von Beschäftigteninteressen nur durch ihre eigene Einschaltung gewährleistet. Eine Beteiligung der direkten Benutzer im Sinne einer Interaktion mit den Entwicklern lehnen sie grundsätzlich ab. Sie birgt aus ihrer Sicht die Gefahr der nur symbolischen Beteiligung, der Einvernahme ohne Einfluß. Höchstens in Detailfragen können sie sich eine direkte Beteiligung der Betroffenen vorstellen, wobei sie sich jedoch die Kontrolle darüber vorbehalten, um die Interessenberücksichtigung der (gesamten) Belegschaft zu gewährleisten.

Von den befragten Gruppen wurde neben diesen Zielvorstellungen einer Beteiligungsmöglichkeit nur sehr vereinzelt über eine reale Beteiligungspraxis berichtet. Sie besteht mit einer Ausnahme in der Einbeziehung von DV–Verbindungsleuten. Die Ausnahme bildet eine auf Betriebsvereinbarung beruhende systematische Beteiligung des Betriebsrates an allen DV–Planungen und –Einführungen in einem großen Automobilunternehmen. Alle DV–Planungen für ein Kalenderjahr werden dem Gesamtbetriebsrat zur Stellungnahme vorgelegt. Jedes Einzelvorhaben wird anhand einer gemeinsam festgelegten Checkliste von den Entwicklern beschrieben, so daß sich der zuständige Systemausschuß des Betriebsrates ein Bild von den betroffenenrelevanten Aspekten und Auswirkungen des geplanten Systems machen kann. Das System wird dann in den Phasen der Planung und Realisierung mit dem genannten Systemausschuß unter faktischem Einigungszwang beraten. Dieser wiederum informiert die örtlich zuständigen Betriebsräte, Vertrauensleute und direkt Betroffenen und stimmt sich mit diesen ab.

Durch dieses Verfahren wird eine intensive Meinungsbildung und Einbeziehung des Betriebsrates ermöglicht. Die Realisierung wird dadurch unterstützt, daß dem Betriebsrat insgesamt drei freigestellte Berater mit DV– und Organisationskenntnissen zur Verfügung stehen. Das Konzept stellt voll auf die repräsentative Komponente von Beteiligung durch die Interessenvertretung ab. Die direkten Betroffenen sind am Abstimmungsprozeß selbst nicht beteiligt, ihre Meinung wird allerdings von den Interessenvertretungen eingeholt und geht dadurch in die Argumentation des Betriebsrates ein.

5.4.2 Motivation und Qualifikation zur Beteiligung

Die mangelnde Beteiligung von Benutzern und Betroffenen an der Systementwicklung bzw. die Konzentration der Ansätze der Interessenberücksichtigung auf expertokratische (DV–Verbindungsleute) und repräsentative Elemente (Personalvertretung) hängt nach den Einschätzungen der drei befragten Gruppen nicht nur mit den fehlenden Möglichkeiten bzw. Angeboten zusammen. Vielmehr ist auch die Motivation und

Bereitschaft sowie die Qualifikation der Betroffenen zur eigenen Beteiligung unzureichend. Selbst bei den Personalvertretungen, erst recht aber bei den direkt Betroffenen, ist das Problembewußtsein bezüglich der Qualität und Reichweite der Veränderungen durch Einführung moderner Informationstechnik unterentwickelt. Ein DV-System wird lediglich als ein neues Arbeitsmittel betrachtet. Auswirkungen werden zwar auf allgemeiner Ebene gesehen (z. B. Arbeitslosigkeit, Verschärfung von Kontrolle); ihre Beeinflußbarkeit auf betrieblicher Ebene und die unterhalb dieser allgemeinen Auswirkungen liegenden Folgen gelangen jedoch nicht ins Blickfeld. Die Wahrnehmung von eigener direkter Betroffenheit seitens der Beschäftigten ist gegenüber den tatsächlich erwartbaren Änderungen besonders im frühen Stadium eines Entwicklungsprojektes gering entwikkelt, wenn das Ausmaß der möglichen Problemstellungen und Gestaltungsrichtungen am größten ist (vgl. auch *Tepper 1985*, 95ff.). Selbst im Nachhinein werden Änderungen für die Betroffenen von den Betroffenen nur schemenhaft erkannt. Veränderungen treten schleichend, zeitlich über einen mehrstufigen Prozeß verteilt auf, lassen sich nur schwer mit einzelnen Bedingungsfaktoren eindeutig in Beziehungen setzen und enthalten sowohl positive wie negative Aspekte für die betroffenen Beschäftigten.

Zu dieser defizitären Bewußtseinslage tritt die Diskrepanz zwischen erforderlichen und vorhandenen Qualifikationen bei den Betroffenen. Die relevanten Qualifikationen werden auf fachlichem, technischem und sozialem Gebiet gesehen. Fachlich ist ein Mehr vor allem an Überblicksqualifikation und Abstraktionsfähigkeit erforderlich. Technisch geht es um zumindest DV-Grundkenntnisse. Sozial geht es um Handlungs- und Verhandlungsfähigkeiten zur Artikulation und Durchsetzung der Betroffeneninteressen. Der letzte Qualifikationsaspekt wird für besonders relevant und gleichzeitig für besonders unterentwickelt gehalten.

Vor diesem Hintergrund von wenig verbreitetem Problembewußtsein, gering ausgeprägter offensiver Beteiligungsmotivation und mangelnder Qualifikation ist für die befragten Gruppen die geringe Beteiligungspraxis in den Betrieben und Verwaltungen zu sehen. Vor diesem Hintergrund gewinnt auch die Konzentration der Benutzerbeteiligung auf die Etablierung von DV-Verbindungsleuten eine besondere Bedeutung. Bei diesen handelt es sich bezüglich Motivation und Qualifikation um eine herausgehobene "Elite". Ganz unabhängig von der Frage ihrer eigenen inhaltlichen Orientierung, d. h. ihrer Orientierung an der Managementperspektive oder an Betroffeneninteressen, liegt hier ein Keim zu einer Polarisierung von Beschäftigten. Einige wenige engagieren sich bei einer Systementwicklung und bringen ihre individuellen Zielsetzungen — verbunden mit eigenen Karriereabsichten — in die Entwicklung ein. Die große Mehrheit wird jedoch weder zur Beteiligung ermuntert noch macht sie von sich aus Beteiligungsforderungen geltend und wird dadurch sowohl aus der Gestaltung wie auch aus einer eigenen Qualifikationsentwicklung ausgeschlossen. Qualifikationsmaßnahmen richten sich für diese Beschäftigten fast ausschließlich auf die Schulung in der (mechanischen) Handhabung des Systems im Sinne eines Wenn-Dann-Trainings. Die dahinter liegende Funktionsweise des Computers und die Bezüge, die durch die neuen Systeme hinsichtlich des Arbeitsablaufes und der Arbeitsteilung entstehen, werden diesen Beschäftigten nicht transparent.

Darüber, daß die erforderlichen Qualifikationen auch nicht in annäherndem Maße vorhanden sind, waren sich alle Befragten einig. Sie sind auch nicht in bezug auf eine oder aus Anlaß einer Systementwicklung zu erwerben, sondern schließen einen langfristigen Lernprozeß auf schulischer, beruflicher und gesellschaftlicher Ebene ein. Daß andererseits mit Hinweis auf diese Qualifikationsvoraussetzungen nicht einfach jede Anstrengung unterbleiben muß, sondern durchaus kleine Schritte möglich sind, zeigen die Arbeiten von *Fricke u. a. (1981)*, *Weltz/Bollinger (1983)* und *Tepper (1985)*. Voraussetzung scheint jedoch zu sein, daß die Entwicklung von Qualifikation und von Arbeitsgestaltung parallelisiert wird, so daß Lernerfahrungen gemacht werden können und Erfolgserlebnisse sichtbar werden und Gelerntes in praktisches Handeln umgesetzt werden kann.

Zusammenfassend kann man zu den Perspektiven der drei befragten Gruppen folgendes festhalten.

Die *DV-Experten* betrachten die Systementwicklung zunächst und zuvorderst als technische und dazu als organisatorische Aufgabe. Sie zeigen zwar eine Bereitschaft, auf Anwenderanforderungen einzugehen, orientieren sich nach eigener Darstellung auch daran, haben aber eine eher oberflächliche Akzeptanz der Benutzer und die Leistungsfähigkeit der Anwenderabteilung im Auge. Personifiziert konzentriert sich die Vorstellung der Entwickler auf eine begrenzte Zahl sachkompetenter Vertreter mit einer guten Rückendeckung und einer entsprechenden Überzeugungskraft in der Fachabteilung. Das Idealkonzept ist die DV-Verbindungsperson als Fachvertreter, als Frühwarnsystem und als Akzeptanzsicherer. Eine Einbeziehung der Personalvertretung sehen sie als Politisierung ihrer Aufgabe und begegnen ihr mit großer Reserve. Für die praktische Durchführung einer stärkeren Einbeziehung der direkten Benutzer sehen sich die Entwickler derzeit weder technisch noch methodisch in der Lage. Es fehlen Werkzeuge des schnellen Probeentwurfs (Prototyping), Darstellungstechniken, natürliche oder zumindest einfache Benutzersprachen etc..

Die *Leitung* von Fachabteilungen sieht sich in weitem Maße in ihrem Handeln bestimmt durch die Versuche der Bewältigung steigender Aufgabenvolumen bei gleichzeitigen zentralen Vorgaben zur Reduzierung des Personalbestandes. DV-Einsatz wird daher unter der Perspektive der Effizienzsteigerung und Rationalisierung gesehen. Betroffenenbeteiligung wird hier zwar nicht nur symbolisch verstanden als Vermittlung eines bloßen Gefühls (damit wäre nur eine "psychologische Komponente" der Beteiligung angesprochen — vgl. *King/Rodriguez 1981*, 718), wohl aber als Instrument zur Sicherung der Akzeptanz und damit zur Ausnutzung des ansonsten nur theoretischen Potentials der Systemeffizienz. Hier wird das in der Literatur dargestellte Wechselverhältnis von Akzeptanz und Effizienz (vgl. z.B. *Mumford/Weir 1979*, 11ff.) zur praktischen Handlungsanleitung für das Anwendermanagement.

Für die *Personalvertretungen* stellt die DV-Einführung ein zweifaches Problem dar. Erstens sehen die Betriebs- und Personalräte den allgemeinen Zwang zur Rationalisierung, um je nach Art des Betriebes oder der Verwaltung die Überlebensfähigkeit, Marktfähigkeit, Legitimation etc. der Organisation zu gewährleisten. Sie stellen die DV-Einführung durchaus in diesen Zusammenhang, sehen sie also als Rationalisierungsinstrument. Sie bejahen sie aber nicht mehr prinzipiell, sondern begegnen ihr mittlerweile von vornherein mit einem bestimmten Vorbehalt. Dies gilt erst recht für die Gewerkschaften, die zwar nie ein ungetrübtes, aber im Grunde doch positives Verhältnis zur Technik und zum Technikeinsatz hatten. Aus einem "Ja, aber ..."

wurde in letzter Zeit zunehmend ein "Nein, es sei denn ...". Die Interessenvertretungen sehen also durchaus die sozialen Folgen des Technikeinsatzes. Sie haben sich hierbei jedoch auf einige Themen eingeschossen, die der Gesamtproblematik einer breiten Technikanwendung nicht gerecht werden. Bisher werden in Gewerkschaftskreisen und bei Personal-/Betriebsräten vornehmlich die Freisetzungseffekte und der Kontrollaspekt durch Personalinformationssysteme und Betriebsdatenerfassungssysteme diskutiert (vgl. *IGM 1983*; *ÖTV 1984*). Es bilden sich jedoch neuerdings auch Initiativen zur einzelfallbezogenen Auseinandersetzung mit dem konkreten Technikeinsatz (z.B. in der Form der gewerkschaftlichen Technologieberatungsstellen in Frankfurt, Oberhausen, Hamburg, Berlin usw. oder der regionalen Arbeitskreise von Personalvertretungen).

Zweitens stehen die Gewerkschaften, besonders aber die einzelnen Personal- und Betriebsräte, vor einem Kapazitätsproblem. Sie sind nicht in der Lage, sich gründlich und früh genug mit den vielen Einzelentwicklungen von Technikanwendungen und Reorganisationen zu befassen. Meist werden sie gar nicht oder zu spät informiert oder das Informationsmaterial ist von Umfang, Inhalt und Sprache her für die Meinungsbildung ungeeignet (das Beispiel des oben zitierten Automobilunternehmens bildet bezüglich Form und Inhalt eine positive Ausnahme).

5.5 Zusammenfassung der Befunde zu den strukturellen und subjektiven Determinanten von Handlungspotentialen

Strukturelle Gründe der Passivität

Beteiligung als individuelle oder kollektive Einflußnahme auf Entscheidungen, die von anderen gefällt werden, ist ein Versuch der Machtverschiebung. Er kann nur dann gelingen, wenn Macht und deren Kehrseite, die Ohnmacht, nicht eindeutig polar verteilt sind: in diesen Fällen also auf die Leitungsebene als Mächtige und die Mitarbeiter als Ohnmächtige. Die Machtverteilung in hochtechnisierten Organisationen scheint sich zur Zeit in einem Transformationsprozeß zu befinden, der zugunsten derjenigen Mitarbeiter läuft, deren Kooperationsbeziehungen, Kenntnisse und qualifizierte Arbeit unter Benutzung von Informationstechniken für die Organisation wichtig sind. Daraus resultiert die Notwendigkeit der kooperativen Zusammenarbeit mit der Leitungsebene im Sinne des Organisationsinteresses ebenso, wie die dadurch erwachsene faktische Macht zur Einflußnahme auf die Innovation. In dem Fall, in dem Beteiligung aktiv gefördert wurde, wurde jeweils deutlich, daß die direkt Betroffenen, die späteren Benutzer der Techniken, überproportional aktiv waren und auch Einfluß nahmen. Die Hemmnisse für eine Beteiligung sind jedoch noch beträchtlich und gelten für die Mehrzahl der Betroffenen. Besonders was die formalen Rechte zur Beteiligung betrifft, gab es in keinem Fall Zugeständnisse durch die Leitungsebene. Rechte wurden nur faktisch für einen begrenzten Zeitraum zugestanden. Kollektive Absicherungen aller Arbeitnehmer durch Betriebs- oder Dienstvereinbarungen konnten in keinem Fall erreicht werden, wohl aber weitreichende individuelle oder Gruppenlösungen, die jedoch immer nur wenige betrafen. Sie beruhten auf Absichtserklärungen und mündlichen Zusicherungen und waren von daher in einem möglichen Konfliktfall kaum anzuwenden, da sie jederzeit hätten zurückgenommen werden können. Als Problem stellt sich hier für die direkte Beteiligung, daß Mitwirkungs- und Mitbestimmungsrechte fast ausschließlich der gewählten betrieblichen Interessenvertretung zustehen und diese auch bei "Gegenmaßnahmen" der Leitungsebene abgesichert sind. Der einzelne Mitarbeiter, der sich direkt beteiligt, ohne ein betriebliches, kollektives Mandat zu haben, trägt bei einem Konflikt mit seinem Vorgesetzten das volle Risiko allein und genießt keinen gesetzlichen Schutz. Dies bedeutet für die direkten Aktivitäten der Betroffenen eine starke Einschränkung. Sie müssen sich an die Vertrauensleute oder die Interessenvertretung wenden und werden dann vertreten oder sie handeln eigenständig ohne Unterstützung und dann nicht selten unter Mißbilligung der Interessenvertretung. Dieser Weg ist für Mitarbeiter einmal schwer, zum anderen kommt noch hinzu, daß diese Verfahren kaum betriebliche Tradition haben, meist neu sind und keine Gewähr für einen Erfolg bieten.

Ein weiterer Hinderungsgrund für die direkte, aktive Beteiligung von Mitarbeitern ist die *Definitionsmacht* der Leitungsebene. Sie bestimmt in der Regel, wann der Innovationsprozeß beginnt, wann er bekannt gemacht wird, welche Aspekte für eine Beteiligung geöffnet werden und aus welchen Gründen und mit welchem Ziel und Ergebnissen er durchgeführt wird. Den Mitarbeitern wird dadurch von vornherein eine passive, reaktive Rolle zugemessen. Hinzu kommt, daß die Leitungsebene und die ihnen zuarbeitenden Berater und Entwickler das *Informationsmonopol* besitzen und auch die Informationswege im wesentlichen bereitstellen. Die Mitarbeiter sind deshalb häufig einer homogenen, an der Unternehmenspolitik ausgerichteten Informationslage ausgesetzt und werden über feststehende Informationswege wie Betriebszeitungen, Abteilungsversammlungen und direkte Vorgesetzte informiert. Diese homogene Informationslage wirkt desensibilisierend und damit einer Betroffenheit entgegen, da Konfliktthemen oder z.B. die Diskussion negativer Auswirkungen nicht gefördert, sondern eher verhindert wird, da als Tenor i.d.R. das Positive der Innovation vermittelt wird und nicht mögliche negative Auswirkungen. Zu diesen o.a. Aspekten, die Passivität fördern bzw. nicht abbauen helfen, kommen weitere hinzu. Bei Verhandlungen zwischen Leitungsebene und Mitarbeitern konnten vier *Strategien* identifiziert werden: 1) die Strategie der vollendeten Tatsachen; 2) die Entkopplungsstrategie (Themen werden getrennt voneinander beraten und entschieden); 3) die Spielballstrategie (Verschlechterungen werden willkürlich ins Spiel gebracht und bei Entgegenkommen wieder zurückgezogen und 4) Themenausgrenzungen (Aspekte werden verniedlicht oder nicht thematisiert).

Promotoren als Prozeßförderer arbeiten zusammen als Promotorengespann, um den Innovationsprozeß durchzusetzen. Gegen die einheitliche Sicht und die einheitliche Innovationspolitik dieser Promotorengespanne haben die Mitarbeiter wenig Chancen, sich argumentativ und sachbezogen durchzusetzen bzw. ihnen Paroli zu bieten. Eine weitere Hürde ist die asymmetrische Verteilung von *Zeit*, die der Leitungsebene und ihren Zuarbeitern einerseits und den Mitarbeitern andererseits für den Innovationsprozeß zur Verfügung steht. Ebenso asymmetrisch verteilt sind die *Finanzen*, die notwendig sind, um z.B. Gutachten in Auftrag geben zu können oder Messebesuche zu machen etc., sowie die Informationen, die den Akteuren zur Verfügung stehen bzw. von ihnen beschafft werden können.

Die *Prozeßorganisation* ist ein weiterer Aspekt, durch den Betroffenheit verdrängt oder Handlungshürden aufgebaut werden. In der Regel liegt den Innovationen eine systematisch geplante, geschlossene Einführungsphilosophie zugrunde, aus der sich die Einführungsstrategie ableitet. So werden die Pläne entsprechend der Vorgaben Top–Down und schrittweise abgearbeitet. *Rekursivität* ist nicht vorgesehen. Die Einführungsprozesse, die immer mit erheblichen Umstellungen und somit zeitlichem und mentalem Mehraufwand für die Mitarbeiter einhergehen, sind zeitlich so knapp bemessen und im Ablauf festgelegt, daß Lernprozesse und Eingriffsmöglichkeiten für die Mitarbeiter kaum möglich sind. Oft ist den Mitarbeitern der disponible Teil im Innovationsvorhaben gar nicht bekannt oder wenn dies der Fall ist, ist er oft so minimal, daß er ein Aktivwerden, das immer mit einem Risiko behaftet ist, nicht lohnt.

Die Verfahren sind in der Regel *expertenzentriert.* Sie werden von Beratern und Leitungsebene angewandt und sind aus deren Sicht inputorientiert. Sie setzen i.d.R. Vorwissen voraus und beinhalten abstrakte Darstellungen, die nur für Experten verständlich sind, nicht aber für Mitarbeiter. Verfahren, die z.B. arbeitnehmerbezogene Probleme wie negative Auswirkungen, Antizipation des zukünftigen Arbeitsplatzes und der Tätigkeiten etc. unterstützen, gibt es nur wenige und sie werden noch seltener praktiziert. Verfahren sind deshalb als Hilfsinstrumentarium von Beratern und Leitungsebene anzusehen und unterstützen die Mitarbeiter nicht darin, ihre Interessen wahrzunehmen und einzubringen, sondern schließen sie eher aus.

Erfahrungen mit Organisationsentwicklung und IT–Einsatz

Im Vergleich zum Produktionssektor ist der Büro– und Verwaltungsbereich lange Zeit von grundlegenden technisch–organisatorischen Veränderungen "verschont" geblieben. Neue Arbeitsmittel hatten keine oder nur geringfügige Auswirkungen auf die Arbeitsinhalte und –abläufe. Die elektrische Schreibmaschine ersetzte die mechanische, der Kopierer das Durchschlagpapier. Auch der Einsatz der Datenverarbeitung veränderte in der ersten Generation noch nicht die Arbeitsverhältnisse in der Sachbearbeitung selbst; EDV–Listen ersetzten lediglich andere Formen der Informationsablage oder –weitergabe. Erst die Dialogverarbeitung bezieht die Verwaltungstätigkeiten in einen grundlegenden Veränderungsprozeß ein.

Nach unseren Ergebnissen in den Fallstudien und Expertengesprächen sind die betroffenen Beschäftigten auf die neue Phase der Informationstechnikanwendung nicht vorbereitet. Sie ist für sie praktisch völliges Neuland. Sie haben kaum Erfahrungen mit Prozessen der Organisationsentwicklung im allgemeinen und eigenen Beiträgen zur Organisationsentwicklung im besonderen. Es gibt auch keine Anzeichen dafür, daß in der Gesamtheit der Beschäftigten im Büro– und Verwaltungsbereich Kenntnisse darüber vorliegen oder Diskussionen darüber ablaufen, was ihnen an technisch–organisatorischen Innovationen ins Haus steht. Informationstechnikanwendung ist für sie kein Thema der Auseinandersetzung oder gar der vorbereitenden Schulung und Qualifizierung. Dementsprechend haben einzelne Betroffene auch keine Möglichkeit, auf einer generellen Problemwahrnehmung und –auseinandersetzung aufzusetzen, wenn sie mit konkreten Planungen oder Maßnahmen konfrontiert werden. Auch von Gewerkschaften oder Betriebs–/Personalräten erhalten sie keine Orientierungshilfen dafür, wie sie mit Innovationsankündigungen umgehen können. Im Ergebnis heißt dies, daß die Beschäftigten ohne sachliche Kenntnisse über den Gegenstand der Informationstechnik und ohne Verhaltenstraining im Umgang mit Innovationsprozessen einem Entwicklungsprojekt ausgesetzt sind. Zur gleichen Zeit antizipierten die Systementwickler trotz der von ihnen mit getragenen verharmlosenden Situationsdeutung ausdrücklich eine langfristig durchgreifende Veränderung der Arbeitsverhältnisse durch den Technikeinsatz. Bei der Informationstechnikanwendung handelt es sich aus ihrer Sicht nicht mehr einfach nur um ein neues Arbeitsmittel, sondern um ein umfassendes neues Infrastruktur- und Organisationskonzept. Der eher kurzfristigen und auf den eigenen Arbeitsplatz beschränkten Perspektive der Betroffenen steht damit eine widersprüchliche aber nicht kommunizierte Perspektive der Entwickler und des Managements gegenüber.

Umgekehrt zu dieser Situationsdeutung wurde die Information über die Entwicklungsprojekte gewertet. Während Systementwickler und Manager trotz ihrer Betrachtung der Techniknutzung als einer gravierenden Veränderung der Arbeit zum großen Teil den Zeitpunkt der Informierung über das Projekt mit frühzeitig und die gegebenen Informationen als "sehr gut" und "ausreichend" kennzeichneten, gab es unter den Betroffenen auch solche, die Informationszeitpunkt und -qualität deutlich negativer beurteilten. Vor dem Hintergrund der eigenen Unvorbereitetheit erwarteten die Betroffenen zu Projektbeginn von Systementwicklern und Managern bereits abschließende Beurteilungen der zu erwartenden Folgen. Sie überhöhten damit die Erwartungen an fachliche Vorleistungen der anderen Seite und fixierten die herausgehobenen Stellungen von Systementwicklern und Managern im Entwicklungsprozeß.

Deutung der prägenden Kräfte der Technikentwicklung und -anwendung

Eine so entstehende "Hilflosigkeit" aufgrund mangelnder Erfahrung und Qualifikation setzt sich fort bezüglich der Einschätzung der Ursächlichkeit der allgemeinen Technikentwicklung und der konkreten betrieblichen Anwendung. Die Entwicklung wurde eher sachgesetzlich gesteuert gesehen als durch bestimmte ausmachbare Gruppen mit bestimmten Zielen. Dies gilt im übrigen nicht nur für die betroffenen Beschäftigten, sondern sogar auch für große Teile der professionellen Entwickler und der Führungskräfte. Auch sie sahen primär die Eigendynamik technischer Entwicklungen am Werke.

Entsprechend dieser Sichtweise wurden — vor allem bei den Betroffenen — wenig Gestaltungsspielräume gesehen. Initiativen zum Technikeinsatz kommen nicht aus dem Anwendungskontext, sondern werden außerhalb lokalisiert, folgen übergeordneten Zielsetzungen. Sie werden von den Betroffenen zwar im Prinzip nicht als unveränderlich festgelegt wahrgenommen, konkrete Anknüpfungspunkte für eine Gestaltung werden aber nicht gesehen.

Die Wahrnehmung mangelnder Gestaltungsmöglichkeiten schlägt sich auch auf der Handlungs- und Einflußebene nieder. Sowohl die Betroffenen selbst als auch die Entwickler und Vorgesetzten haben für die Beschäftigten nur ein geringes Maß an Engagement und einen noch niedrigeren Grad an Einfluß auf die Entwicklung vermutet. Am ehesten noch wurde von den späteren Benutzern im engsten Sinne angenommen, daß sie sich mit der Entwicklung befassen und auch einen gewissen Einfluß ausüben würden. Überhaupt keine Rolle würden und sollten nach Ansicht der Beschäftigten, der Entwickler und der Führungskräfte kollektive Interessenvertretungen der Betroffenen, d.h. Gewerkschaften aber auch Personal-/Betriebsräte, spielen. Übereinstimmend lagen die Präferenzen für die Abstimmung mit den Betroffenen in direkten Kontakten. Problemlösungen und evtl. Auseinandersetzungen sollten — wenn sie nicht gänzlich umgangen werden können — innerhalb der Abteilung gefunden bzw. ausgetragen werden und nicht vor einem “externen” Forum. Dies sahen Personalvertretungen verständlicherweise anders. Sie begriffen sich selbst als die einzige Gewähr für die Wahrung der Betroffeneninteressen, waren aber faktisch nur in Ausnahmefällen involviert und dann *anstatt* einer Betroffenenbeteiligung und nicht zu deren Moderation. In der Konsequenz wird die Undurchsichtigkeit technischer und wirtschaftlicher Entwicklungen von allen beteiligten Gruppen mit der Abnabelung von gesellschaftlichen Bezügen und der Beschränkung auf die engste Arbeitsumgebung beantwortet.

Einstellungen zur Informationstechnik

Die Einstellungen der Betroffenen zur Informationstechnik waren im Tenor eher positiv ausgeprägt. Sie beruhten wohl primär auf der verbreiteten öffentlichen Meinung über Computer, konnten sich aber auch auf kurzzeitige eigene Erfahrung mit Systemen am Arbeitsplatz abstützen. Ausgeprägte negative Beurteilungsmuster in bezug auf den eigenen Arbeitsplatz und die eigenen Arbeitsbedingungen wurden nicht gefunden, wohl aber Ambivalenzen und Widersprüchlichkeiten, z.B. bezüglich der Interessantheit der Arbeit und der Kontrolle bzw. Abhängigkeit des Arbeitnehmers. Am hervorstechendsten war noch die einhellige Angabe von Freisetzungseffekten der Informationstechnik, die allerdings in den gegebenen Fällen nicht auf den eigenen Arbeitsplatz durchschlugen.

Entsprechend dieser Grundtendenz einer verhalten positiven Einstellung zur Informationstechnik knüpften die Betroffenen an die bevorstehenden Innovationen keine ausgeprägten Betroffenheitserwartungen. Positiv erwarteten sie eher Verbesserungen durch die Technikanwendung für ihren Arbeitsbereich. Auf der anderen Seite wurden die möglichen Probleme und Nachteile ignoriert und aus dem Wahrnehmungsfeld “verdrängt”. Die Betroffenen reagierten von sich aus eher abwartend und mit Weggukken, nach dem Motto, “vielleicht passiert ja doch nichts”, oder, “ mich wird's schon nicht treffen”.

Einstellung zur Beteiligung an der Systementwicklung bzw. -einführung

Die Einstellung der Betroffenen, der Entwickler und der Führungskräfte zur Benutzerbeteiligung war im Grundsatz positiv. Sie wurde fast ausschließlich als wünschenswert betrachtet. In der Reichweite und der Form der Beteiligung wurde zwar bei den Entwicklern und den Vorgesetzten einiges an Einschränkungen formuliert, doch ganz abgelehnt oder auch nur auf bloße Informierung reduziert wurde sie von niemandem. Kritisch bei den vorgefundenen Beteiligungseinstellungen sind einige “unwirkliche” Züge. So wurde besonders von den Betroffenen selbst bei aller grundsätzlichen Befürwortung der große Aufwand und die Kompliziertheit der Beteiligung sowie die Abhängigkeit von Zugeständnissen und externen Unterstützungen hervorgehoben. Dadurch tendiert trotz Befürwortung die Beteiligungschance implizit gegen Null und entsprechend wird auch der praktische Seltenheitswert der faktischen Durchführung partizipativer Entwicklung hervorgehoben. Das Ergebnis dann doch realisierter Beteiligung erscheint dann allerdings allen Gruppen positiv. Es führt zu besser funktionierenden, eingepaßten und akzeptierten Systemen. Bis auf die Entwickler empfinden die Befragten auch die zusätzlichen Belastungen des partizipativen Entwicklungsablaufs als lohnend und damit gerechtfertigt. Die Entwickler sehen sich allerdings als die Kostenträger. Ihnen wird auf's Konto gebucht, was ansonsten in der Regel erst nach ihrer Auftragserledigung auftritt: Anpassungs- und Akzeptanzprobleme.

Die wesentliche Konsequenz dieser Einstellungsstruktur ist ihre Unverbindlichkeit, d.h. ihre mangelhafte Handlungsrelevanz. Positive Einstellung zur Partizipation wird nicht von sich aus bei gegebenem Anlaß in praktisches Handeln umgesetzt. Sie ist nur bei oberflächlicher Betrachtung eine Unterstützung von Beteiligung. Die Beschäftigten unterstellen bei ihrer Bewertung unrealistische Unterstützungen des Managements und der Entwickler als Voraussetzung von Beteiligung. Sie und die anderen befragten Gruppen thematisieren nicht die die asymmetrische Ressourcenverteilung fixierende Funktion der Beteiligungseinstellungen und sozialen Verhaltenserwartungen. Der Beteiligungseinstellung fehlt die Offensivität, auf einen gegebenen Anlaß mit eigenständigem Handeln zu reagieren; sie braucht über den Anlaß der potentiellen Betroffenheit hinaus eine nachdrückliche Initiative und Unterstützung, um zu eigenem Handeln zu führen.

Soziale Normen

Die Verhaltenserwartungen der Entwickler und Vorgesetzten bezüglich der Rolle der Betroffenen aber auch das eigene Rollenverständnis der Betroffenen selbst sind auf eine fachliche Zuarbeit und Beiträge zu einem funktionell guten Entwicklungsergebnis gerichtet. Eigene Ziele, die als Definitionskriterien einer Beteiligung galten, wurden kaum thematisiert. Die gegenseitige Rollenzuweisung ist durch Arbeitsteiligkeit und Sachlichkeit gekennzeichnet. *Arbeitsteiligkeit* meint, daß es feste Zuständigkeiten gibt, an die man sich zu halten hat und an die man sich auch zu halten gedenkt. Danach sind die Entwickler für die eigentliche Entwicklung zuständig, die Vorgesetzten für die Einpassung und soziale Abfederung von Problemen und die Betroffenen für Zulieferdienste. Eine Rollenüberschreitung löst zunächst Irritation aus. Mit *Sachlichkeit* ist gemeint, daß nur die funktionale Systemgestaltung als Gegenstand von Betroffenenbeiträgen gesehen wird, nicht aber die Hinterfragung oder Beeinflussung des Systemzwecks oder einzelner Teile. Das Fremdbild der Entwickler vom Benutzer trägt diesem Charakteristikum Rechnung, indem es ihn als primär aufgabenorientiert, beschränkt interessiert und status-quo-verhaftet beschreibt. Umgekehrt blicken die Benutzer mit einer gewissen Anerkennung und Hochachtung auf die Entwickler und vertrauen auf deren Bereitschaft, auch für sie positive Systemgestaltungen zu realisieren — eine für die Systementwickler sicherlich beruhigende und schmeichelhafte Vorstellung, allerdings durch den mit dem Vertrauen verbundenen Passivierungseffekt wenig produktiv für die Entwicklung einer eigener Handlungsbereitschaft bei den Betroffenen.

6. Schluß

Die vier von uns durchgeführten bzw. analysierten Fälle von Beteiligung an der Systementwicklung belegen sowohl Erfolge wie Grenzen und Hindernisse bei der Beteiligung der Betroffenen. Die von uns selbst durchgeführten Projekte Schulis und Bürgeramt sind dabei durch einen hohen Aufwand für die Beteiligungspromotion gekennzeichnet, während die Beteiligung in den beiden Projekten aus dem Bereich der Energieversorgung und des Autozubehörs im großen und ganzen sich selbst überlassen blieb. In der Tatsache der Beteiligungspromotion sehen wir den wichtigsten Unterschied zwischen den Projekten und die wichtigste Erklärung für den unterschiedlichen Erfolg. Durch eine kurze Zusammenfassung wollen wir diese Unterschiede noch einmal verdeutlichen. Zwei Fragen schließen sich an diese Feststellung an. Einmal stellt sich die Frage nach der besten Art der Beteiligungspromotion, durch welche Vorgehensweisen werden also die Betroffenen am besten unterstützt? Zum anderen stellt sich die Frage, aus welchen vom Vorhandensein personifizierter Beteiligungspromotoren unabhängigen Quellen sich die für den Erfolg von Beteiligung wichtige Beteiligungspromotion nähren kann.

6.1 Bewertung der Beteiligungspraxis

Als Beteiligungsakteure gelten nach unserer Begriffsbestimmung von Beteiligung die von der Systementwicklung *betroffenen* Personen. In der Einleitung wurde diese Bestimmung bereits als "idealtypisch" charakterisiert. Tatsächlich existierten in allen vier Fällen neben den Betroffenen gewichtige weitere Beteiligungsakteure. In allen vier Fällen wäre die Beteiligung von Betroffenen bereits ohne eine externe Initiative nicht zustande gekommen. Alle vier Fälle sind auch in der Durchführung der Beteiligung mehr oder minder stark durch die Einflußnahme von nicht–betroffenen Kollegen und von Interessenvertretern gekennzeichnet. Lediglich im Projekt Bürgeramt gelingt es nach einer Anlaufphase der Mitarbeiter–Arbeitsgruppe, (vergleichsweise) autonom zu werden. In der Praxis präsentiert sich die Beteiligung nicht als eine Organisationsform ausschließlich der Betroffenen, sondern als Rahmen für die Kooperation unterschiedlicher Gruppen. Diese Kooperation stellt sich nicht unbedingt als Nachteil für die Betroffenen dar. Vielmehr wurde durch die Mischung von Repräsentanten und Basis, durch die Mischung von selbst betroffenen und ansonsten interessierten Beschäftigten in den Beteiligungsgremien auch eine Stabilisierung der Zusammensetzung und Arbeitsweise der Organe sowie eine inhaltliche Bereicherung des Beteiligungsinputs erreicht.

Diese Konstellation eines Zusammenwirkens unterschiedlich Betroffener und Nicht–Betroffener ergibt sich imgrunde schon aus der Struktur der Betroffenheitswahrnehmung. Eine Betroffenheit wurde von den potentiell Betroffenen (besonders anfangs) kaum wahrgenommen bzw. nicht auf sich selbst bezogen. Dies lag nur zum Teil daran, daß sie ihre Interessen bei Entwicklern und Führungskräften gut aufgehoben sahen (was besonders im Projekt Schulis deutlich wurde) und daher keine negativen Folgen der Einführung von Informationstechnik antizipiert haben. Vielmehr sahen sie sehr oft die technische Entwicklung als ein zwangsläufig sich ausbreitendes Phänomen an, das keine Gestaltungspotentiale im jeweiligen Anwendungskontext sichtbar werden läßt. Dem entspricht, daß auch die Entwickler und Führungskräfte sich größtenteils diesem Trend ausgesetzt sahen, den sie selbst nur sehr bedingt zu steuern vermögen. Vor diesem Hintergrund der Unbeeinflußbarkeit der Technikentwicklung gibt es für die Betroffenen keine vernünftige bzw. erreichbare Handlungsebene. Die Betroffenheit wird aufgrund des psychologischen Effektes der Wahrnehmungsabwehr nicht erkannt. Diese Abwehr unangenehmer (oder sogar bedrohlicher) Ereignisse wirkt solange, bis Fakten eingetreten sind, die unabweisbar sind und an deren Akzeptanz man sich im Kontext betrieblicher Entscheidungsstrukturen zu gewöhnen gelernt hat. Auf diesem Hintergrund wirkt die eigene Betroffenheit nicht handlungsauslösend, es sei denn, es erscheinen Handlungsmöglichkeiten, die die Betroffenheit beherrschbar erscheinen lassen. Begünstigt würde die Unterbrechung der Handlungslähmung und Wahrnehmungsabwehr durch das Auftreten handlungsorientierter Dritter, die eine entsprechend offensive Auseinandersetzung mit der Betroffenheitssituation demonstrieren. Diese Einbeziehung kann u. U. sogar als Bedingung für das Gelingen eines Beteiligungsprozesses betrachtet werden.

Die Beschaffenheit und Verteilung von Ressourcen ist eine wesentliche Determinante für die den beteiligten Gruppen möglichen Aktivitäten. In allen vier Fällen bestand eine asymmetrische Verteilung der Ressourcen. Beispielsweise blieben in allen vier Fällen die Entscheidungsrechte der jeweiligen Leitungsebene prinizipiell unangetastet. Die Beteiligungsthematik war in allen Fällen durch die Projektinitiatoren bereits vorgegeben, die Beteiligungssituation war durch Management und Systementwickler vorgeplant. Auch im Projektverlauf haben Systementwickler und Management dank ihrer Fachkenntnisse bzw. Entscheidungsrechte als Akteure dominiert. Gleichwohl ergaben sich in den einzelnen Projekten im Projektverlauf bemerkenswerte Veränderungen zugunsten der Betroffenen. Insbesondere in den beiden Projekten mit intensiver Beteiligungspromotion verbesserte sich die Organisation der Betroffenen, ihnen stand ein gewisses Zeitbudget zur Verfügung und sie gewannen vor allem einen beachtlichen Wissensstand. Trotz der genannten Beibehaltung der formalen Entscheidungsrechte entwickelte sich ein allseits akzeptiertes "Einmischen" der Betroffenen; Mitentscheiden ist damit zwar nicht zu einem formalen Recht geworden, wohl aber zu einer legitimen Einflußgröße, die faktisch akzeptiert wurde.

Diese verbesserten Ressourcen beeinflußten die Nutzung von Gestaltungspotentialen durch die Betroffenen positiv. Grob kann man sagen, daß das Ausmaß der Effekte mit dem Ausmaß der Beteiligungsunterstützung korreliert: Input und Output entsprechen sich.

- In den beiden von uns durchgeführten Beteiligungsprojekten Schulis und Bürgeramt haben die Betroffenen die Gefahren der Informationstechnik ausführlich diskutiert und sich viel Zeit für die Entwicklung eigener Gestaltungsziele genommen. Die Beteiligten und Betroffenen haben sich damit eine verläßliche Arbeitsgrundlage geschaffen. In den beiden anderen untersuchten Projekten ist die Schaffung einer solchen Arbeitsgrundlage nicht erkennbar.

- Der Einfluß der Betroffenen reicht in den beiden Projekten Schulis und Bürgeramt bis weit in die Systemkonzeption hinein. Im Projekt Schulis haben die Benutzer die Möglichkeit erhalten, aus der Liste des technisch Machbaren die für sie wünschbar erscheinenden Aufgaben des Systems auszuwählen. Sie hatten damit die Definitionsmacht über den Systeminhalt. Sie haben darüber hinaus Teile der Maskengestaltung bestimmt. Im Projekt Bürgeramt war die Definitionskraft der Betroffenen eingeschränkter und vielfältiger zugleich. Die Einschränkung lag in der vorgegebenen Zielsetzung des Projektes, deren verschiedene Bestandteile von den Beteiligten aber grundsätzlich akzeptierbar waren. Vor diesem Hintergrund prägten die Beteiligten zwar nicht die generelle Zielsetzung des Projektes, wohl aber die Aufgabenpalette des Bürgeramtes und die konkrete Realisierung. Ganz besonders zu nennen sind die Beiträge zum Organisationskonzept des zu entwickelnden Bürgeramtes, dem das DV–Konzept untergeordnet wurde, und der Zuschnitt der einzelnen Arbeitsplätze hinsichtlich Aufgaben und Qualifikationsprofil. In den beiden anderen Fällen Energieversorgung und Autozulieferer bezieht sich die Beteiligung lediglich auf die Änderung einiger Aspekte der Systemoberfläche im Stadium der Einführung und Anpassung des Systems (Maskengestaltung) und nur in einem dieser beiden Projekte auch auf ganz wenige zusätzliche Auswertungswünsche von Dateien für bestimmte Benutzeraufgaben.

Die Unterschiede in der Beteiligungspromotion machen sich auch in der Haltung zu Konflikten bemerkbar. Insbesondere im Projekt Bürgeramt haben die intensiven Beteiligungserfahrungen auch das Austragen von Konflikten eingeschlossen. In den anderen Fällen sind Konflikte als Aufeinanderstoßen von konfligierenden Zielen und Interessen nicht aufgetreten bzw. nicht thematisiert worden. Im Fall der Schulverwaltung sind Konflikte durch einen ausdrücklichen Selbstverzicht der Entwickler und eine faktische Abstinenz der Leitung hinsichtlich einer präzisen Zieldefinition umgangen worden. In dem Fall der Energieversorgung und dem des Autozulieferers wurden den Betroffenen weder Beteiligungsmöglichkeiten noch Themen zugänglich gemacht, die Interessengegensätze hätten ins Spiel kommen lassen können.

Deutliche Unterschiede sind auch bei den Lerneffekten erkennbar, die aufgrund der Beteiligungsaktivitäten eintraten. Am deutlichsten ist dies in den beiden Experimentalprojekten Schulverwaltung und Bürgeramt nachzuvollziehen. Das Verständnis von Informationstechnik als einer "black box" wurde nach und nach zugunsten einer Technik als Gestaltungsobjekt überwunden. Dies geschah nicht ohne Reibungen, da oftmals die dafür notwendigen Entwicklungsarbeiten unterschätzt und mehr und schnellere Ergebnisse erwartet wurden. Erst im Laufe der Zeit entwickelte sich ein entsprechendes Verhältnis zwischen dem Verständnis für Gestaltungspotentiale und für den damit verbundenen Gestaltungsaufwand. Das enge Verhältnis von Informationstechnik und Organisation wurde vor allem in dem Projekt Bürgeramt, aber auch in der Schulverwaltung von den Betroffenen begriffen. In den beiden anderen untersuchten Beteiligungsfällen Energieversorgung und Autozulieferer konnten sich Lerneffekte nur hinsichtlich der Benutzerschnittstelle einstellen. Es wurden jeweils komplette Systeme eingeführt und in der Struktur nicht erläutert. Im Fall des Energieversorgers wurde diese Begrenzung jedoch nach Einführung des Systems ein Stück weit aufgebrochen. Weitergehendes Wissen über die Funktionsweise des Systems wurde von den Benutzern gefordert, woraufhin die

Leitung ergänzende Schulungen auf freiwilliger Basis anbot, die von einem großen Teil der Betroffenen genutzt wurden.

Abbildung 47 stellt die Ergebnisse unserer Untersuchungen getrennt nach Projekten mit und ohne Beteiligungspromotion dar.

Abbildung 47: Ergebnisse der Beteiligung

Projekte / Erfolgskriterien	**Projekte mit Beteiligungs-promotion**	**Projekte ohne Beteiligungs-promotion**
Projektgründung	Kein Einfluß	Kein Einfluß
Ressourcen	Zuwachs	Kein Zuwachs
Gestaltungselemente	Zunahme	Geringe Zunahme
Zielbestimmung	Modifikation	Keine Modifikation
Organisationskonzept	Großer Einfluß	Kein Einfluß
Hardware	Keine Einflußnahme	Kein Einfluß
Programmierungs-Konzepte	Einfluß	marginaler Einfluß
Implementation	Großer Einfluß	Geringer Einfluß

6.2 Organisation der Beteiligung und Methoden der Beteiligungspromotion

Alle vier von uns durchgeführten bzw. beobachteten Beteiligungsfälle unterschieden sich in der Art der Beteiligungsorganisation. Im Projekt Schulinformationssystem entwickelte sich — bedingt durch unterschiedliche Betroffenengruppen, Betroffenheitsintensität und eher informale Organisationsstrukturen — auch eine informale Beteiligungsstruktur. Es wurden keine spezifischen Projektgremien gegründet. Alle Betroffenen konnten sich auf Präsentationsveranstaltungen informieren, das Projekt erstellte und verteilte Informationsmaterial und führte Gruppendiskussionen durch. Im Projekt Bürgeramt waren mit Beschäftigten und Bürgern ebenfalls unterschiedliche Betroffenengruppen mit unterschiedlicher Betroffenheitsintensität beteiligt, die stark formale Organisation der Stadtverwaltung legte auch eine formale Beteiligungsorganisation nahe. Als zentrales Entscheidungsgremium für alle Projektfragen wurde ein sogenanntes "Beratungsgremium" gegründet, an dem Management, Bürger und Beschäftigte drittelparitätisch beteiligt waren. Daneben spielte die sogenannte Mitarbeiter–Arbeitsgruppe eine herausragende Rolle. In den beiden Beteiligungsfällen Energieversorgung und Autozulieferer läßt sich im Gegensatz zu diesen Projekten von einer Beteiligungsorganisation nicht sprechen, die hier eröffneten Möglichkeiten beschränkten sich auf eine "Kaffeerunden-Partizipation". Eine auf die Beteiligung zugeschnittene Methodik der Systementwicklung läßt sich hier — abgesehen von einem externen Berater im Fall des Energieversorgungsunternehmens — ebenfalls nicht feststellen.

Die beiden Projekte mit Beteiligungspromotion (Schulverwaltung und Bürgeramt) entwickelten im Rahmen der skizzierten Beteiligungsorganisation eine beteiligungsadäquate Methodik. Beide Projekte legten auf die Entwicklung eines Beteiligungsverständnisses innerhalb der Projektgruppe und auf eine die Projektkritik ermöglichende Information und Schulung der Betroffenen großen Wert. In der Frage der Festlegung der Gestaltungsziele und ihrer Realisierung wurde im Fall Schulis ein eher kommunikatives Verfahren der gemeinsamen Abstimmung und im Fall Bürgeramt das Verfahren der getrennten Alternativenentwicklung und der Auswahl praktiziert. Beide Projekte arbeiteten mit konventionellen Top-Down-Modellen der Systementwicklung. Rückkoppelungen und Wiederholungen von früheren Entwicklungsphasen aufgrund der mit dem Entwicklungsverlauf wachsenden Erfahrungen der Betroffenen waren prinzipiell nicht vorgesehen. Lediglich innerhalb einer Entwicklungsphase war ein Feedback geplant. Durch zeitversetztes Bearbeiten einiger Programmteile ergaben sich aber trotzdem für die Betroffenen Möglichkeiten zur Anwendung ihrer inzwischen erworbenen Erfahrungen.

Unsere eigenen Beteiligungserfahrungen zeigen, daß sehr unterschiedliche Formen der Beteiligungs*organisation* möglich und effektiv sind. Nichts weist unserer Ansicht nach darauf hin, daß Beteiligung nur mit bestimmten Organisationsformen erfolgreich sein kann. Die Beteiligungs*methoden* weisen hingegen derartige Freiheitsgrade nicht auf. Die Qualität von Mitteln und Institutionen i.w.S. zur konkreten Unterstützung der Betroffenen prägt die Beteiligung nachhaltiger als die Beteiligungsorganisation. Vor dem Hintergrund dieser generellen Einschätzung möchten wir auf die folgenden zwei Probleme ausdrücklich hinweisen:

- Die additive Wirkungsweise von asymmetrisch verteilten Ressourcen und problematischen Handlungsorientierungen erfordert eine bestimmte Art der Beteiligungspromotion. Anders als es manchmal zu hören ist, reicht die Verbesserung der Arbeitnehmerrechte allein nicht aus. Die Förderung muß sich auch auf die subjektiven Determinanten des Handelns beziehen, auch die Handlungsmotivation und -strategie müssen verbessert werden (vgl. dazu *Tepper 1985*, 149ff.; *Hebden/Shaw 1977*, 214ff. und *Haddenhorst 1980*).
- Eine verstärkte direkte Beteiligung von Arbeitnehmern an Innovationen kann möglicherweise zur Segmentierung der Beschäftigten beitragen. Mit Segmentierung ist die Marginalisierung eines Teiles der Beschäftigten gemeint, die dann nicht mehr zur Kernbelegschaft gehören und für die keine Weiterbildungsanstrengungen etc. mehr gemacht werden. Arbeitnehmer, die sich direkt beteiligen, geben sich selbstbewußter, inhaltlich kompetenter, autonomer und achten auf mehr Selbstbestimmung als dies bei ihnen vorher der Fall war und als dies bei anderen Kollegen der Fall ist. Dabei achten sie verstärkt auf den individuellen Nutzen von Lösungen. In dieser Entwicklung ist zumindest die Grundlage für Spannungen mit den traditionellen Werten der Arbeiterbewegung und Interessenvertretung wie Solidarität und Gleichheit angelegt.

6.3 Quellen der Beteiligungspromotion

Wenn Beteiligung kein selbstlaufender Prozeß ist, sondern von einer Unterstützung abhängt, wenn sich aber diese Unterstützung auch nicht allein auf die Zufälligkeiten des Vorhandenseins eines persönlichen Promotors über die Gesamtlaufzeit des Beteiligungsprozesses stützen soll, dann ist zu fragen, welche Faktoren aus sich heraus eine Beteiligung bei der Systementwicklung fördern können. Kurz, welches sind mögliche Quellen für eine nicht an Promotoren gebundene Beteiligungspromotion. Vier Quellen meinen wir ausmachen zu können: 1. Lernen von Beteiligung über die Vorbildrolle von neuen Benutzergruppen der Informationstechnik, die aus ihrer Stellung heraus Beteiligung als selbstverständlich beanspruchen; 2. steigendes Selbstbewußtsein der Beschäftigten in bezug auf allgemeine Arbeitsgestaltung und den konkreten Technikeinsatz; 3. weiterentwickelte Methoden der Systementwicklung als Antwort von Informatikern auf Benutzeransprüche; 4. Ressourcenerschließung zugunsten der Betroffenen durch verbesserte Informations- und Beratungsunterstützung und durch rechtliche Entwicklungen (vgl. Abbildung 48).

Abbildung 48: Quellen der Beteiligungspromotion

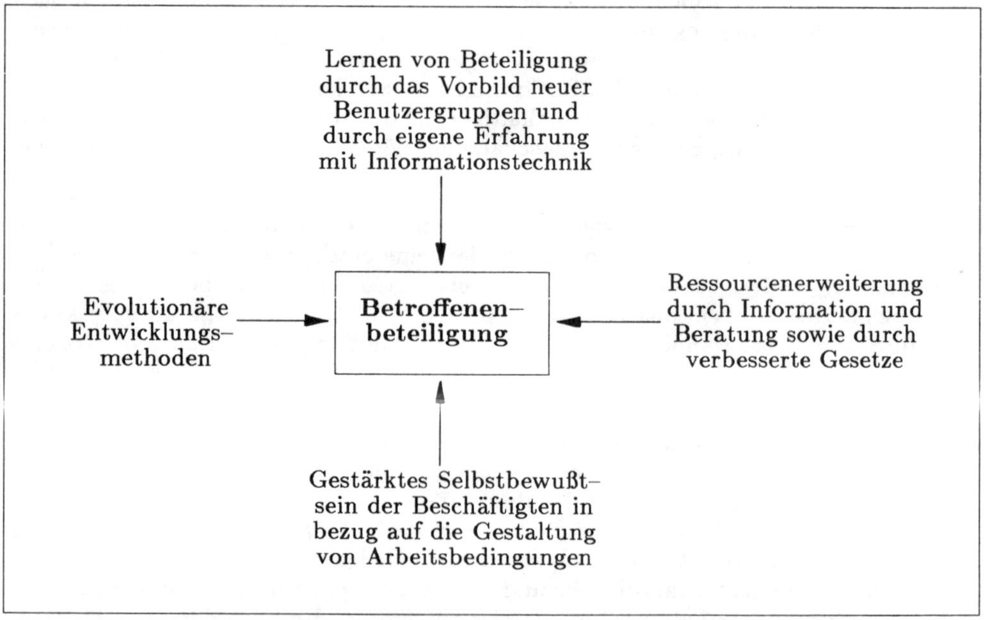

6.3.1 Beteiligungslernen

Nach dem lange Zeit vorherrschenden Einsatz von DV-Systemen für Routine-/Massenarbeiten durch Assistenzkräfte einerseits und spezialisierte DV-Experten andererseits, dringt die Informationstechnik gegenwärtig und zukünftig immer stärker in den Bereich von qualifizierten Sachbearbeitern und Führungskräften hinein. Diese Benutzergruppen sind von ihrer qualifikatorischen und/oder hierarchischen Position her einfluß- und durchsetzungserfahren. Sie reklamieren und praktizieren mit großer Selbstverständlichkeit eine Beteiligung an der sie betreffenden Technikgestaltung. Dies wird von anderen, nicht beteiligungsgewohnten Betroffenengruppen zumindest partiell erkannt und übernommen werden. Sie weiten ihre Handlungsspielräume aus in Richtung auf die jeweils nächsthöhere Hierarchieebene. Solche Erwartungen lassen sich aus Ergebnissen von Projekten zur Mitbestimmung und Beteiligung ableiten. Danach führt die Erfahrung oder Beobachtung von Einfluß-/Machtausübung zur Suche nach weiteren Einflußmöglichkeiten, nach weiterer Reduktion des Machtabstands zur jeweils nächsthöheren Hierarchieebene (vgl. *Wilpert/Rayley 1983*). Der Wunsch nach Einfluß steigt dabei von Stufe zu Stufe: Arbeiter, die "konsultiert" wurden, wünschen sich "Meinungsberücksichtigung"; Vorarbeiter, deren "Meinung berücksichtigt" wurde, wünschen sich "gleichberechtigte Mitentscheidung" usw. (*Wilpert/Rayley 1983*, 53f.).

Diese Erwartungsspirale wirkt üblicherweise nur latent. Sie wird akut und handlungsrelevant, wenn situative Bedingungen ihre Entfaltung fördern. Solche situative Bedingungen können bei der Entwicklung und dem Einsatz von Informationstechnik in einem organisatorischen Kontext gesehen werden, bei dem die Informationstechnik nicht für isolierte Arbeitsplätze und nicht für homogene Arbeitsgruppen entwickelt wird, sondern in qualifikatorischen und hierarchischen Mischgruppen. Sie ist organisatorischer Infrastrukturbestandteil. Hier können in besonderer Weise beteiligungsgewohnte Beschäftigte als Vorbilder erlebt werden. Auch die weniger beteiligungsgewohnten Beschäftigten erfahren damit konkrete Einflußmöglichkeiten. Sie sehen Gestaltungspotentiale und Handlungsmöglichkeiten. Auf diese Weise können sie selbst eigene Beteiligungserfahrungen erwerben. Beteiligungslernen kann sich dann sowohl auf das Vorbild anderer als auch auf eigenes Handeln stützen, was nach der Theorie des "Partizipationslernens" von *Mulder* (1977) dazu führt, daß durch Partizipationserfahrungen auch die Partizipationserwartungen wachsen. Diesen Effekt bezeichnet er als die dynamische Macht-Abstands-Reduktion.

Solches Partizipationslernen über Lernen am Vorbild und durch eigene Partizipationserfahrungen erfolgt nicht kurzfristig und nicht massenhaft. Wer in Kürze Veränderungen in der Partizipationspraxis erwartet, liegt falsch. Man wird mit einer Zeitspanne von mindestens einer Entwicklungsgeneration rechnen müssen. Derzeit werden die meisten Beschäftigten an ihrem Arbeitsplatz erstmals mit Informationstechnik konfrontiert. Qualitäten und Auswirkungen der Systeme sind unbekannt. Im (beruflichen) Bildungssystem gewinnt Informationstechnik erst langsam eine Bedeutung. Erst mit der eigenen Erfahrung mit Informationstechnik wachsen Artikulationsfähigkeit und -bereitschaft eigener gestaltungsrelevanter Ansprüche (vgl. *Cornelius/Schardt 1984*, 57f.). Erst dann weicht die (diffuse) aktivitätshemmende Angst (vgl. *Klipstein/Strümpel 1984*, 89f.) einer objektbezogenen Auseinandersetzung mit einzelnen Gefährdungsmomenten.

6.3.2 Beteiligungsaspirationen

In vielen Studien zur modernen Arbeitshaltung ist herausgestellt worden, daß sich die Beziehung der Beschäftigten zur Arbeit gewandelt hat (vgl. *Schmidtchen 1984* oder *Noelle-Neumann/Strümpel 1984*). Insbesondere haben sich die kommunikativen und partizipativen Ansprüche deutlich verstärkt. Beschäftigte sehen in der Arbeit nicht nur Pflichterfüllung und Gelderwerb. Sinnerfüllung und Selbstverwirklichung werden ihnen wichtiger. Beteiligung wird selbstverständlicher erwartet (vgl. *Pflaumer 1983*, 159ff.; *Klipstein/Strümpel 1984*). Konzepte der Organisationsentwicklung, der verschiedenen "Mangement by ..... " etc. tragen diesen Erwartungen Rechnung und fördern sie zum Teil. Beteiligungsaspiration wird also auf den Führungsebenen wahrgenommen und als Herausforderung begriffen.

Ob dies auch zu entsprechenden praktischen Konsequenzen führt, ist gegenwärtig nicht absehbar. In der Fachwelt ist eine Kontroverse über die Frage entbrannt, ob weitergehende Beteiligungsaspirationen ihre Entsprechung in den realen Verhältnissen an den Arbeitsplätzen finden, die mehr praktischen Spielraum für Selbstentfaltung bieten, oder ob es sich lediglich um stärkere kommunikativ-partizipative *Erwartungen* ohne praktische Einlösung und Entsprechung in den Arbeitsbedingungen der Betriebe und Verwaltungen handelt und hierin ein Keim für Frustrationen und Konflikte entsteht. Vermutlich wird sich eine Schere öffnen zwischen den Beteiligungsaspiranten, die ihre Erwartungen erfüllen und sich persönlich wie beruflich entfalten können, die auch aktiv an der Gestaltung der Arbeitsbedingungen und der Arbeitsmittel mitwirken und dabei neue Qualifikationen und Selbstbewußtsein erwerben. Und auf der anderen Seite die Noch-Aspiranten oder Nicht-mehr-Aspiranten, die keine Gelegenheit zur Beteiligung erhalten, die frustriert werden und persönlich wie beruflich zurückfallen. Sie werden qualifikatorisch entwertet und motivational geschwächt werden und drohen eine neue Randgruppe von Beschäftigten zu bilden (vgl. dazu den kurzen Hinweis auf das Problem der Segmentierung auf S. 243). Es bleibt zu hoffen, daß diese Gruppe gegenüber den erwartungsbestätigten Beteiligungsaspiranten klein bleibt.

6.3.3 Methoden der Systementwicklung

Beteiligungslernen und Beteiligungsaspirationen können gefördert werden durch bestimmte methodische Ansätze der Systementwicklung. Der Entwicklungsprozeß muß dafür so angelegt sein, daß er für die Betroffenen kognitiv und handlungsmäßig beherrschbar wird. Dies zu erreichen setzt voraus, daß der zukünftige Benutzer bereits in der Phase der Problemanalyse und Zielsetzung für eine Systementwicklung systematisch einbezogen wird, daß ihm hier und bei der Konzeptbildung Unterstützung angeboten wird für die Antizipation von Lösungsalternativen und Konsequenzen von Systemgestaltungen. Normalerweise herrscht gegenwärtig noch eine Vorgehensweise vor, bei der der Gestaltungsprozeß dem Informationsstand und Lernprozeß des Benutzers ständig vorauseilt und dieser erst im Verlauf der Routinenutzung das System zu beherrschen beginnt. Im anderen Fall entwickelt sich die Handlungs- und Innovationskompetenz der Benutzer vorgängig oder zumindest parallel zum realen Gestaltungsprozeß. Dies methodisch zu unterstützen, sind eine Reihe von Konzepten seitens der Systementwickler in Arbeit. Hierzu gehört als bekanntester Ansatz das "rapid prototyping". Danach wird das Leistungsspektrum und die Benutzerschnittstelle (möglichst für unterschiedliche Lösungsalternativen) im Planungsstadium bereits realisiert und vorgeführt, ohne bis ins letzte auf Systemstabilität und Performanzeigenschaften zu achten. Diese Methode wird, wenn sie für die Praxis einmal voll verfügbar ist, den Benutzern die Möglichkeit bieten, sich ein Bild von Systemen durch eigene Anschauung zu machen noch bevor harte Fakten geschaffen wurden.

Andere Beispiele für methodische Annäherungen der Systementwicklung an die Anforderungen von Beteiligung sind verschiedene evolutionäre Ansätze der Systementwicklung. Dabei geht es darum, daß ein System nicht aufgrund einer Systemspezifikation entworfen, abgestimmt, realisiert und eingeführt wird, sondern daß die Benutzer und Betroffenen in verschiedenen Stadien des Entwicklungsprozesses Gelegenheit zur Formulierung von Anforderungen, zum Experimentieren mit Pilotversionen, zur Modifikation und zur Weiterentwicklung von Systemgenerationen haben (vgl. *Floyd 1981*). Der entscheidende Gesichtspunkt der evolutionären Entwicklungsphilosophie ist einmal die Unabgeschlossenheit eines Entwicklungsgeschehens, d.h. eine Entwicklung ist nach vorn offen, das System "lebt" mit den organisationalen, sozialen und fachlichen Veränderungen beim Anwender; zum anderen stellt die evolutionäre Entwicklungsphilosophie explizit auf das Lernen der Betroffenen ab, d.h. durch Versuche und Experimente und deren Evaluation werden die Betroffenen in ihrer Urteilsfähigkeit gestärkt. Ein Beispiel für eine solche evolutionäre Konzeption ist das an der Loughborough–Universität erarbeitete Modell der Systementwicklung (vgl. Abbildung 49). Ein in sieben Schritten ablaufender Vorbereitungs–, Entwicklungs– und Nutzungsprozeß stellt die Basis dar für eine angemessene Chance der Benutzer, auf die Gestaltung eines Systems und seiner betrieblichen Rahmenbedingungen einzuwirken. Es trägt der Tatsache Rechnung, daß sinnvolle Beiträge von Betroffenen ohne eine gewisse Zeitspanne des Vertrautwerdens mit Pilotsystemen, Alternativkonzepten und deren Anwendung bzw. Erprobung nicht möglich sind (vgl. *Eason 1982*, 207). Ähnliche Vorstellungen zur Vorgehensweise bei der Systementwicklung finden sich auch im ETHICS–Ansatz (vgl. *Mumford/Weir 1979*), wenn technische und soziale Systemalternativen parallel entwickelt und evaluiert werden und die Benutzer aufgrund ihrer Benutzererfahrungen Anforderungen an die Systemmodifiktation stellen.

Prototyping und evolutionäre Entwicklungskonzepte werden nicht dadurch vorangetrieben und eingesetzt, daß einige Informatiker ein interessantes Steckenpferd entdeckt haben. Vielmehr ist der Impuls für derartige, zunächst aufwendigere Verfahren die wachsende Anforderung der Anwender. Hier wirken die in 6.3.1 genannten neuen Benutzergruppen und die in 6.3.2 genannte stärkere Beteiligungsaspiration der Beschäftigten als Motor für technisch–methodische Entwicklungen.

6.3.4 Ressourcenverschiebung

Aus dem vorab Aufgeführten wird deutlich, daß zur Verbesserung der Beteiligungspromotion auch eine Verbesserung der Handlungsbedingungen, speziell der den Betroffenen verfügbaren Ressourcen, notwendig ist. Eine Beibehaltung der zur Zeit bestehenden asymmetrischen Ressourcenverteilung zwischen Leitungsebene und Arbeitnehmern hemmt die Entfaltung von direkter Beteiligung.

Abbildung 49: Modell der evolutionären Systementwicklung

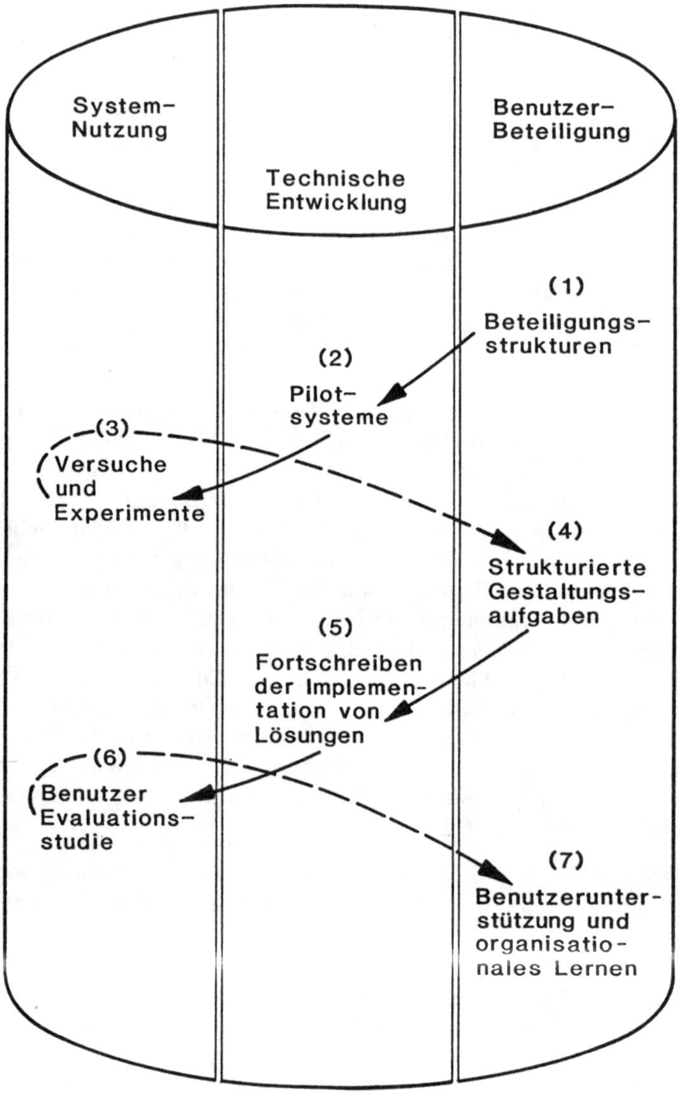

Durch eine Erweiterung der Mitwirkungs- und Mitbestimmungsgesetze könnte man bessere Bedingungen zur Einflußnahme von Arbeitnehmern auf sie betreffende technische und organisatorische Veränderungen schaffen. Beim Gesetzgeber ist es zur Zeit umstritten, ob eine Verbesserung der Mitbestimmung beim Einsatz neuer Techniken notwendig ist. Während die F.D.P. dieses ablehnt, fordert es die SPD. So gibt es einen

Antrag der SPD–Bundestagsfraktion, in dem die Bundesregierung aufgefordert wird, "eine Novelle des Betriebsverfassungs– und des Personalvertretungsgesetzes vorzulegen, die die Mitbestimmungsrechte der Arbeitnehmer und ihrer Vertretungen bei der Planung, Einführung und sozialen Gestaltung neuer Technologien sichert" (vgl. *Bundestagsdrucksache* 10/545). Die derzeitigen Regierungsfraktionen sehen jedoch zur Zeit keine Notwendigkeiten, über den Minderheitenschutz hinaus Veränderungen bei den Mitbestimmungsgesetzen mitzutragen, so daß bundesweite Änderungen unwahrscheinlich sind und wohl auch bis auf weiteres unterbleiben werden. Daran wird auch die Initiative des DGB wenig ändern. Nach langjährigen Diskussionen rang sich der DGB–Bundesvorstand durch, eine Konzeption zur Mitbestimmung am Arbeitsplatz vorzustellen und zu beschließen. Es heißt darin: "Die Mitbestimmung am Arbeitsplatz soll dazu beitragen, den Arbeitnehmern einen wirksamen Einfluß auf die Gestaltung ihrer eigenen Arbeit einzuräumen und damit ihre Selbstverwirklichung fördern" (Beschlossen vom DGB–Bundesvorstand am 4. Dezember 1984; vgl. *Jung* 1985). Im Kern werden darin bessere Beratungs– und Initiativrechte für die Arbeitnehmer am Arbeitsplatz gefordert, aber es wird auch deutlich gemacht, daß die Mitbestimmung der Interessenvertretung zentral ist und direkte Beteiligung eingrenzt. Im Gegensatz zu dieser Gewerkschaftsposition hat für die Arbeitnehmer insgesamt und auch für die Gewerkschaftsmitglieder Mitbestimmung am Arbeitsplatz die höchste Priorität vor der Mitbestimmung im Betrieb, der Mitbestimmung im Unternehmen und der Mitbestimmung im Bereich der Gesamtwirtschaft (vgl. *Gewerkschaftsbarometer 1982*; Marplan; zitiert nach *Kohl 1983*, 230). Die Relevanz, die Arbeitnehmer der direkten Beteiligung am Arbeitsplatz zumessen, steht jedoch im krassen Gegensatz zu dem geringen Stellenwert dieser Mitbestimmungsebene in den Personalvertretungsgesetzen und dem Betriebsverfassungsgesetz. Diese geringe Relevanz macht ein historisches Handlungsdefizit der Gewerkschaften deutlich, die der direkten Beteiligung skeptisch gegenüberstehen. Der Grund für die Skepsis der Gewerkschaften liegt in der potentiellen Konkurrenz direkter Beteiligung am Arbeitsplatz zu der institutionalisierten betrieblichen Interessenvertretung (z.B. bei Eingruppierung und Personalplanung) und den Verantwortungsbereichen der Gewerkschaften als Tarifpartner (z.B bei Arbeitszeitregelgung).

Stellt man dies ebenso in Rechnung wie die Mitbestimmungspolitik der Bundesregierung, so ist in den nächsten Jahren keine Veränderung der formalen Rahmenbedingungen für die direkte Beteiligung zu erwarten. Ob sich länderspezifische Änderungen ergeben, ist durchaus in Betracht zu ziehen. So ist im Programm "Sozialverträgliche Technikgestaltung" der Landesregierung von Nordrhein–Westfalen von einer Beteiligung von Betroffenen die Rede. Inwieweit die Erfahrungen, die bei der Umsetzung des Programms gewonnen werden, sich gesetzlich niederschlagen werden, ist jedoch offen. Das Praktizieren von Beteiligung kann aber immer mehr Personen bewußt machen, daß die Beliebigkeit von Beteiligungszugeständnissen eine direkte Beteiligung zum persönlichen Risiko des Arbeitnehmers macht. Ob sich daraus eine breite durchsetzungsfähige Forderung nach rechtlicher Absicherung von direkter Beteiligung entwickelt, muß sich erst noch zeigen.

Damit Arbeitnehmer auch faktisch in die Lage versetzt werden, ihre Rechte wahrzunehmen, ist es notwendig, daß Qualifizierungsprozesse stattfinden und Zeit zur Verfügung steht, damit sie sich aktiv beteiligen können. Sowohl was die Zeit, aber auch was die Qualifizierung anbetrifft, werden sich die Bedingungen für die Arbeitnehmer zunehmend verbessern. Dies liegt einerseits daran, daß die Betriebe in immer größerem Umfang erkennen, daß zum qualifizierten Umgang mit Technik auch der qualifizierte, vielseitig geschulte Mitarbeiter gehört, der ggf. selbst neue Anwendungsmöglichkeiten aus seiner Praxiserfahrung erkennt und in Reorganisationsverfahren mit einbringt. Dieser Entwicklung wird Vorschub geleistet durch die Durchdringung der Freizeit mit informationstechnischen Neuerungen wie home computer, CD–Plattenspieler, Speicherschreibmaschinen für den privaten Schriftverkehr etc. und der Aufnahme von Curricula in die Schulen, die sich mit I.u.K.–Techniken auseinandersetzen. All dies führt dazu, daß Vorkenntnisse und Vorerfahrungen gemacht werden, die es den Arbeitnehmern ermöglicht, sich eine eigene Meinung über informationstechnische Innovationen zu bilden. Es gibt zur Zeit schon Aktivitäten bzw. Überlegungen, wie dieser Qualifizierungsprozeß gefördert werden könnte. So unterstützen bereits Technologieberatungsstellen der Gewerkschaften, aber auch arbeitnehmerorientierte private Beratungsfirmen sowie Wissenschaftsläden an Universitäten Arbeitnehmer und Interessenvertretungen. Es ist abzusehen, daß sich sowohl der Bedarf nach solchen Unterstützungen als auch das Angebot steigern wird.

Anhang

Literaturverzeichnis

Alemann, Ulrich (Hrsg.) (1975): Partizipation — Demokratisierung — Mitbestimmung. Problemstand und Literatur in Politik, Wirtschaft, Bildung und Wissenschaft. Eine Einführung. Opladen (2. Auflage 1978).

Alemann, Ulrich von; **Schatz** Heribert; **Viefhues**, Dieter (1985): Sozialverträgliche Technikgestaltung. Entwurf eines politischen Programms. In: Fricke/Johannson/Krahn/Kruse/Peter (Hrsg.); Jahrbuch Arbeit und Technik in Nordrhein-Westfalen 1985. Verlag Neue Gesellschaft, Bonn, S. 349–367.

Allport, G.W. (1972): Personality: A Psychological Interpretation. New York.

Altmann, Norbert; **Bechtle**, Günter (1971): Betriebliche Herrschaftsstrukturen und industrielle Gesellschaft. München.

Altvater, Lothar (1983): Tendenzen der neueren Rechtsprechung zu Fragen der Mitbestimmung bei Rationalisierungsmaßnahmen. In: Universität Bremen (Hrsg.), Arbeit und Technik — Analyse von Entwicklung der Arbeit und Chancen in der Gestaltung von Arbeit. Tagungsband zum Symposium 'Arbeit und Technik' vom 21 - 23. September 1983 an der Universität Bremen, Selbstverlag, Bremen, S. 182–202.

Arbeitsgruppe der SPD-Bundestagsfraktion (1982): Neue Informations- und Kommunikationstechniken. Schlußfolgerungen aus der Arbeit der Enquete-Kommission "Neue Informations- und Kommunikationstechniken". In: Politik. Aktuelle Informationen der Sozialdemokratischen Partei Deutschlands, Nr. 9, Dezember 1982, S. 6–11.

Argyris, Chris (1964): Integrating the Individual and the Organisation. New York/London.

Armanski, Gerhard **Dörner**, Christine; **Mendner**, Jürgen H.; **Oppelt**, Wolfgang; **Roos**, Wolfgang (1983): Rationalisierung in der öffentlichen Verwaltung. Ursachen, Auswirkungen, Widerstand. Bericht über eine Untersuchung im Rahmen des Programms "Humanisierung der Arbeit". Campus Verlag, Frankfurt/New York.

Arzberger, Klaus; **Hondrich**, Karl-Otto; **Murck**, Manfred; **Schumacher**, Jürgen (1978): Was machen die Bedürfnisforscher? Klarstellung zu einer Kritik. In: Leviathan, 6(1978), 3, S. 354–373.

Attewell, Paul; **Rule**, James (1984): Computing and organizations. What we know and what we don't know. In: Communications of the ACM, Vol. 27, Heft Nr. 12/1984, S. 1184–1192.

Axt, Heinz-Jürgen (1982): Herrschaft — "Sachzwang" der Technik? Zur Auseinandersetzung mit Otto Ullrichs Technik- und Industriekritik. In: Jokisch (Hrsg.); Techniksoziologie. Frankfurt, S. 207–241.

Baars, Bodo A. (1973): Strukturmodelle für die öffentliche Verwaltung. Eine Untersuchung der Hierarchie und ihrer wesentlichen Strukturvarianten unter besonderer Berücksichtigung der Ministerialverwaltung. Köln u.a..

Bachrach, Peter; **Baratz**, Morton S. (1977): Macht und Armut. Eine theoretisch-empirische Untersuchung. Frankfurt am Main.

Balzert, Helmut (1982): Die Entwicklung von Software-Systemen. Prinzipien, Methoden, Sprachen, Werkzeuge. Bibliographisches Institut, Mannheim/Wien/Zürich.

Bayerisches Staatsministerium für Arbeit und Sozialordnung (Hrsg.) (1981): Rationalisierung im Büro — wo bleibt der Mensch. München.

Beckenbach, Nils (1983): Industriearbeit als gesellschaftliche Arbeit. Zur soziologischen Theoriebildung in neueren Forschungsansätzen. Campus Verlag, Frankfurt/New York.

Beckenbach, Nils (1984): Rationalisierung und betriebliche Arbeitspolitik. Ansatzpunkte und Problemstellungen der Industriesoziologie. In: Jürgens/Naschold (Hrsg.): Arbeitspolitik. Materialien zum Zusammenhang von politischer Macht, Kontrolle und betrieblicher Organisation der Arbeit. Leviathan Sonderheft 5/1983. Opladen, S. 92–111.

Bem, D.J. (1968): Attitude as Self-Descriptions: Another Look at the Attitude–Behavior Link. In: Greenwald/Brock/Ostrom (Eds.): Psychological Foundation of Attitudes. New York, London, pp. 197–215.

Benninghaus, Hans (1973): Soziale Einstellungen und soziales Verhalten. In: Albrecht/Daheim/Sack (Hrsg.): Soziologie. Köln, S. 671–707.

Benz–Overhage, Karin; **Brumlop**, Eva; **Freyberg**, Thomas von; **Papadimitriou**, Zissis (1982): Neue Technologien und alternative Arbeitsgestaltung. Auswirkungen des Computereinsatzes in der industriellen Produktion. Forschungsberichte des Instituts für Sozialforschung. Campus Verlag, Frankfurt/New York.

Berkemeier, Karl H. (1972): Das kommunale Scheinparlament: Ausgeschaltet aus dem Planungsprozeß. Bilanz eines Stadtverordneten. In: ZParl (1972) 2, S. 202–208.

Beyer, Günter (1978): Kreatives Lernen. Das Trainingsprogramm für Creativität, Konzentration und Gedächtnis. Econ–Verlag, Düsseldorf/Wien.

Bittner, Lothar (1980): Probleme der Kostenrechnung und der Wirtschaftlichkeitsberechnung und ihre Auswirkungen auf betriebliche Entscheidungen am Beispiel der ökonomischen Beurteilung erweiterter Mitwirkung der Arbeitnehmer. In: Herbert Kubicek u.a.: Humanisierung durch Partizipation? Unveröffentlichter Projektbericht, Bd. 2, Universität Trier, S. 515–737.

Bjøern–Andersen, Niels (1979): Participation in Systems Design. Paper presented at the IFIP TC 8 W.G. 8.2 Conference in Bonn, June 11–13, 1979.

Blauner, R. (1964): Alienation and Freedom. The Factory Worker and his Industrie. Chicago.

Bleicher, Siegfried (1984a): Gewerkschaftliche Handlungsmöglichkeiten zur Kontrolle der Entwicklung von Informations– und Kommunikationstechnologien. In: Technologieberatungsstelle beim DGB Landesbezirk NRW (Hrsg.); Rationalisierung durch "neue Medien". Technik und Gesellschaft Heft 4. DGB–Landesbezirk NRW, Oberhausen.

Bleicher, Siegfried (1984b): Forschungs–, Entwicklungs– und Anwendungspolitik in der Informationstechnik aus Arbeitnehmersicht. In: GMD–Spiegel, Heft Nr. 3–4/1984, S. 14–18.

Bleicher, Siegfried (1984c): Vorwort. In: Kohl/Schütt (Hrsg.): Neue Technologien und Arbeitswelt. Köln, S. 7–9.

Bleicher, Siegfried (1985): Die soziale Bewältigung der technischen Herausforderung. Zukunftsperspektiven von Arbeit, Gesellschaft und Politik. Technologiepolitische Konferenz 1985. Vervielfältigtes Manuskript.

Böhret, Carl; **Franz**, Peter (1982): Technologiefolgenabschätzung. Institutionelle und verfahrensmäßige Ansätze. Frankfurt/New York.

Boland, Richard J. Jr. (1978): The Process and Product of System Design. In: Management Science 24(1978), 9, pp. 887–898.

Borbe, Tasso (Hrsg.); (1984a): Mikroelektronik. Die Folgen für die zwischenmenschliche Kommunikation. Colloquium Verlag, Berlin.

Borbe, Tasso (1984b): Der Mensch und seine Kommunikationstechniken. Muß ein Wertewandel stattfinden? In: Ders. (Hrsg.); Mikroelektronik. Die Folgen für die zwischenmenschliche Kommunikation. Colloquium Verlag, Berlin, S. 19–35.

Bormann, Ernest G. et al. (1969): Interpersonal Communication in the Modern Organization. Englewood Cliffs, N.J..

Bosetzky, Horst; **Heinrich**, Peter (1980): Mensch und Organisation. Aspekte bürokratischer Sozialisation. Eine praxisnahe Einführung in die Soziologie und die Sozialpsychologie der Verwaltung. Deutscher Gemeindeverlag Kohlhammer, Köln.

Bosetzky, Horst (1978): Interne Machtverteilung und Chancen organisatorischer Änderungen. In: Zeitschrift für Organisation (ZfO), 1978, S. 219–227.

Bourdieu, Pierre (1982): Die feinen Unterschiede. Kritik der gesellschaftlichen Urteilskraft. Suhrkamp, Frankfurt.

Brand, Karl-Werner (1982): Neue soziale Bewegungen. Entstehung, Funktion und Perspektive neuer Protestpotentiale. Opladen.

Brandt, Gerhard (1978): Computer und Arbeitsprozeß. Eine arbeitssoziologische Untersuchung der Auswirkungen des Computereinsatzes in ausgewählten Betriebsabteilungen der Stahlindustrie und des Bankgewerbes. Forschungsberichte des Instituts für Sozialforschung. Frankfurt/New York.

Brandt, Gerhard (1984): Marx und die neuere deutsche Industriesoziologie. Überarbeitete Fassung eines Vortrages vor der Sektion "Industriesoziologie" der Deutschen Gesellschaft für Soziologie. In: Leviathan, Heft Nr. 2/1984, S. 195–215.

Brandt, G.; **Kündig**, B.; **Papadimitriou**, Z. (1979): Qualitative und quantitative Beschäftigungseffekte des EDV–Einsatzes. In: Hansen/Schröder/Weihe (Hrsg.); Mensch und Computer. München/Wien, S. 167–183.

Braun, Hans (1983): Neue Technologien, der Zukunft eine Chance. In: IBM–Nachrichten Nr. 264, April 1983, S. 13–19.

Brech, Joachim; **Greiff**, Rainer; **Institut Wohnen und Umwelt** (Hrsg.) (1978): Bürgerbeteiligung mit Experten. Berichte und Analysen zur Anwaltsplanung. Weinheim/Basel.

Brede, Karola; **Siebel**, Walter (1977): Zur Kritik der Bedürfnisforschung. In Leviathan 5(1977) 1, S. 1-27.

Brede, Karola; **Siebel**, Walter (1978): Wissen die Bedürfnisforscher, was sie machen? In: Leviathan 6(1978) 3, S. 374-378.

Breisig, Thomas; **Kubicek**, Herbert; **Schröder**, Klaus Theo; **Welter**, Günter (unter Mitarbeit von Peter Berger und Thore Karlsen) (1983): Beteiligung von Arbeitnehmern beim Einsatz der Informationstechnik. Bedeutung, Konzepte, deutsche und skandinavische Entwicklungstendenzen sowie sozial- und technologiepolitische Reformvorschläge. Berichtsband. Universität Trier, Arbeitspapiere zu Organisation, Automation und Führung Nr. 83/5.

Briefs, Ulrich (1980a): Arbeiten ohne Sinn und Perspektive. Köln.

Briefs, Ulrich (1980b): Die informationstechnologische Entwicklung: Errungenschaften — Gefahren — Herausforderungen für die Gewerkschaften. In: Online–adi–Nachrichten, 3/1980, S. 139–140.

Briefs, Ulrich (1981): Neue Technologien machen neue Perspektiven für die Mitbestimmung notwendig. In: Neue Gesellschaft 28(1981) 10, S. 905–911.

Briefs, Ulrich (1983a): Neue Technologien machen eine umfassende Qualifizierung notwendig. In: Demokratische Erziehung, Heft 2/1983, S. 48ff..

Briefs, Ulrich (1983b): Neue Ansprüche an die EDV und Verschärfung der Rationalisierungsbemühungen in der EDV. In: Universität Bremen (Hrsg.); Arbeit und Technik — Analyse von Entwicklung der Arbeit und Chancen in der Gestaltung von Arbeit. Tagungsband zum Symposium 'Arbeit und Technik' vom 21 - 23. September 1983 an der Universität Bremen, Selbstverlag, Bremen, S. 154–160.

Briefs, Ulrich (1984a): Informationstechnologie und Zukunft der Arbeit. Köln.

Briefs, Ulrich (1984b): Vom "ja, aber ..." zum "nein, es sei denn ...". In: Gewerkschaft und Computer. Schriftenreihe des Instituts für berufsbezogene Erwachsenenbildung. Universität Linz, 3(1984), 1, S. 175–205.

Brinckmann, Hans; **Jungesblut**, Bernd (1977): Neue Arbeitsstrukturen in der hessischen Steuerverwaltung. Entwurf eines Modellversuchs. 2. Auflage, Gesamthochschule Kassel, Forschungsprojekt Verwaltungsautomation, Band 09. Kassel.

Brinckmann, Hans; **Grimmer**, Klaus; **Jungesblut**, Bernd; **Karlsen**,Thore; **Lenk**, Klaus; **Rave**, Dieter (1981): Automatisierte Verwaltung. Eine empirische Untersuchung über die Rationalisierung der Steuerverwaltung. Campus Verlag, Frankfurt/New York.

Brinckmann; Hans; **Gabler**, Wolfgang; **Jungesblut**, Bernd; **van Treeck**, Werner (1985): Kommunalpolitische Ziele für die zukünftige Nutzung der Informationstechnik. Aufgaben — Personal — Selbstverwaltung. In: VOP (Verwaltungsführung, Organisation, Personal), Heft 2/1985, S. 49–60.

Brödner, Peter; **Krüger**, Detlef; **Senf**, Bernd (1981): Der programmierte Kopf. Eine Sozialgeschichte der Datenverarbeitung. Verlag Klaus Wagenbach, Berlin.

Brusis, Ilse (1985): Demokratisierung der Wirtschaft dringender denn je. In: Die Mitbestimmung 31(1985), 2/3, S. 53–54.

Buchanan, David A.; **Boddy**, David (1983): Organisations in the computerage. Technological imperatives and strategic choice. Gower, Aldershot.

Budde, Reinhard; **Kuhlenkamp**, Karin; **Matthiassen**, Lars; **Züllighoven**, Heinz (eds.) (1984): Approaches to Prototyping. Springer–Verlag, Berlin/Heidelberg/New York/Tokyo.

Budde, Reinhard; **Kuhlenkamp**, Karin; **Sylla**, Karl–Heinz; **Züllighoven**, Heinz (1985): Prototyping. Gesellschaft für Mathematik und Datenverarbeitung, St. Augustin, vervielfältigtes Manuskript (Veröffentlichung in Vorbereitung).

Bühl, Walter (1983): Die Angst des Menschen vor der Technik. Alternativen im technologischen Wandel. Econ Verlag, Düsseldorf/Wien.

Bülow, Andreas von (1982): Es hat keinen Sinn in Tristesse zu machen. Spiegel–Gespräch. In: Der Spiegel 36(1982) 15, S. 236–248.

Bundesminister für Forschung und Technologie (BMFT, Hrsg.) (1980): Technischer Fortschritt. Auswirkungen auf Wirtschaft und Arbeitsmarkt. Untersuchung der Prognos AG Basel und Mackintosh Consultants Company Ltd. Tuton. Düsseldorf/Wien (2. Auflage 1981).

Bundesminister für Forschung und Technologie (Hrsg); (1984): Informationstechnik. Konzeption der Bundesregierung zur Förderung der Entwicklung der Mikroelektronik, der Informations– und Kommunikationstechniken. BMFT–Selbstverlag, Bonn.

Buse, Michael; **Nelles**, Wilfried; **Oppermann**, Reinhard (1977): Determinanten politischer Partizipation. Theorieansatz und empirische Überprüfung am Beispiel der Stadtsanierung Andernach. Meisenheim am Glan.

Business Week (1984): "Computer people"; Yes, they really are different. In: Business Week vom 20. Februar 1984, S. 44–48.

Callon, Michel (1983): Die Kreation einer Technik. Der Kampf um das Elektroauto. In: Rammert u.a. (Hrsg.); Technik und Gesellschaft, Jahrbuch 2. Campus Verlag, Frankfurt/New York, S. 140–160.

Capra, Fritjof (1982): Wendezeit. Bausteine für ein neues Weltbild. Scherz Verlag, Bern/München/ Wien.

Cohen, M. D. **March,** J. G. **Olson,** J. P. (1976): People, Problems, Solutions and the Ambiguity of Relevants. In: March/Olson (eds.); Ambiguity and Choice in Organisations. Bergen, Oslo, Tromsoe.

Commission Of The European Communities (1983): Proposal for a Council Decision adopting the first European Strategic Programme for Research and Development in Information Technologies (ESPRIT), COM(83) 258 final, vervielfältigtes Manuskript, Brüssel.

Commission Of The European Communities (1984): Draft Council Decision adopting the 1985 Work Programme for the European Strategic Programme for Research and Development in Information Technologies (ESPRIT), COM(84) 608 final, vervielfältigtes Manuskript, Brüssel.

Conner, Daryl R. (1977): Building Commitment to Technological Change. In: Damm–Luhr: Addressing Organizational Issues. Vol. 3 of UMTA/FHWA's Microcomputers in Transportation. Selected Readings Series Sept. 1984.

Cornelius, Dietrich; **Schardt**, Lothar P. (1984): Direkte Arbeitnehmerbeteiligung bei der betrieblichen EDV–Systementwicklung. Partizipative Systemgestaltung — Mitbestimmung am Arbeitsplatz — Gewerkschaftliche Interessenvertretung. In: Autorenkollektiv (Hrsg.): Neue Medien und Technologien. Beiträge zu einer Strategiedebatte. Berlin, S. 30–65.

Couger; **Coulter** (1983): Titel der Studie unbekannt. Zitat der von University of Colorado durchgeführten Studie in "Computerwoche" Nr. 26/1983 vom 2. 9. 1983, "Softwerker fühlen sich nicht genügend gefordert", S. 44.

Cranach, Mario von; **Kalbermatten**, Urs; **Indermühle**, Katrin; **Gugler**, Beat (1980): Zielgerichtetes Handeln. Verlag H. Huber, Bern/Stuttgart/Wien.

Crozier, Michel; **Friedberg**, Erhard (1979): Macht und Organisation. Die Zwänge kollektiven Handelns. Königsstein/Taunus.

Dahl, Robert Alan (1963): Modern Political Analysis. Englewood Cliffs, N.J..

Department of Communications (eds.) (1973): Survey of public attitudes towards the computer. Information Canada, Catalogue No. Co22–473, Ottawa.

Deutsch, Karl W. (1969): Politische Kybernetik. Modelle und Perspektiven. Freiburg.

Deutsch, Morton (1969): Productive and Destructive Conflict. In: Journal of Social Issues 25(1969), pp. 7–42.

Deutscher Gewerkschaftsbund (Hrsg.) (1984): Neue Informations– und Kommunikationstechniken. Eine Stellungnahme des DGB. Selbstverlag DGB, Düsseldorf.

Deutscher Gewerkschaftsbund (1985): Materialien zur Arbeitsgruppe 9. Humanität, Solidarität, Kommunikation. Leben in der industriellen Zukunftsgesellschaft. Technologiepolitische Konferenz 1985. Vervielfältigtes Manuskript.

Diebold Deutschland GmbH (1979): Die 10 Gebote der Büroautomation. In: DMR, Mai, S. 3.

Diefenbacher, Hans; **Kißler**, Leo; **Nutzinger**, Hans G.; **Teichert**, Volker (1984): Mitbestimmung, Norm und Wirklichkeit. Fallstudie aus einem Großbetrieb der Automobilindustrie. Campus Verlag, Frankfurt/New York.

Dierkes, Meinolf (1984): Es mangelt an verläßlichen Prognosen. Zur Akzeptanz und Akzeptabilität der Informationstechnologien. In: Die Süddeutsche Zeitung, Beilage "Zeitgemäße Technik + Form" vom 4.4.1984, S. 1–2.

Dreyfus, Hubert (1979): What Computers can't do, the limits of artificial intelligence. Harper Colophon Books.

Dunker, Klaus; **Noltemeier**, Albert (Hrsg.) (1985): Organisationsmodelle für ein Bürgeramt und deren Realisierung in der Stadt Unna. Schlußbericht. Gesellschaft für Mathematik und Datenverarbeitung mbH, Reihe GMD–Studien Nr. 95, St. Augustin.

Dybowski–Johannson, Gisela (1980): Die Interessenvertretung durch den Betriebsrat. Eine Untersuchung der objektiven und subjektiven Bedingungen der Betriebsratstätigkeit. Frankfurt am Main.

Eason, K.D. (1982): The Process of Introducing Information Technology. In: Behaviour and Information Technology 1(1982),2,197–213.

Ebert, Reinhard (1985): Stand und Stand und Auswirkungen der Automatisierung in der deutschen Industrie für die Beschäftigung. In: Warneke (Hrsg.); Technischer Wandel und Einflußmöglichkeiten der Arbeitnehmer in Europa. 17. Internationale Tagung "Technischer Wandel und Einflußmöglichkeiten der Arbeitnehmer in Europa". Verlag Duncker & Humblot, Berlin/München 1985, S. 47–60.

Edstrom, A. (1977): User Influence and the Success of MIS Projects. In: Human Relations 30(1977), pp. 589–606.

Ehrenberg, Ute (1985): Anwaltsplanung im Projekt Bürgeramt. Gesellschaft für Mathematik und Datenverarbeitung, St. Augustin, Ms..

Ehrenberg, Ute; **Kaeten–Ammon**, Hans; **Tepper**, August (1983): Beteiligung von Bürgern und Mitarbeitern an der Entwicklung eines kommunalen Bürgeramtes. Zwischenbericht bis zur Phase der Auswahl eines Bürgeramtsmodells. Gesellschaft für Mathematik und Datenverarbeitung, Arbeitspapiere der GMD Nr. 69.

Ehrlich, H.J. (1969): Attitudes, Behavior, and the Intervening Variables. In: American Sociologist, 4(1969), S. 29–34.

Elden, M. (1979): Three generations of Work–democracy Experiments in Norway — Beyond classical socio–technical Systems Analysis. In: Cooper/Mumford (Eds.); The Quality of Working Life in Western and Eastern Europe. Greenwood. Westport, Conn., pp. 226–257.

Elias, Norbert (1984): Notizen zum Lebenslauf. In: Gleichmann/Goudsblom/Korte (Hrsg.); Macht und Zivilisation. Materialien zu Norbert Elias' Zivilisationstheorie 2. Suhrkamp Taschenbuch, Frankfurt a.M., S. 9–104.

Eller, Eckart C. (1985): Angestellte und Datenverarbeitung. Eine längsschnittliche Betrachtung von Einstellungen zur EDV und Arbeitszufriedenheit von Angestellten vor, während und nach der Konfrontation mit der EDV. Frankfurt/Bern/New York.

Ernst, Dieter (1983): The global race in micro–electronics. Innovation and corporate strategies in a period of crisis. Campus Verlag, Frankfurt.

Fehrenbach, Gustav (1982): Chancen und Risiken informationstechnischer Innovationen im öffentlichen Dienst. In: GMD–Spiegel, Sonderheft, S. 22–33.

Fehrmann, Eberhard (1980): Computer und Arbeitswelt — Soziale Risiken und Chancen. In: AMK Berlin (Hrsg.); IKD — Internationaler Kongreß für Datenverarbeitung, Dokumentation. Berlin 7. – 10.10.1980, S. 633–641.

Festinger, Leon (1957): A Theory of Cognitive Dissonance. Stanford.

Fjalestad, Jostein; **Pape**, Arne (1980): Die gesellschaftlichen Auswirkungen der Informationstechnologie — Norwegische Forschungsstrategien. In: Kalbhen/Krückeberg/Reese (Hrsg.); Gesellschaftliche Auswirkungen der Informationstechnologie. Ein internationaler Vergleich. Frankfurt/New York, S. 84–102.

Fleischmann, Gerd (1981): Technische Entwicklung und ökonomische Steuerung. In: Ropohl (Hrsg.): Interdisplinäre Technikforschung. Beiträge zur Bewertung und Steuerung der technischen Entwicklung. Erich Schmidt Verlag, Berlin/Bielefeld/München, S. 123–135.

Flodell, Charlotta; **Klipstein**, Michael von; **Pawlowsky**, Peter (1984): Schöne neue Arbeitswelt? Arbeitsbedingungen und Arbeitsmoral wandeln sich — aber die meisten Manager haben die darin liegende Chancen noch nicht begriffen. In: Die Zeit, Nr. 46/1984, S. 43–45.

Floyd, Christiane; **Keil**, Reinhard (1983): Softwaretechnik und Betroffenenbeteiligung. In: Mambrey/Oppermann (Hrsg.): Betroffenenbeteiligung bei der Systementwicklung. Frankfurt am Main/New York, S. 137–164.

Foppa, Klaus (1970): Lernen, Gedächtnis, Verhalten. Köln/Berlin (6. Auflage).

Franz, Charles R.; **Robey**, Daniel (1984): An Investigation of User–Led System Design: Rational and Political Perspectives. In: Communications of the ACM 27(1984), 12, pp. 1202–1209.

Fraunhofer–Institut für Produktionstechnik und Automatisierung (1981): Grundlagenuntersuchung zur Benutzerpartizipation bei Systementwicklungen. Abschlußbericht zum Forschungsvorhaben des Fraunhofer–Instituts für Produktionstechnik und Automatisierung. Stuttgart (Ms.).

Frew, David R. (1980): Führungsstil aus der Sicht von Vorgesetzten und Mitarbeitern. In: Grunwald/Lilge (Hrsg.): Partizipative Führung. Betriebswirtschaftliche und sozialpsychologische Aspekte. Bern und Stuttgart, S. 173–188.

Fricke, Else; **Fricke**, Werner (1977): Industriesoziologie und Humanisierung der Arbeit. Über die Möglichkeiten und Schwierigkeiten industrie–soziologischer Forschung, einen Beitrag zur autonomie–orientierten Gestaltung von Arbeitssystemen zu leisten. In: Soziale Welt, 28(1977), S. 91–108.

Fricke, Else; **Fricke**, Werner; **Schönwälder**, Manfred; **Stiegler**, Barbara (1981): Qualifikation und Beteiligung. Das Peiner Modell. Frankfurt.

Fricke, Else; **Notz**, Gisela; **Schuchardt**, Wilgart (1982): Beteiligung im Humanisierungsprogramm. Eine Zwischenbilanz 1974–1980. Bonn.

Fricke, Werner; **Krahn**, Karl; **Peter**, Gerd (1985): Arbeit und Technik als politische Gestaltungsaufgabe. Ein Gutachten aus sozialwissenschaftlicher Sicht. Mit einem Anhang von Helmut Spitzley und Klaus Theo Schröder und einem Vorwort von Horst-Werner Franke. Herausgegeben vom Senator für Bildung, Wissenschaft und Kunst der Freien Hansestadt Bremen. Verlag Neue Gesellschaft, Bonn.

Friedmann, Georges (1953): Die Zukunft der Arbeit. Bund–Verlag, Köln.

Friedrich, Otto (1984): Minding our manners again. A witty columnist sees a new concern with civility. In: Time Nr. 45/1984, pp. 28–38.

Friedrichs, Günter; **Schaff**, Adam (Hrsg.) (1982): Auf Gedeih und Verderb. Mikroelektronik und Gesellschaft. Bericht an den Club of Rome. Wien.

Fritz, Jürgen (1985): Kämpfe im Labyrinth. Videospiele — eine Parallelwelt entsteht. In: Die Süddeutsche Zeitung Nr. 22. vom 26./27. Januar 1985, Gesellschaft und Familie, Seite V.

Gaugler, E. u.a. (1979): Rationalisierung und Humanisierung von Büroarbeiten. Mannheim.

Gesellschaft für Organisation (1980): Den Bildschirmarbeitsplatz gibt es nicht! Bildschirmarbeit und ihre Gestaltung. In: Zeitschrift für Organisation, 6/80, S. 360–362.

Gewald, Klaus; **Haake**, Gisela; **Pfadler**, Werner (1977): Software–Engineering. Grundlagen und Technik rationeller Programmentwicklung. Oldenbourg Verlag, München.

Giedion, Siegfried (1982): Die Herrschaft der Mechanisierung. Ein Beitrag zur anonymen Geschichte. Mit einem Nachwort von Stanislaus von Moos. Europäische Verlagsanstalt, Frankfurt.

Göranzon, Bo et al. (1982): Job Design and Automation in Sweden. Skills and Computerisation. Center for Working Life, Stockholm.

Gottschalch, Holm (1981): Bedürfnisse und Motive der Produzenten. Fünf Beiträge zur Theorie und Geschichte des Bewußtseins der Industriearbeiter. Mit einem Vorwort von Walter Volpert. Campus Verlag, Frankfurt/New York.

Graumann, Carl–Friedrich (1956): "Social Perception". Die Motivation der Wahrnehmung in neueren amerikanischen Untersuchungen. In: Zeitschrift für experimentelle und angewandte Psychologie, (1956), 3, S. 605–661.

Graumann, Carl–Friedrich (1966): Nicht–sinnliche Bedingungen des Wahrnehmens. In: Metzger (Hrsg.): Handbuch der Psychologie, Band 1: Wahrnehmung und Bewußtsein. Göttingen, S. 1031–1096.

Gröholt, Per (1979): Social Development and Accountability, Professionalism and the Future Role of Systems Designers. In: Niels Bjoern–Andersen (Ed.): The Human Side of Information Processing. Amsterdam/New York/Oxford, pp. 199–208.

Gronemeyer, Reimer (1973): Integration durch Partizipation? Frankfurt.

Groß, Jürgen (1985): Entwicklung des strategischen Informations–Managements in der Praxis. In: Strunz (Hrsg.); Planung in der Datenverarbeitung. Von der DV–Planung zum Informationsmanagement. Fachtagung der Gesellschaft für Informatik e.V. im Mai 1984. Springer Verlag, Berlin u.a., S. 38–66.

Gruhler, Wolfram (1984): Technik — Produktivität — Arbeitsmarkt. Deutscher Instituts-Verlag, Köln.

Grunow, Dieter; **Hegner**, Friedhart (1979): Implikationen bürgerfernen Verwaltungshandelns für Steuerzahler und Sozialleistungsempfänger. In: Hoffmann-Riem (Hrsg.): Bürgernahe Verwaltung? Analysen über das Verhältnis von Bürger und Verwaltung. Luchterhand Verlag, Neuwied/Darmstadt, S. 174-194.

Haase, Volkmar; **Stucky**, Wolffried; **Wegener**, Lutz (1981): Datenverarbeitung heute. Menschen, Maschinen, Daten, Programme. B.G. Teubner, Stuttgart.

Hacker, Winfried (1978): Allgemeine Arbeits- und Ingenieurpsychologie. Psychische Struktur und Regulation von Arbeitstätigkeiten. Zweite, überarbeitete Auflage. Verlag Hans Huber, Lizenzausgabe des VEB Deutscher Verlag der Wissenschaften, Berlin.

Haddenhorst, Susanne (1980): Voraussetzungen für ein Wirksamwerden von Arbeitsgruppen. In: Stein/Reisacher (Hrsg.), Mitbestimmung über den Arbeitsplatz. Bund-Verlag, Köln, S. 108-115.

Haefner, Klaus (1980): Der "Große Bruder". Chancen und Gefahren für eine informierte Gesellschaft. Düsseldorf.

Hagstotz, Werner (1981): Betroffenheit und kollektives Handeln im ländlichen Raum. Empirisch-theoretische Studie über Bürgerinitiativen im Konflikt um Planung und Bau der Neubaustrecke Mannheim - Stuttgart. Verlag Haag + Herchen, Frankfurt a.M. 1981.

Halfmann, Jost (1984): Zur Entstehung der Mikroelektronik. Zur Produktion technischen Fortschritts. Campus Verlag, Frankfurt/New York.

Hammer, Carl (1984): Beyond the data processing horizon. In: Arbeitsgemeinschaft für Datenverarbeitung (Hrsg.), Informationstechnologie: Realität und Vision. Referate des 7. ADV-Kongresses "Datenverarbeitung im europäischen Raum" vom 19. - 23. März in Wien. Selbstverlag ADV, Wien, S. 242-251.

Hansen, Hans Robert; **Schröder**, Klaus Theo; **Weihe**, Hermann Joachim (Hrsg.) (1979): Mensch und Computer. Zur Kontroverse über die ökonomischen und gesellschaftlichen Auswirkungen der EDV. München/Wien.

Harsanyi, J. C. (1965): Messung sozialer Macht. In Shubik (ed); Spieltheorie und Sozialwissenschaften. Hamburg.

Hartmann, Michael (1984): Rationalisierung im Widerspruch. Ursachen und Folgen der EDV-Modernisierung in Industrieverwaltungen. Campus Verlag, Frankfurt/New York.

Haunhorst, Hubert (1980): Darstellung eines Beschreibungsmittels und erste Erfahrungen seines Einsatzes im Rahmen der Ist-Aufnahme des Projektes SCHULIS. Interner Bericht. Birlinghoven.

Hausen, Hans-Ludwig; **Müllerburg**, Monika; **Züllighoven**, Heinz (1982): Industrialisierte Software-Produktion durch Software-Produktions-Umgebungen? Gesellschaft für Mathematik und Datenverarbeitung, St. Augustin, Manuskript zur Veröffentlichung in der Computerwoche vorgesehen.

Hebden, John E.; **Shaw**, Graham H. (1977): Pathways to participation. Associated Business Programmes, London.

Hedberg, Bo; **Mumford**, Enid (1975): The Design of Computer Systems. In: Mumford/Sackman (Eds.): Human Choice and Computers. Amsterdam/New York/Oxford, pp. 31-59.

Heibey, Hans W.; **Lutterbeck**, Bernd; **Töpel**, Michael (1977): Auswirkungen der elektronischen Datenverarbeitung in Organisationen. Bundesminsterium für Forschung und Technologie, Forschungsbericht DV 77-01. Eggenstein-Leopoldshafen.

Heider, Fritz (1946): Attitudes and Cognitive Organization. In: Journal of Psychology, 21 (1946), pp. 107-112.

Heider, Fritz (1958): The Psychology of Interpersonal Relations. New York.

Heilmann, Heidi (1981): Modelle und Methoden der Benutzermitwirkung in Mensch-Computer-Systemen. Stuttgart/Wiesbaden.

Heinemann, Karl-Heinz (1985): Bürgernahe Verwaltung durch EDV-Einsatz? In: Deutsche Volkszeitung/die tat, Nr. 36/1985 (vom 6. September 1985), S. 9.

Henize, John (1981): Ein Rahmen für die Bewertung der Auswirkungen der Informationstechnologie auf die Beschäftigungssituation. In: GMD-Spiegel, Heft Nr. 2/1981, S. 33–42.

Henize, John (1983): Auswirkungen der neuen Technologien auf Arbeitsmarkt und Qualität des Arbeitslebens. In: GMD-Spiegel, Heft Nr. 1/1983, S. 38–44.

Hieber, Lutz (1983): Aufklärung über Technik. Zum Unterschied von wissenschaftlicher und politischer Technikkritik. Campus Verlag, Frankfurt/New York.

Hill, P. (1971): Towards a new Philosophy of Management. Epping, Essex.

Hörning, Karl H.; **Bücker-Gärtner**, Heinrich (1982): Angestellte im Großbetrieb. Loyalität und Kontrolle im organisatorisch-technischen Wandel. F. Enke Verlag, Stuttgart.

Hoffmann-Nowotny, Hans; **Gehrmann**, Friedhelm (Hrsg.) (1984): Ansprüche an die Arbeit. Umfragedaten und Interpretationen. Soziale Indikatoren XI. Konzepte und Forschungsansätze. Campus Verlag, Frankfurt/New York.

Hohner, Hans-Uwe (1982): Ursachenzuschreibung (locus of control) und betriebspolitisches Engagement. In: Preiser (Hrsg.): Kognitive und emotionale Aspekte politischen Engagements. Weinheim, Basel, S. 130–147.

Holler, Wolfgang (1981): Strukturprobleme der Kommunalverwaltung. In: Tränhardt/Uppendahl (Hrsg.); Alternativen lokaler Politik. Kommunalverfassung als politisches Problem. Verlag Anton Hain, Königsstein/Ts., S. 113–136.

Holzkamp, Klaus (1972): Soziale Kognition. In: Graumann (Hrsg.): Handbuch der Psychologie, Band 7: Sozialpsychologie, 2. Halbband. Göttingen, S. 1263–1341.

Hoyer, Helmut; **Knuth**, Matthias (1977): Humanisierung der Arbeitsorganisation. Literaturbericht, Ms. Hamburg.

Hütter, Manfred; **Jobst**, Eberhard; **Lohr**, Ehrenfried; **Nier**, Michael (1984): Mikroelektronic und Gesellschaft. Akademie-Verlag, Berlin (DDR).

IGM (1983): Maschinen wollen sie — uns Menschen nicht. Rationalisierung in der Metallwirtschaft. Eine Bestandsaufnahme des Vorstandes der Industriegewerkschaft Metall. Abteilung Automation und Technologie. (ohne Ort).

Issen, Roland (1982): Rationalisierung — Chancen und Gefahren für die Arbeitnehmer. Zur Anwendung moderner Technologien aus gewerkschaftlicher Sicht. In: Zeitschrift für Organisation 51(1982), S. 305-310.

Ives, Blake; **Olson**, Margarete H. (1984): User Involvement and Mis Success: A Review of Research. In: Management Science 30(1984) 5, pp. 586–603.

Japp, Klaus P. (1984): Selbsterzeugung oder Fremdverschulden. Thesen zum Rationalismus in den Theorien sozialer Bewegungen. In: Soziale Welt (1984) 4, S. 313–329.

Jochimsen, Reimut (1982): Mikroelektronik — Schnell auf leisen Sohlen. In: Der Erfolg (1982) 5, 11.

Joerges, Bernward (1981): Zur Soziologie und Sozialpsychologie des alltäglichen technischen Wandels. In: Ropohl (Hrsg.): Interdisplinäre Technikforschung. Beiträge zur Bewertung und Steuerung der technischen Entwicklung. Erich Schmidt Verlag, Berlin/Bielefeld/München, S. 137–151.

Jürgens, Ulrich; **Naschold**, Frieder (Hrsg.) (1984): Arbeitspolitik. Materialien zum Zusammenhang von politischer Macht, Kontrolle und betrieblicher Organisation der Arbeit. Leviathan Sonderheft 5/1983. Westdeutscher Verlag, Opladen.

Jungkind, Wilfried; **Reich**, Wolfgang; **Schalles**, Roland (1984): Hang zum Zentralismus. Maschinen wollen sie — Menschen nicht. In: Die Computerwoche Nr. 47/1984, S. 56–60.

Jung, Volker (1985): Mitbestimmung am Arbeitsplatz — ein neues Aufgabenfeld der Gewerkschaften. In: Die Mitbestimmung 31(1985)2-3, S. 65.

Junne, Gerd (1985): Beschäftigungskrise, internationale Konkurrenz und Innovation. Unternehmensstrategien und staatliche Technologiepolitik zur Bewältigung der technologischen Herausforderung. Vortrag auf der "Technologiepolitischen Konferenz 1985"des Deutschen Gewerkschaftsbundes. Vervielfältigtes Manuskript.

Kern, Horst; **Schumann**, Michael (1970/1977): Industriearbeit und Arbeiterbewußtsein. Band 1. Studienausgabe, Campus Verlag, Frankfurt (Erstausgabe 1970).

Kern, Horst; **Schumann**, Michael (1982a): Rationalisierung und Arbeiterverhalten. Gedanken zu einer Folgestudie zu "Industriearbeit und Arbeiterbewußtsein". In: Jokisch (Hrsg.); Techniksoziologie. Suhrkamp Verlag, Frankfurt, S. 368–393.

Kern, Horst; **Schumann**, Michael (1982b): Rationalisierung und Arbeiterverhalten. Ansatz und erste Befunde einer Folgestudie zu "Industriearbeit und Arbeitsbewußtsein". In: Schmidt/Brazyck/Knesebeck (Hrsg.); Materialien zur Industriesoziologie. Sonderheft 24/1982 der Kölner Zeitschrift für Soziologie und Sozialpsychologie. Westdeutscher Verlag, Opladen, S. 105–131.

Kern, Horst; **Schumann**, Michael (1983): Arbeit und Sozialcharakter–Alte und neue Konturen. In: Matthes (Hrsg.); Krise der Arbeitsgesellschaft? Verhandlungen des 21. Deutschen Soziologentages im Bamberg 1982. Campus Verlag, Frankfurt/New York, S. 353–365.

Kern, Horst; **Schumann**, Michael (1984): Das Ende der Arbeitsteilung? Rationalisierung in der industriellen Produktion — Bestandsaufnahme, Trendbestimmung. C. H. Beck Verlag, München.

Kevenhörster, Paul (1984): Politik im elektronischen Zeitalter. Politische Wirkungen der Informationstechnik. Baden–Baden.

Kidder, Tracy (1982): Die Seele einer neuen Maschine. Birkhäuser Verlag, Basel.

King, William R.; **Rodriguez**, Jamie I. (1981): Participative Design of Strategic Decision Support Systems: An Empirical Assessment. In: Management Science 27(1981) 6, pp. 717–726.

Kirsch, Werner (1977): Einführung in die Theorie der Entscheidungsprozesse. Zweite, durchgesehene und ergänzte Auflage der Bände I bis III als Gesamtausgabe. Th. Gabler Verlag, Wiesbaden.

Kirsch, Werner; **Scholl**, Wolfgang (1977): Demokratisierung — Gefährdung der Handlungsfähigkeit organisatorischer Führungssysteme? In: Die Betriebswirtschaft, 37(1977) 2, S. 235–246.

Klages, Helmut; **Schmidt**, Rolf W. (1978): Methodik der Organisationsänderung. Baden–Baden.

Klaus, Georg; **Buhr**, Manfred (Hrsg.) (1972): Philosophisches Wörterbuch. 2 Bände. Verlag Das Europäische Buch, Berlin 1972.

Klein, Hanno (1980): Partnerschaft zwischen Fachabteilung und EDV. In: Heilmann (Hrsg.): 9. Jahrbuch der EDV. Zusammenarbeit zwischen Fachabteilung und EDV. Stuttgart/Wiesbaden, S. 15–63.

Kling, Rob (1979): Social issues and impacts of computing. A survey of north american research. University of California, Working Papers, No. WP–79–82, Irvine (Ca.).

Klipstein, Michael von; **Strümpel**, Burkhard (1984): Der Überdruß am Überfluß. Die Deutschen nach dem Wirtschaftswunder. München.

Kluth, Heinz (1966): Technische und nicht–technische Determinanten der Arbeitsorganisation. In: Soziologie und moderne Gesellschaft. Verhandlungen des 14. Deutschen Soziologentages. Stuttgart.

Kohl, Heribert (1983): Ziele und Instrumente der Mitbestimmung am Arbeitsplatz. In: Die Mitbestimmung 29(1983)5, S. 230–234.

Kranz, Kurt (1984): Bauhaus–Pädagogik im Zeitalter der Elektronik? Am Beispiel von Josef Albers, Wassili Kandinsky und Paul Klee. In: Die Süddeutsche Zeitung, Beilage "Zeitgemäße Technik + Form" vom 4.4.1984, S. 1–3.

Kruppa, Heinz–Jürgen (1984): Was uns die Zeichen bedeuten. Der IV. Kongreß der Gesellschaft für Semiotik tagte in München. In: Die Süddeutsche Zeitung, Nr. 251/1984, S. 32.

Kruse, Lenelis (1981): Psychologische Aspekte des technischen Fortschritts. In: Ropohl (Hrsg.): Interdisplinäre Technikforschung. Beiträge zur Bewertung und Steuerung der technischen Entwicklung. Erich Schmidt Verlag, Berlin/Bielefeld/München, S. 71–81.

Kubicek, Herbert (1978): Partizipatives Innovationsmanagement. Ein Weg zur Bewältigung von Zukunftsproblemen des Computereinsatzes auf betrieblicher Ebene. In: ÖVD–Sonderheft, S. 26–30.

Kubicek, Herbert (1980a): Interessenberücksichtigung beim Technikeinsatz im Büro– und Verwaltungsbereich. Grundgedanken und neuere skandinavische Entwicklungen. München/Wien (Bericht der GMD Nr. 125).

Kubicek, Herbert (1980b): Zum Problem der Gestaltungsspielräume bei der Arbeits– und Organisationsgestaltung. In: Herbert Kubicek u.a.: Humanisierung durch Partizipation? Unveröffentlichter Projektbericht, Bd. 2, Universität Trier, S. 1–55.

Kubicek, Herbert (1981): Zu den Schwierigkeiten im Reden über "Partizipation bei der Systementwicklung". In: Mambrey/Oppermann (Hrsg.); Partizipation bei der Systementwicklung (Teil 2). Interner Bericht IPES.81.208. GMD St. Augustin, S. 5–17.

Kubicek, Herbert (1983): User Participation in System Design: Some Questions about Structure and Content Arising from recent Research from a Trade Union Perspective. In: Briefs/Ciborra/Schneider (Eds.); Systems Design For, With, And By the Users. Amsterdam/New York/Oxford, pp. 3–18.

Kubicek, Herbert; **Berger**, Peter (1983): Regelungen und Rahmenbedingungen der Beteiligung im Bereich der Arbeitgeber¬Arbeitnehmer–Beziehungen. In: Mambrey/Oppermann (Hrsg.): Beteiligung von Betroffenen bei der Entwicklung von Informationssystemen. Frankfurt/New York, S. 23–85.

Kübler, Hans–Dieter (1985): Compaktionen. Wie verändern die Computer die sozialen Beziehungen? In: Die Neue Gesellschaft/Frankfurter Hefte, Vol. 32, Heft Nr. 1/1985, S. 28–33.

Laatz, Wilfried (1979): Ingenieure in der Bundesrepublik Deutschland. Gesellschaftliche Lage und politisches Bewußtsein. Campus Verlag, Frankfurt.

Land, Frank F. (1982): Concepts and Perspectives: A Review. In: Hawgood (ed.): Evolutionary Information Systems. Amsterdam/New York/Oxford, pp. 3–12.

Land, Frank (1983): Partizipation: Ihre Begründungen, Werkzeuge und Techniken. In: Mambrey/Oppermann (Hrsg.): Beteiligung von Betroffenen bei der Entwicklung von Informationssystemen. Frankfurt/New York, S. 188–215.

Lane, Robert E. (1959): Political Life — How and Why People get Involved in Politics. New York.

Lange, Klaus (1984): Das Image des Computers in der Bevölkerung. Gesellschaft für Mathematik und Datenverarbeitung, GMD–Studie Nr. 80, St. Augustin.

Langefors, B. (1978): Analysis of User Needs. In: Bracchi/Lockemann (Eds.); Information Systems Methodology. Berlin/Heidelberg/New York, pp. 1–38.

Langenheder, Werner (1980): Wirkungsforschung. Modethema oder Forschungsgegenstand mit Zukunft? Zur Wirkungsforschung in der GMD. In: GMD–Spiegel 1/1980, S. 22–34.

Langenheder, Werner (1982): Perspektiven der Wirkungsforschung. In: Arbeitskreis Rationalisierung Bonn (Hrsg.); Verdatet, verdrahtet, verkauft. Stuttgart, S. 169–188.

La Porte, Todd; **Metlay**, Daniel (1975): They watch and wonder, public attitudes toward advanced technology. Institute of Govermental Studies, University of California, Ms., Berkeley.

Leavitt, H.J. (1965): Applied Organizational Change in Industry: Structural, Technological, and Humanistic Approaches. In: March (ed.): Handbook of Organizations. Chicago, pp. 1144–1170.

Leithäuser, Thomas; **Vollmerg**, Birgit; **Salje**, Günter; **Vollmerg**, Ute; **Wutka**, Bernhard (1977): Entwurf zu einer Empirie des Alltagsbewußtseins. Edition Suhrkamp, Frankfurt.

Lenk, Klaus (1980): Probleme der Verwaltungsinnovation durch DV-gestützte Verfahren. In: ÖVD (1980) 10, S. 3-9.

Leroi-Gourhan, Andrè (1984): Hand und Wort. Die Evolution von Technik, Sprache und Kunst. Zweite Auflage, Suhrkamp Verlag, Frankfurt.

Liebig, Volkmar (1980): Organisationsänderung. Ziele und Methoden. In: Zeitschrift für betriebswirtschaftliche Forschung 32(1980) 2, S. 191-200.

Liedtke, Bernd H. (1984a): Einrichtung eines Bürgeramtes aus Bürgersicht. Bürgerumfrage Unna 1982: Konzept und Durchführung. Gesellschaft für Mathematik und Datenverarbeitung, GMD-Studien Nr. 83, St. Augustin.

Liedtke, Bernd H. (1984b): Einrichtung eines Bürgeramtes aus Bürgersicht. Ergebnisse der Bürgerumfrage 1981 und der Bürgerumfrage 1982 in Unna. Gesellschaft für Mathematik und Datenverarbeitung, GMD-Studie Nr. 92, St. Augustin.

Likert, Rensis (1967): The human organisation, its management and value. New York.

Lohmar, Ulrich (1985): Im Schatten der Giganten. Die IBM fordert Europa heraus. Die Konzern-Policy von Big Blue vor dem Hintergrund der internationalen wirtschaftspolitischen Auseinandersetzung. In: Computerwoche, Nr. 16/1985, S. 8-12.

Lompe, Klaus (1971): Gesellschaftspolitik und Planung. Probleme politischer Planung in der sozialstaatlichen Demokratie. Freiburg im Breisgau.

Lorenz, Konrad (1983): Der Abbau des Menschlichen. Verlag Piper, München.

Lucas, Henry C. Jr. (1975): Why Information Systems Fail. New York.

Luhmann, Niklas (1971): Politische Planung. Opladen.

Lukat, Angelika; **Wedde**, Horst (ohne Jahr): Managing the development of evolutionary software systems, organizational context and problems of a software production system. Gesellschaft für Mathematik und Datenverarbeitung, St. Augustin, Manuskript zur Veröffentlichung in Human Systems Management.

Lukes, Rudolf (1981): Technik und Recht. In: Ropohl (Hrsg.): Interdisplinäre Technikforschung. Beiträge zur Bewertung und Steuerung der technischen Entwicklung. Erich Schmidt Verlag, Berlin/Bielefeld/München, S. 185-194.

Lundeberg, Mats (1976): Some Propositions concerning Analysis and Design of Information Systems. The Royal Institut of Technology and the University of Stockholm. Stockholm.

Luthans, F.; **Davis**, T. R. V. (1980): An Idiographic Approach to organizational Behavior Research: The use of single Case Experimental Designs and direct Measures. In: Academic Management Review 7(1982), pp. 380-391.

Lutz, Burkart (1969): Produktionsprozeß und Berufsqualifikation. In: Spätkapitalismus oder Industriegesellschaft? Verhandlungen des 16. Deutschen Soziologentages. Stuttgart, S. 227ff.

Lutz, Burkart (1979): Referat im Arbeitskreis II "Bildung-Beruf-Technik" auf dem 1. Forum "Arbeit und Technik", 1./2. Februar 1979 in Essen. In Forum Zukunft SPD, hrsg. vom Vorstand der SPD, Bonn, S. 85-95.

Mambrey, Peter (1983): Beteiligung von Schulpersonal, Schülern und Eltern an der Entwicklung eines Schulinformationssystems. Bericht aus einem laufenden Projekt. Arbeitspapiere der Gesellschaft für Mathematik und Datenverarbeitung Nr. 27, St. Augustin.

Mambrey, Peter (1985): Arbeitnehmerbeteiligung beim Einsatz informationstechnischer Systeme im Betrieb. München/Wien.

Mambrey, Peter; **Oppermann**, Reinhard (1985a): Benutzerbeteiligung bei der Systementwicklung — Einschätzung der Möglichkeiten durch Experten. In: Angewandte Informatik 3/85, S. 111-119.

Mambrey, Peter; **Oppermann**, Reinhard (1985b): Die Benutzerbeteiligung aus der Sicht von Führungskräften. In: ÖVD/Online 4/1985, S. 111-116.

Mambrey, Peter; **Oppermann**, Reinhard (1985c): Mitarbeiterbeteiligung beim Einsatz von DV-Systemen aus der Sicht von Betriebs- und Personalräten. In: ÖVD/Online 5/1985, S. 82–87.

Mambrey, Peter; **Oppermann**, Reinhard (1985d): Praxisberichte von Systemeinführungen aus der Sicht von Betroffenen, Entwicklern und Führungskräften. Arbeitspapiere der GMD, Nr. 169. St. Augustin.

Marchington, Mick (1980): Responses to participation at work. A study of the attitudes and behaviour of employees, shop stewards and managers in a manufacturing company. Gower Publishing, Westmead/Farnborough.

March, James G.; **Simon**, Herbert A. (1976): Organisation und Individuum. Menschliches Verhalten in Organisationen. Wiesbaden. (Original: Organizations. New York 1958.)

Martins, Gary R. (1984): The overselling of expert systems. AI researchers have brought us inference engines, high-order languages, and knowledge engineering. But have they build a better mousetrap? In: Datamation, 1. November 1984, pp. 76–80.

Maslow, A. H. (1954): Motivation and Personality. Chicago.

Mathiassen, Lars; **Rolskov**, Birgitte; **Vedel**, Eline (1983): Regulating the Use of EDP by Law and Agreements. In: Briefs/Ciborra/Schneider (eds.): Systems Design For, With, and By the Users. Amsterdam/New York, pp. 251–264.

Mayer, Richard E. (1979): Denken und Problemlösen. Eine Einführung in menschliches Denken und Lernen. Springer Verlag, Berlin/Heidelberg.

McGregor, Douglas (1970): Der Mensch im Unternehmen. Düsseldorf. (Original: The Human Side of Enterprise. New York et al., 1960)

McLuhan, Marshall (1970): Die magischen Kanäle. "Understanding Media". Fischer Taschenbuch, Frankfurt.

Mertens, Peter; **Anselstetter**, Reiner; **Eckardt**, Thomas (1981):Wirkungen von DV-Anwendungen. In: IBM Nachrichten 31(1981), 256, S. 33–37.

Mertens, Peter; **Anselstetter**, Reiner; **Eckardt**, Thomas; **Nickel**, Reinhard (1982): Betriebswirtschaftliche Nutzeffekte und Schäden der EDV — Ergebnisse des NSI-Projektes. In: ZfbF 3/1982.

Mesch, Franz (1981): Die Technik im Selbstverständnis der Ingenieurwissenschaften. In: Ropohl (Hrsg.): Interdisplinäre Technikforschung. Beiträge zur Bewertung und Steuerung der technischen Entwicklung. Erich Schmidt Verlag, Berlin/Bielefeld/München, S. 37–45.

Mickler, Otfried; **Dittrich**, Eckhard; **Neumann**, Uwe (1976): Technik, Arbeitsorganisation und Arbeit. Eine empirische Untersuchung in der automatisierten Produktion. Aspekte Verlag, Frankfurt.

Mielke, Martin (1985): Korrektive Gestaltung von transaktionsorientierter Standardsoftware. Prinzipien, Probleme, Ergebnisse. In: Bullinger (Hrsg.); Software-Ergonomie '85. Mensch-Computer-Interaktion. Berichte von der Tagung III/1985 des German Chapter of the ACM am 24. und 25. 9. 1985 in Stuttgart. Verlag B. G. Teubner, Stuttgart.

Müller-Böling, Detlef (1978): Arbeitszufriedenheit bei automatisierter Datenverarbeitung. Eine empirische Analyse zur Benutzeradäquanz computergestützter Informationssysteme. München/Wien.

Müller-Böling, Detlef (1984): Einstellung zur Informationstechnik im zeitlichen Wandel — Ergebnisse von Benutzerbefragungen aus den Jahren 1974–1983. In: Angewandte Informatik (1984) 3, S. 98–107.

Müller-Böling, Detlef; **Müller**, Michael (1983): Zum Zusammenhang zwischen Informationstechnik, Organisationsstruktur und individuellem Handlungsspielraum. Vortragsmanuskript für die Tagung "Mensch-Maschine-Kommunikation" vom 15. bis 16. November 1982, veranstaltet von der Gesellschaft für Mathematik und Datenverarbeitung. In: Office Management, Sonderheft Mensch-Maschine-Kommunikation 1983, S. 18ff.

Müller, Werner R.; **Hill**, Wilhelm (1980): Die situative Führung. In: Grunwald/Lilge (Hrsg.): Partizipative Führung. Betriebswirtschaftliche und sozialpsychologische Aspekte. Bern/Stuttgart, S. 129–172.

Mulder, Mauk (1971): Power equalisation through participation? In: Administrative Science Quarterly, Vol. 16 (1971), pp. 31–38.

Mulder, Mauk (1977): The Daily Power Game. Leiden.

Mumford, Enid (1972): Job Satisfaction. A Study of Computer Specialists. London.

Mumford, Enid; **Henshall**, Don (1979): A Participative Approach To Computer Systems Design. London.

Mumford, Enid; **Land**, Frank; **Hawgood**, John (1978): A Participative Approach to the Design of Computer Systems. In: Impact of the Science on Society, 28(1978), 3, 235–253.

Mumford, Enid; **Weir**, Mary (1975): Designing Computer Systems for Efficiency and Job Satisfaction. (The ETHICS Method) London.

Mumford, Enid; **Welter**, Günter (1984): Benutzerbeteiligung bei der Entwicklung von Computersystemen. Verfahren zur Steigerung der Akzeptanz und Effizienz des EDV–Einsatzes. Berlin.

Mumford, Lewis (1977): Mythos der Maschine. Kultur, Technik und Macht, Die umfassende Darstellung der Entdeckung und Entwicklung der Technik. Fischer Taschenbuch, Frankfurt.

Muszynski, Bernhard (1982): Forschungspolitik und Humanisierung der Arbeit. Minerva Verlag, München.

Nake, Frieder (1984): Schnittstelle Mensch–Maschine. In: Das Kursbuch, Nr. 75 (Computerkultur), Kursbuch–Verlag, Berlin, S. 109–118.

Naßmacher, Karl–Heinz; **Holler**, Walter (1976): Rat und Verwaltung im Prozeß kommunalpolitischer Willensbildung. In: Aus Politik und Zeitgeschichte. Beilage zur Zeitung Das Parlament B4/1976.

Neef, Wolfgang; **Rubelt**, Jürgen; **Müller**, Angela (1984): Die Frage der Organisierung von Ingenieuren. Neue Ansätze für die Arbeit der IG Metall mit der "Technischen Intelligenz" zeichnen sich ab. In: Die Mitbestimmung, Heft 10/11(1984), S. 440–444.

Nelles, Wilfried (1977): Politische Partizipation und kommunaler Planungsprozeß. Untersuchung zu den Bedingungen wirksamer Partizipation am Beispiel einer Stadtsanierung. Phil. Diss. Bonn.

Nelles, Wilfried (1984): Kollektive Identität und politisches Handeln in Neuen sozialen Bewegungen. In: Politische Vierteljahresschrift, 25(1984), 4, S. 425–440.

Nelles, Wilfried; **Opppermann**, Reinhard (1979). Stadtsanierung und Bürgerbeteiligung. Göttingen.

Neuberger, Oswald (1974): Theorien der Arbeitszufriedenheit. Verlag Kohlhammer, Stuttgart, Berlin, Köln und Mainz.

Neugebauer, Ursula; **Marock**, Jürgen; **Bujara**, Gerd (1983): Der Markt für Software, Systeme und DV–bezogene Dienstleistungen in der Bundesrepublik Deutschland. GMD–Studie Nr. 74. St. Augustin.

Niebur, Rainer (1983): Qualitätszirkel in den Unternehmen. Auch eine neue Qualität in der Mitbestimmungsdiskussion? In: Die Mitbestimmung, 29(1983) 5, S. 201–205.

Niebur, Rainer (1984): Betriebsdatenerfassung — Ein unternehmerisches Rationalisierungsinstrument. In: Kohl/Schütt (Hrsg.); Neue Technologien und Arbeitswelt. Was erwartet die Arbeitnehmer? Bund–Verlag, Köln, S. 71–84.

Nocke; Joachim (1979): Bürgernähe als Qualifikationsproblem? Theoretische Voraussetzungen eines neuen Lernzieles. In: Hoffmann–Riem (Hrsg.): Bürgernahe Verwaltung? Analysen über das Verhältnis von Bürger und Verwaltung. Luchterhand Verlag, Neuwied/Darmstadt, S. 113–139.

Noelle–Neumann, Elisabeth; **Strümpel**, Burkhard (1984): Macht Arbeit krank? Macht Arbeit glücklich? Eine aktuelle Kontroverse. Piper, München.

Nygaard, Kristen (1983): Participation in System Development. The Task Ahead. In: Briefs/Ciborra/Schneider (Eds.); Systems Design for, with and by the Users. Amsterdam/New York/Oxford, pp. 19–25.

Ødegaard, Lars A.; **Gustavsen**, B. (1984): A Programme for Organizational Development in Norwegian State Institutions. Sage Publications, Economic and Industrial Democracy Vol. 5, London.

ÖTV (1981): Bearbeitung von Rationalisierungsproblemen in der gewerkschaftlichen Interessenvertretung. Informationsmaterial der ÖTV, Stuttgart.

ÖTV (1984): Automation in der Verwaltung. Bestandsaufnahme im Bereich der Abteilung Allgemeine Bundesverwaltungen und Bundeskörperschaften. Fragebogenaktion. Stuttgart (Ms.).

Offe, Klaus (1972): Strukturprobleme des kapitalistischen Staates. Frankfurt am Main.

Olson, Mancur (1968): Die Logik kollektiven Handelns. Kollektivgüter und die Theorie der Gruppen. Tübingen.

Oppelland, Hans Jürgen (1983): PORGI — Konzeption und methodische Hilfen für eine partizipative Systementwicklung. In: Mambrey/Oppermann (Hrsg.); Beteiligung von Betroffenen bei der Entwicklung von Informationssystemen. Frankfurt/New York, S. 165–187.

Oppermann, Reinhard (1975): Die Dreikomponentenkonzeption der Einstellung. Phil.Diss. Bonn.

Oppermann, Reinhard (1980): Bürgerbeteiligung und Expertokratie. In: Hoyos/Kroeber–Riel/Rosenstiel/Strümpel (Hrsg.); Grundbegriffe der Wirtschaftspsychologie. München, S. 209–216.

Oppermann, Reinhard (1983): Forschungsstand und Perspektiven partizipativer Systementwicklung. München/Wien.

Oppermann, Reinhard; **Mambrey**, Peter (1985): Benutzerbeteiligung aus der Sicht von Systementwicklern. In: ÖVD/Online 1/1985, S. 51–55.

Oppermann, Reinhard; **Six**, Bernd (1979): Attribuierung von Sicherheitsverhalten im Straßenverkehr. In: Bericht über den 31. Kongreß der Deutschen Gesellschaft für Psychologie. Göttingen, S. 493–495.

Oppermann, Reinhard; **Tepper**, August (1983): Methodische Unterstützung der Beteiligung an der Systementwicklung. In: Kupka (Hrsg.), GI–13. Jahrestagung, Proceedings. Springer Verlag, Berlin/Heidelberg/New York/Tokyo, S. 480–492.

Osgood, Charles E.; **Tannenbaum**, Percy H. (1955): The Principle of Congruity and the Prediction of Attitude Change. In: Psychological Review 62(1955), pp. 42–55.

Parebo, Christa (1979): Humanisierung der Arbeit. Ein Fall sozialdemokratischer Reformpolitik. Focus Verlag, Giessen.

Paschen, Herbert; **Gresser**, Klaus; **Conrad**, Felix (1978): Technology Assessment: Technologiefolgenabschätzung. Ziele, methodische und organisatorische Probleme, Anwendungen. Frankfurt/New York.

Pateman, C. (1970): Participation and Democracy Theory. London.

Petermann, Thomas (1984): Technik und menschliche Zivilisation. Zur Wirklichkeit, Theorie und Kritik der Technik. Deutscher Instituts–Verlag, Köln.

Pflaumer, Gerd (1983): Welche auf die Mitarbeiter bezogenen Akzeptanzprobleme sind bei der Bürotätigkeit in der öffentlichen Verwaltung infolge des technischen Wandels in den 80er Jahren zu erwarten? In: Krückeberg/Oltmanns/Ronneberger (Hrsg.) Bürotätigkeit in der öffentlichen Verwaltung und technischer Wandel. Regensburg, S. 159–175.

Picot, Arnold (1980): Wirtschaftlicher Nutzen contra volkswirtschaftlicher Nutzen? "Humanisierung des Arbeitslebens" in ökonomischer Sicht. In: Rosenstiel/Weinkamm (Hrsg.), Humanisierung der Arbeitswelt — Vergessene Verpflichtung? Poeschel, Stuttgart.

Pless, E.; **Wurch**, G. (1980): Überblick über Beschreibungsmittel aus den Gebieten Datenverarbeitung und betriebliche Organisation. Gesellschaft für Mathematik und Datenverarbeitung, Interner Bericht Probana, vervielf. Manuskript, St. Augustin.

Pöhler, Willi (Hrsg.); (1979): ... damit die Arbeit menschlicher wird. Fünf Jahre Aktionsprogramm Humanisierung des Arbeitslebens. Verlag Neue Gesellschaft, Bonn.

Pöhler, Willi (1983): Welche Möglichkeiten haben die Gewerkschaften auf die technologische Herausforderung der 80er Jahre zu antworten? In: DGB (Hrsg.); Neue Technologien, neue Anforderungen und Konsequenzen. Arbeitshilfen für die betriebliche und gewerkschaftliche Praxis. Selbstverlag DGB Landesbezirk Hessen, Abt. Angestellte, Frankfurt, S. 37–46.

Preiser, Siegfried (1982): Generalisierte und spezifische Kontrollüberzeugungen in ihrer Bedeutung für soziales, politisches und berufliches Engagement. In: Preiser (Hrsg.): Kognitive und emotionale Aspekte politischen Engagements. Weinheim, Basel, S. 148–162.

Rammert, Werner (1982a): Soziotechnische Revolution, Sozialstruktureller Wandel und Strategien der Technisierung. Analytische Perspektiven einer Soziologie der Technik. In: Jokisch (Hrsg.); Techniksoziologie. Suhrkamp Verlag, Frankfurt, S. 32–81.

Rammert, Werner (1982b): Technisierung der Arbeit als gesellschaftlich–historisches Projekt. In: Littek/Rammert/Wachtler (Hrsg.): Einführung in die Arbeits– und Industriesoziologie. Campus Verlag, 2. erweiterte Auflage, Frankfurt/New York, S. 62–75.

Rammert, Werner (1983): Soziale Dynamik der technischen Entwicklung. Theoretisch–analytische Überlegungen zu einer Soziologie der Technik am Beispiel der "science–based industry". Westdeutscher Verlag, Opladen.

Rammstedt, Ottheim (1979): Theorie der sozialen Bewegung. In: Mackensen/Sagebiel (Hrsg.), Soziologische Analysen. Referate aus den Veranstaltungen der Sektionen der Deutschen Gesellschaft für Soziologie und der ad-hoc-Gruppen beim 19. Deutschen Soziologentag in Berlin. Universitätsbibliothek der TU Berlin, Abteilung Publikationen, Berlin 1979, S. 672–680.

Reese, Jürgen (1978): Soziale Auswirkungen der Informations–Technologie, analysiert aus deutscher Sicht. In: GMD–Spiegel 4/1978, S. 37–54.

Reese Jürgen u.a. (1979): Gefahren der informationstechnologischen Entwicklung. Frankfurt/New York.

Reichwald, Ralf u.a. (1978): Methoden der Untersuchung von Bedingungen der Bedienerakzeptanz beim Einsatz neuer Textverarbeitungstechnologie. München.

Reichwald, Ralf (1980): Technologische Entwicklungen und Wirtschaftlichkeitsbeschränkungen für eine humane Arbeitsgestaltung im Verwaltungsbereich. In: Rosenstiel/Weinkamm (Hrsg.), Humanisierung der Arbeitswelt — Vergessene Verpflichtung? Poeschel, Stuttgart.

Reinermann, Heinrich (1983): Brauchen wir eine "Bauhaus–Bewegung" für die Verwaltungsautomation? In: ÖVD/Online, Heft 2/1983, S. 67–72.

Reinermann, Heinrich (1985): Brauchen wir einen ganzheitlichen Neuansatz für die Planung der Informationstechnik? In: Strunz (Hrsg.); Planung in der Datenverarbeitung. Von der DV–Planung zum Informationsmanagement. Fachtagung der Gesellschaft für Informatik e.V. im Mai 1984. Springer Verlag, Berlin u.a., S. 158–190.

Robey, Daniel; **Farrow**, Dana (1982): User Involvement in Information System Development: A Conflict Model and Empirical Test. In: Management Science 28(1982), 1, pp. 73–85.

Rotter, J.B. (1954): Social Learning and Clinical Psychology. Prentice–Hall.

Rotter, J.B. (1966): Generalized Expactancies for Internal versus External Control of Reinforcement. In: Psychological Monographs 80(1966), (1 whole No.609), pp. 1–28.

Rotter, J.B. (1972): An Introduction to Social Learning Theory. In J.B. Rotter/J.E. Chance/E.J.Phares (Eds.): Applications of a Social Learning Theory of Personality. New York, pp. 1–43.

Sachsse, Hans (1981): Anthropologie der Technik. In: Ropohl (Hrsg.): Interdisplinäre Technikforschung. Beiträge zur Bewertung und Steuerung der technischen Entwicklung. Erich Schmidt Verlag, Berlin/Bielefeld/München, S. 59–69.

Schardt, Lothar P.; **Zachert**, Ulrich (1982): Rechtliche Grundlagen der Arbeitsgestaltung. In: Zimmermann (Hrsg.); Arbeitsgestaltung und Mitbestimmung. Arbeitsbedingungen, Humanisierung, Interessenvertretung. Reinbek bei Hamburg, S. 45–208.

Schellhaas, Holger; **Schönecker**, Horst (unter Mitarbeit von Ulrich Manz und Rolf Hellmann) (1983): Kommunikationstechnik und Anwender. Akzeptanzbarrieren, Bedarfsstrukturen, Einsatzbedingungen. CW-Publikationen, München.

Scheuten, Wilhelm K. (1983): Industrie und Technik — vor neuen Zielen? In: IBM-Nachrichten, 33. Jahrgang, Heft 267/Oktober 1983, S. 15–23.

Schienstock, Gerd (1982): Industrielle Arbeitsbeziehungen. Eine vergleichende Analyse theoretischer Konzepte in der "Industrial Relations"-Forschung. Verlag Leske + Budrich, Opladen.

Schmid, Michael (1982): Theorien sozialen Wandels. Opladen.

Schmidtchen, Gerhard (1984): Neue Technik — Neue Arbeitsmoral. Eine sozialpsychologische Untersuchung über die Motivation in der Metallindustrie. Deutscher Instituts-Verlag, Köln.

Schneider, Leslie; **Ciborra**, Claudio (1983): Technology Bargaining in Norway. In: Briefs/Ciborra/ Schneider (eds.): Systems Design For, With, and By the Users. Amsterdam/New York, pp. 243–250.

Schönbeck, Charlotte (1984): Eine Kulturenzyklopädie der Technik. Technik im Spannungsfeld zweier Extreme. In: Die Süddeutsche Zeitung, Technologie + Innovation, Ausgabe Nr. 263/1984, S. VII

Schreyögg, Georg (1980): Das Fiedlersche Kontingenzmodell der Führung: Eine inhumane Sozialtechnologie? In: Grunwald/Lilge (Hrsg.): Partizipative Führung. Betriebswirtschaftliche und sozialpsychologische Aspekte. Bern/Stuttgart, S. 162–172.

Schütt, Bernd (1984): Informations- und Kommunikationstechniken. Schlüssel zur Rationalisierung und Privatisierung der Arbeit. In: Kohl/Schütt (Hrsg.); Neue Technologien und Arbeitswelt. Was erwartet die Arbeitnehmer? Bund-Verlag, Köln, S. 13–40.

Schulz, Winfried (1971): Kommunikationsprozeß. In: Noelle-Neumann/Schulz (Hrsg.): Publizistik. Frankfurt., S. 89–109.

Segall, Mark J. (1984): The Use of Prototyping to Aid Implementation of an On-Line System. In: Systems, Objectives, Solutions (SOS), Vol. 4, Heft Nr. 4/1984, S. 141–156.

Segeberg, Harro (1981): Technik-Bilder in der Literatur des zwanzigsten Jahrhunderts. In: Ders. (Hrsg.): Interdisplinäre Technikforschung. Beiträge zur Bewertung und Steuerung der technischen Entwicklung. Erich Schmidt Verlag, Berlin/Bielefeld/München, S. 153–167.

Simonis, U.E. (Hrsg.) (1984): Mehr Technik — weniger Arbeit? Plädoyers für sozial- und umweltverträgliche Technologien. Karlsruhe.

Sirbu, Maryin; **Schoichet**, Sandor; **Kunin**, Jay; **Hammer**, Michael (1981): OAM, an Office Analysis Methodology. Massachusetts Institute of Technology, Laboratory for Computer Science.

Smedema, C. H.; **Medema**, P.; **Boasson**,M. (1983): The programming languages Pascal, Modula, Chill, Ada. Prentice-Hall, Englewood Cliffs (N.J.).

Sorge, Arndt (1985): Informationstechnik und Arbeit im sozialen Prozeß. Arbeitsorganisation, Qualifikation und Produktivkraftentwicklung. Campus Verlag, Frankfurt/New York.

Der Spiegel (1986): IBM, der Elefant lernt Spitzentanz. In: Der Spiegel 40(1986)5, S. 124–136.

Spitzley, Helmut (1985): Arbeit und Technik. Zur Diskussion von historischen Entwicklungen, aktuellen Tendenzen und Perspektiven in der Arbeitswissenschaft. In: Fricke/Krahn/Peter; Arbeit und Technik als politische Gestaltungsaufgabe. Ein Gutachten aus sozialwissenschaftlicher Sicht. Mit einem Anhang von Helmut Spitzley und Klaus Theo Schröder und einem Vorwort von Horst-Werner Franke. Herausgegeben vom Senator für Bildung, Wissenschaft und Kunst der Freien Hansestadt Bremen. Verlag Neue Gesellschaft, Bonn, S. 141–199.

Stadler, Michael; **Seeger**, Falk; **Raeithel**, Arne (1975): Psychologie der Wahrnehmung. München.

Stetter, Franz (1983): Softwaretechnologie. Eine Einführung. Bibliographisches Institut, Mannheim/Wien/Zürich.

Strombach, Werner (1984): Anthropologische Fragen zur Informationstechnik. In: Arbeitsgemeinschaft für Datenverarbeitung (Hrsg.), Informationstechnologie–Realität und Vision. 7. Internationaler Kongreß "Datenverarbeitung im europäischen Raum". Selbstverlag, Wien, S. 674–682.

Sydow, Jörg (1985): Der soziotechnische Ansatz der Arbeits- und Organisationsgestaltung. Frankfurt/New York.

Szyperski, Norbert; **Grochla**, Erwin; **Höring**, Klaus; **Schmitz**, Paul (1982): Bürosysteme in der Entwicklung. Studien zur Typologie und Gestaltung von Büroarbeitsplätzen. Braunschweig/Wiesbaden.

Tepper, August (1980): Die Bedeutung des Managements im Prozeß der Erweiterung der Mitwirkung von Arbeitsgruppen als Mittel zur Verbesserung der Arbeitsbedingungen. In: Herbert Kubicek u.a.: Humanisierung durch Partizipation? Vervielfältigter Projektbericht, Bd. 2, Universität Trier, S. 361–514. (Veröffentlichung in Vorbereitung).

Tepper, August (1981): Rationalisierung in der Ladenkette durch ein neues Kassensystem. In: Bittner u.a.; Kooperation von Betriebsräten und Wissenschaftlern bei Rationalisierungsmaßnahmen. Erfahrungen aus zwei Fallberichten. Vervielfältigter Projektbericht, Universität Trier FB IV (Veröffentlichung in Vorbereitung).

Tepper, August (1982): Gruppendiskussionen als Verfahren der partizipativen Systementwicklung, Probleme einer bürgerfreundlichen Verwaltung aus der Sicht von Verwaltungsmitarbeitern. Interner Bericht der GMD IPES.82.02.03, St. Augustin.

Tepper, August (1983): Zwischenbilanz der Beteiligung an der Systementwicklung im Projekt EBÜRG. Erste Erfahrungen bei der Zusammenarbeit von Mitarbeitern, Bürgern und Systementwicklern. Arbeitspapiere der Gesellschaft für Mathematik und Datenverarbeitung Nr. 22, St. Augustin.

Tepper, August (1984): Systementwicklung und Beteiligung. In: Arbeitsgemeinschaft für Datenverarbeitung (Hrsg.), Informationstechnologie: Realität und Vision. Referate des 7. ADV-Kongresses "Datenverarbeitung im europäischen Raum" vom 19. – 23. März in Wien. Selbstverlag ADV, Wien, S. 710–724.

Tepper, August (1985): Bedingungen der Beteiligung bei der Einführung von Informationstechnik. Ergebnisse einer Befragung von Beschäftigten der Stadtverwaltung Unna. Oldenbourg Verlag, Reihe GMD-Berichte Nr. 153, München.

Tietze, Barbara (1980): Ergonomische Standpunkte. Für oder gegen die Zwecke des menschlichen Körpers. Der Stuhl, die Kultur der Büroarbeit und die Ergonomie. In: Deutsche Bauzeitung, Heft Nr. 10/1980, S. 20–24.

Timm, Michael (1984): Konstruktion und Analyse strukturierter Spezifikationen der Benutzeranforderungen bei der Gestaltung Rechnergestützter betrieblicher Informationssysteme. Bergisch Gladbach.

Treu, Hans-Eckbert (1985): Sachzwang — Die eindimensionale Logik der Industriegesellschaften. Leske + Budrich Verlag, Opladen.

Trist, E.L.; **Bamforth**, K.W. (1951): Some Social and Psychological Consequences of the Longwall Method of Coal Getting. In: Human Relations, 4(1951), 3–38.

Troll, Lothar (1982): Arbeitsplatz Büro, Qualifikation und Arbeitsplatz im Wandel. In. Mitt. AB 4/1982,480.

Turing, Allen M. (1963): Computing Machinery and Intelligence. In: Feigenbaum/Feldman (eds.); Computers and Thought. McGraw-Hill, New York u.a., pp. 11–34.

Turkle, Sherry (1984): Die Wundermaschine. Vom Entstehen der Computerkultur. Rowohlt Verlag, Reinbek bei Hamburg.

Ullrich, Otto (1977): Technik und Herrschaft. Vom Hand–werk zur verdinglichten Blockstruktur industrieller Produktion. Suhrkamp, Frankfurt. a.M.

Unna; Stadtdirektor der Stadt Unna (Hrsg.) (1980): Bürgernähe in der Kommunalverwaltung — Das Einwohnermeldeamt als Ausgangspunkt einer Organisationsentwicklung zu einem Bürgeramt. Unna (Eigenveröffentlichung der Stadt Unna), 2. Auflage.

Vilmar, Fritz (1973): Soziotechnische Revolutionierung der Arbeitsorganisation. Theoretische Grundlagen — praktische Methoden. In: Vilmar (Hrsg.); Menschenwürde im Betrieb. Reinbek bei Hamburg, S. 103–117.

Vilmar, Fritz (1975): Industrielle Demokratie in Westeuropa. Reinbek bei Hamburg.

Volpert, Walter (1984): Computer und Denken — Machen wir uns selbst zu Maschinen? In: Arbeitsgemeinschaft für Datenverarbeitung (Hrsg.), Informationstechnologie — Realität und Vision. 7. Internationaler Kongreß "Datenverarbeitung im europäischen Raum". Selbstverlag, Wien, S. 751–764.

Waffenschmidt, Horst (1982): Die Rolle des Staates im Spannungsfeld zwischen Individuum und Information. In GMD–Spiegel, Sonderheft, S. 11–21.

Weber, Max (1964): Wirtschaft und Gesellschaft. Grundriß der verstehenden Soziologie. Tübingen.

Weiner, Bernard (1975): Theorien der Motivation. Stuttgart.

Weizenbaum, Joseph (1977): Die Macht der Computer und die Ohnmacht der Vernunft. 2. Auflage. Suhrkamp, Frankfurt.

Weltz, Friedrich; **Bollinger**, Heinrich (1983): Konzeptionelle Rahmenbedingungen sowie Lösungsvorschläge für die Pilotbereiche Zentrale Stabsstelle und Einkaufsbereich. In: BMFT. Humanisierung des Arbeitslebens. Arbeitsstrukturierung in der Textverarbeitung und den benachbarten Verwaltungsbereichen eines Industriebetriebes (Astex). Anhang I.

Weltz, Friedrich; **Lullies**, Veronika (1982): Die Einführung der Textverarbeitung und ihr Stellenwert in der Verwaltungsrationalisierung. In: Schmidt/Brazyck/Knesebeck (Hrsg.); Materialien zur Industriesoziologie. Sonderheft 24/1982 der Kölner Zeitschrift für Soziologie und Sozialpsychologie. Westdeutscher Verlag, Opladen 1982, S. 157–165.

Weltz, Friedrich; **Lullies**, Veronika (1983a): Innovation im Büro. Campus Verlag, Frankfurt a.M.

Weltz, Friedrich; **Lullies**, Veronika (1983b: Menschenbilder der Betriebsorganisatoren. In: Rammert u.a. (Hrsg.); Technik und Gesellschaft, Jahrbuch 2. Campus Verlag, Frankfurt/New York, S. 109–128.

Weltz, Friedrich; **Lullies**, Veronika (1984): Das Konzept der innerbetrieblichen Handlungskonstellation als Instrument der Analyse von Rationalisierungsprozessen in der Verwaltung. In: Jürgens/Naschold (Hrsg.): Arbeitspolitik. Materialien zum Zusammenhang von politischer Macht, Kontrolle und betrieblicher Organisation der Arbeit. Leviathan Sonderheft 5/1983. Westdeutscher Verlag, Opladen 1984, S. 155–170.

Wicker, A.W. (1969): Attitudes versus Actions: The Relationship of Verbal and Overt Behavioral Responses to Attitude Objects. In: Journal of Social Issues, 25(1969), S. 41–78.

Wicker, A.W. (1971): An Examination of the 'other Variables' Explanation of Attitude–Behavior Inconsistency. In: Journal of Personality and Social Psychology, 19(1971), pp. 18–30.

Wieberg, Hans–Jürgen W.; **Krampen**, Günter (1982): Einige Überlegungen zum Zusammenhang von Variablen der Kontrollüberzeugung mit politisch–kultureller Systemzugehörigkeit einerseits und politischem Engagement andererseits. In: Preiser (Hrsg.): Kognitive und emotionale Aspekte politischen Engagements. Weinheim, Basel, S. 163–171.

Wiener, Oswald (1984): Turing–Test. Vom dialektischen zum binären Denken. In: Das Kursbuch, Nr. 75 (Computerkultur), Kursbuch Verlag, Berlin, S. 12–37.

Williams, Robin (1983): Report of Working Party on Systems Design, Negotiation and Collective Bargaining and on Participation from a Trade Union Viewpoint. In: Briefs/Ciborra/Schneider (Eds.): Systems Design for, with, and by the Users. Amsterdam/New York/Oxford, pp. 395–404.

Wilpert, Bernhard; **Rayley**, Jörg (1983): Anspruch und Wirklichkeit der Mitbestimmung. Frankfurt/New York.

Wind, Thomas (1979): Benutzer und Informationseinrichtungen. Ansätze zu einer theoretischen und methodologischen Fundierung der Benutzerforschung. Diss. Kassel.

Wingert, Bernd (1983): Werkzeugerfahrungen und Qualifikationsveränderung beim CAD. Vortrag auf der Tagung Mensch–Maschine–Kommunikation vom 15. bis 16. November 1982 in Bad Honnef, veranstaltet von der Gesellschaft für Mathematik und Datenverarbeitung, St. Augustin. In: Office Management, Sonderheft, S. 22ff.

Witte, Eberhard (1973): Organisation für Innovationsentscheidungen. Das Promotorenmodell. Göttingen.

Yamadori, Yuji (1985): The Japanese Way of Planning in the Field of D.P.. In: Strunz (Hrsg.); Planung in der Datenverarbeitung. Von der DV–Planung zum Informationsmanagement. Fachtagung der Gesellschaft für Informatik e.V. im Mai 1984. Springer Verlag, Berlin u.a., S. 269–288.

Zachert, Ulrich (1985): Mitbestimmung durch Tarifvertrag und Betriebsvereinbarung. In: Die Mitbestimmung 31(1985), 2/3, S. 82–84.

Zander, Erich (1983): Die Kommunikations–System-Studie (KKS) als Werkzeug für Planung und Entwicklung von Informations-Systemen bei der ESSO A.G. IBM Deutschland (Demonstrationsmaterial), Stuttgart.

Zimmermann, Lothar (1982): Eine neue Stufe der Ausbeutung. Interviews mit "Die Tageszeitung", 29.11.1982.

Zimpel, Gisela (1970): Der beschäftigte Mensch — Beiträge zur sozialen und politischen Partizipation. München.

Zoll, Rainer (Hrsg.) (1981): Arbeiterbewußtsein in der Wirtschaftskrise. Erster Bericht: Krisenbetroffenheit und Krisenwahrnehmung. Bund–Verlag, Köln.

Zuse, Konrad (1983): Computerentwicklung im Lichte moderner Kritik. In: Arbeitskreis Rationalisierung (Hrsg.); Verdatet, Verdrahtet, Verkauft. Alektor Verlag, Stuttgart, S. 159–168.